GARTENPARADIESE

Für Helga

GARTENPARADIESE
Meisterwerke der Gartenarchitektur

Johann Kräftner

INHALT

DER GARTEN – EIN ORT EWIGEN LEBENS
7 *Einleitung*

ARKADIENS ERSTE WIEDERGEBURT
12 *Der italienische Garten*

DIE GEORDNETE NATUR
78 *Der französische Garten*

DIE WELT ALS WUNDER UND HARMONIE
116 *Der chinesische Garten*

VON DER ABSTRAKTION ZUR MEDITATION
146 *Der japanische Garten*

DIE INSZENIERTE LANDSCHAFT
194 *Der englische Garten*

LAUNEN DER PHANTASIE
258 *Follies, Pavillons*

PALÄSTE OHNE MAUERN
298 *Orangerien, Glashäuser*

DIE KUNST DES SCHÖNEN NUTZENS
318 *Treillagen, Lauben, Pergolen*

DIE KUNST DES SCHÖNEN SCHNITTS
334 *Topiari*

RÄUME MIT HIMMEL
356 *Der Hofgarten*

OASEN DES ALLTAGS
380 *Der kleine Garten*

DIALOGE ZWISCHEN TRADITION UND INNOVATION
398 *Der neue Garten*

430 **ORTSREGISTER**

DER GARTEN – EIN ORT EWIGEN LEBENS
Einleitung

Der Garten als Erinnerung an das verlorene Paradies ist ein Thema, das die Menschheit seit ewigen Zeiten beschäftigt: in der Religion, der Poesie, der bildenden Kunst und der Wissenschaft. Das Paradies wird zur Projektionsfläche für Wünsche und Sehnsüchte, die auf Erden nicht zu erreichen sind – und der Garten zu dessen irdischem Abbild. Wie der Garten selbst hat auch das Wort „Paradies" seinen Ursprung im alten Orient, wo im ostiranischen Avestischen mit *pairi.daêza* und im südwestiranischen Altpersischen mit *pairi-dae'-za* zwei ähnliche Worte den ummauerten Garten des Königs bezeichnen, in dem er Pflanzen und Tiere seines Reiches versammelt. Die assyrischen Herrscher legten seit dem 11. vorchristlichen Jahrhundert ähnliche Gärten an. Das babylonische *paradisu* war durch einen Zaun, eine Mauer oder einen Wall abgegrenzt und entfaltete in diesem von der Außenwelt abgeschirmten Bezirk seine eigene Welt. Aus den altorientalischen Sprachen entlehnten schlussendlich die Griechen ihren Begriff παράδεισος (*parádeisos*), von dem es als Lehnwort in die meisten europäischen Sprachen einsickerte. Der Begriff wurde bei den Griechen deutlich zu dem des τέμενος (*témenos*) abgegrenzt, der den sakralen Widerpart definierte: den umzäunten oder ummauerten heiligen Bezirk, in dem sich die Tempel und Schreine befanden. Die Orte, an denen man Pflanzen und Tiere zusammenführte, sich der Betrachtung hingab, der rituellen Jagd oder der Anbetung der Götter widmete, waren also begrifflich streng voneinander getrennt.

Der Paradiesgarten steht im Zentrum aller großen Mythen des Vorderen Orients. Im sumerisch-babylonischen *Gilgamesch*-Epos des 12. vorchristlichen Jahrhunderts wird dieser Garten von der Sintflut verschont und so zu einem sicheren, von der Zerstörung ausgenommenen Ort. Als „Garten Eden" erscheint er im Alten Testament, wo im 1. Buch Mose (2,8) eine genaue Beschreibung gegeben wird. Den Mittelpunkt bilden die vier Paradiesströme Euphrat, Tigris und – für uns nicht aufzulösen – Pischon und Gihon, die aus einer zentralen Quelle in der Mitte des Gartens entspringen: „Ein Strom kommt aus Eden, den Garten zu bewässern, und von dort aus teilt er sich in vier Hauptströme." Damit ist für viele Jahrhunderte fast kanonisch ein durchgehendes Motiv festgeschrieben: In vielen Klostergärten entspringt das Wasser einem mittleren Brunnen, die davon ausgehenden Wasserläufe teilen dann den Garten in vier Kompartimente. Auch die Rolle des Wassers als lebensspendendes Element ist damit kodifiziert.

Als Archetyp lässt sich der ummauerte Garten in unterschiedlichsten formalen Ausbildungen durch die Geschichte verfolgen: Er begegnet uns in ägyptischen Wandmalereien und Papyri, wo Darstellungen, fast als Pläne zu bezeichnen, solche Anlagen in all ihren Facetten detailliert ausbreiten und uns die Gärten dieser frühen Hochkultur näher bringen. In der Mitte lagen in der Regel ein rechteckiges Wasserbassin oder ein Kanal, der den Garten durchzog; beide konnte man zu rituellen Waschungen über die umlaufenden Treppen leicht betreten. Weitere wesentliche Elemente bildeten Reihen von Dattelpalmen, Gemüsegärten und Blumenbeete sowie Weingärten und Pavillons. Ein Garten war für die Begüterten der Luxus schlechthin. Unerreichbar für das einfache Volk, stellte er schon damals den gesellschaftlichen Status und den Reichtum seines Besitzers zur Schau. So war der Garten bereits seit den frühen Hochkulturen für die privilegierten Schichten zu einem unverzichtbaren Bestandteil ihrer Wohnanlage, aber auch des Komforts und ihres Sozialprestiges geworden – Annehmlichkeiten und Privilegien, die man erst recht im Jenseits nicht missen wollte, um sich an ihnen auf ewig erfreuen zu können: So setzt sich die Realität des eigenen Gartens fast ungefiltert in den Jenseitsvorstellungen fort.

Immer wieder waren auch die sagenumwobenen *Hängenden Gärten der Semiramis* Vorbild für Gartengestaltungen, die aufgrund ihrer terrassenförmigen Anlage eine Reihe von Architekten bis hin zu Adolf Loos (1870–1933; Entwurf zum Grand Hotel Babylon in Nizza, Promenade des Anglais, 1923) in ihrer Phantasie und ihren Entwürfen anregten und später für viele New Yorker Varianten Pate standen. Die Dachgärten des Rockefeller Center in New York (Architekten Ralph Hancock und A. M. Vanden Hock, 1933–1936) oder der Fassaden-Garten des Trump Tower (Architekt Der Scutt, 1983) sind Spielarten dieses Themas aus der jüngsten Vergangenheit.

Athen und Rom hatten in anderer Form auf diesen aus dem Vorderen Orient kommenden Typus zurückgegriffen und ihn mit dem Hofhaus verquickt, das in der klassischen Antike im Peristylhaus in Griechenland sowie im Atriumhaus in Rom zum prägenden Typus des Stadthauses wie auch der ländlichen Villa geworden ist. Friedrich von Gärtners (1791–1847) *Pompejanum* in Aschaffenburg (1840–1848), Emmanuel Pontremolis (1865–1956) schon allein aufgrund ihrer exponierten topographischen Lage aufregende *Villa Kerylos* in Beaulieu-sur-Mer am Cap Ferrat (1902–1908) oder als letztes bedeutendes Beispiel die Getty-Villa in Pacific Palisades in Malibu (1974; 1993–1996) von Langdon and Wilson nahmen das Thema wieder auf und versuchten, die prägenden Elemente – das Perystil oder das Atrium – und den Garten im Zentrum mit der musealen Nutzung in Einklang zu bringen.

In engem Zusammenhang mit dieser antiken Tradition stehen auch die Anlagen des Islam, wo wie im römischen Haus die nach außen hin schroff abweisenden Mauern der Hofhäuser mit den reich bepflanzten und wasserreichen grünen Oasen im Inneren kontrastieren. In den *Gärten der Alhambra* in Granada (ab 1238) und den ganz in dieser Tradition stehenden späteren spanischen wie auch portugiesischen Gärten haben sich viele bedeutende Zeugen der einzigartigen Hofkultur bis heute erhalten.

Beide Überlieferungsstränge des Ostens finden in den steinernen und grünen Gärten der Klöster, den *Paradiesen*, wie sie damals bezeichnet worden sind, eine glückliche Synthese. Früh kodifiziert der berühmte Klosterplan von St. Gallen in der Schweiz, der die verschiedensten Ausformungen der Gartenräume aufgezeichnet hat, die Deklinationen dessen, was Garten damals sein konnte. Dieser älteste existente Idealplan des Abendlandes entstand vermutlich zwischen 819 und 826 im Kloster Reichenau für Abt Gozbert von St. Gallen († 2. April, kurz nach 837) und stellt im Detail alle Freiräume und ihre gestalterischen, aus der Ordnung des Wirtschaftens nach den Regeln des hl. Benedikt kommenden Details vor. Neben den Kreuzgängen sind ein Gemüsegarten, ein medizinischer Heilkräutergarten und ein mit Obstbäumen bepflanzter Baumgarten eingetragen, der zugleich als Friedhofsgarten fungierte.

Ein heute noch existentes, ganz nach diesen Grundideen geformtes Kloster ist die hochbedeutende italienische Benediktinerabtei Praglia am Fuß der Euganeischen Hügel bei Padua, deren erster Bau 1124 vollendet wurde. Der gesamte Komplex erfuhr im Kanon der Ordensregeln in geradezu idealer Weise unter der Oberleitung von Tullio Lombardo (1455–1532) ab 1480 in den Formen vollendeter Renaissance seine bis heute bestehende Neugestaltung. Hier bilden der grüne *Chiostro botanico* von 1480 und der ein Stockwerk höher liegende steinerne *Giardino Pensile* von 1490 – dessen romanischer Vorgängerbau als *Il Paradiso* bezeichnet worden war und in dem das Niederschlagswasser zur Bewässerung der unteren Anlage gesammelt wird – ein spannendes Gegensatzpaar. Ein weiterer, als *Chiostro rustico* (1550–1600) bezeichneter Kreuzgang verweist auf die Bedeutung des wirtschaftlichen Aspekts in einem solchen, meist nur mit der Kontemplation in Zusammenhang gebrachten Organismus. *Ora et labora* (Bete und arbeite) – der spirituelle Inhalt und die Realität alltäglichen Wirtschaftens sind hier in einer Weise präsent, wie sie nicht nur für die Idee des Klosters, sondern in derselben Weise für die Idee des Renaissancegartens in Italien und darüber hinaus für die Idee des abendländischen, aber auch islamischen Gartens generell in deren langer Geschichte bestimmend ist.

Die Idee des abgegrenzten Gartens kehrt auch immer wieder in spätmittelalterlichen und frühneuzeitlichen Bildvorlagen wieder. Das *Goldene Zeitalter* (1530) von Lucas Cranachs d. Ä. (1475–1553) gibt die weltlich-profane Seite des Paradieses wieder. In unschuldiger Nacktheit und Eintracht sind Männlein und Weiblein, Tiere und Pflanzen in einem von einer Ziegelsteinmauer umfangenen Garten versammelt. Draußen bleibt die raue Außenwelt, hier symbolisiert durch eine wilde alpine Felsenlandschaft. Als sakrale Variante jenes Täfelchens könnte man Stephan Lochners (1400/10–1451) *Madonna im Rosenhag* (um 1450) interpretieren: Auch diese Szene ist in einen – diesmal himmlischen, vor dem kostbaren Goldgrund ausgebreiteten – Garten hineingewoben. Steht in dem einen Bild der um einen Paradiesbaum tanzende Reigen nackter Körper im Mittelpunkt, bilden im anderen Maria und das auf ihrem Schoß ruhende Jesukind das Zentrum, um das sich die musizierenden Engel scharen.

Im *Paradiesgärtlein* (um 1410/20) des Oberrheinischen Meisters sitzen Maria und das unbeschwert ein Instrument zupfende Jesukind wiederum in einem ummauerten Garten mit reicher Vegetation. Höflinge bewegen sich in ihren bunten Kleidern in diesem bukolischen Ambiente, sogar ein Engel hat sich unter sie gemischt, der aufmerksam dem Dialog zweier Burschen zuhört. Ein Wasserbecken gehört zu den fixen Versatzstücken – Motive des Vorderen Orients und des eigenen Mittelalters verschmelzen zu einer eindrucksvollen Vision des verlorenen Paradieses, das in all diesen kleinen Kostbarkeiten fortlebt.

Eine ganz ähnliche Szenerie, diesmal wieder ausschließlich profanen Inhalts, zeigt eine Miniatur des *Liebesgartens* aus dem französischen *Roman de la Rose* (1490/1500). Ein wohlgestalteter Garten mit einem kunstvoll gefertigten Wasserbecken ist auch hier das Zentrum, um das sich eine lockere Szene bunt gekleideter Höflinge gruppiert, die miteinander musizieren und sich unterhalten. Wie zur Karikatur wird dieses Paradies für das *Einhorn in Gefangenschaft* der berühmten *Einhorn*-Serie (1495–1505), in dem das legendäre Fabeltier in einem paradiesischen, aber kleinen umzäunten Blumengarten mit einem einzigen hohen Baum gefangen gehalten wird.

Poliphils berühmter Traum in dem Werk *Hypnerotomachia Poliphili* von Francesco Colonna (1433/34–1527; lateinische Erstausgabe 1467) bringt uns erste Abbildungen von Gärten an der Schwelle vom Mittelalter zur Renaissance. Die letzte der Holzschnittvignetten der ersten italienischen Ausgabe (1499) zeigt uns *Poliphil und Polia mit den Nymphen vor dem Venusbrunnen* in einem klar abgegrenzten kleinen Gärtchen sitzend. Eine andere Abbildung bringt das Paar vor der antiken Ruinenlandschaft des *Polyandrion*, auch das ein Motiv, das sich schon bald in den Gärten der Renaissance wiederfinden wird und ein frühes Zeugnis der aufkeimenden Ruinenromantik darstellt, die viel später, in der zweiten Hälfte des 18. und am Beginn des 19. Jahrhunderts, eine zentrale Rolle spielen wird.

Die Idee des frühen Gartens ist geprägt von der Abgrenzung zur Außenwelt, von der damals sicherlich nicht nur als bedrohlich empfundenen, sondern tatsächlich mit vielen Gefahren verbundenen Natur. Garten ist das, was man der Natur abtrotzen konnte und das deshalb des Schutzes bedarf. Gleichzeitig damit in Zusammenhang steht aber, dass Garten in diesem Verständnis immer etwas ist, das der Allgemeinheit nicht zugänglich ist, etwas Geheimnisvolles – und schon allein deshalb Quelle und Ursprung von Mythen ist.

Die Welt der Renaissance entdeckt diese alte Beziehung wieder, beginnend mit Homers ἐλύσιον (*elýsion*), jener vom Okeanos umflossenen Inselwelt weit draußen im Meer vor dem Westen Europas, wo die von den Göttern geliebten Lieblingshelden landeten, denen sie Unsterblichkeit schenkten. Diese elysischen Gefilde sind Paradiese auf Erden, in denen die Auserwählten in Einheit mit der Natur ihr nicht endendes Leben verbringen durften. Die Renaissance entdeckte aber auch eine andere Facette der antiken Ideallandschaften: Arkadien, das in den Schilderungen der Dichter zu einer bukolischen, zeitlos friedlichen Kulturlandschaft geworden ist, in der Mensch, Flora und Fauna zu einer harmonischen Einheit zusammenfinden konnten.

Maler des Barock wie Claude Lorrain (1600–1682) oder Nicolas Poussin (1594–1665) idealisieren in ihren Bildschöpfungen dieses Zusammenleben. Damit taucht zum ersten Mal das radikale Gegenmodell zu jenem Typ des Gartens auf, über den wir bis jetzt gesprochen haben: ein Paradies, das diesmal nicht weit draußen liegt und aus dem Alltagsleben ausgesperrt ist, sondern ein Paradies, in dem sich die Spieler in der ländlichen Alltagswelt des Lebens und Wirtschaftens auf bukolische Weise miteinander vereinen. Auch dieses Modell hat in der antiken Literatur ihre Entsprechung, Vergils (70–29 v.Chr.) *Georgica* (ein vierbändiges Lehrgedicht zum Thema Landbau, verfasst 37–29 v.Chr.) bildete eine Basis, auf die später die Gestalter früher Landschaftsgärten gerne zurückgriffen. Der darin besprochene Garten hat keine Grenzen mehr, sondern fließt in die freie Landschaft über. Er besitzt keine Mauern oder rigiden Kanäle, die ihn abgrenzen und ordnen würden. Wir sind damit bei einem zweiten, ganz anderen Gartenmodell gelandet, das hinaus in die freie Natur führt, die den Menschen nicht mehr unheimlich und bedrohlich ist, sondern eine Landschaft, mit der man im Einklang steht, mit der man sich auseinandersetzen und in vollendeter Einheit leben will.

Der Wandel vom kleinen umzäunten Paradies, in dem auch der Schöpfungsakt angesiedelt ist, zum Begreifen einer viel größeren Einheit beginnt schon sehr früh, wenn sich Francesco Petrarca (1304–1374), der aus seinem kleinen Haus in Arquà nahe Padua kommt (dem ein winziges beschauliches Hofgärtchen vorgelagert ist), in die Provence begibt und dort am 26. April 1336 den 1.912 Meter über dem Meeresspiegel liegenden Mount Ventoux in den Vorgebirgen der Provence besteigt. Petrarca hat das Abenteuer in einem Brief an den Humanisten Dionigi di Borgo San Sepolcro festgehalten, nicht zuletzt darum ist diese Besteigung zu einem der Schlüsselmotive für die Überwindung des Mittelalters und Zeugnis der Neugierde und der Weltoffenheit eines frühen Humanismus geworden.

Danach sollte es noch lange dauern, bis diese Haltung allgemein verstanden wurde. Wir kennen die Schilderungen der Eroberung der Alpen und wissen, wie zögerlich selbst bescheidene Gipfel erst am Ende des 18. und am Beginn des 19. Jahrhunderts erstmals erstiegen worden sind. Trotzdem wird die Natur immer mehr Freund, den man sich gefügig macht. In diesem Sinn strebt der Garten seit der Mitte des 18. Jahrhunderts danach, die durch Mauern geprägte strenge Umklammerung mithilfe einer optisch möglichst uneingeschränkten Inbesitznahme der Landschaft aufzureißen. Natürlich muss auch diese Freiheit wieder geregelt werden. Kein englischer Lord wollte in seinem Garten Schafe und Rinder dort haben, wo er seinen Fuß hinsetzen musste. Man versuchte unendliche Weiten vorzutäuschen und schmückte sich mit fremden Federn. Schnell konnte so der Kirchturm eines entfernten Dörfchens mit seiner spitzen Haube zum Obelisken als Fernpunkt mutieren, eine noch weitläufigere Parklandschaft imaginieren, als sie beispielsweise im Wörlitzer Gartenreich von Sachsen-Anhalt tatsächlich vorhanden war. Die von gelb leuchtender Flora überzogenen und schroff ansteigenden Bergrücken hinter Edinburghs *Palace of Holyroodhouse*, die dessen eindrucksvolle hinterste Kulisse bilden, sind auch nur ausgeborgt und liegen schon weit jenseits der Grenzen der eigentlichen Anlage. Für den Besucher des Anwesens – heute im Besitz der Königin von England – sind sie selbstverständlicher Teil des Szenarios; durchschneidet ein Fahrzeug das Bild am Fuß des Berges, zerstört es von einem Augenblick auf den anderen jede Illusion.

Dieses Aufreißen der Mauern und Weglassen aller Grenzen führte zu einer Fusion von Park und Landschaft sowie zur Durchmischung unterschiedlichster Funktionen. In der Ära des englischen Gartens hatte sich das Schöne mit dem Nützlichen verbunden, der Park und das umgebende Agrarland wurden zu einer sinnvoll verschränkten wirtschaftlichen Einheit verwoben. Somit sind wir inhaltlich gar nicht so weit von den Gärten der Antike, der mittelalterlichen Klöster oder der Renaissance entfernt, die genau diese Einheit, ein ökologisches Gleichgewicht, vorlebten und damit ihre Ästhetik begründeten.

Ist der europäische Garten ein Abbild des Paradieses, eine Stilisierung einer imaginären Ordnung des Jenseits, die sich dann unterschiedlichsten kulturellgesellschaftlichen Forderungen anpasst, so ist der Garten des Fernen Ostens in China und Japan ein Abbild der Natur, der eigenen Landschaften in ihren faszinierenden Erscheinungsformen: der Berge und der großen Flussläufe, der Wüsten und des Meeres. Es sind Gärten, die die Natur in all ihren Formen respektieren und verherrlichen: in den Bäumen, denen Achtung und Pflege entgegengebracht wird, wie man sie einem alten Menschen geben würde; in den Moosen, die geputzt und gestriegelt werden, wie man es bei seinem Lieblingstier machen würde; in den Steinen, die, über tausende von Kilometern herbeigekarrt, das Kolorit pittoresker Landschaften in die Welt der Gartenbezirke einbringen. Es sind Gärten, die den Kontrast zwischen Stilisierung und Abstraktion gegen vollendete Natur unendlich auskosten können und in denen sich schließlich Garten und Architektur in eine in der Vielfalt der Facetten immer wieder überraschende, innige und offene Beziehung einlassen können. Die ostasiatischen Gärten sind damit geradezu Gegenwelten zu den Formen des europäischen Gartens und stießen gerade deswegen schon frühzeitig auf das allergrößte Interesse.

In der Reaktion auf die strengen, vom Absolutismus geprägten Formen des Barock öffnet sich mit der Chinamode des 18. Jahrhunderts, die schon mit Johann Bernhard Fischer von Erlachs *Entwurff Einer Historischen Architectur*, 1721 erstmals vollständig publiziert, eingesetzt hat, auch im Westen ein Fenster für das Abenteuer mit der Natur. Eine neue Sicht auf Arkadien wird zum großen Ideal. Zuerst entdecken es die Maler neu, um dann in einer nächsten Phase mit ihren Bildern sogar die Vorgaben und Modelle für die Inszenierungen der Natur zu liefern wie der Maler Hubert Robert (1733–1808) in Frankreich. Die Freiheit der Aufklärung, die hinter der Bewegung des Landschaftsgartens steht, ist offen für das, was man von Gärten ferner Länder weiß. Man begann die Pflanzen dieser Länder systematisch nach Hause zu bringen, nicht nur, weil man ihre Schönheit oder ihre Kuriosität schätzte, sondern vor allem auch deshalb, weil man sich wirtschaftlichen Nutzen von den Neuankömmlingen erhoffte.

Diese Freiheit brachte einen bis dato nie gekannten unvoreingenommenen Umgang mit der Architektur und ihrem im Laufe der Geschichte erarbeiteten Formenrepertoire, der im Landschaftsgarten der Frühzeit bis in die Phase des Historismus in der 2. Hälfte des 19. Jahrhunderts vor allem in den phantasievollen Follies (Staffagen, Zierbauten) und Gartenpavillons offenbar wird. Einer von denen, die das neue architektonische Formenrepertoire anwendeten, war der in Wien groß gewordene slowenische Architekt Jože Plečnik (1872–1957), und zwar in der vom ersten Präsidenten der Tschechoslowakischen Republik, Tomáš Garrigue Masaryk, beauftragten Umgestaltung der Prager Burggärten (1920–1935). Ein zweites Mal und in noch viel größerer Verdichtung blickte er bei seinem Auftrag für die Erweiterung des Friedhofs von Žale (1938–1940) in seiner Geburtsstadt Laibach zurück und gleichzeitig weit nach vorne – so sehr verfremdete er Motive der Architektur der Antike. Erst die Postmoderne des ausgehenden 20. Jahrhunderts hat Plečniks Beitrag zur Architekturgeschichte wieder wirklich verstanden.

Am Beginn des 20. Jahrhunderts wird der Friedhof zu einem neuen Thema der Gartengestaltung. Erik Gunnar Asplund (1885–1940) und Sigurd Lewerentz (1885–1975) schaffen in ihrem Projekt für den neuen *Skogskyrkogården* (Waldfriedhof; Wettbewerb 1915, Umsetzungsbeginn 1917) in Stockholm den gleichen Spagat wie schon Plečnik vor ihnen. Mit ihrem Rückblick auf das Arkadien des Landschaftsgartens kreieren sie die Vision eines zukünftigen Modells für die „Totengärten".

Auf die Gärten Japans besinnt sich bei dieser Bauaufgabe ein anderer, einer der elegantesten Architekten des 20. Jahrhunderts: der Venezianer Carlo Scarpa (1906–1978). Seine kleine Totenstadt der *Tomba Brion* (1970–1973) für die venezianische Industriellenfamilie Brion in San Vito di Altivole, südlich von Asolo im Veneto. Er kreiert einerseits so etwas wie einen antiken Temenos, andererseits nimmt er unendlich viele Anleihen beim japanischen Garten. Wir sehen hier mit großer Deutlichkeit, wie die besten Hände einer Epoche gerade im Rückblick auf Vergangenes nicht zwangsweise in einem platten, nachahmenden Historismus landen müssen, sondern zu ganz neuen, überraschenden, zeitgeistigen und deshalb interessanten und auch gültigen Lösungen finden konnten.

Quer durch die Geschichte verbinden sich Garten und Architektur bzw. Artefakte in immer wieder anderer Form. Es ist nicht einfach zu definieren, welcher von beiden Teilen der wichtigere ist. Im Idealfall kann kein Teil ohne den anderen leben, ist alleine nur Torso. Die Natur an der Seite gibt dem Bauwerk erst seine Wurzel, verankert es am Ort und lässt es dort unverrückbar scheinen. In unserer Empfindung ist der Baum, die Allee immer das primäre Element, dem sich die Architektur oder die Skulptur dann als Sekundäres hinzugesellt. In Wirklichkeit ist die Ausgangssituation kurioserweise meist umgekehrt, zuerst stehen das Haus, die Skulptur oder andere Bauwerke, erst im Nachhinein werden ihnen dann die pflanzlichen Elemente zugeordnet. Wer ist denn schon auf die Idee gekommen, sein Haus dorthin zu bauen, wo es sich unter den Schutz eines gewaltigen Baumes begeben könnte? Wer hat je seinen Hof um einen zentralen Baum herumgebaut? Erst in unserer Wahrnehmung dreht sich die Abfolge um. Wir gehen dann sehr schnell davon aus, dass der Topos schon seit ewig durch den Baum definiert ist. Im Umkehrschluss gibt dann der Baum, die Vegetation dem Haus seinen unverrückbaren Ort und verleiht ihm seine Selbstverständlichkeit und Gelassenheit. Das Monument des Baumes und des Hauses zusammen werden zum unverrückbaren Topos. Dem Haus auf der Wiese fehlt dieses Gewicht, es scheint verrückbar und beliebig, nicht an seinem Platz verwurzelt.

Thema des Buches ist das Wechselspiel und die Einheit von Natur und Menschenwerk. Wenn wir von Scarpas Grablege in San Vito gesprochen haben, so können wir dort jene Einheit entdecken, wir können sie auf der stillgelegten und von 2004 bis 2009 als Parkgelände revitalisierten Bahnlinie *High Line* hoch über New York erleben, wo mithilfe von Designern (James Corner Field Operations, Elizabeth Diller, Ricardo Scofidio, Charles Renfro, Piet Oudolf) die Natur verlorenes Territorium wieder zurückgewinnen konnte und ein einzigartiger neuer urbaner Raum kreiert wurde.

Gute Architektur kann sich verändern, sich unterschiedlichen Situationen anpassen und sich adaptieren. Ein Effekt, der dann erst recht bestimmend wird, wenn die Pflanze selbst zum Material der Architektur wird wie bei den Bosquetten und Treillagen, den Alleen und Laubengängen der hochbarocken Gartenanlagen, die in ihrer jahreszeitabhängigen Vielfalt kaum zu übertreffen sind. In Japan löst der unglaubliche Farbenrausch der Natur zweimal im Jahr wahre Pilgerströme aus, wenn die Menschen zu jenen Orten strömen – Kyoto und Nara vor allem –, wo man die Kirschblüte des Frühlings oder die Verfärbungen des in Gelb strahlenden Ginkos und des in Rot leuchtenden Ahorns im Herbst am intensivsten erleben kann.

Auch die moderne Skulptur hat die Auseinandersetzung mit der Natur wiederentdeckt. Das bewusste Durchdringen von weitläufigen Landschaftsräumen (wenn wir an das niederländische Kröller-Müller Museum in Otterloo denken) mit den schlichten und meisterhaften Beiträgen der Künstler des 20. Jahrhunderts ist mindestens genauso aufregend wie die Spannung zwischen den weißen, in Marmor gehauenen antiken Göttern vor den geschlossenen Wänden beschnittener Hecken des barocken Versailles. Das Durchdringen von Innen- und Außenraum unterliegt im japanischen Tempel und Wohnhaus den gleichen Gesetzmäßigkeiten wie bei einem der schönsten Museumsbauten der klassischen Moderne, dem Kimbell Art Museum (1967–1972) von Louis Kahn in Fort Worth, Texas.

Im Augenblick gehen leider viele dieser sorgsam geflochtenen Gespinste unter, ganze Parklandschaften liegen brach. Und man weiß nicht, ob es Faulheit, Dummheit, Gleichgültigkeit oder pure Spekulation sind, die die handelnden Personen in ihren Entschlüssen leiten. Hier könnten wir Europäer uns die Kulturen des Fernen Ostens wie einen Spiegel vor Augen halten. In Europa – an dessen Ursprung es im alten Griechenland einst hieß: „Ehre das Alter!" – wird heute einem Kult der ewigen Jugend gehuldigt, der alle Altersspuren verschleiern und beseitigen will. Wir pflegen bestenfalls die Gebäude und schützen sie, Bäume jedoch schneiden wir gerne vorbehaltlos um oder verstümmeln sie. In Japan denkt man vollkommen anders. Der japanische Gärtner pflegt die Architektur auch, scheut sich aber nicht, sie vielleicht im regelmäßigen rituellen Rhythmus zur Gänze zu erneuern, ohne jeden Kompromiss. Die lebenden Wesen der Pflanzen aber respektiert er ohne jede Einschränkung, pflegt jedes Rasenstück und umso mehr jeden Moosteppich. Man ist erstaunt, diese Gärtner auf Bäumen arbeiten und dabei minutenlang nachdenken zu sehen, bevor sie einen Schnitt wagen. Sie handeln nach einem Gesamtkonzept, das sie im Kopf haben; erst dann, wenn ein Handgriff sich der Strategie sinnvoll unterordnet, setzen sie mit ihren bewundernswerten Werkzeugen den nicht mehr rückgängig zu machenden Schnitt.

Diese ewige Erneuerung bei aller Beständigkeit ist ein grundlegend wichtiger Aspekt des Gartens. Jedem, der sich mit Gartengeschichte intensiv beschäftigt, ist klar, dass Gärten immer ein Ort intensiven Wandels gewesen sind, was einerseits in der Natur der Sache liegt – ein Garten muss von kleinsten Pflänzchen an erst aufwachsen und hat irgendwann einmal seine biologische Grenze erreicht und muss erneuert werden. Andererseits unterliegen Gärten aber auch immer sehr den Strömungen der Mode und unterschiedlichster Interessen. Auf diese Weise hat kaum ein Barockgarten wirklich dauerhaft in seiner Struktur überlebt, vielfach sind die uns heute geschätzten Höhepunkte „nur" historisierende Nachschöpfungen wesentlich späterer Perioden. Kaum eine der großen französischen Anlagen blieb vor dem Furor der Französischen Revolution verschont. Hubert Robert zeigt in mehreren seiner Gemälde und Zeichnungen den um 1775 schon mehr als desolaten Garten von Versailles. Im Liechtensteingarten in der Wiener Rossau waren Giovanni Giulianis Gartenfiguren zur selben Zeit, also nach kaum siebzig Jahren, die sie im Freien standen, von der Verwitterung zerfressen, obendrein waren sie dem neuen Ideal des Landschaftsgartens im Wege. Der mit verschiedensten Gemüsen gestaltete Garten von Villandry in Frankreich ist eine phantasievolle Nachschöpfung. Nachdem der Spanier Joachim Carvallo die Anlage 1906 erwarb, ließ er den bestehenden Landschaftsgarten beseitigen und die Anlage wieder in ihren originalen, geometrisch gestalteten Zustand zurückversetzten. Archäologische Sondierungen und das intensive Studium von Traktaten aus der Zeit der Renaissance halfen, den ursprünglichen Fruchtgarten neu zu erschaffen.

Gartenpflegeprojekte stehen heute auf der Tagesordnung. Viele der Gärten, die wir jetzt bewundern, waren in ihren Strukturen vor dreißig Jahren kaum noch lesbar und mussten sorgsam nachgeschaffen werden. Man darf hier die Natur selbst mit all ihrer Grausamkeit nicht unterschätzen, die es auf diesem Gebiet durchaus mit dem Unverstand des Homo sapiens aufnehmen kann: Orkane haben schon ganze Alleen, in Jahrhunderten zu ihrer majestätischen Erscheinung herangewachsen, innerhalb von Minuten für lange oder für immer zerstört. Aber auch die japanischen Gärten, die oft auf eine über tausend Jahre währende Geschichte zurückgreifen können, wurden immer wieder erneuert, schon allein deshalb, weil die Bauten in den Dimension zunahmen, verlegt wurden oder einfach von der größten Gefahr, der sie heute noch immer ausgesetzt sind, hinweggerafft worden sind: vom Feuer. Wer würde schon daran denken, dass der berühmte *Goldene Pavillon* in Kyoto das Ergebnis einer Rekonstruktion von 1955 ist, nachdem er kurz davor einem Brandanschlag zum Opfer gefallen war?

Der ewige Wandel birgt einen großen Reiz: Man kann einen Garten noch so oft erleben – man wird kaum je die Gelegenheit haben, ihn so zu erfahren, wie bei einem anderen Mal davor. Das Wetter, die Lichtstimmung, die Jahreszeit und die Vegetation spielen eine große Rolle. So will dieses Buch auch immer wieder auf den Faktor der Veränderlichkeit hinlenken, ein Garten von Versailles ist nicht nur für die Bildpostkartenstimmung mit knallbunt blühenden Parterreblumen und klarem blauen Himmel geschaffen worden. Wie beeindruckend ist doch dieselbe Situation mit den niedrig dahinstürmenden Wolkenbänken im Herbst oder mit den Buchspflanzen in ihrer im Winter ganz anderen Farbigkeit. Wie beeindruckend ist ebendort die Orangerie mit ihren unbepflanzten Ornamenten, die wie auf einem der Kupferstiche des 18. Jahrhunderts anmuten. Wer Gärten studiert, weiß nach dieser Beschäftigung, dass Architektur etwas ist, das sich verändern können muss, weil sie nur Menschenwerk und damit vergänglich ist. Das Memento mori, das sich dahinter verbirgt, sollte uns nachdenklich stimmen. Der Faktor, dass auf jedes Sterben im Herbst ein neues Keimen im Frühling folgt, weist aber in die andere Richtung einer ewigen Wiederkehr. Und somit sind wir dort angekommen, wo wir begonnen haben: bei den Gärten als Erinnerung an das verlorene Paradies.

ARKADIENS ERSTE WIEDERGEBURT

Der italienische Garten

Italien stand nach dem Zusammenbruch der antiken Kultur in den dunkelsten Zeiten des Mittelalters noch immer über weite Strecken unter deren Einfluss. Die Kultur des antiken Hofhauses, eines von Mauern nach außen hermetisch abgeschlossenen Habitats, in dem sich alles Leben um einen grünen Innenhof orientierte, hat sicherlich auch auf die Anlage der frühen Klöster Einfluss ausgeübt. Ein erstes Mal ist dies im Klosterplan von St. Gallen (819–826) kodifiziert worden, der verschiedene Typen von Gärten dokumentiert, darunter auch den Kreuzganggarten, der eine ganz pragmatische und gleichsam für alle Zeiten gültige Gliederung in vier Quadranten und einen mittleren Brunnen aufweist – ein Typus, der auch in den islamischen Gärten eine große Rolle spielt, persische Seidenteppiche des 17. Jahrhunderts zeigen uns genau dieses Grundmuster. Damit ist auch die Idee des italienischen Gartens definiert: ein Garten, der ein überschaubares geometrisches Feld besitzt oder über mehrere Gartenräume verfügt, da unterschiedlichste Themenbereiche additiv zu einer Gesamtkomposition zusammengefügt sind.

Erste schriftliche Anweisungen zur Anlage eines Gartens enthalten die *Zehn Bücher über die Baukunst* des Architekten und Architekturtheoretikers Leon Battista Alberti (1404–1472). Sie entstanden zwischen 1443 und 1452 und wurden 1485 erstmals in Florenz gedruckt. Alberti beruft sich hier ganz explizit auf die antike Literatur, insbesondere auf Plinius d. J., und schreibt über immergrüne Laubengänge, über den richtigen Ort, Buchspflanzen zu setzen, und über Pflanzen, deren medizinischen Nutzen man suchen sollte. Viele Dinge können wir aus Albertis Texten ablesen. Es wird klar, wie er auf die Antike zurückgreift und sie als Inspirationsquelle und Vorbild für das zeitgenössische Schaffen ansieht. Nahtlos wendet er dieselben Gesetzmäßigkeiten für die gebaute und die gepflanzte Architektur an. Natur und Architektur verschmelzen miteinander, wie am Beispiel der Grotte zu sehen ist, die gerade im italienischen Garten der Renaissance und des Barock eine wesentliche Rolle spielte.

Eine weitere wichtige Publikation ist das Werk *Hypnerotomachia Poliphili* von Francesco Colonna (1433–1527), das 1499 in italienischer Sprache erschien. Colonna kleidet seine Gartentheorie in einen Roman und bringt sogar den Plan eines Gartenparterres mit präzisen Indikationen zur Bepflanzung. Auch Sebastiano Serlio (1475–1554) zeigt im vierten Buch seines Architekturtraktates von 1537 auf fünf Seiten Muster zur Bepflanzung solcher Parterreflächen.

Das erste reife Statement dieser Auseinandersetzung von Architektur und Garten ist der Belvederehof des Vatikans, wo Donato Bramante (1444–1514) ab 1503 für seinen Auftraggeber Papst Julius II. (1443–1513) die hoch gelegene Belvederevilla mit dem am Ende des mehr als 300 Meter abfallenden Geländes befindlichen Papstpalastes zu verbinden hatte. Bramantes Anlage begann vor dem Palast mit dem Hemizykel eines Theaters und setzte sich dann mit einem davor liegenden, an beiden Seiten von dreigeschossigen Arkadengängen gesäumten Turnierplatz fort, dem eine über eine breite Freitreppe erschlossene erste Terrasse folgte. Auf die oberste, als Gartenparterre ausgebildete Terrassenfläche führten Rampentreppen, eine kulissenartige Exedraarchitektur schirmte die dahinter liegende Villa ab. In dieser Anlage finden sich alle Elemente vorgeformt, die den europäischen Garten für die nächsten eineinhalb Jahrhunderte prägen sollten: die Terrasse, die Freitreppe, die Rampe und die Exedra.

Mit der Rekonstruktion des antiken Fortuna-Heiligtums von Palestrina durch Pirro Ligorio (um 1510–1583), der nach Bramantes Tod den Belvederehof bis zur Jahrhundertmitte vollendete, sind alle diese Elemente als Formen der antiken Baukultur belegt – und haben damit auch auf formaler Ebene eine direkte Vorbildwirkung auf die Architektur der Renaissance und deren Gärten.

Der wohl gewaltigste Bau, der in der Nachfolge des vatikanischen Belvederehofes entstanden ist, war der Garten der Villa d'Este in Tivoli. Auch hier gab es einen großen Geländeunterschied zu bewältigen, der mit einem komplexen Gewebe kleiner Gartenkompartimente, die durch einander kreuzende Achsen zu größeren Komplexen zusammengeschlossen wurden, artikuliert worden ist. Auftraggeber war Kardinal Ippolito II. d'Este (1509–1572). Wie beim Belvederehof war Pirro Ligorio der ausführende Architekt, der das Projekt bis 1572 umsetzte. Prinzipiell zerfällt der Garten in zwei Bereiche: einen ebenen, durch den man ihn betrat, und einen stark ansteigenden Teil, der sich L-förmig vor die Ostecke des Palastes legt. Das Zentrum des ebenen Teiles bildete der *Giardino degli semplici*, ein Gartenbereich, der durch ein von Laubengängen überdachtes Wegkreuz mit einem Mittelpavillon in vier Quadranten geteilt war, die ihrerseits wiederum von Längs- und Querwegen durchschnitten waren.

Der vor dem Palast stark ansteigende Nordteil wird durch steile gerade Treppen und Rampen erschlossen, an seinem Fuß liegt eine Folge von Teichen, deren Achse sich am Nordende steil nach oben fortsetzt und von dem mächtigen Prospekt der Wasserorgel überragt wird. Parallel dazu liegt die *Allee der Hundert Brunnen*, die die *Fontana di Tivoli* und die *Fontana di Roma* verbindet. Am Fuß der Felswand der *Fontana di Tivoli* entspringt einer der Nebenarme des Flusses Aniene. Diese „Quelle" zählt zu den größten Attraktionen des Gartens, zu denen auch die *Statue des Tiber* in einem steinernen Schiffchen, die alles überragende *Skulptur der Roma* sowie die *Fontana di Roma* gehören, die das antike Rom en miniature repräsentieren.

Das andere überragende und erhaltene Beispiel eines Renaissancegartens in Italien ist jener der Villa Lante in Bagnaia. Er wurde kurz nach 1566 für Kardinal Giovan Francesco Gambara (1533–1587), Bischof von Viterbo, geschaffen. Architekt war Giacomo Barozzi da Vignola (1507–1573), der in seinem Todesjahr noch das erste Casino fertigstellen konnte. Hier wird die Intention des Bauherrn sichtbar, der alle Prachtentfaltung an den Bauwerken selbst vermeiden und das Augenmerk auf den Park legen wollte. Sie beschränken sich im Wesentlichen auf zwei dreiachsige Pavillons, die den Übergang des unten, über dem Ort liegenden flachen Parterres und den dahinter liegenden, steil ansteigenden Terrassen mit den Wasserspielen markieren. In der Mitte des Parterres ist ein kreisrunder Brunnen, den vier flankierende Wasserbecken zu einer großen quadratischen Wasserfläche in der Mitte ergänzen. Im oberen Garten dreht sich alles ausschließlich um das Thema Wasser, berühmt ist der *Tisch des Kardinals* mit einer Wasserrinne in seiner Mitte zum Kühlen der Weinflaschen oder die *Fontana dei Giganti*, in die eine Wassertreppe in Form eines in unendliche Länge gezogenen Krebses mündet. Hier herrscht ein auf engstem Raum ein gestricktes Nebeneinander verschiedenster kleiner Welten, die immer wieder für Überraschungen sorgen und sich insgesamt zu einem harmonischen Ganzen fügen, das damals wie heute kaum auf einen Blick erlebbar ist. Nur die historischen Vogelschaustiche können, wie schon bei der Villa d'Este in

Tivoli, einen sonst nicht nachvollziehbaren, eigentlich völlig abstrakten Blick über die Gesamtkomposition geben – und genau das ist der Unterschied zum späteren französischen Garten, der versucht, dem Besucher diesen langen Blick wenigstens immer über eine Achse hinweg in all ihrer nie enden wollenden Tiefe zu bieten.

Etwas anders als diese beiden Villen, die in Latium römischen Idealen folgen, sind die toskanischen strukturiert, die vor allem die Medici mit ihrem erlesenen Geschmack geprägt haben: etwa die Villa Castello, die Niccolò di Raffaello di Niccolò dei Pericoli (um 1500–1550), genannt Tribolo, 1538 für Cosimo I. de' Medici (1519 bis 1574) schuf. Noch heute ist die gesamte Anlage klar achsialsymmetrisch konzipiert, im Zentrum liegt die Villa mit zwei kleinen *giardini segreti* an ihren Flanken. Hinter der Villa ist das Gartenparterre mit einem Springbrunnen im Zentrum, der von einem Labyrinth aus Lorbeer, Zypressen und Myrthen umschlossen ist. Eine Besonderheit des Gartens ist die *Orpheusgrotte*, die von lebensgroßen Tieren aus Bronze und Marmor geziert wird und damit eine Botschaft transportiert: So wie Orpheus mit seinem Gesang die Tiere zähmte, so sorgten die Medicis für Frieden und Kultur. Alle Einzelteile des Gartens sind von Umfassungsmauern eingeschlossen, die auch hier wieder ein Erleben des Gartens in seiner Gesamtheit nahezu unmöglich machen. Viele seiner Teile sind mit Obstbäumen durchsetzt, die zusätzlich den Blick trüben, sodass der Garten auch hier wieder nur in kleinen Einheiten erfassbar wird.

Im Norden Italiens, in den Euganeischen Hügeln südwestlich von Padua, wurden 1669, schon weit in der Barockzeit, Garten und Villa Barbarigo für den venezianischen Prokurator Zuane Francesco Barbarigo durch Luigi Bernini (1612–1681) als spätes Beispiel eines italienischen Gartens geschaffen. Zur Straße liegt der grazile *Portikus des Dianabades* als Eingang, dahinter öffnet sich eine Achse mit Brunnen und Kaskaden. In der Querachse erzählen subtile Wasserspiele, die kein Besucher trocken verlässt, von der Sinnenfreude des Barock. Seitlich der Hauptachsen liegen die *Kanincheninsel* und ein *Labyrinth*, siebzig Skulpturen, darunter ein beeindruckender *Chronos*, begleiten noch heute den Besucher.

In Deutschland war der *Hortus Palatinus*, der *Pfälzische Garten* in Heidelberg, die erste und bedeutendste Anlage, die dem Schema des italienischen Gartens folgte. Nachdem der Garten und das Schloss im Pfälzischen Erbfolgekrieg (1688–1697) weitestgehend zerstört und nicht wieder aufgebaut worden sind, ist der Zustand des Gartens um 1620 nur durch das Gemälde des flämischen Malers Jacques Fouquières und durch das Stichwerk von Salomon de Caus nachvollziehbar. Auftraggeber des Gartens war Kurfürst Friedrich V. von der Pfalz (1596–1632), der 1616 den in England lebenden französischen Ingenieur und Gartenarchitekten Salomon de Caus (1576–1626) für die Planung nach Heidelberg berief. Als Friedrich 1619 zum König von Böhmen (Winterkönig) gewählt wurde und seine Residenz nach Prag verlegte, wurden die Arbeiten am *Hortus Palatinus* eingestellt.

Der Garten entstand noch zu jener Zeit, als Friedrich nach seiner „Traumhochzeit" (1613) mit der Tochter des englischen Königs Jakob I., Maria Stuart, das Schloss und dessen Garten modernisieren wollte. De Caus entwickelte eine Anlage mit fünf Terrassen auf vier Ebenen, die das Gelände geschickt nutzten. Auch hier war der gesamte Garten in einzelne Parterres aufgeteilt, die durch vielfältige Bauwerke akzentuiert wurden. Vor der *Großen Grotte* wurde ein bemerkenswertes Portal errichtet, das als eines der bedeutendsten Bauwerke der Anlage gilt und alle Zerstörungen zum Teil sogar überdauerte. Seitlich wurde es von zwei Obelisken flankiert, den Bogen schmückten 13 Tierfiguren, wobei die Mitte des Bogens von einem Löwen geziert wurde, der den König der Tiere symbolisierte, aber auch das Wappentier Friedrichs verkörperte und als Allegorie auf den Bauherrn fungierte.

Mit dieser Anlage vollzog die italienische Gartenkunst mit all ihren Elementen – der Kombination von Kunst, Natur und Technik – einen glanzvollen Einzug in Deutschland. Natur und Menschenwerk vereinigten sich zu einem bis dahin nicht gekannten irdischen Paradies, das kunstvoll in die umgebende Natur eingefügt wurde – und dennoch rigide von ihr getrennt blieb. Mehr noch als in den Gärten in Italien scheint hier ein Höchstmaß der Stilisierung und Abstraktion und damit Gegensatz zur Natur erreicht worden zu sein.

In Wien muss der Garten des Schloss Neugebäude ein ähnliches Wunderwerk gewesen sein. Nach den entstellenden Umbauten und Plünderungen unter Maria Theresia ist es heute eine noch immer beeindruckende Ruine. Das Neugebäude gilt als größte Schlossanlage der Renaissance nördlich der Alpen. Angelegt für Kaiser Maximilian II. (1527–1576), wurde mit dem Bau wahrscheinlich nach Plänen von Jacopo della Strada (1507–1588) im Jahr 1569 begonnen. Vor dem Schloss in der Ebene zur Donau hin lagen ein riesiges Wasserbecken und ein Gartenparterre mit zwei monumentalen Brunnen, hinter dem Schloss befand sich noch ein von Arkaden gesäumtes Gartenparterre inmitten eines ummauerten Baum- und Tiergartens. In ihrem Typus ist die Anlage ähnlich den für Heinrich Kielmann aus Westfalen nach 1600 angelegten *Kielmannsegg'schen Gärten* in Wien oder dem *Blumengarten* (*Květná zahrada*) in Kroměříž, der 1665–1675 nach Plänen von Filiberto Lucchese (1606–1666) und Giovanni Pietro Tencalla (1629–1702) errichtet wurde. Erwähnenswert sind außerdem Schloss und Garten von Hellbrunn, die ab 1613 von dem Salzburger Fürsterzbischof Markus Sittikus von Hohenems (1574–1619) nach italienischem Muster einer *villa suburbana* geschaffen wurden.

Von den italienischen Gärten in Frankreich soll hier jener des Château de Villandry herausgegriffen werden, der als Renaissancegarten verloren gegangen war, bevor die Anlage 1906 von dem Spanier Joachim Carvallo (1869–1936) gekauft und nach historischen Vorlagen und der Idee, den ursprünglich dort wohl vorhandenen Pflanzenbestand wieder einzusetzen, rekonstruiert worden ist. Hilfestellung leisteten dabei die Ansichten des Architekten Jacques Androuet du Cerceau (1511?–1585/86), der viele der Gärten Frankreichs – die nicht er entworfen hatte – in seinen Stichen festgehalten hat. In Villandry wurden ganz nach den italienischen Vorbildern am Übergang vom 15. zum 16. Jahrhundert kleinräumige Themengärten eingerichtet und zur Bepflanzung ausschließlich Buchs und verschiedene Gemüse herangezogen, die dort auf ihre Weise den Gedanken des Nützlichen und des Schönen zu einer Einheit verbinden, wie es den Idealen des italienischen Renaissancegartens entsprach. Heute ist dieser Garten, nachdem er über ein Dreivierteljahrhundert nach dem Abschluss seiner Wiederherstellung Zeit hatte, sich zu entwickeln, einer der kuriosesten und farbenprächtigsten existierenden Gärten – ein Beweis, dass Gärten desselben Typs durch ihre unterschiedliche Instrumentierung und Ausformung ein ganz anderes ästhetisches Erscheinungsbild zeigen können. Die Verbindung des Nützlichen mit dem Schönen, eines der ganz zentralen Themen des italienischen Gartens, präsentiert sich kaum wo überzeugender als hier in Villandry.

Villa Adriana
Tivoli (Latium, Italien)
Als Sommersitz und Altersresidenz für
Kaiser Hadrian 118–138 errichtet

Links und unten: Teatro Marittimo

Rechts: Canopus

Pompejanum
Aschaffenburg (Bayern, Deutschland)
Für König Ludwig von Bayern von
Friedrich von Gärtner 1840–1848
errichtet

Links: *Viridarium*

Rechts: *Sommertriclinium*

Unten: *Atrium*

The Getty Villa
Pacific Palisades, Malibu (Kalifornien, USA)
Für J. Paul Getty von Denis Kurutz, Matt Randolph und
Amy Korn errichtet und 1974 eröffnet. Durchgreifende
Umgestaltung 1993–2006 durch Rodolpho Muchado und
Jorge Silvetti

Linke Seite: Villa Kerylos
Beaulieu-sur-Mer (Provence, Frankreich)
Für den französischen Archäologen Theodore Reinach und seine Frau Fanny Kann, Tochter von Maximilien Kann und Betty Ephrussi, durch Emmanuel Pontremoli 1902–1908 errichtet

Links und unten rechts: Blick in das Perystil

Unten links: Der kleine Garten vor der Villa am Cap

Rechte Seite: Villa Medici
Rom (Latium, Italien)
Durch Nanni di Baccio, Annibale Lippi sowie Bartolomeo Ammanati (beteiligt ab 1564) 1564–1574 errichtet. 1576 von Kardinal Ferdinando I. de' Medici zur Präsentation seiner Antikensammlung erworben. Kopie des Fliegenden Merkur von 1900 nach dem 1580 entstandenen Original von Giambologna (heute im Bargello, Florenz)

Villa Lante
Bagnaia (Latium, Italien)
Ursprünglich für Kardinal Raffaele Riario 1477 erbaut. Heutige Anlage für Kardinal
Giovanni Francesco Gambara ab 1566 durch Giacomo Barozzi da Vignola errichtet

Villa dei Vescovi
Luvigliano di Torreglia (Veneto, Italien)
Für Francesco Pisani, Bischof von Padua, unter der Leitung von
Alvise Cornaro nach Entwurf von Giovanni Maria Falconetto (1535–1542)
errichtet. Spätere Änderungen durch Giulio Romano

Oben und unten: Villa della Torre
Fumane (Veneto, Italien)
Für Giulio della Torre durch Michele Sanmicheli und Giulio Romano 1562 errichtet

Oben und unten: Castello del Cataio
Cataio (Veneto, Italien)
Für Pio Enea I. Obizzi durch Andrea da Valle 1570–1578 errichtet. Im 17. Jahrhundert und ab 1803 durch die Familie d'Este (Francesco IV. von Modena) erweitert, nach dem Tod von Francesco V. von Modena 1875 im Besitz des österreichischen Thronfolgers Franz Ferdinand

Rechte Seite: Bernardino Rossi. Die Gärten des Reale Palazzo del Cataio mit den Kindern Francescos IV. von Modena. Um 1830. Öl auf Leinwand

*Links und unten: Villa Cicogna Mozzoni
Bisuschio (Lombardei, Italien)
Garten für Ascanio Mozzoni und
Carlo Cicogna Mozzoni. Ende 16. Jahrhundert*

*Rechts: Villa Della Porta Bozzolo
Casalzuigno (Lombardei, Italien)
Entscheidende Veränderungen durch Gian Angelo III.
della Porta Ende des 17. Jahrhunderts anlässlich seiner
Hochzeit mit Isabella, Tochter des Giorgio Giulini.
1723 Hinzufügung der monumentalen Brunnenanlage
durch den Architekten Pellegatta*

*Links: Garten der Villa Balbiano
Balbiano Ossuccio (Lombardei, Italien)
Für Kardinal Tolomeo Gallio durch Pellegrino Tibaldi Ende des
16. Jahrhunderts errichtet. 1637 weitere Veränderungen*

*Unten: Viale del Ercole der Villa d'Este
Cernobbio (Lombardei, Italien)
Residenz und Garten für Kardinal Tolomeo Gallio durch
Pellegrino Tibaldi 1565–1570 errichtet. Bis 1784 weitere
Veränderungen*

*Rechts: Bagno di Diana im Garten der Villa Barbarigo
Valsanzibio (Veneto, Italien)
Für Zuane Francesco Barbarigo ab 1669 errichtet. Fertigstellung
unter seinem Sohn Gregorio Barbarigo nach Plänen von
Luigi Bernini. Skulpturenschmuck hauptsächlich von
Enrico Merengo*

Links: Wasserspiele im Garten der Villa Barbarigo
Valsanzibio (Veneto, Italien)
Im 18. Jahrhundert errichtet

Unten: Villa Angarano Bianchi Michiel
Angarano di Bassano (Veneto, Italien)
Für Giacomo Angarano von Andrea Palladio 1548 geplant. Ausgeführter Bau (vor 1713) von Baldassare Longhena und Domenico Margutti

Rechte Seite: Frontalansicht und Nymphäum der Villa Barbaro
Maser (Veneto, Italien)
Für Daniele Barbaro, Patriarch von Aquileia und Botschafter am Hof von Königin Elisabeth I. von England, und seinen Bruder Marcantonio, Botschafter am Hof von König Karl IX. von Frankreich, durch Andrea Palladio 1557/58 und später errichtet. Architekturdekoration und Skulpturenschmuck von Alessandro Vittoria

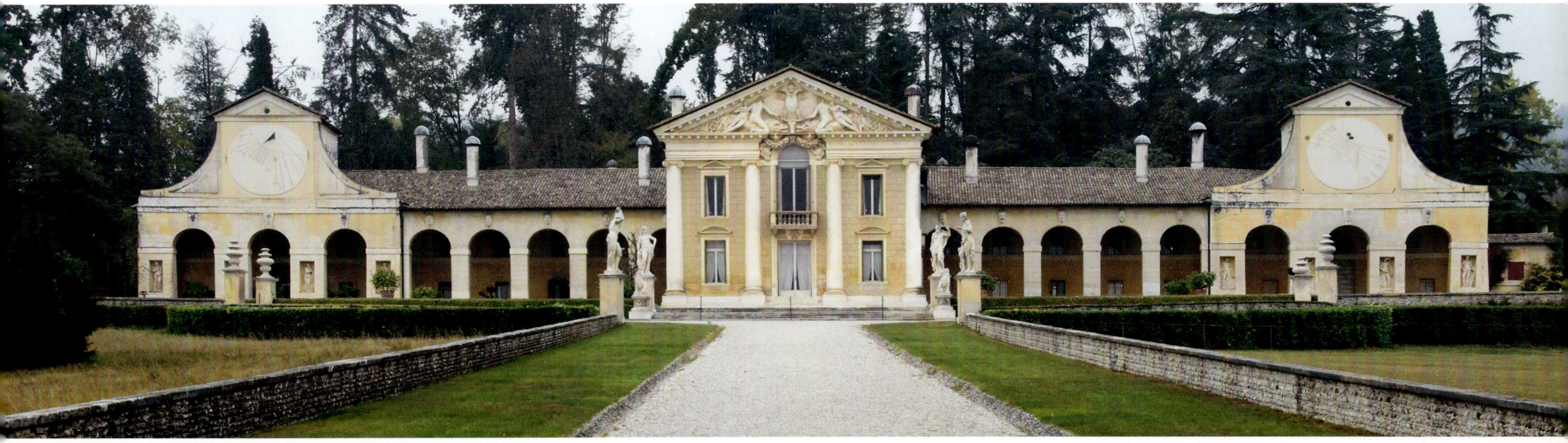

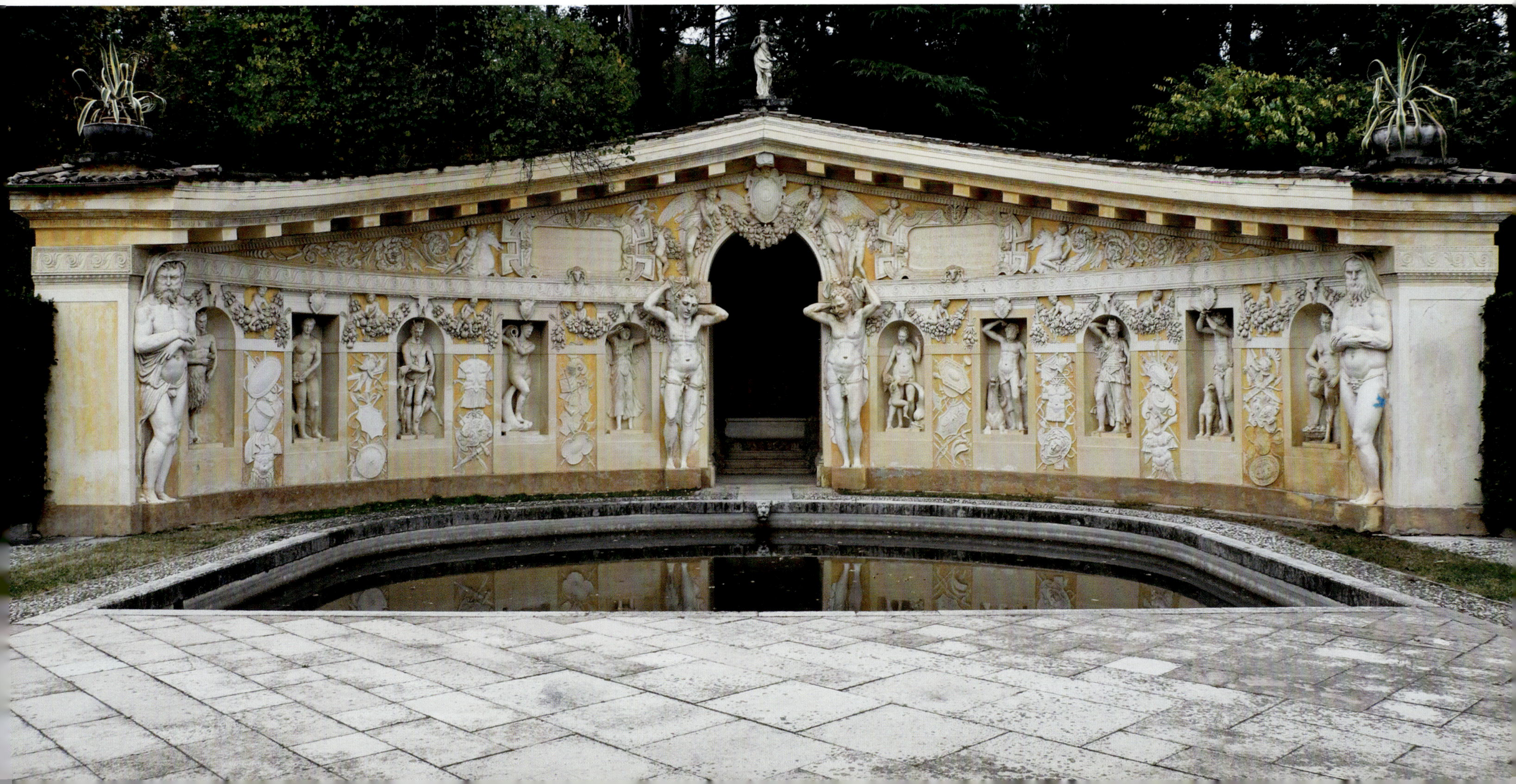

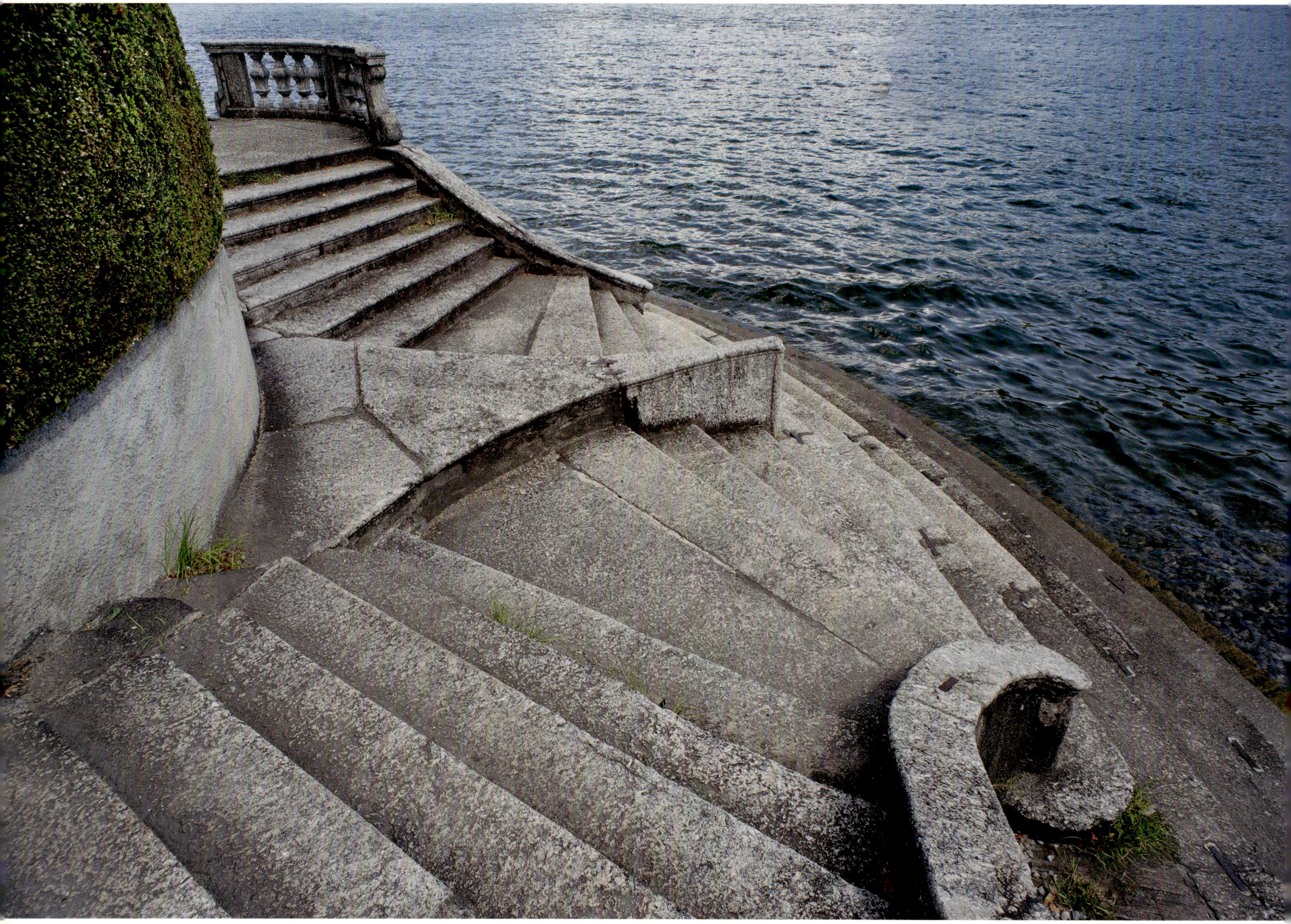

Linke Seite und rechts oben: Abgang zum See und Hauptfront der Villa la Quiete am Lago di Como
Tremezzo (Lombardei, Italien)
In der 2. Hälfte des 18. Jahrhunderts errichtet

Rechts Mitte: Das zum See abfallende Gartenparterre der Villa Carlotta am Lago di Como
Tremezzo (Lombardei, Italien)
Im späten 17. Jahrhundert errichtet. Für Anton Giorgio Clerici ab 1747 modernisiert. Adaptierung von Villa und Park für Gian Battista Sommariva Anfang des 19. Jahrhunderts. Von der Prinzessin Marianne von Nassau, der Gattin von Albert von Preußen, 1843 erworben. Danach an ihre Tochter Charlotte und ihren Gatten Georg, Erbprinz von Sachsen-Meiningen, übergegangen. In dieser Zeit Anlage des Gartens mit Azaleen- und Rhododendrenkulturen

Rechts unten: Das zum Meer offene Gartenparterre von Schloss Miramare
Miramare bei Triest (Venezia-Giulia, Italien)
Schloss für Erzherzog Ferdinand Maximilian von Österreich durch Carl Junker errichtet (Baubeginn 1. März 1856). Garten durch die Hofgärtner Josef Laube und Anton Jelinek angelegt

Unten: Blick über den Garten der Villa di Rovero
San Zenone degli Ezzelini (Treviso, Italien)
Für Cristofaro di Rovero Ende des 16. Jahrhunderts errichtet

Links, unten und rechte Seite: Giardino Giusti
Verona (Veneto, Italien)
Für die Familie Giusti ab dem Ende des 16. Jahrhunderts angelegt. Erweiterungen und Adaptierungen im 17. und 18. Jahrhundert

Rechts: Garten der Villa Negroni, ehemals Morosini
Vezia (Tessin, Italien)
Villa für Carlo Morosini um 1800 errichtet. Garten im italienischen Stil 1910–1920 mit für das 17. Jahrhundert typischen Elementen angelegt

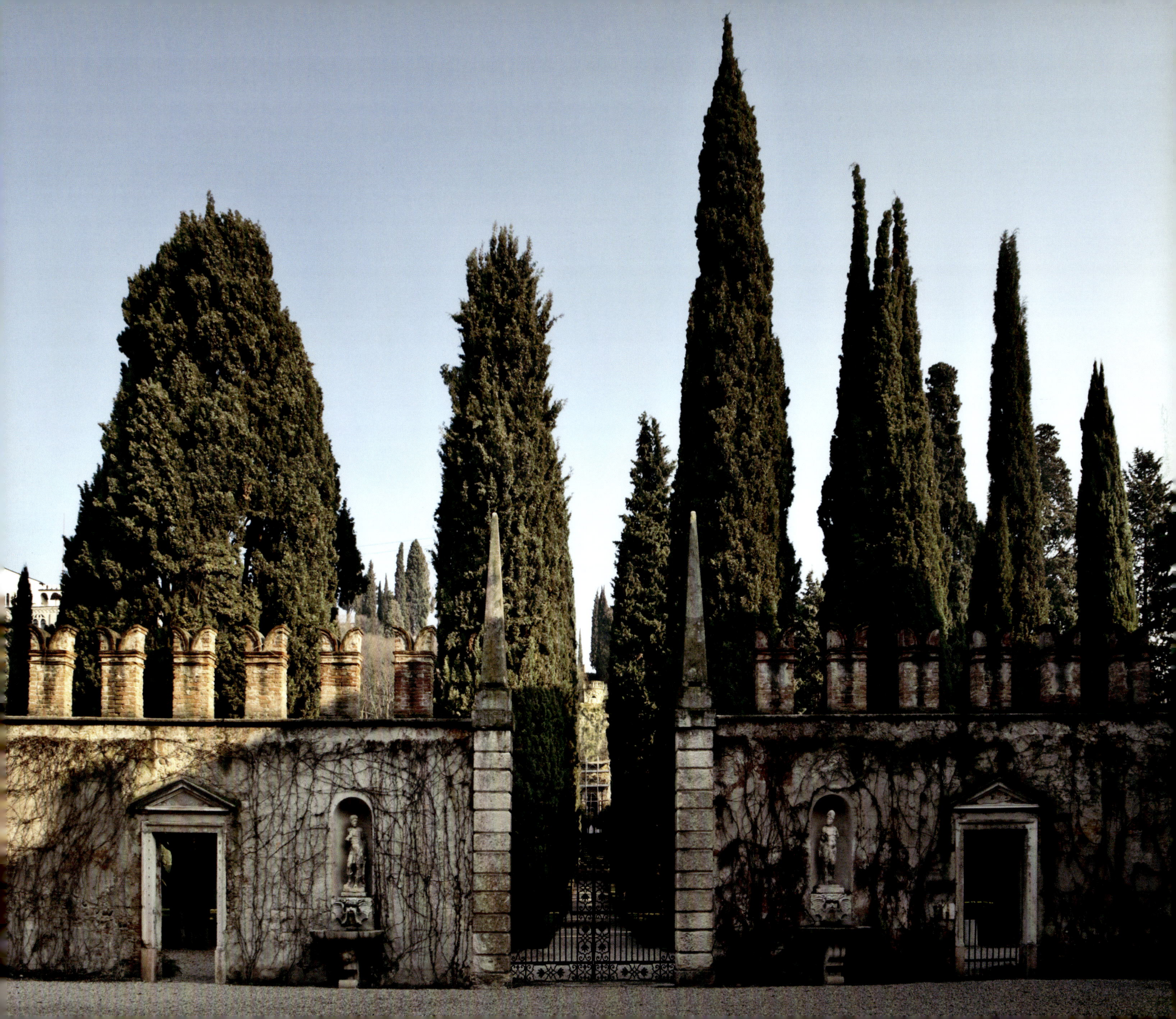

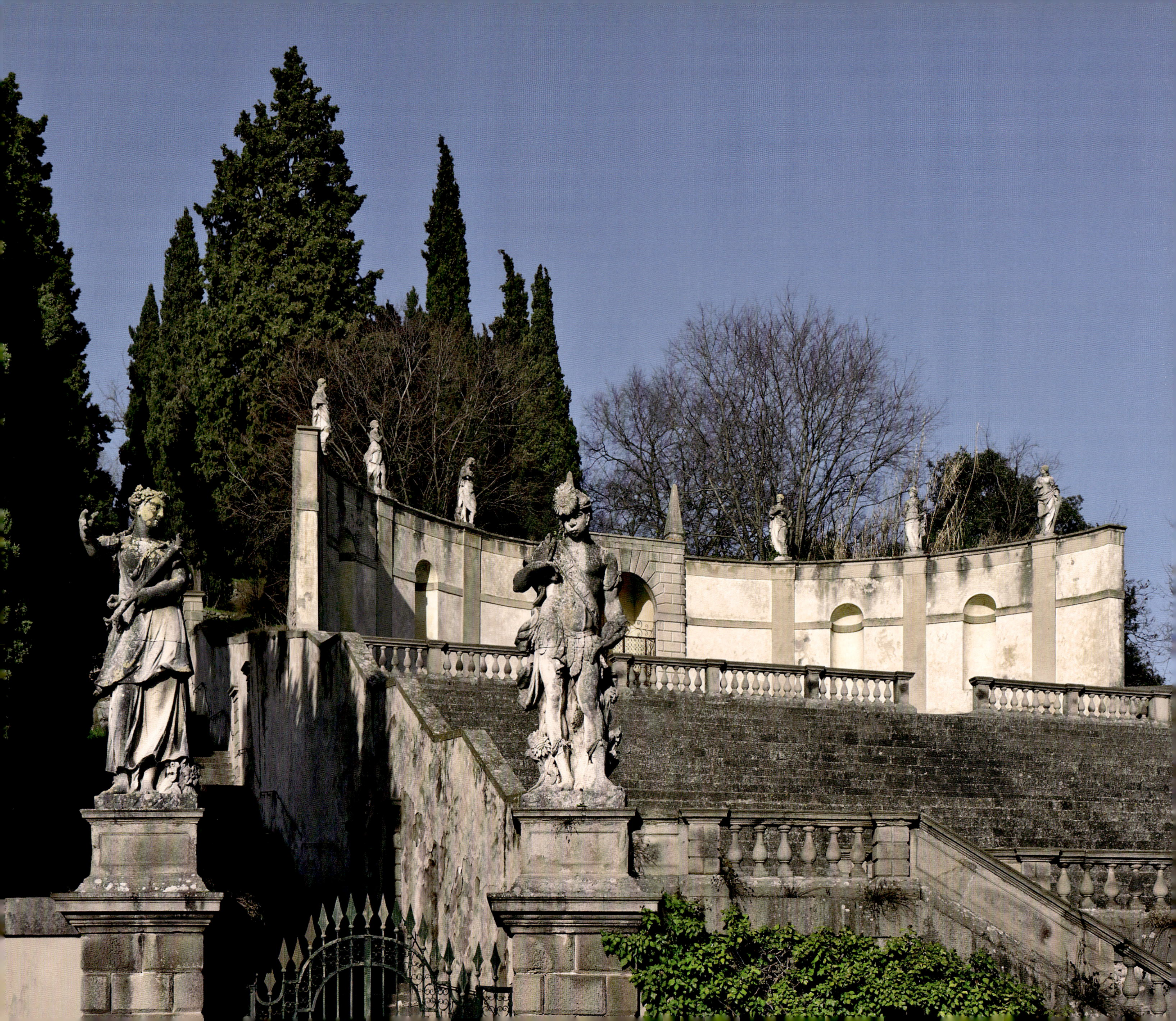

*Linke Seite: Santuario delle Sette Chiese der Villa Duodo
Monselice (Veneto, Italien)
Villa für Francesco Duodo nach einem Entwurf von Vincenzo
Scamozzi Anfang des 17. Jahrhunderts errichtet. Durch Andrea
Tirali um 1740 erweitert. Aus dieser Zeit stammt auch der
Garten mit der monumentalen skulpturenbekrönten Exedra*

*Rechts und unten: Villa Fidelia
Spello (Umbrien, Italien)
Ende des 16. Jahrhunderts angelegt. Durch Donna Teresa
Pamphili Grillo Anfang des 18. Jahrhunderts erneuert.
Weitere Adaptierungen 1805 und 1830*

Skulpturengarten der Villa Trento-Da Schio
Costozza di Longare (Veneto, Italien)
Garten um 1700 angelegt. Skulpturen von Orazio Marinali

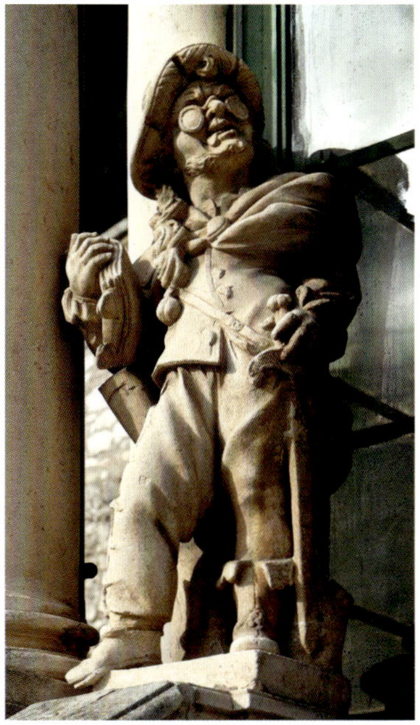
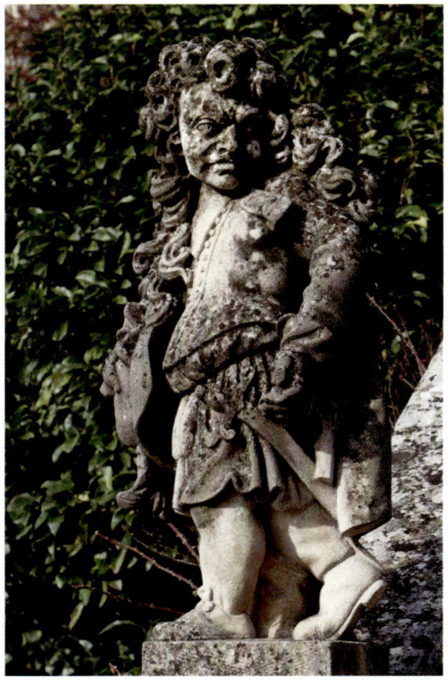
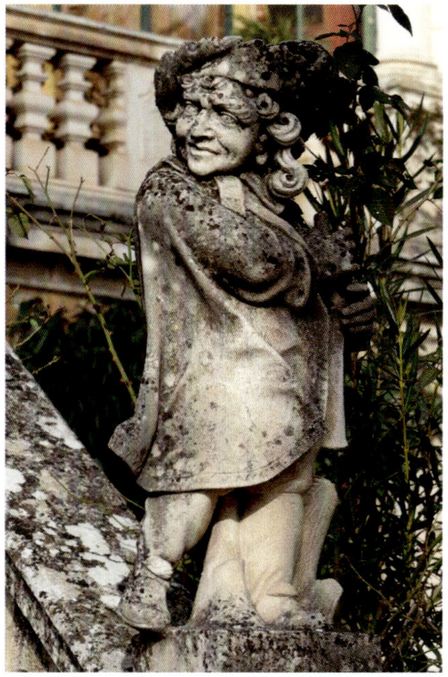
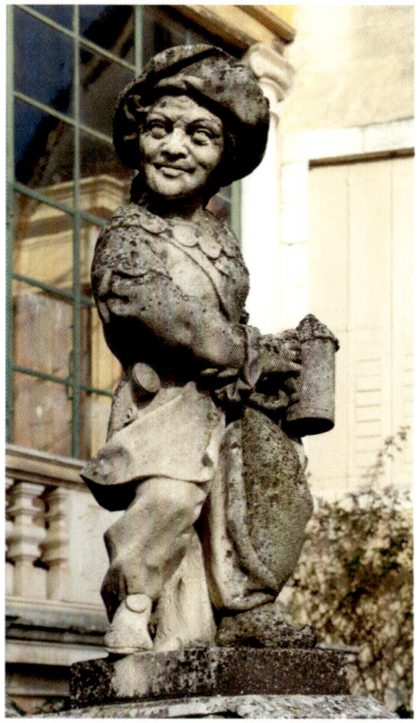
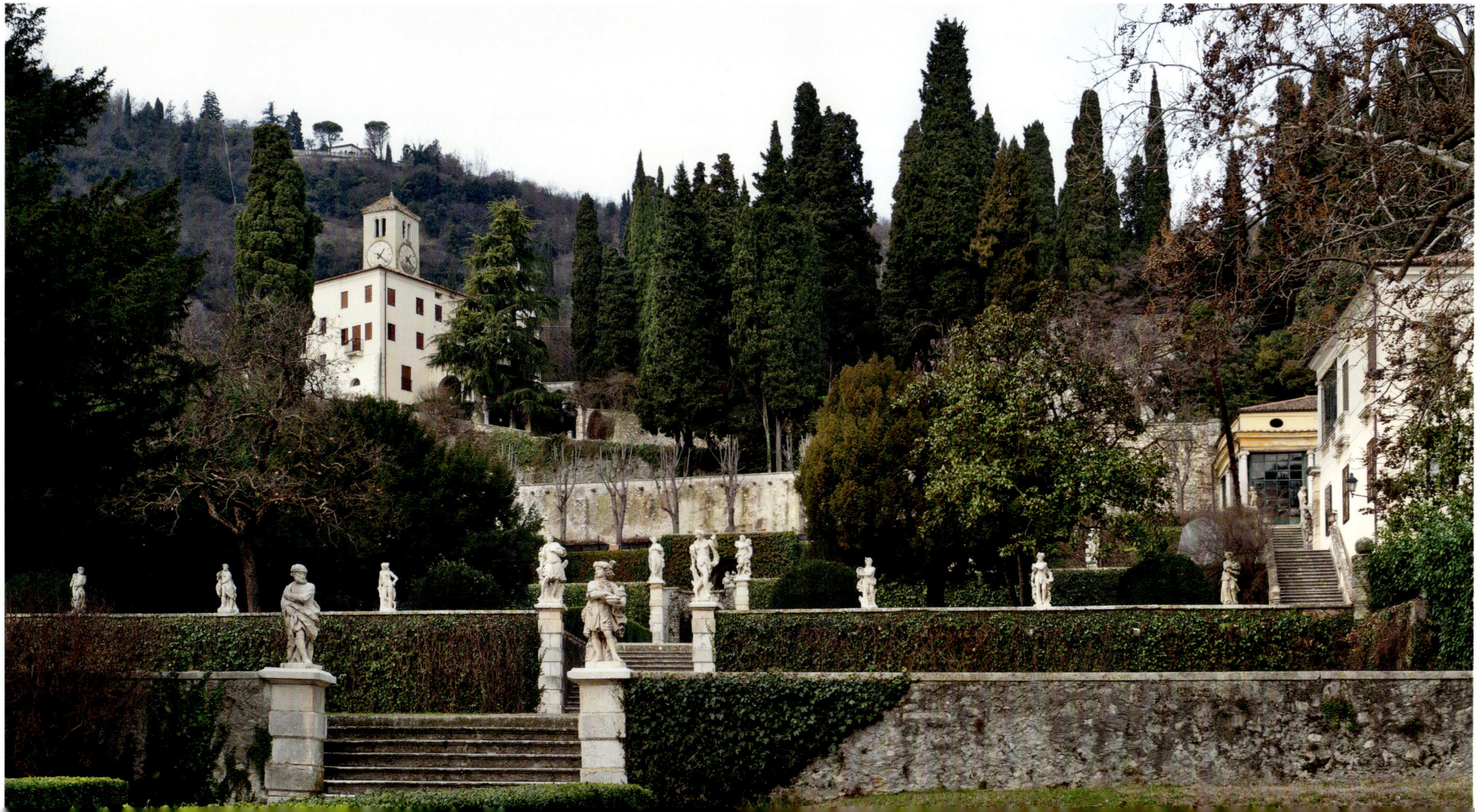

Villa Della Regina
Turin (Piemont, Italien)
Für Maurizio von Savoyen durch Ascanio Vitozzi 1615 errichtet. Adaptierungen und Neugestaltung des Gartens unter der neuen Besitzerin Anna d'Orleans, Gemahlin von Vittorio Amedeo II., durch Filippo Juvarra und Giovanni Pietro Baroni di Tavigliano ab 1692

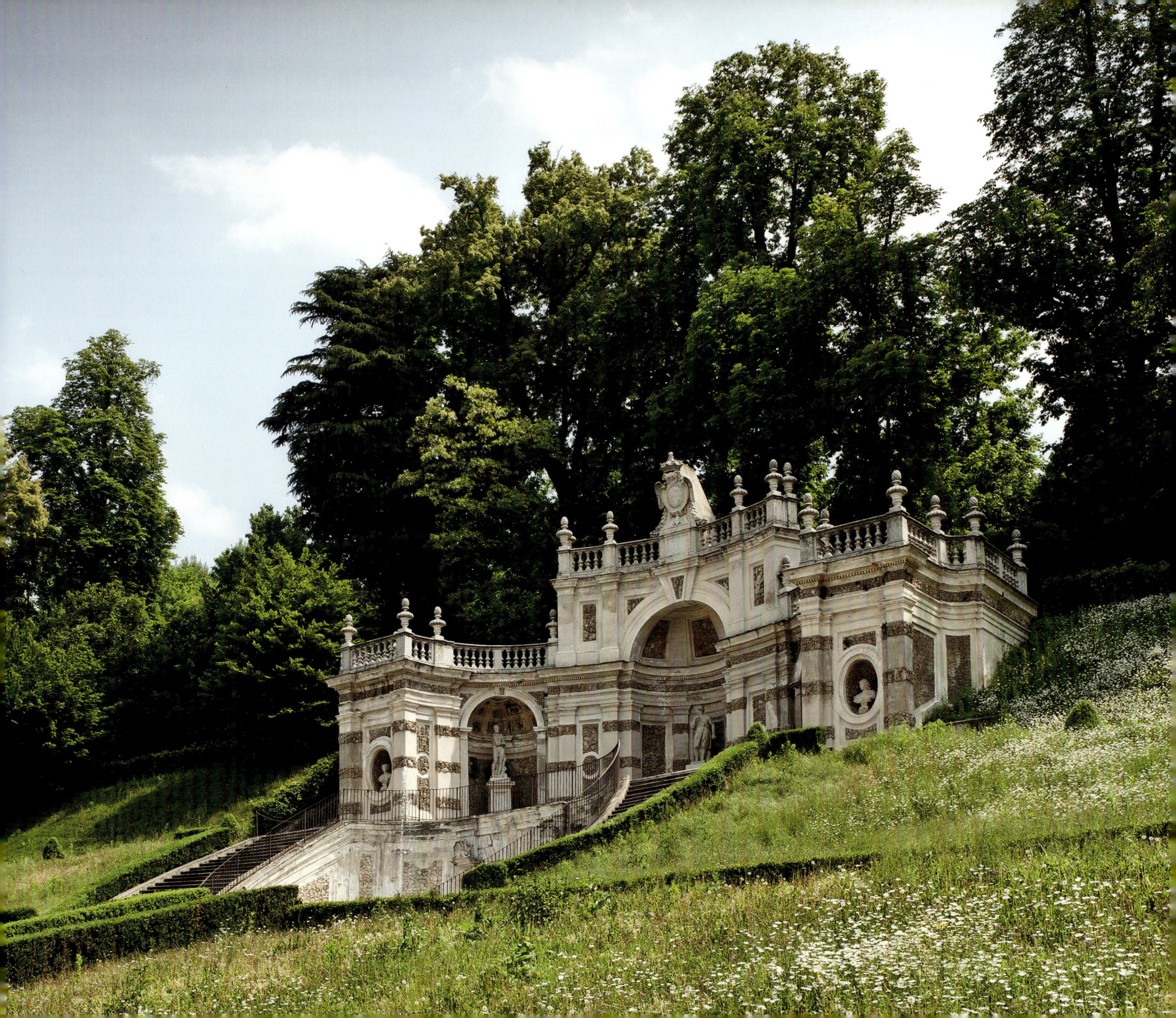

Giardini Pensili der Paläste an der Strada Nuova
Genua (Ligurien, Italien)

Links oben: Palazzo Rosso
Für Rodolfo und Giovanni Francesco Brignole-Sale 1671–1677 durch Pietro Antonio Corradi errichtet

Rechts oben: Palazzo Doria-Tursi
Für Niccolò Grimaldi durch Domenico und Giovanni Ponzello ab 1565 errichtet

Links unten: Palazzo Bianco
Für Luca Grimaldi 1530–1540 errichtet. Unter Maria Durazzo Brignole-Sale 1714–1716 umgebaut

Rechts unten: Nymphäum im Hof des Palazzo Podestà
Genua (Ligurien, Italien)
Für Nicolosio Lomellini 1559–1565 errichtet. Im 17. Jahrhundert im Besitz der Familien Centurione, Pallavicini sowie des Andrea Podestà. Nymphäum von Domenico Parodi aus der 1. Hälfte des 18. Jahrhunderts

Brunnen im Garten des Palazzo del Principe (Villa di Andrea Doria)
Genua (Ligurien, Italien)
Für Andrea Doria unter Beteiligung wichtiger Künstler wie Perino del Vaga ab 1529 errichtet. Später im Besitz der Familie Doria Pamphilj

Rechts: Taddeo Carlone. Fontana del Nettuno. Vor 1700

Unten: Giovanni Angelo Montorsoli. Fontana del Satiro. Nach 1547

Villa Torrigiani di Camigliano
Camigliano bei Lucca (Toskana, Italien)
Für Nicolao Santini, Botschafter der Republik
Lucca in Paris, durch André Le Nôtre ab 1636
erneuert

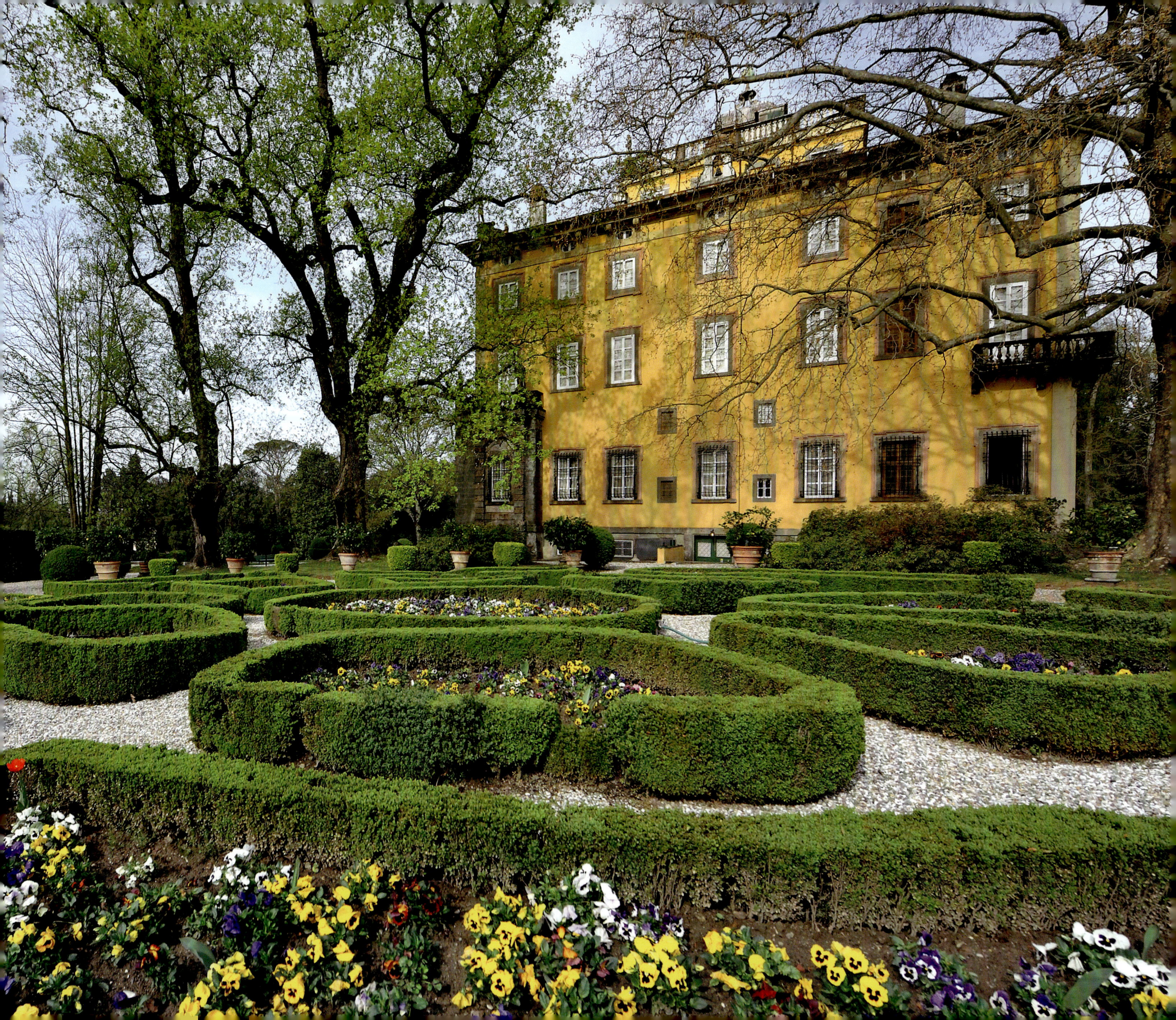

La Villa Reale di Marlia
Lucca (Toskana, Italien)
Barockgarten der Villa Orsetti (erworben 1651 durch Olivieri und Lelio Orsetti) aus dem 17. Jahrhundert (GrünesTheater, 1652; Camelien-Allee, Wasserbecken und Grotta di Pan). Durch Elisa Baciocchi, Schwester Napoleons und Regentin von Lucca, ab 1806 in weiten Teilen in einen englischen Garten umgewandelt

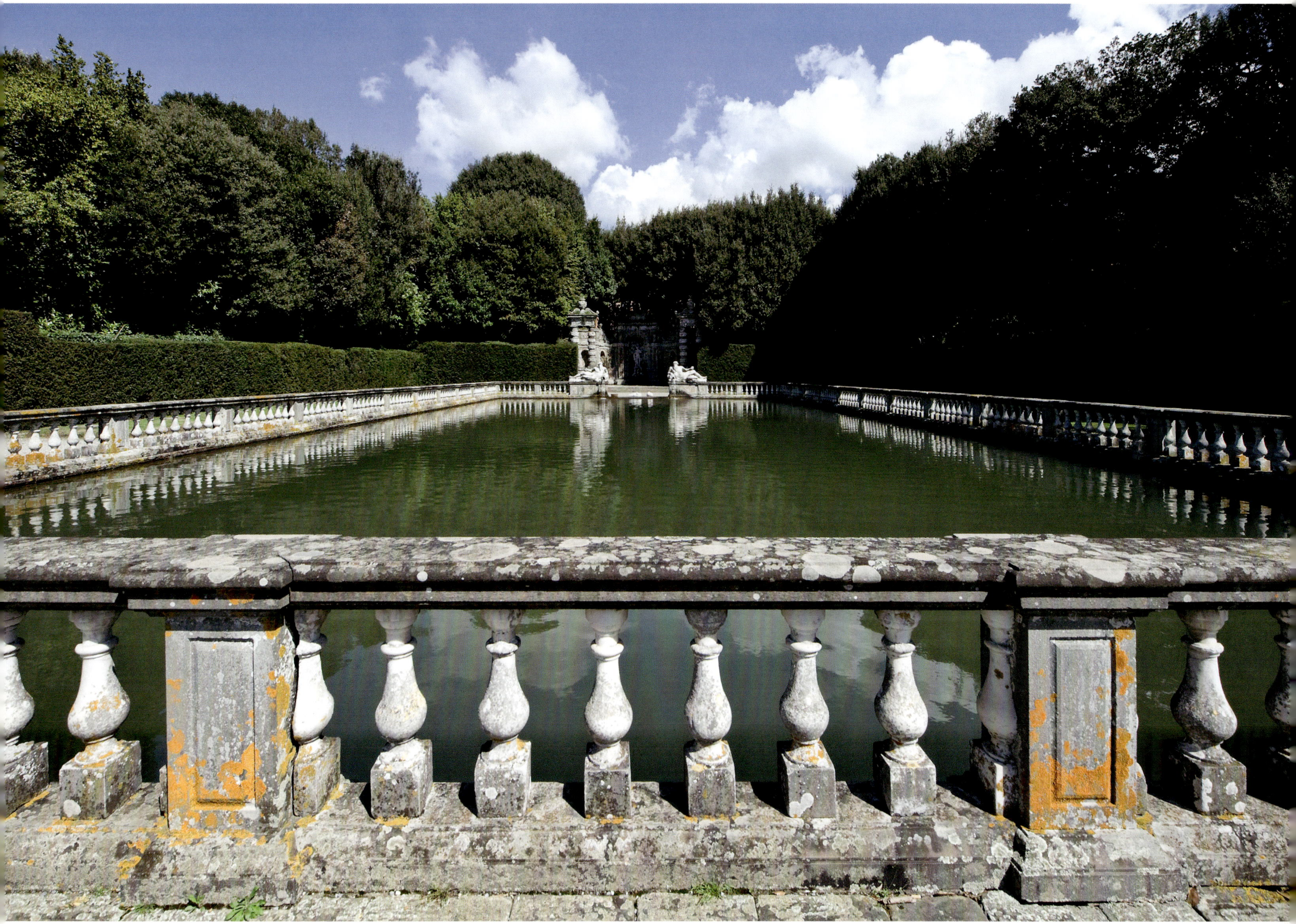

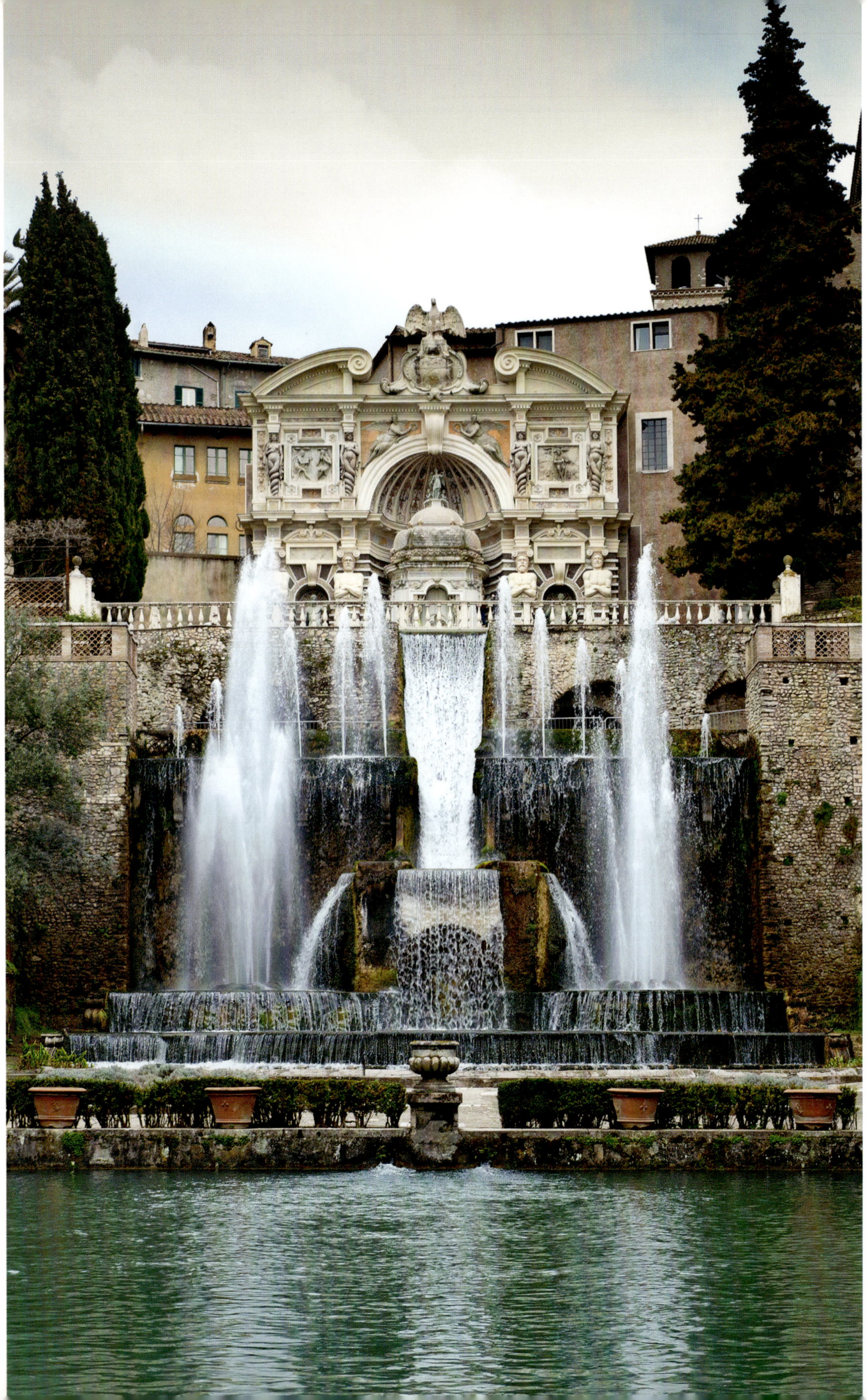
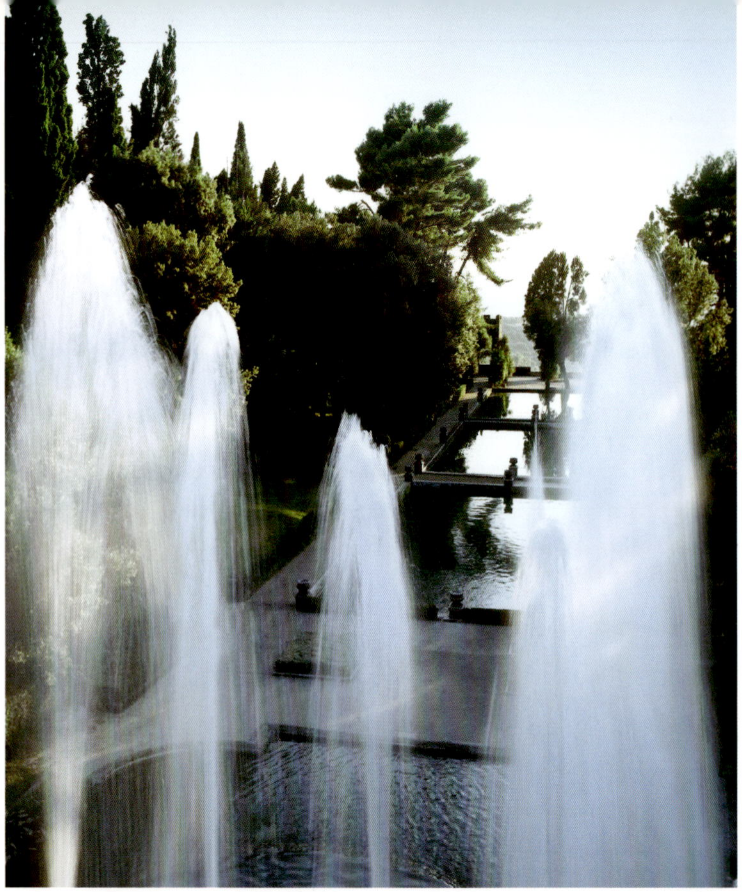
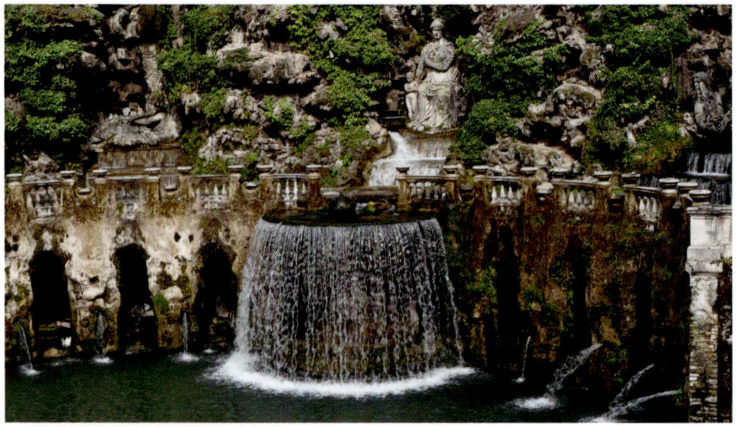
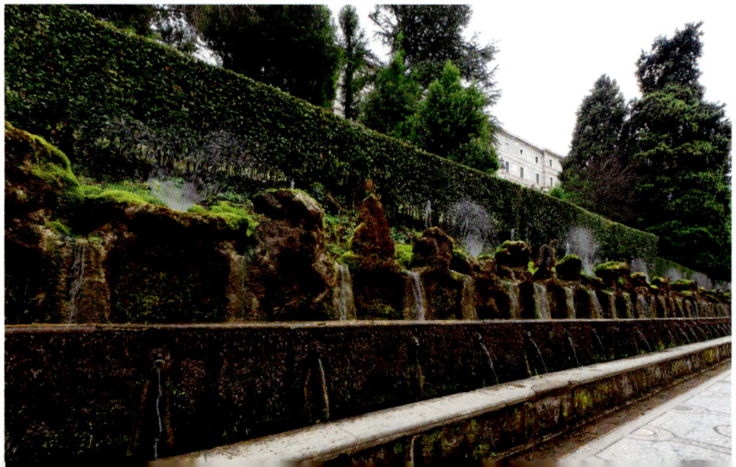

Villa d'Este
Tivoli (Latium, Italien)
Für Kardinal Ippolito II. d'Este durch Pirro Ligorio und Alberto Galvani ab 1560 errichtet

Linke Seite: Neptun-Brunnen mit der Wasserorgel am Ende der Fischteiche (links). Blick über die Fischteiche (rechts oben). Ovato-Brunnen mit der Statue des Flusses Aniene, im Hintergrund die Venus Victrix und die Lupa Romana (rechts Mitte). Allee der Hundert Brunnen (rechts unten)

Unten links: Römisches Schiff als Symbol der Tiberinsel in der Rometta

Unten rechts: Wasserorgel

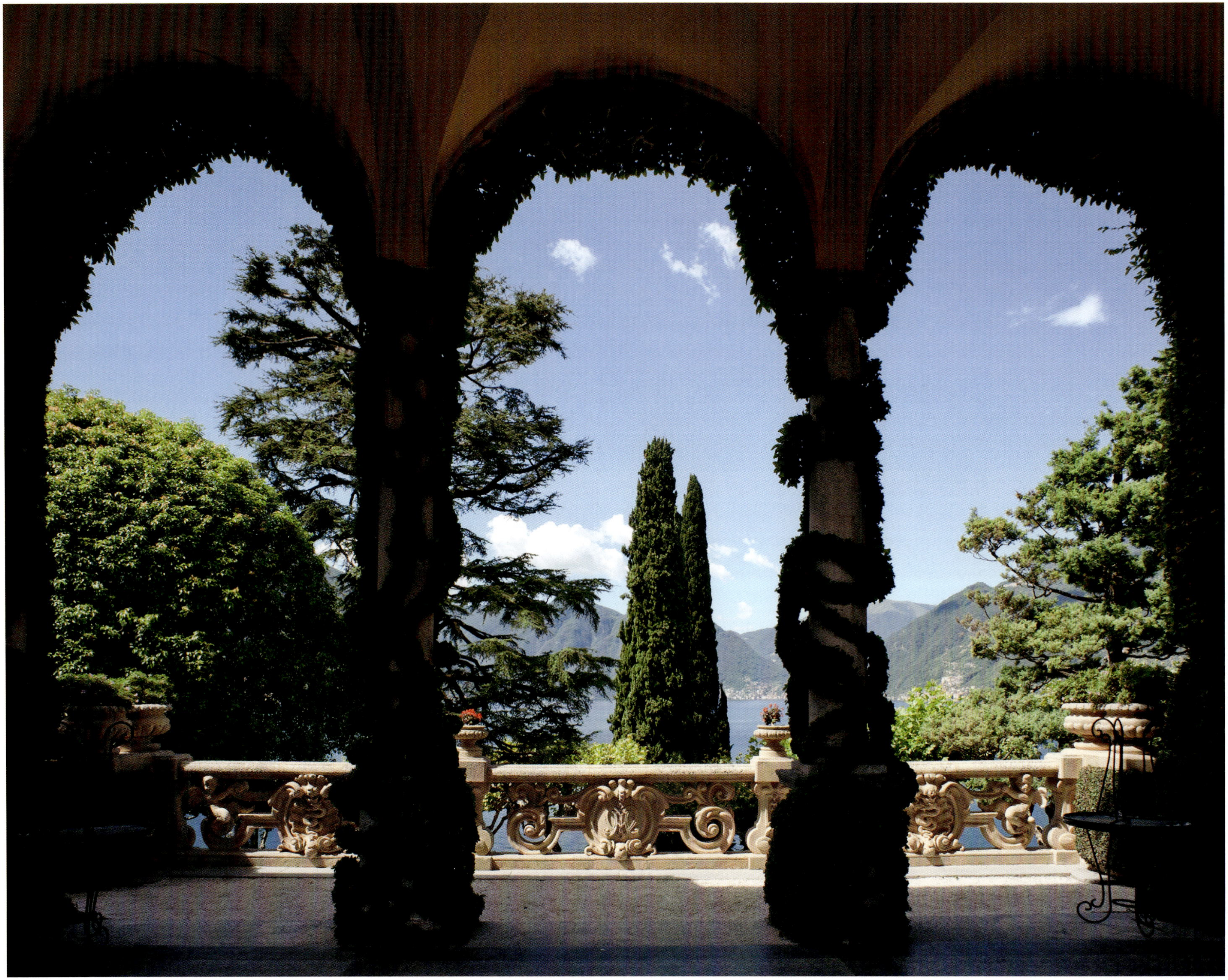

Villa del Balbianello
Lenno am Comersee (Lombardei, Italien)
Villa im frühen 17. Jahrhundert errichtet. Wesentliche Umbauten nach Besitzwechseln Ende des 18., im 19. und im 20. Jahrhundert. Garten weitestgehend bestimmt durch die für Kardinal Angelo Maria Durini nach 1787 durchgeführten Anlagen. Dominant sind die Kletterfeige (Ficus Repens), die Säulen und Wände überzieht, sowie die monumentale, halbkugelförmig („a ombrello") geschnittene Steineiche (Quercus Ilex Leccio)

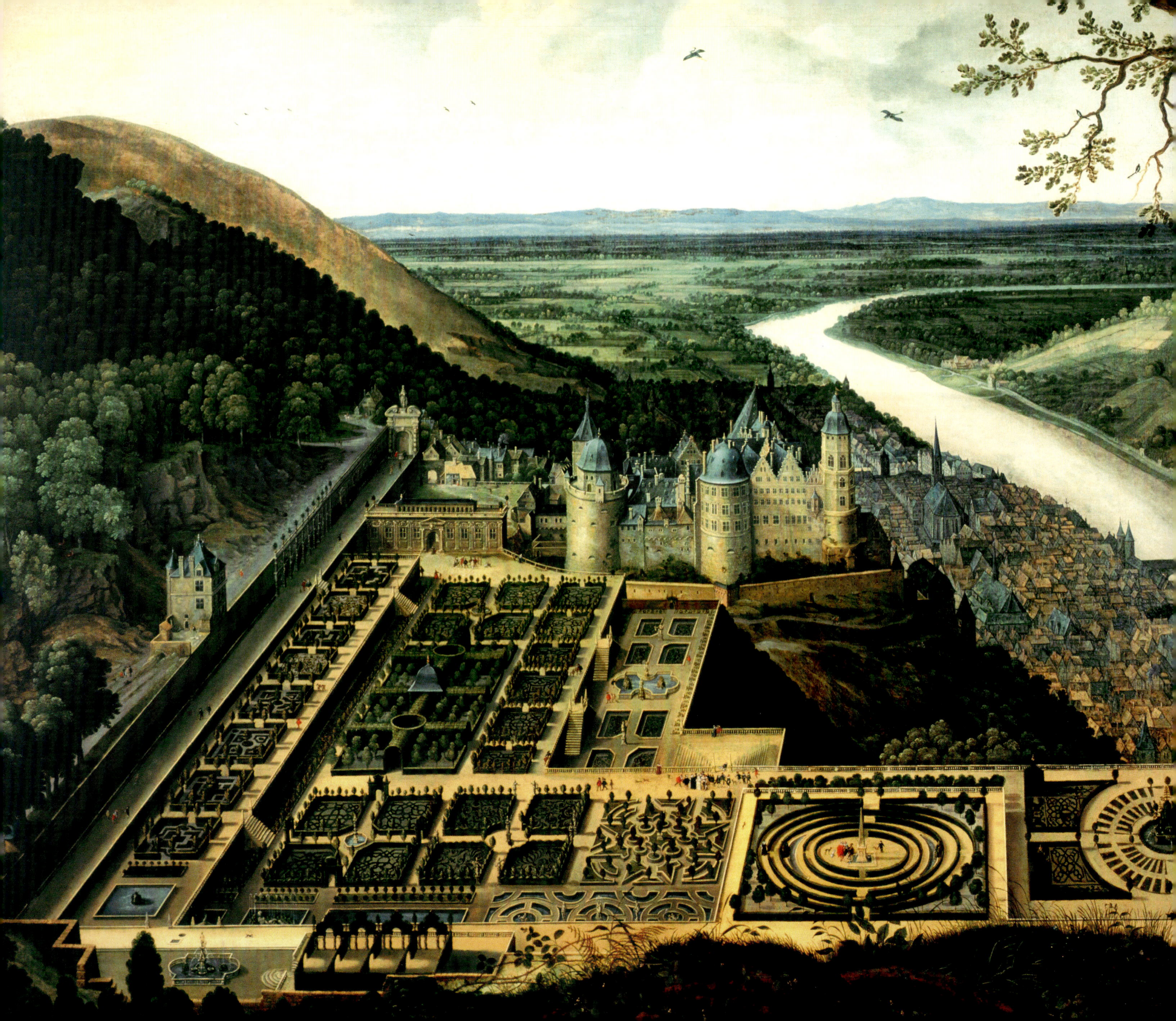

Links: Hortus Palatinus
Heidelberg (Pfalz, Deutschland)
Garten durch Salomon de Caus ab 1616 angelegt. Ölgemälde von
Jacques Fouquières, 1620

Unten: Der Kielmännische Garten bey Wien
Wien-Landstraße (Wien, Österreich)
Für Heinrich Kielmann (1586–1659) angelegt. Stich von
Matthäus Merian, 1649

Rechts: Schloss Moritzburg
Moritzburg bei Dresden (Sachsen-Anhalt, Deutschland)
Schloss über älterem Vorgängerbau für August den Starken durch
Matthäus Daniel Pöppelmann 1723–1733 erneuert. Unvollendeter
Garten im 20. Jahrhundert rekonstruiert

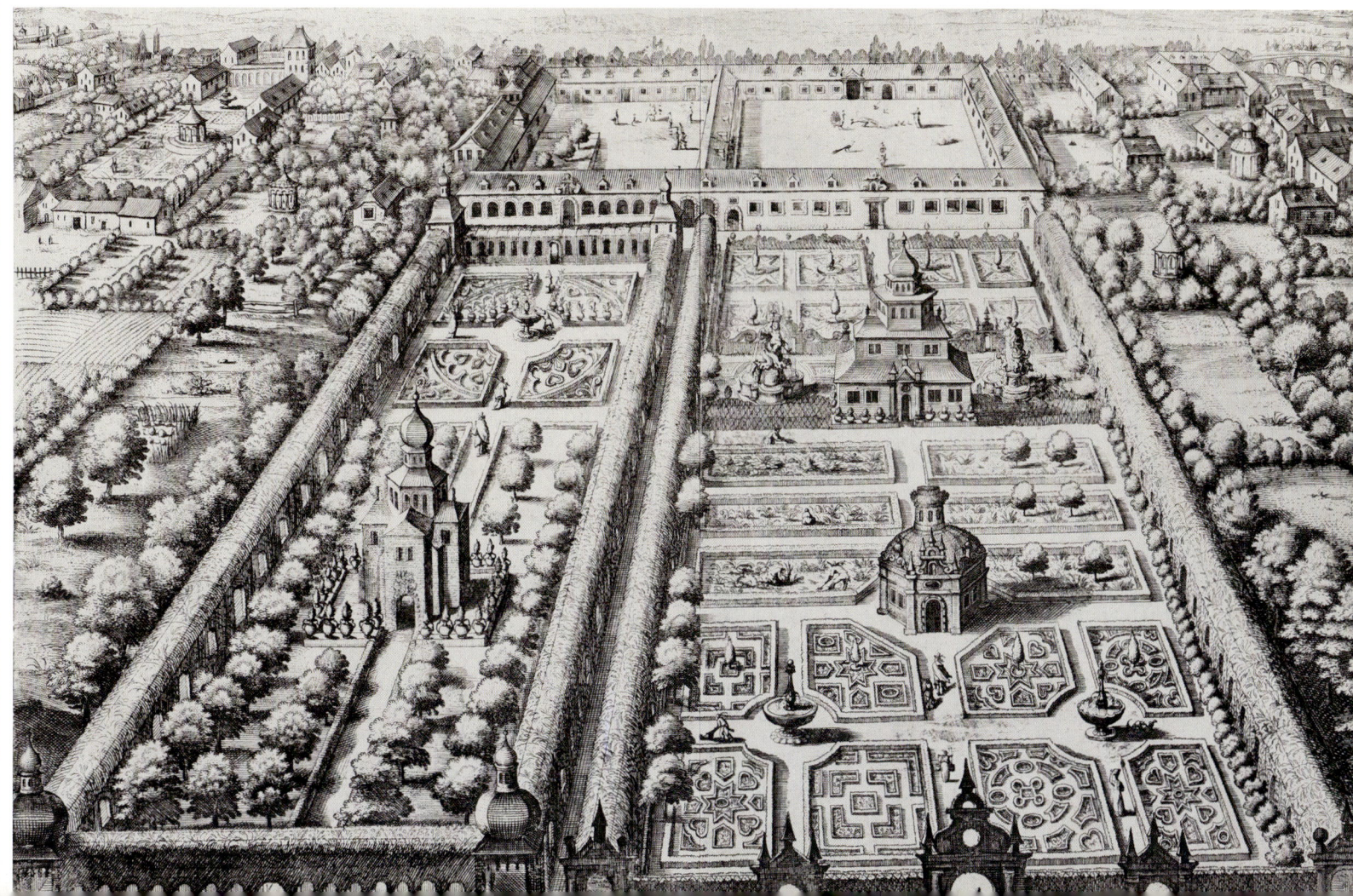

Links und unten: Belvedere der Königin Anna im Königlichen Garten der Prager Burg
Prag, Hradschin (Tschechien)
Für seine Gemahlin Anna von Böhmen und Ungarn durch Ferdinand I. errichtet. Begonnen 1538 durch den Genueser Architekten Paolo della Stella und vollendet 1556–1664 durch Bonifaz Wolmut

Rechts: Garten des Palais Waldstein
Prag, Mala Strana (Tschechien)
Für Albrecht Wenzel Eusebius von Waldstein (Wallenstein) durch Giovanni Pieroni und Andrea Spezza 1623–1630 errichtet. Skulpturenschmuck (heute Kopien) 1624–1627 von Adrian de Fries

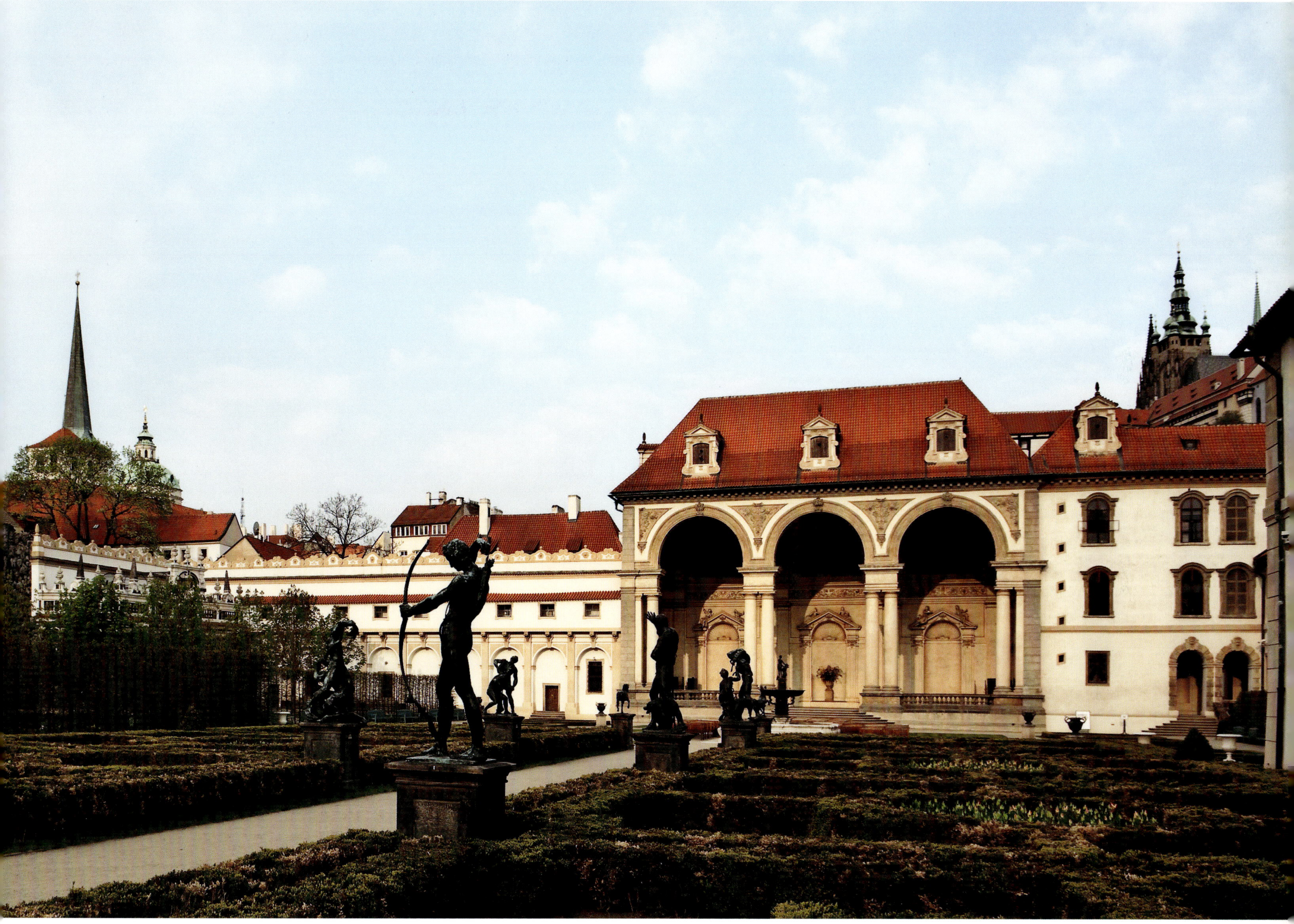

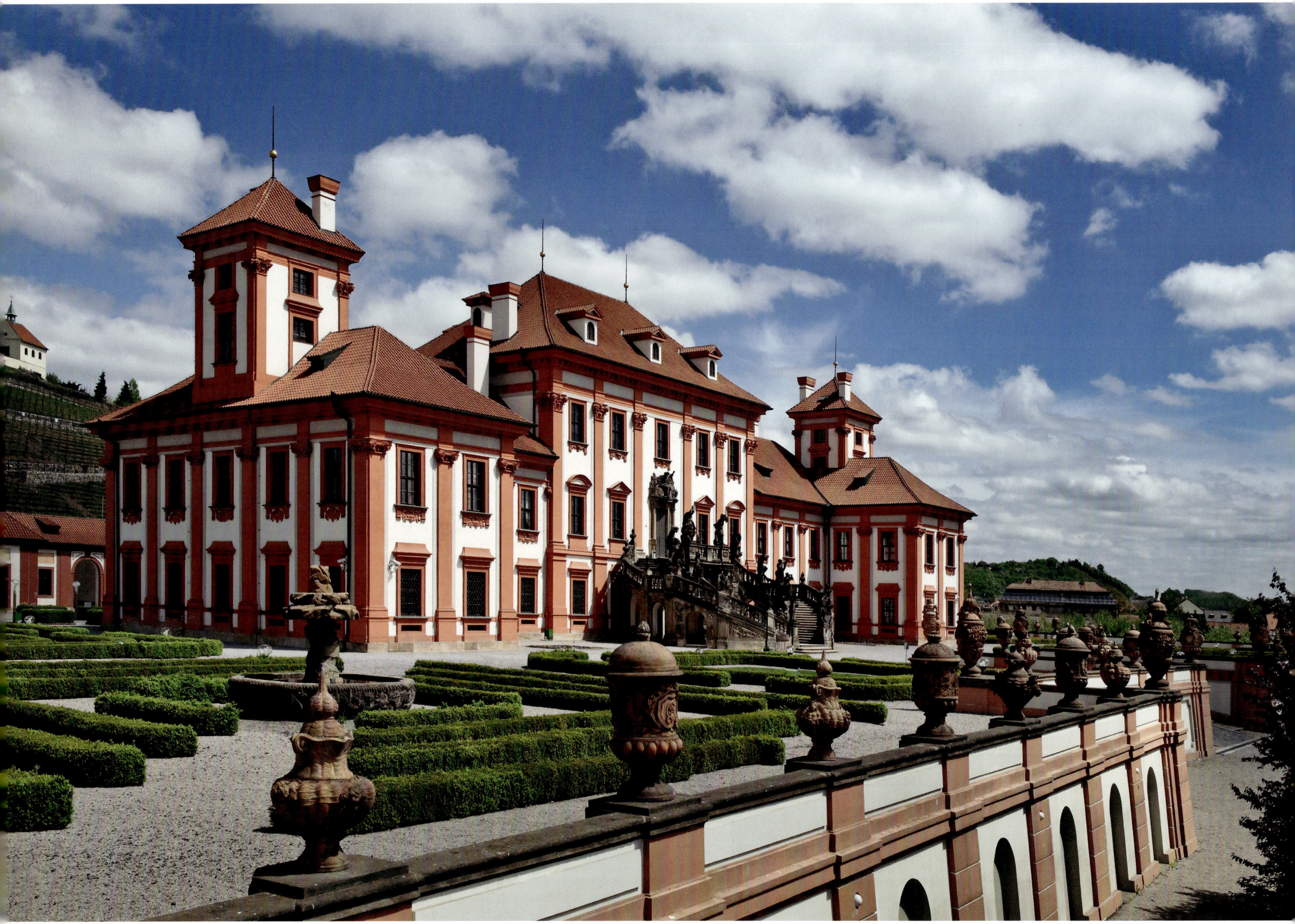

Linke Seite: Schloss Trója
Prag (Tschechien)
Erste Planung von Giovanni Domenico Orsi de Orsini für Wenzel Adalbert Graf von Sternberg, durch Jean Baptist Mathey 1679–1685 fertiggestellt. Ursprünglicher Barockgarten im 19. Jahrhundert verändert

Rechts und unten: Vrtbovská zahrada
Prag, Mala Strana (Tschechien)
Für Jan Josef Vrtba 1715–1720 hinter dem Palais der Familie nach Plänen von František Maxmilián Kanka am Abhang des Laurenziberges angelegt. Skulpturenschmuck von Matyás Bernard Braun

Montacute House
Montacute, Yeovil (Somerset, England)
Haus für Sir Edward Phelips durch William Arnold nach 1598 errichtet. Garten für Ellen Phelips durch den Gärtner Pridham angelegt, zwischen 1840 und 1911 erneuert

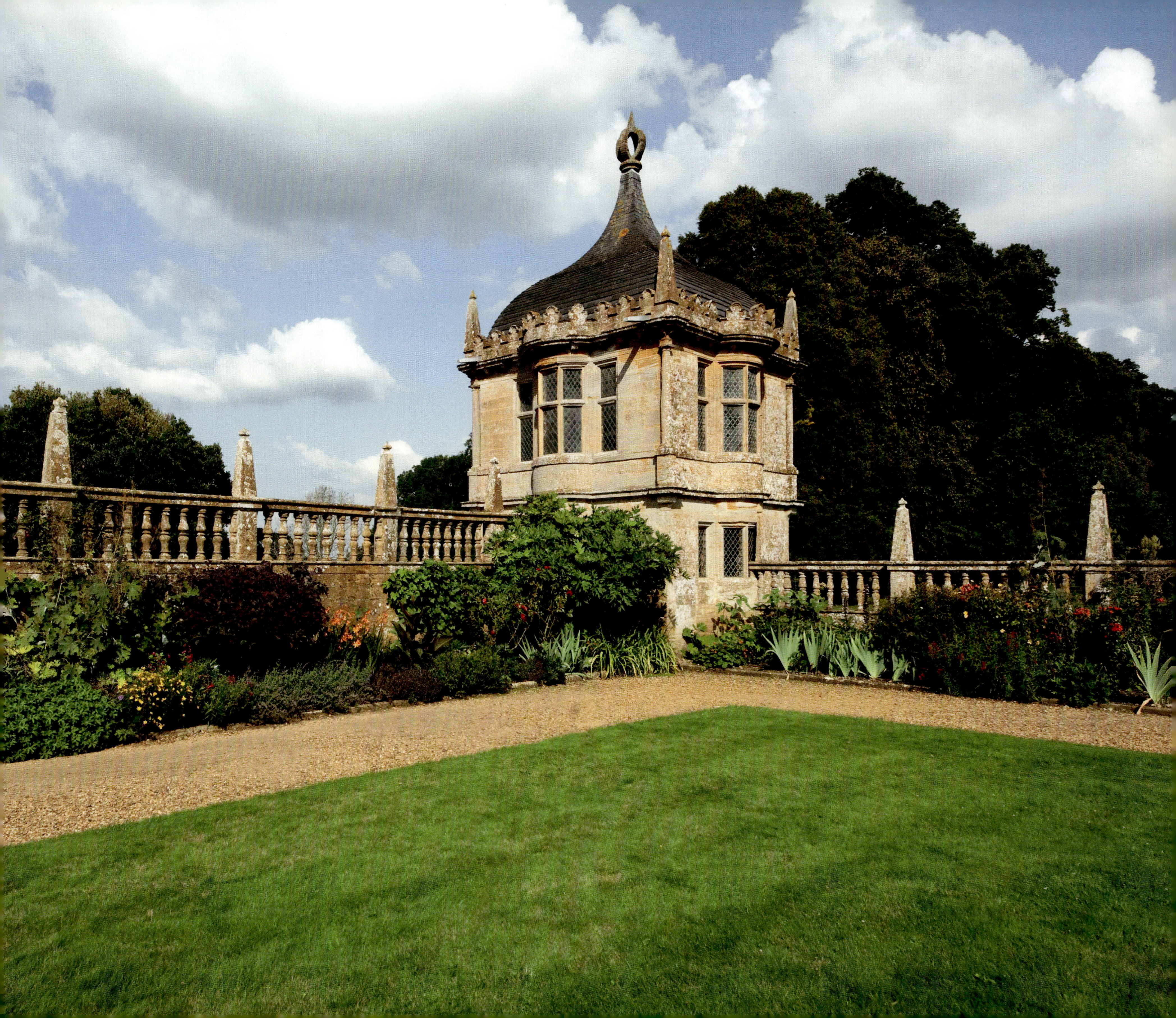

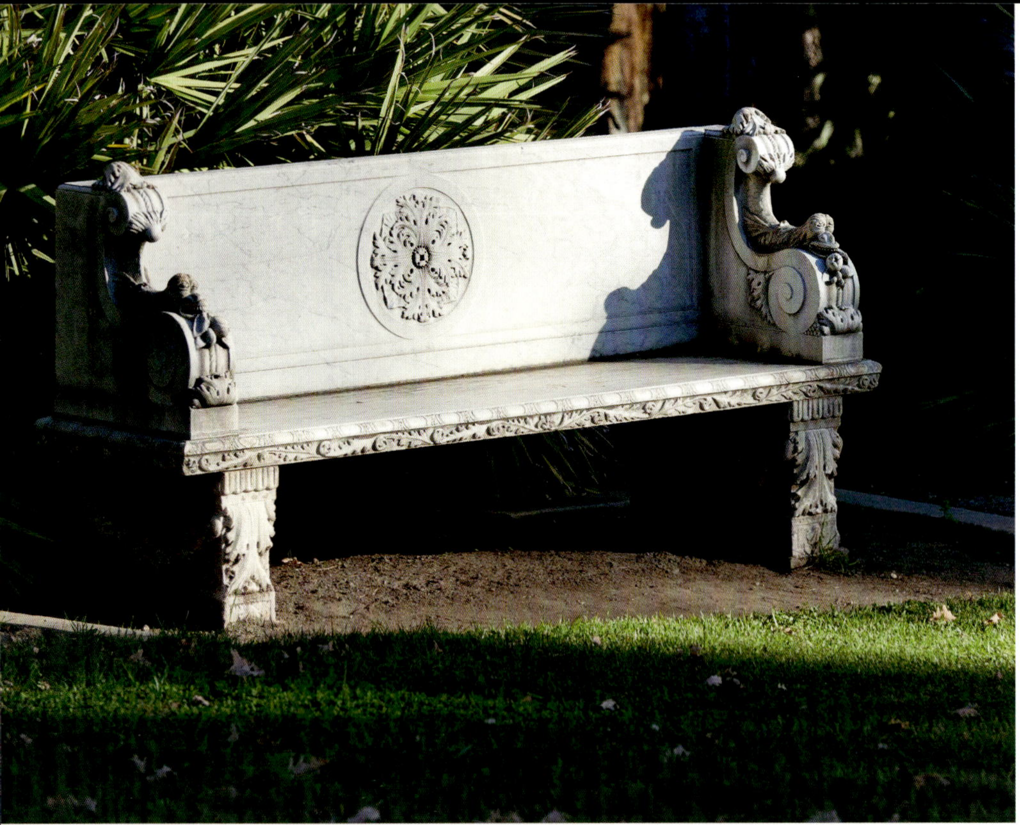

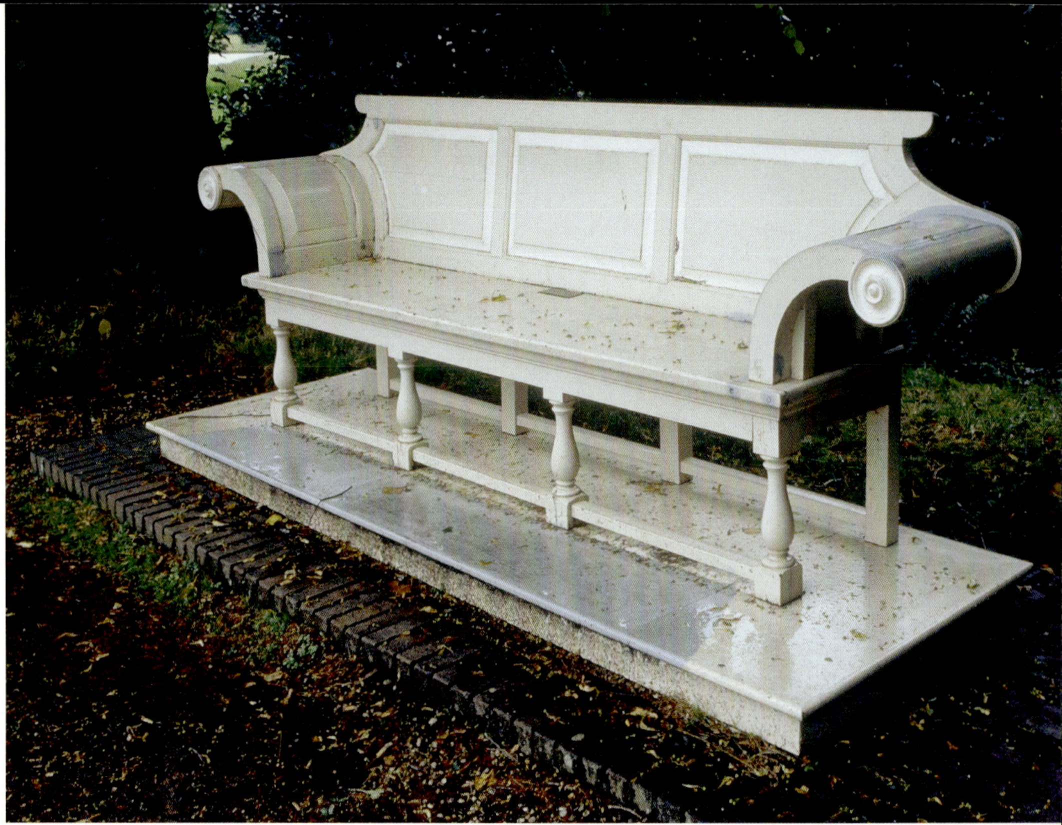

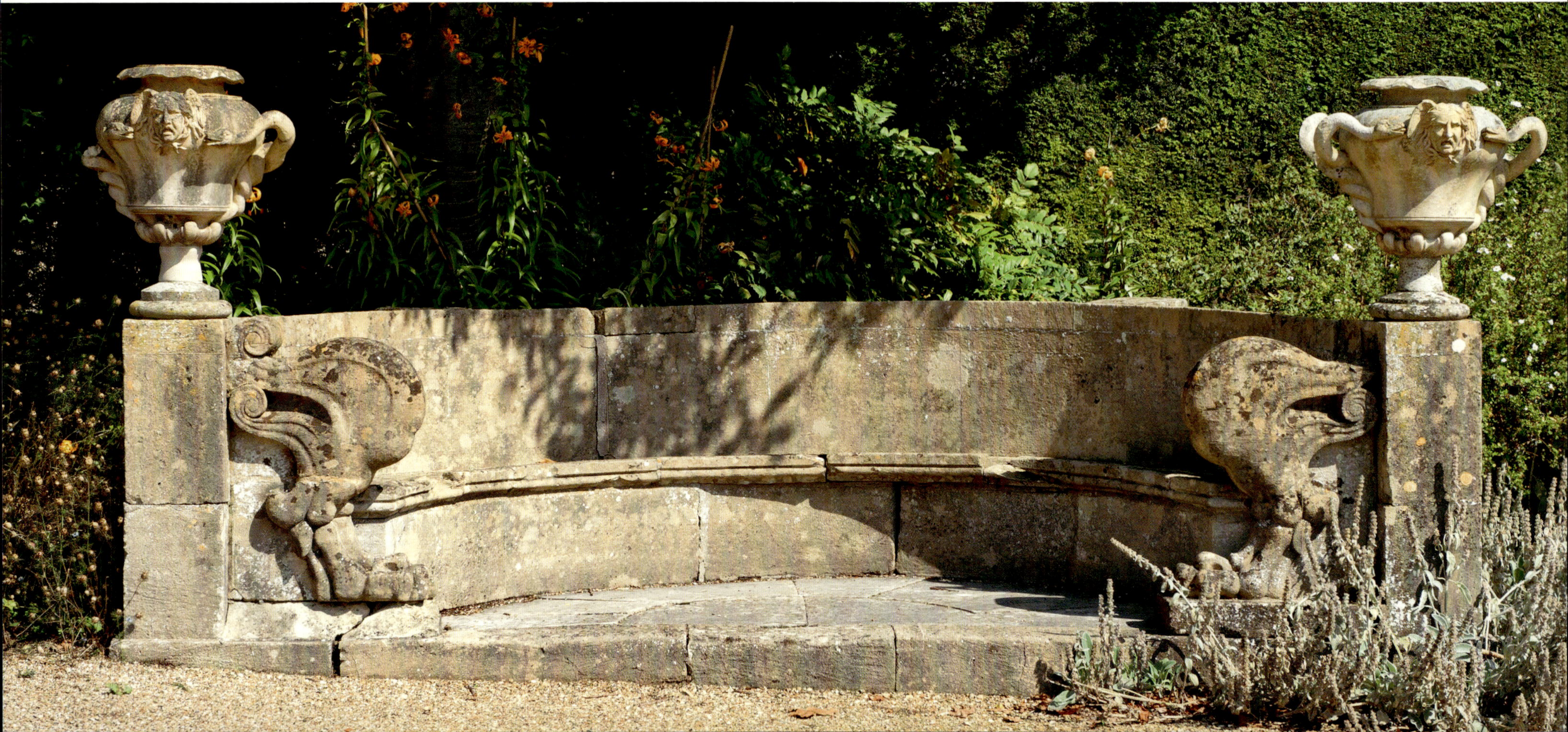

*Linke Seite, oben links: Gartenbank in den
Huntington Botanical Gardens
San Marino (Kalifornien, USA)
1. Viertel 20. Jahrhundert*

*Linke Seite, unten: Gartenbank in Wilton House
Wilton (Wiltshire, England)
19. Jahrhundert*

*Linke Seite, oben rechts: Gartenbank in Blickling Hall
Blickling (Norfolk, England)
19. Jahrhundert*

*Unten: Kew Palace (Dutch House)
Kew, Richmond (Surrey, England)
Für den aus Holland stammenden Kaufmann
Samuel Fortrey 1631 errichtet und seit 1728
königliche Residenz. Queens Garden in den
1960er Jahren angelegt*

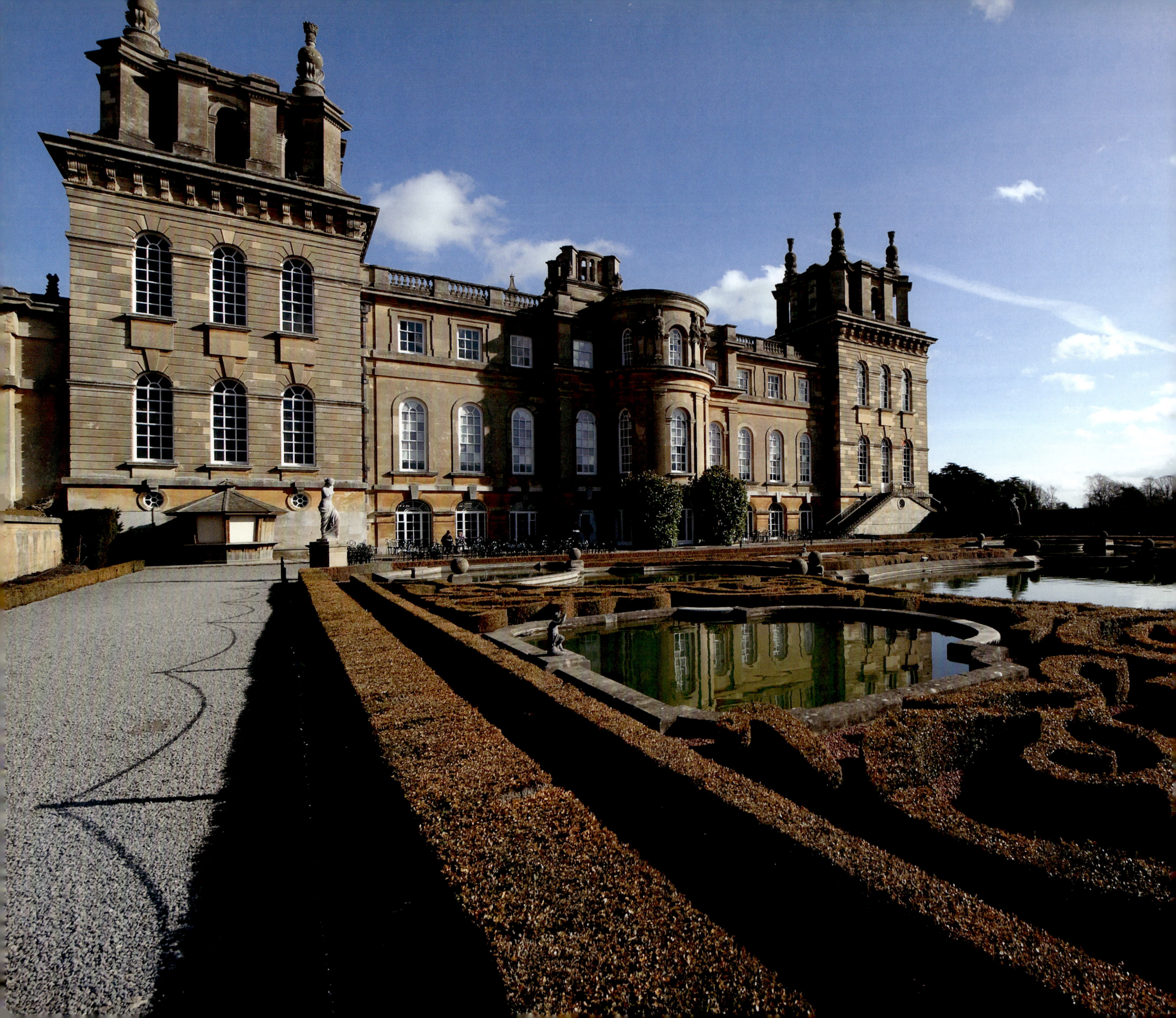

Blenheim Palace
Woodstock (Oxfordshire, England)
Palast für John Churchill, 1. Duke of Marlborough, durch Sir John Vanbrugh ab 1704 errichtet und von Nicholas Hawksmoor fertiggestellt.
Englischer Garten durch Capability Brown ab 1764 erneuert. Formale Gärten durch Achille Duchêne im Stil des 17. Jahrhunderts ab 1920 erneuert

Jardim do Palácio Nacional de Queluz
Queluz bei Lissabon (Portugal)
Für Dom Pedro (III.) errichtet. 1747–1758 Bau des Kapellenflügels, des Thron- und des Konzertsaals durch Mateus Vicente de Oliveira. 1760–1786 Neugestaltung des Thron- und des Konzertsaals durch Jean-Baptiste Robillon. 1786–1792 Errichtung des Dona Maria Pavillons durch Manuel Caetano de Sousa

Links: Wasserbecken in Form einer unregelmäßigen Muschel (Rocaille; Lago das Conchas)

Unten links: Der Labyrinth-Garten an der Stelle des ursprünglicheen Labyrinths. Anfang 20. Jahrhundert

Unten rechts: Blick aus dem Thronsaal auf den Malta-Garten

Rechte Seite: Blick vom Zeremoniensaal auf den Flügel mit dem Thron- und Konzertsaal, davor der Malta-Garten

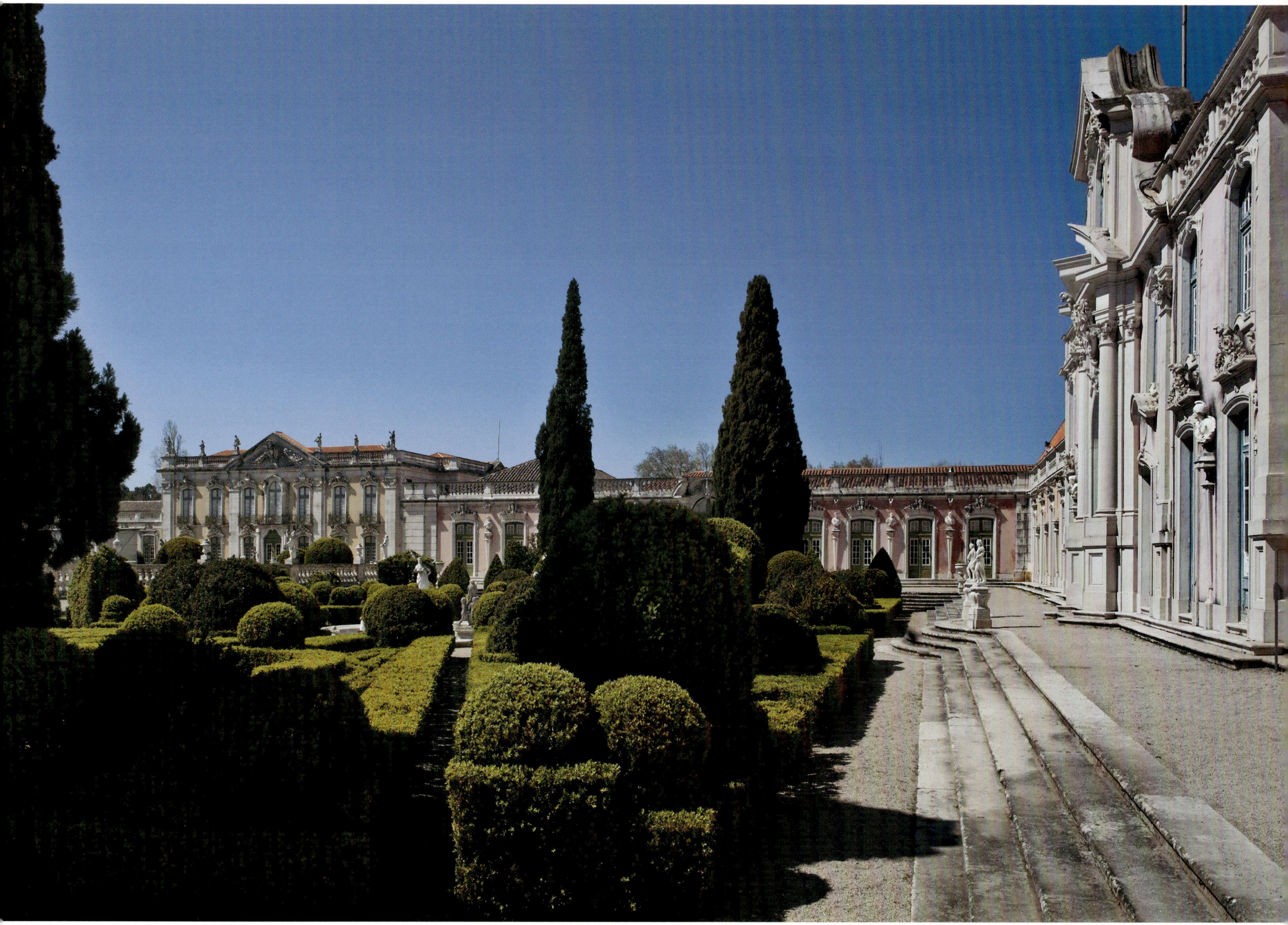

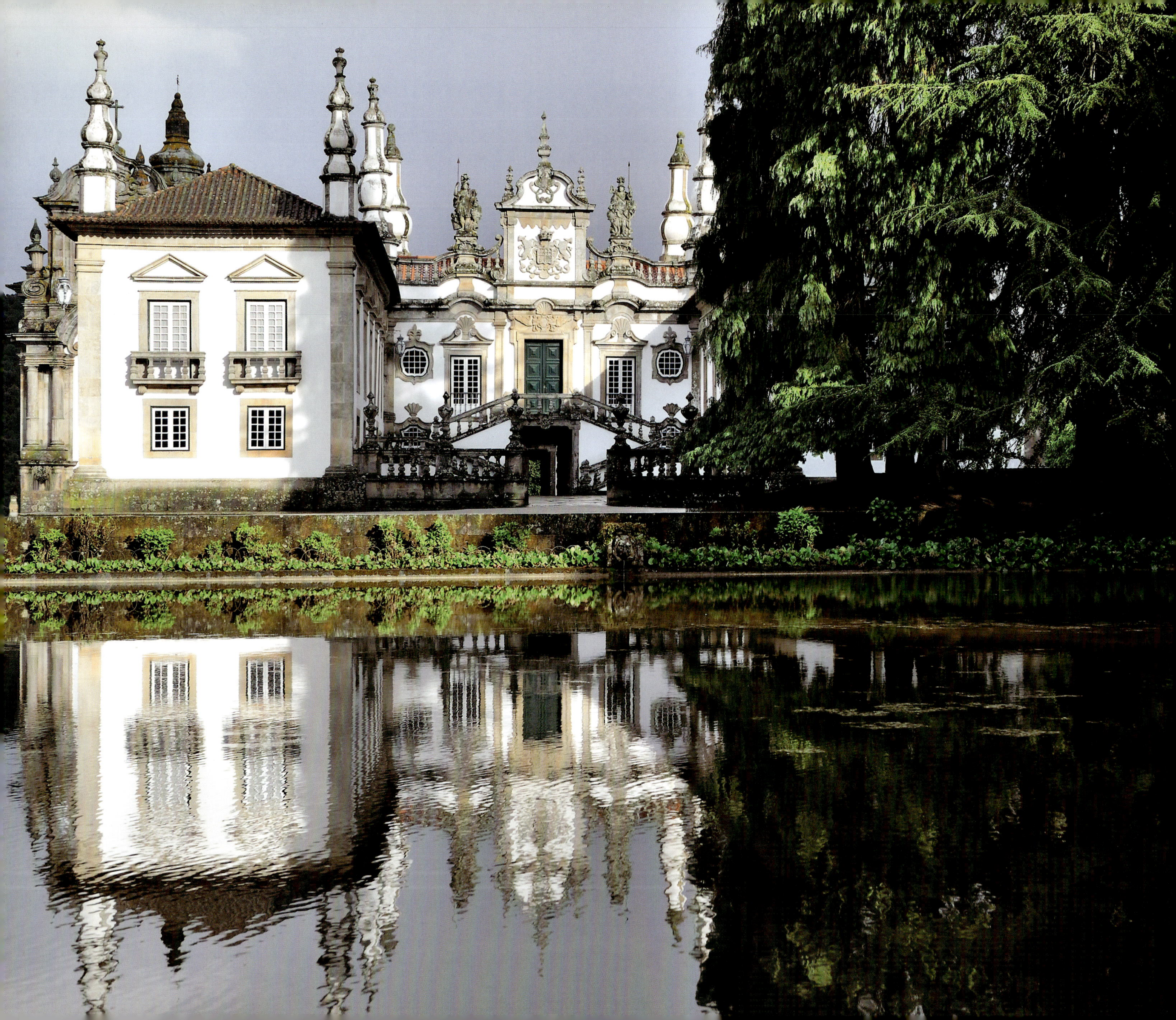

Jardim do Casa de Mateus
Vila Real (Portugal)
Als Residenz für António José Botelho Mourão, 3. Morgado de Mateus, von Nicolau Nasoni 1739–1743 errichtet. Garten unter D. Luís António de Sousa Botelho Mourão und seiner Gemahlin D. Leonor Ana Luísa José de Portugal in der 2. Hälfte des 18. Jahrhunderts angelegt und in den 1930/40er Jahren erneuert. Im 20. Jahrhundert entscheidend verändert

Rechts und rechte Seite: Bom Jesus de Monte Braga (Portugal)
Anlage unter dem Erzbischof von Braga, Rodrigo de Moura Telles, 1722 begonnen. Der Treppenweg symbolisiert mit seinen Kapellen die Via Crucis, die fünf Sinne sowie die Kardinaltugenden Glaube, Hoffnung und Liebe

Unten: Parque Nacional do Buçaco Mata do Buçaco (Portugal)
Palast als Sommerresidenz für König Carlos I. vom italienischen Theaterarchitekten Luigi Manini um mehrere mittelalterliche Abteien ab 1887 errichtet. Um den Palast und die Fragmente der Vorgängerbauten weitläufige Gartenanlage im italienischen und englischen Stil angelegt

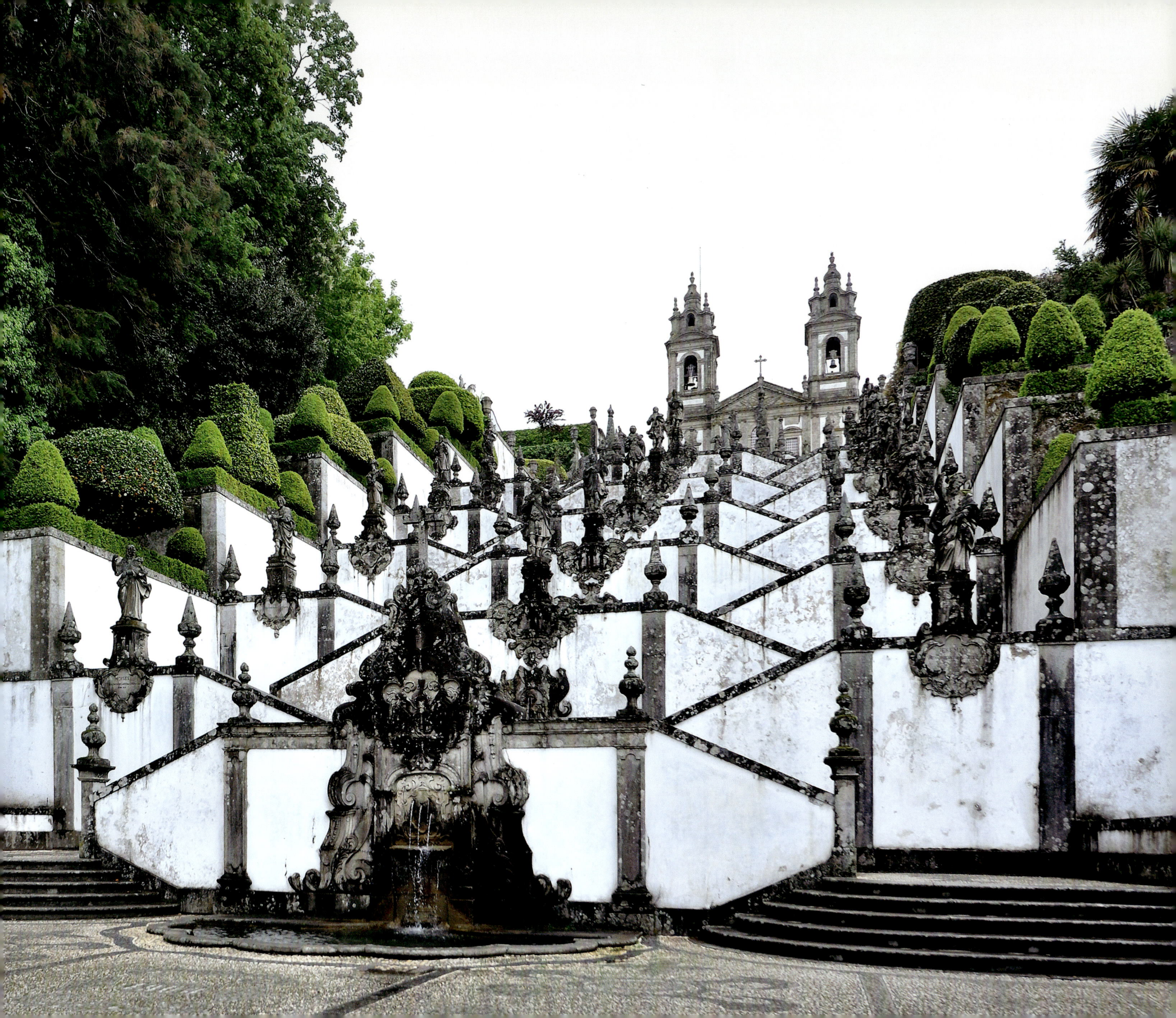

Links: Château d'Azay-le-Rideau
Azay-le-Rideau (Loire, Frankreich)
Für Gilles Berthelot 1516–1525 errichtet

Links und rechts: Château de Chenonceau
Chennonceau (Loire, Frankreich)
Für Thomas Bohier 1515–1521 errichtet. Nach 1551–1555 unter Diane de Poitiers, Maitresse von König Heinrich II., durch Philibert de l'Orme und Jacques Androuet du Cerceau Errichtung des Brückenflügels über der Loire und der umfangreichen Gartenanlagen. Ab 1560 im Besitz von Katharina de' Medici. Um 1900 Wiederherstellung des Gartens durch Henri und Achille Duchêne

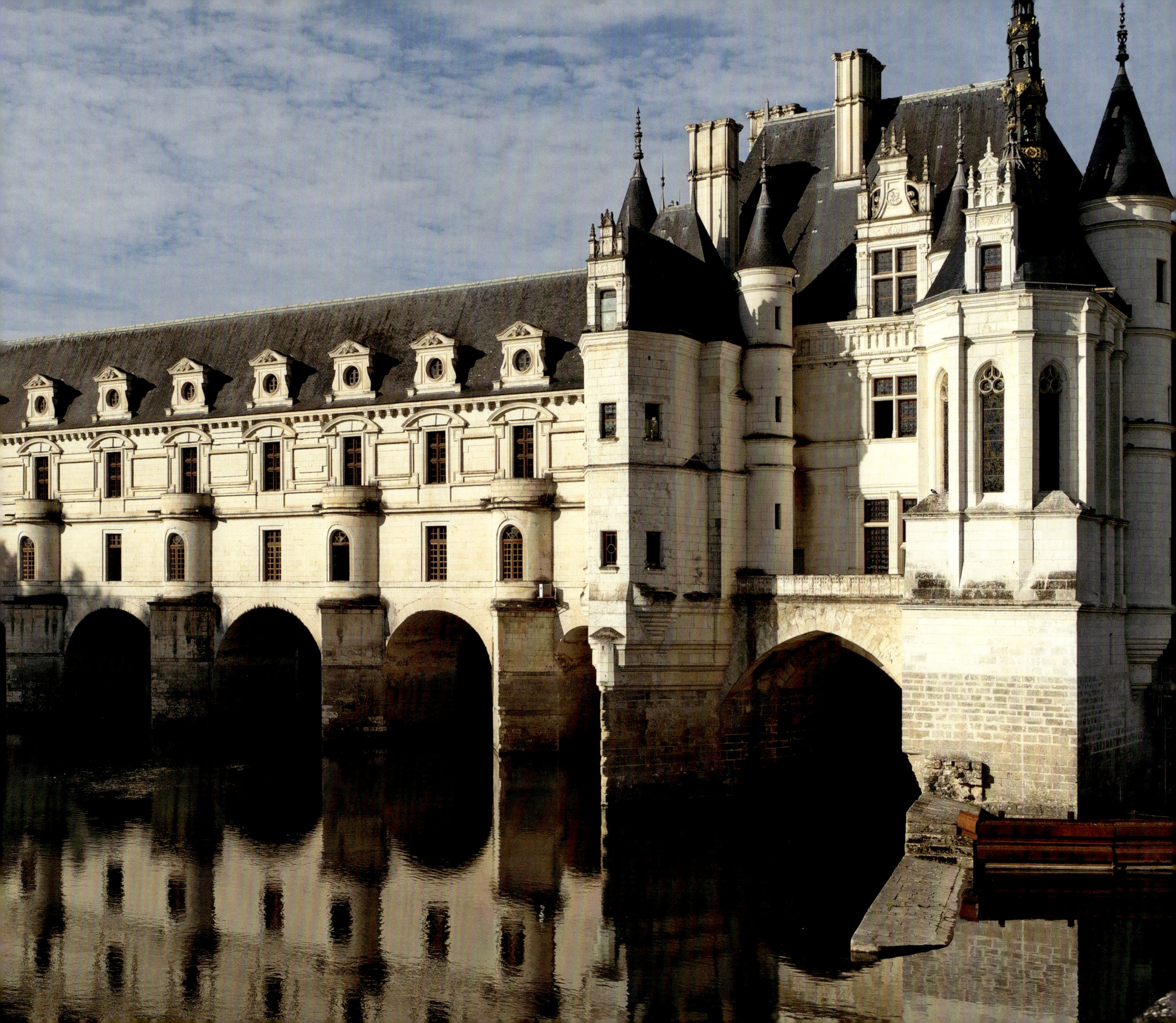

Garten des Schlosses von Villandry
Villandry (Frankreich)
Ursprüngliches Schloss mit Garten für Jean le Breton, Finanzminister unter Franz I., 1536 fertiggestellt. Im 19. Jahrhundert
englischer Landschaftsgarten, zwischen 1906 und 1924 durch den neuen Besitzer Joachim Carvallo-Adelmani nach
Stichvorlagen Jacques Androuet du Cerceaus im Stil eines Renaissancegartens rekonstruiert

77

DIE GEORDNETE NATUR

Der französische Garten

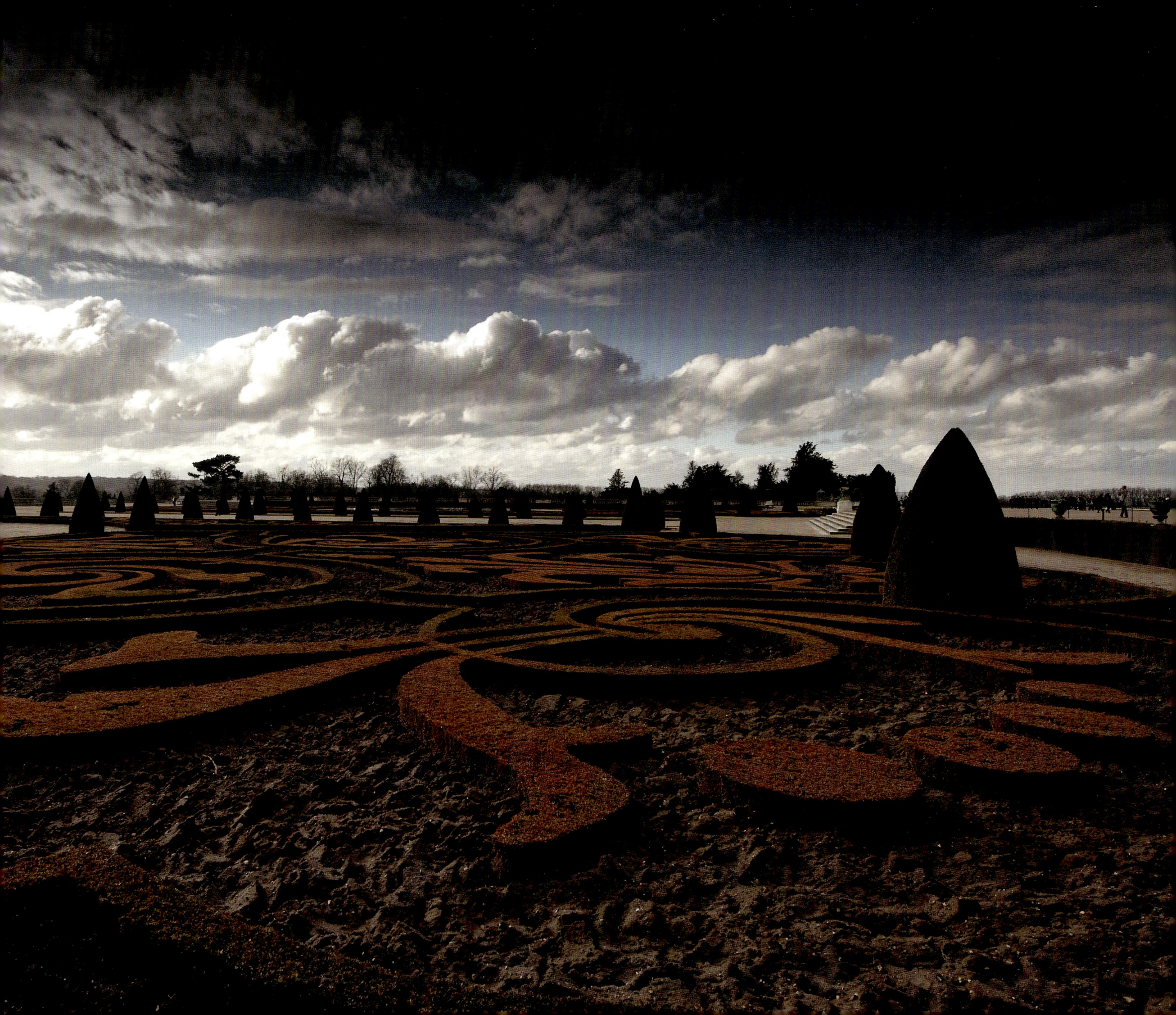

Nichts wurde mehr zum Symbol barocker Lebenskultur als der französische Garten an seinem Kulminationspunkt. Und hier ist es vor allem Versailles, Schloss und Garten der Könige von Frankreich, das dort unter Ludwig XIV. (1638–1715), Ludwig XV. (1710–1774) und Ludwig XVI. (1754–1793) zum Inbegriff von Großzügigkeit, Prachtentfaltung und schlussendlich auch der Verschwendung wurde. Versailles war in seiner letzten Ausbauphase ein unglaubliches Gewebe verschiedenster in sich abgeschlossener Gärten und Räume, von Wasserachsen und Alleen – ein Projekt, das sich im Laufe eines Jahrhunderts ständig veränderte. Kaum war etwas fertiggestellt, wurde es vom Auftraggeber selbst oder von seinem Nachfolger auch schon wieder durch noch Großartigeres ersetzt. Versailles ist vergleichbar mit einer Stadt, die über urbane Lebensadern verfügt: Straßen und Plätze, die den gesamten Organismus verbinden und ihn gliedern.

Einen Garten dieser oder ähnlicher Prachtentfaltung zu besitzen, bedeutete überall in Europa ein Statussymbol. Die Habsburger versuchten den Wettbewerb mit Versailles durch das Schlossprojekt von Schönbrunn aufzunehmen, Peter der Große (1672–1725) durch Schloss Peterhof an den Gestaden der Ostsee; selbst kleinere Provinzfürsten konnten es sich nicht verkneifen, nach den Sternen zu greifen, Europa ist heute noch geprägt von diesen Versuchen. Und das, obwohl sich die nächste Generation einem neuen Ideal – dem des Landschaftsgartens – zuwandte und sich in gnadenlosem Kahlschlag übte.

Verbunden ist die Entstehungsgeschichte des französischen Gartens vor allem mit zwei großen Namen: André Le Nôtre (1613–1700) und König Ludwig XIV., die zusammen für die größten und bedeutendsten Anlagen verantwortlich zeichnen. Der Ausgangspunkt für die Entwicklung war zweifellos der Renaissancegarten, der in Italien entstanden war. Die vielen kleinen Funktions- und Gestaltungsbereiche dieses Gartens, auch die vielen Einzelgebäude, die das Gesamtbild prägten, werden nun durch einen Zug zum Großen, zur Vereinheitlichung überformt. Im Zentrum steht ein mächtiges Schloss, von dem alle Wegachsen und Strahlen nach außen weisen – oder umgekehrt: auf das alles hinführt. Alles ist diesem einen Blickpunkt untergeordnet, vor dem Schloss, im Idealfall in erhöhter Lage gelegen, breiten sich die Wasserbecken und Kanäle, die Broderieparterres in unendliche Weiten aus. Sie werden von Bosketten und Treillagen eingesäumt, die durch ihre räumliche Fassung den Eindruck der Tiefenerstreckung noch schärfen und selbst wieder vielfältige räumliche Strukturen und Überraschungen in ihrem Mikrokosmos beinhalten.

Der Ruhm Le Nôtres als Landschafts- und Gartengestalter begründete sich schon mit seiner ersten großen Schöpfung für Nicolas Fouquet (1615–1680), der ab 1656 für die Finanzen im Königreich verantwortlich war. Trotz vieler Verluste zählt Vaux-le-Vicomte noch immer zu einer der großartigsten barocken Gartenanlagen Frankreichs. Schon bei diesem Projekt trat eine Nebenerscheinung zu Tage, nämlich der große finanzielle Aufwand, der notwendig war, um eine solche Anlage verwirklichen zu können. Fouquet hatte rechtzeitig dafür gesorgt, Geld beiseite zu schaffen – allein die Frage, ob es klug war, sich in aller Öffentlichkeit wie ein König zu gerieren, hatte er sich vielleicht nicht gestellt.

Für die Verwirklichung seines Projekts engagierte Fouquet die besten Kräfte: den Architekten Louis Le Vau (1612–1670), den Maler Charles Le Brun (1619–1690) und den noch jungen André Le Nôtre. Die Arbeiten begannen 1656, am 17. August 1661 erfolgte unter Anwesenheit König Ludwig XIV., der Königinmutter und des gesamten Hofes die Einweihung der Anlage. Es war ein Fest, wie es selbst der König bis dato nicht gesehen hatte. Von der Tafel bis zu den Wasserspielen und den Feuerwerken im Garten versuchte Fouquet seinen Brotgeber zu beeindrucken. Diesem wurde nur allzu schnell klar, woher das Geld kam – dass es eigentlich der Krone vorenthalten worden war. Ludwig XIV. ließ Fouquet nur kurz nach der Rückkehr in sein Schloss ins Gefängnis werfen, das er Zeit seines Lebens nie mehr verlassen sollte. Das Projekt Fouquets war damit zwar gescheitert, das künstlerische Niveau wurde aber vom König übernommen. Er beraubte Vaux-le-Vicomte seiner beweglichen Kunstwerke, die er wie das Trio der Künstler bei seinem eigenen Projekt zum Einsatz brachte: dem Bau der Schlossanlage von Versailles. Vaux-le-Vicomte verfiel und wurde erst 1875 von einem Industriellen erworben, der es wiederherzustellen versuchte, in vielen delikaten Details aus Kostengründen aber weit hinter dem Original bleiben musste. Am besten kann man heute vielleicht noch aus dem Stichwerk von Israël Silvestre (1621–1691) die Großzügigkeit dieser Anlage erahnen, mit ihrer klaren, vom Schloss ausgehenden fast nicht enden wollenden Achse des Broderieparterres. Le Nôtre hat für dieses revolutionäre Projekt nichts neu erfunden, die Themen des Kanals, des Bassins, des Brunnens, des Wassertheaters, der Grotte, der Allee, des Boskets, der Blumen- und Broderieparterres existierten in der italienischen, der französischen wie auch in der niederländischen Gartenkunst schon vorher – neu sind die Großzügigkeit und die Offenheit, die aber immer noch Platz für Überraschungen boten.

In Versailles geht der König noch einen Schritt weiter, nicht auf einmal, sondern in vielen Phasen, die die Anlage zu dem heute noch so beeindruckenden Gesamtkunstwerk machen, an dem viele Generationen des Schaffens, der Zerstörung und des Wiederaufbaus beteiligt gewesen sind. Hier werden in der entscheidenden Phase der Architekt Jules Hardouin-Mansart (1646–1708) und wiederum André Le Nôtre zu den bestimmenden Kräften; jener Le Nôtre, der einen visionären Garten anlegte, der sich heute wie selbstverständlich auf die gewaltigen Dimensionen des Schlosses bezieht, als dieses mit diesem Anspruch noch nicht mithalten konnte, weil es zumindest anfänglich in seinen heutigen Dimensionen noch nicht einmal angedacht war. Wie stark der König mit seinem Garten auf den Besucher Einfluss nehmen wollte, mag vielleicht eine vom ihm selbst verfasste „Gebrauchsanweisung" zeigen. In dieser *Manière de montrer les Jardins de Versailles* führt er den Besucher durch seinen Traum antiker Vergangenheit, die der Garten mit seinem an der Antike orientierten Skulpturenprogramm evoziert. Für wie vergänglich der König seine Schöpfung gehalten haben mag, mögen verschiedene Aufträge beweisen, das Szenario in Stichen und Gemälden abzubilden: So entstanden 24 Ölgemälde mit Gartenansichten, belebt von Wesen, die mit normalen Besuchern nichts gemein haben – lebendig gewordene Götter, die den Ruhm des Geschaffenen für alle Ewigkeit künstlerisch dokumentieren sollen.

Als Gegenwelt zu diesem bombastischen Garten ließ der König von 1670 bis 1672 zuerst das *Trianon de Porcelaine* nach Plänen von Louis Le Vau für die Marquise de Montespan (1641–1707) errichten. Diese kleine, klar gegliederte und mit kostbaren glitzernden Fayenceplatten bekleidete Anlage musste jedoch schon

1687 weichen, Baufälligkeit war ein offizieller Grund, der wahre wohl die neue Mätresse Madame de Maintenon (1635–1719), der er ein noch raffinierteres und etwas größeres Schlösschen verehren wollte. Es entstand ab 1687 das *Trianon de Marbre* oder später als *Grand Trianon* bezeichnete Schloss, 1688 bewohnbar und wiederum mit einem perfekt organisierten Garten ausgestattet. Raffiniert ist der Bezug des Gebäudes zum Garten: Schon beim Betreten blickt man durch das offene Peristyl auf das weitläufige, heute völlig veränderte Blumenparterre. Alle Blumen wurden in Töpfen ausgesetzt, sodass sie in kürzester Zeit ausgewechselt werden konnten. 1694 schreibt Le Nôtre in einem Brief an den schwedischen Architekten Nicodemus Tessin, dass man im Trianon nie ein welkes Blatt oder eine Blume, die nicht in Blüte stünde, sehen würde. Flora war dieses Reich geweiht, 1689 wurde hier ein Ballett mit dem Titel *Palast der Flora* aufgeführt. Ein Rausch von Duft und Farben empfing die Gäste. Es war ein Garten, der trotz aller Monumentalität und Grandezza ganz im heutigen Sinne benutzbar war, in den man durch die französischen Fenster einfach hinausgehen konnte. Diesem in seinem Repräsentationsanspruch schon reduzierten Schlossbau fügte König Ludwig XV. das von 1762 bis 1766 durch den Architekten Ange-Jacques Gabriel (1698–1782) für die königliche Mätresse Madame de Pompadour (1721–1764) errichtete *Petit Trianon* hinzu, später auch von Königin Maria Antoinette (1755–1793) heiß geliebt und in seinem Garten Geburtsstätte für ein bukolisches Landleben am königlichen Hof.

Im Jahre 1709, nach dem Tod Le Nôtres, erschien in Paris das Buch *La Théorie et la Pratique du Jardinage*, dem ein glänzender Erfolg mit verschiedenen Auflagen und Sprachen beschieden sein sollte. Sein Verfasser war der Gelehrte Antoine Joseph Dezallier d'Argenville (1680–1765), der sich mit der Gärtnerei eigentlich nur als Amateur beschäftigte. In seinen Stichen zeigt er das gesamte Repertoire an Gestaltungsmitteln einer barocken Gartenanlage und stellt in dem für die Verbreitung französischer Gestaltungsmuster hauptverantwortlichen Werk vier Grundregeln an den Anfang: 1. Die Natur hat Vorrang vor der Kunst. 2. Ein Garten darf nicht durch zu viele schattenspendende Elemente trist und düster wirken. 3. Ein Garten darf seine Schönheiten nicht mit einem Male preisgeben. 4. Ein Garten soll stets größer erscheinen, als er ist.

In der Folge breitet er in einer großen Anzahl von Stichen in Musterplänen für Parterres, Rabatte und ihre Bepflanzung, Alleen und Hecken, Boskette, Boulingrins, Berceaux, Gartenskulpturen, Absätzen und Treppen sowie Brunnen- und Wasseranlagen die grundlegenden Elemente eines französischen Gartens minutiös aus. Damit war es für Liebhaber dieser Kunst ein Leichtes, aber meist umso teureres Vergnügen, sich diesem Vorbild anzunähern.

Wie schwierig die Umsetzung tatsächlich sein konnte, beweist das vielleicht ambitionierteste Konkurrenzprojekt zu Versailles, der Garten des österreichischen Kaiserhauses, das „österreichische Versailles" in Schönbrunn. Einen ersten unglaublich ambitionierten Entwurf besitzen wir mit den Stichen von Johann Bernhard Fischer von Erlach (1656–1723). In einem ersten grandiosen Projekt für Kaiser Leopold I. (1640–1705) von 1688 positioniert er das Schloss noch hoch oben auf dem späteren Gloriettehügel und lässt es mit gigantisch anmutenden Terrassenanlagen in nicht wirklich umsetzbarer Breite gegen das Tal des Wienflusses abfallen. Fischer transformiert hier das Vorbild in noch viel strengere, rigide architektonische Formen, die in ihrer skulpturalen Qualität weit weg von allen dekorativen Verirrungen sind. Zum zweiten, dann realisierten Projekt ist nicht mehr zu sagen, als dass es realisierbar gewesen ist – die Höhenflüge der Wünsche eines großen Genies damit aber auf den Boden der Realität brachte. Jetzt liegen der große Ehrenhof und das Schloss selbst unten im Wiental, hinter dem Schloss läuft dann das Gartenparterre gegen den Hügel, auf dem erst am Ende der Epoche 1775 unter Maria Theresia (1717–1780) die bekrönende Gloriette errichtet werden konnte. Gärtner der ersten Stunde war der Franzose Jean Trehet (1654–1740), der in der Folge auch für die Umsetzung anderer Projekte verantwortlich war und nach den kaiserlichen Anlagen des Augartens und der Favorita auf der Wieden auch die monumentalen Gärten des Johann Adam Andreas I. von Liechtenstein in der Rossau lieferte. Die Gartenmanie hatte damit den Hochadel der Metropole erfasst. Jedes der großen Häuser besaß nicht nur einen, sondern mehrere Gärten: sowohl in Wien als auch auf den weit ausgedehnten Latifundien in Ungarn, Mähren und Böhmen, wo die eigentlichen Mittelpunkte ihrer Lebensinteressen lagen.

Was für Wien gut war, hatte auch in anderen Zentren Europas seine Gültigkeit, in Deutschland zierten die wichtigsten Höfe ihre Schlösser mit solchen Anlagen: In München existieren noch heute die prachtvollen Gärten von Nymphenburg und Schleißheim, in Würzburg der Garten der Residenz, Karlsruhe und Mannheim unterwarfen sogar die Planung der Städte dem Gesamtkonzept, der Garten von Schloss Schwetzingen soll hier nicht vergessen werden. In Berlin ist jener von Charlottenburg, im Norden Deutschlands vor allem der Garten von Herrenhausen in Hannover zu erwähnen. Heute sind viele dieser Anlagen – trotz langer Vernachlässigung vor allem im 19. Jahrhundert – nach umfangreichen Rekonstruktionsarbeiten in den letzten Jahrzehnten wieder in ihrer ursprünglichen Gestalt erlebbar, wenn sie auch meist (noch) nicht in all ihrer ganzen Pracht wiederauferstehen konnten.

Auch der wichtigste holländische Garten, der Garten des Schlosses von Heet Loo, unterwarf sich dem in ganz Europa gültigen Muster. Ihn schufen Jacob Roman und Daniel Marot für den niederländischen Statthalter und seit 1689 König von England: für Prinz Wilhelm III. von Oranien (1650–1702). Schon um 1800 untergegangen, wurde der Garten ab 1978 in allen wichtigen Teilen rekonstruiert.

Ermöglicht haben diese Rekonstruktionsarbeiten wertvolle zeitgenössische Stiche, die nicht zuletzt von der Eitelkeit seiner Besitzer zeugen, uns aber wie in vielen anderen Fällen die untergegangenen Gärten näherbringen. Im Besonderen sollen hier die in Augsburg verlegten Ansichtenwerke von Salomon Kleiner erwähnt werden, die uns von vielen Gärten sehr präzise, lebendige Bilder bis ins letzte Detail vermitteln. Er erfasste die meisten der Wiener Anlagen, aber auch die Schlösser der Schönborn in Süddeutschland. Nicht zu vergessen sind hier auch die aufwändigen Veduten des Bernardo Bellotto, der um die Mitte des 18. Jahrhunderts quer durch Europa reiste und in Wien, München, Dresden und Warschau die wichtigsten französischen Gärten in ihrer Hochblüte festgehalten hat. Er bildete sie damit zu einem Zeitpunkt ab, wo sie sozusagen „erwachsen" geworden waren, mit den herangewachsenen Pflanzen ihre vielleicht größte Schönheit erreicht hatten und kurz davor standen, unmodern zu werden und als Opfer der neuen Mode des englischen Landschaftsgartens zu verschwinden.

Château de Versailles
Versailles (Ile-de-France, Frankreich)
Ursprüngliches Jagdschloss für König Ludwig XIII. durch Philibert Le Roy errichtet. Unter Ludwig XIV. durch Louis Le Vau, François d'Orbay, Jules Hardouin-Mansart und Robert de Cotte ab 1661 in mehreren Etappen ausgebaut. Weitere Veränderungen unter den Königen Ludwig XV. und Ludwig XVI. Ursprüngliches Gesamtkonzept für den Garten durch André Le Nôtre

Links: Blick über das Parterre du Midi

Unten: Blick auf das Schloss und die Orangerie. Ölgemälde von J. B. Martin (zugeschrieben), um 1700

Rechts: Blick über das Bassin d'Apollon auf den Grand Canal

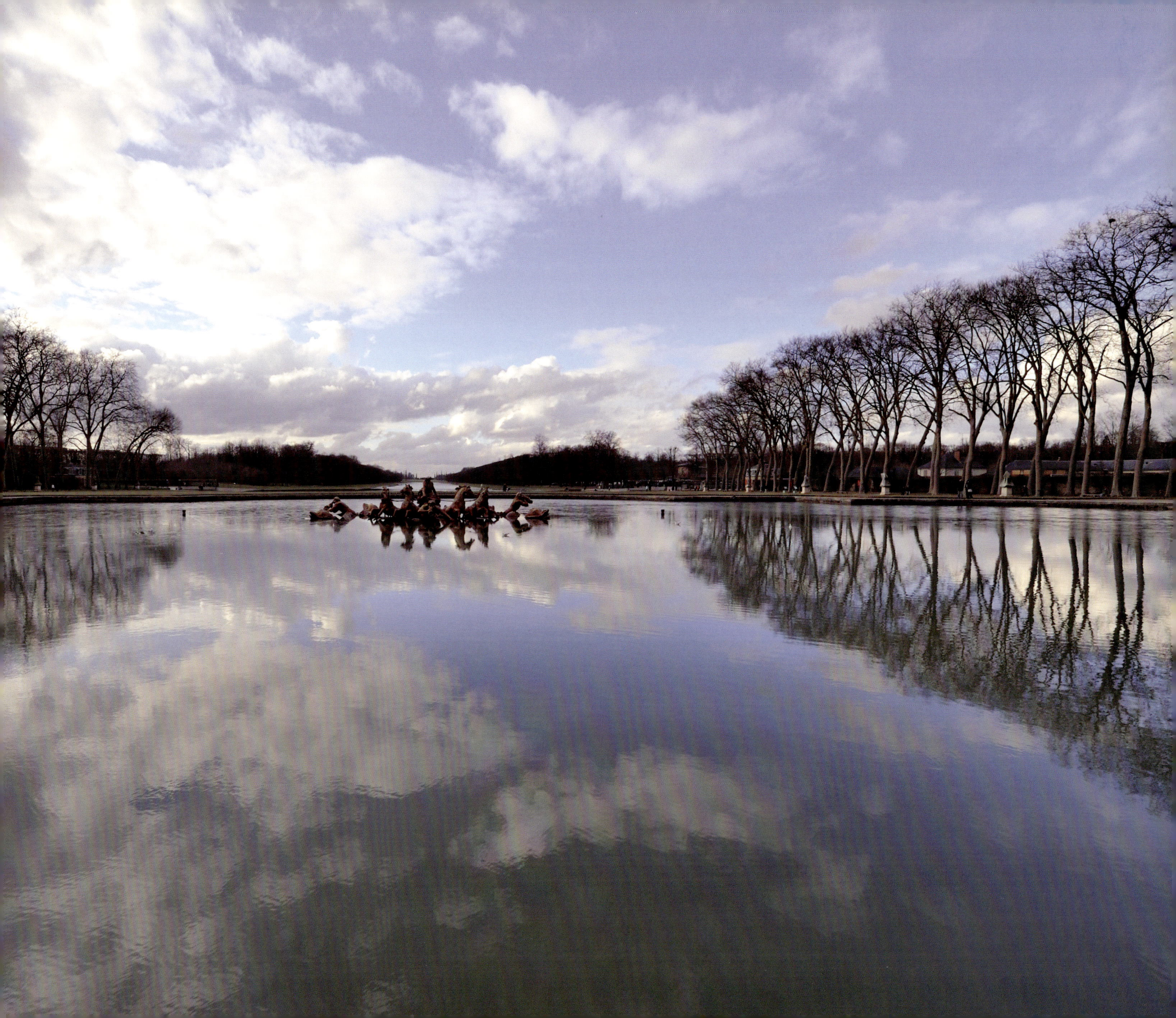

Château de Versailles
Versailles (Ile-de-France, Frankreich)
Von André Le Nôtre in der 2. Hälfte des 17. Jahrhunderts errichtet

Unten: Blick über das Bassin du Dragon, links die Allée d'Eau

Ganz unten: Jean Baptiste Tuby. Bassin d'Apollon. 1668–1679

Rechts: Brüder Marsy. La fontaine du Dragon. 1667 (durch Tony Noël 1889 überarbeitet)

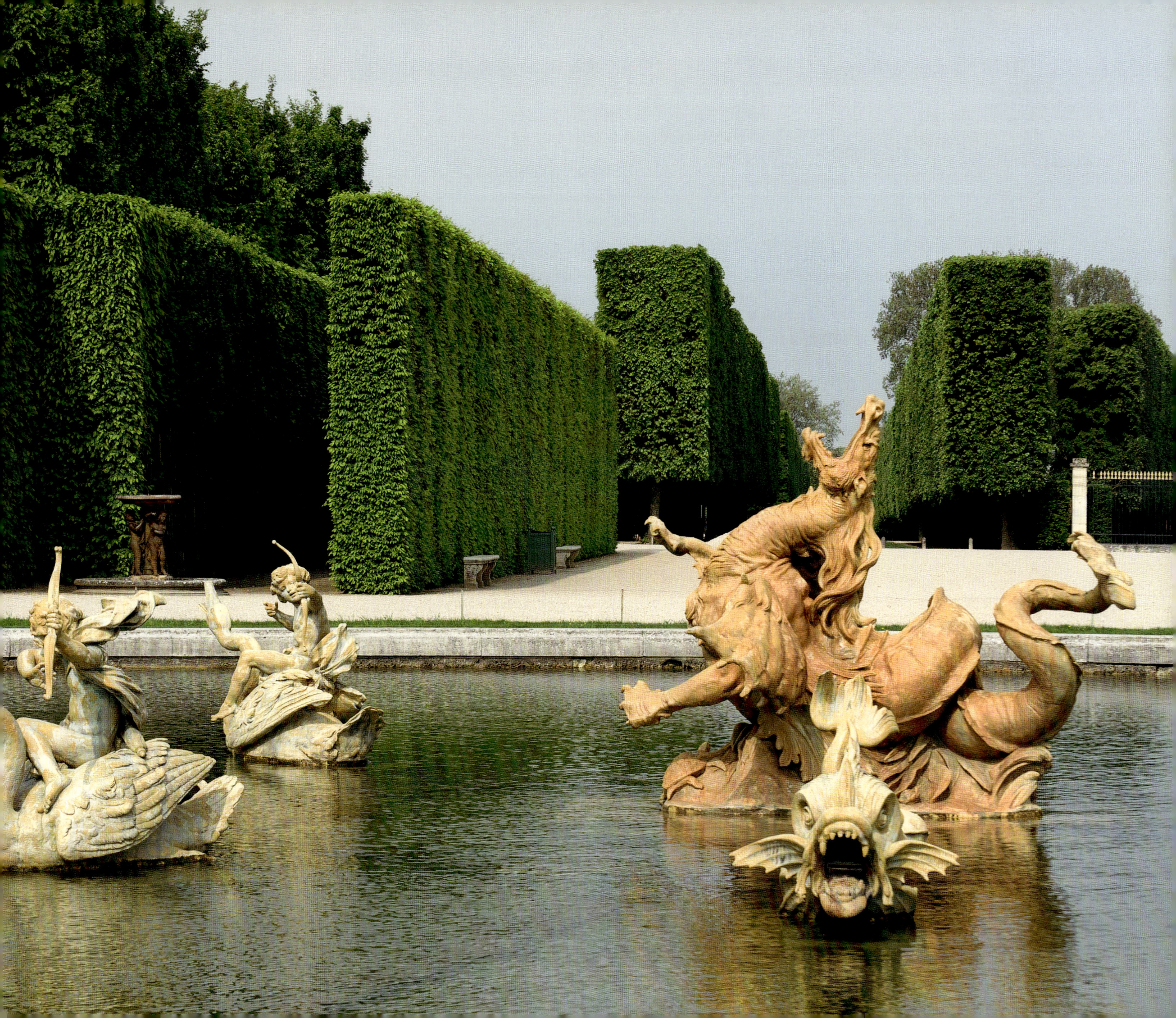

Parterre de l'Orangerie im Château de Versailles
Versailles (Ile-de-France, Frankreich)
Die ursprünglich schlichte Orangerie Louis Le Vaus von 1663 wurde 1684–1686
durch das monumentale Gebäude Jules Hardouin-Mansarts ersetzt

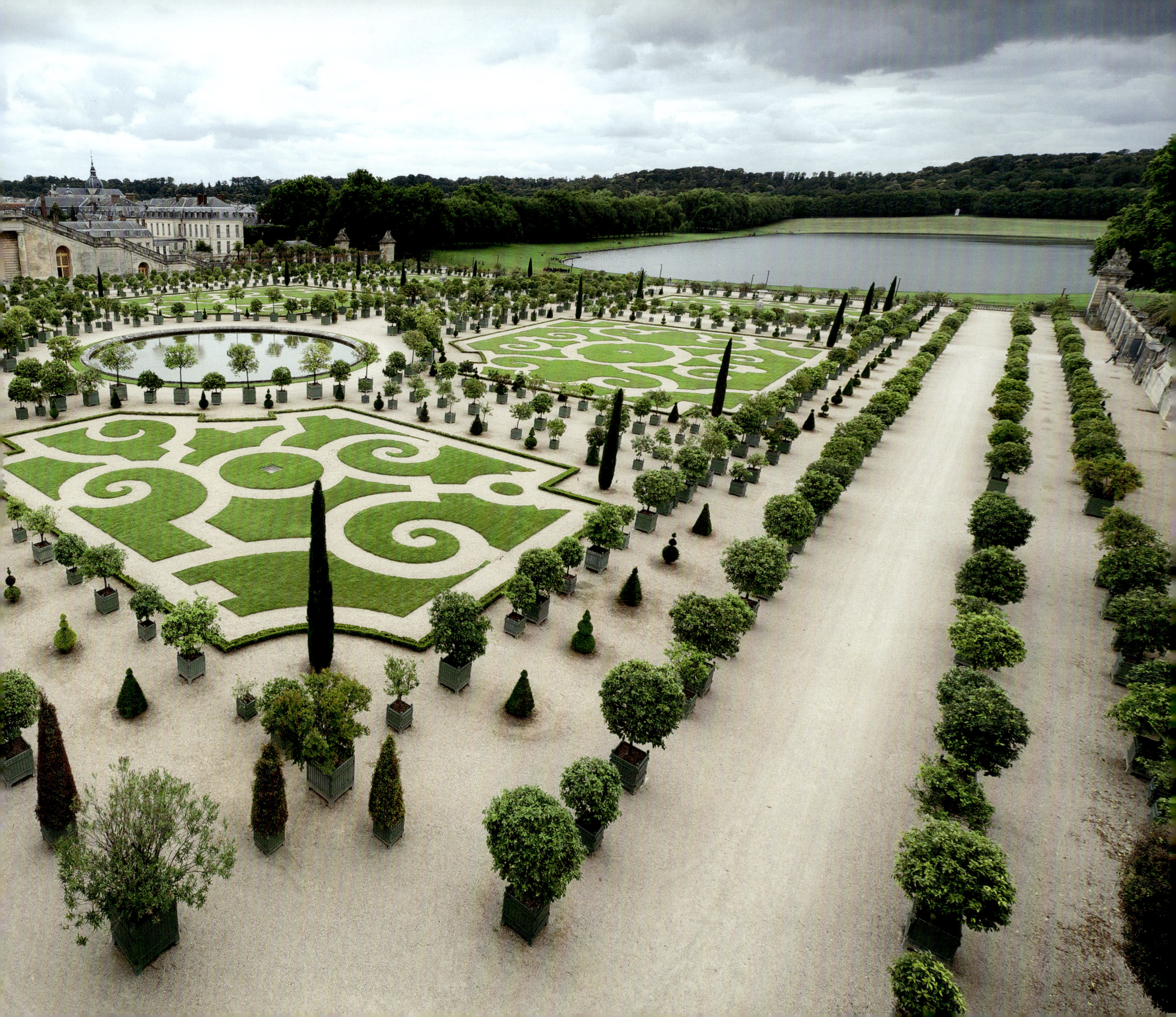

Bosquets des Jardin Française um den Pavillon Française vor dem Petit Trianon
Château de Versailles (Ile-de-France, Frankreich)
Für König Ludwig XV. und seine Mätresse, Madame de Pompadour,
durch Ange-Jacques Gabriel 1750 bzw. 1762–1766 errichtet

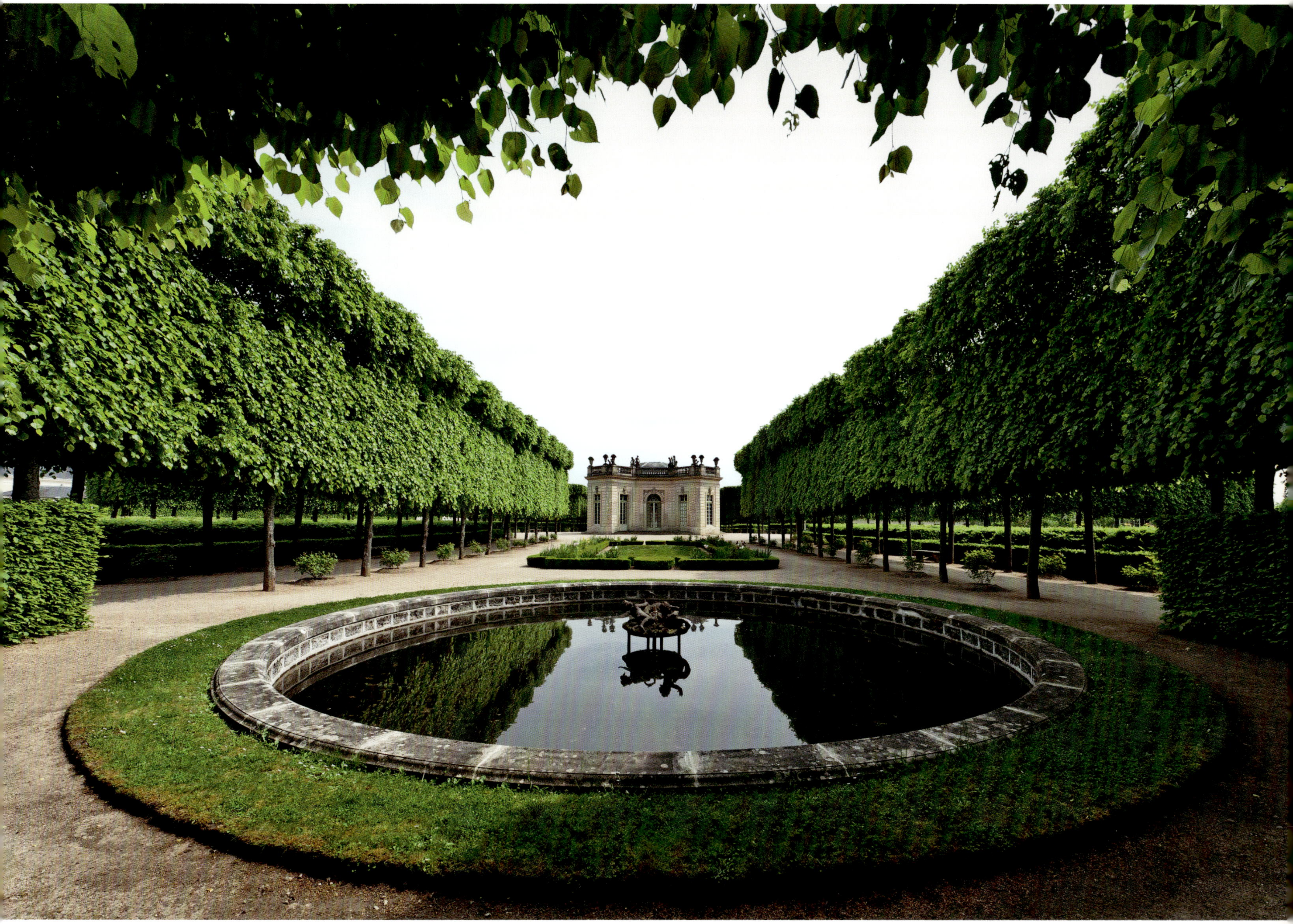

Drei der Bosquets des Gartens von Versailles unter Ludwig XIV.

Links oben: Vue des Bains d'Apollon

Links Mitte: Vue de l'Obelisque

Links unten: Vue de la Salle du Bal
Kupferstiche nach Jacques Rigaud, Les Maisons Royales de France, erschienen ab 1730

Drei der Bosquets des Gartens von Versailles unter Ludwig XIV. in ihrem heutigen Zustand

Oben: Bosquet de la Collonade. 1685 von Jules Hardouin-Mansart anstelle des 1679 von André Le Nôtre geschaffenen Bosquet des Sources errichtet

Unten: Bosquet de la Salle de Bal. 1680–1683 von André Le Nôtre geschaffen

Rechte Seite: Bosquet de l'Encelade. Mit dem Feuer und Wasser speienden und mit dem Tode ringenden verschütteten Giganten Encelade nach Entwürfen von Charles Le Brun und André Le Nôtre. Vergoldete Bleiskulptur von Gaspard Marsy, 1675–1677. Die ursprünglichen Treillagen (1706) von Jules Hardouin-Mansart entfernt und Ende des 20. Jahrhunderts wiederhergestellt

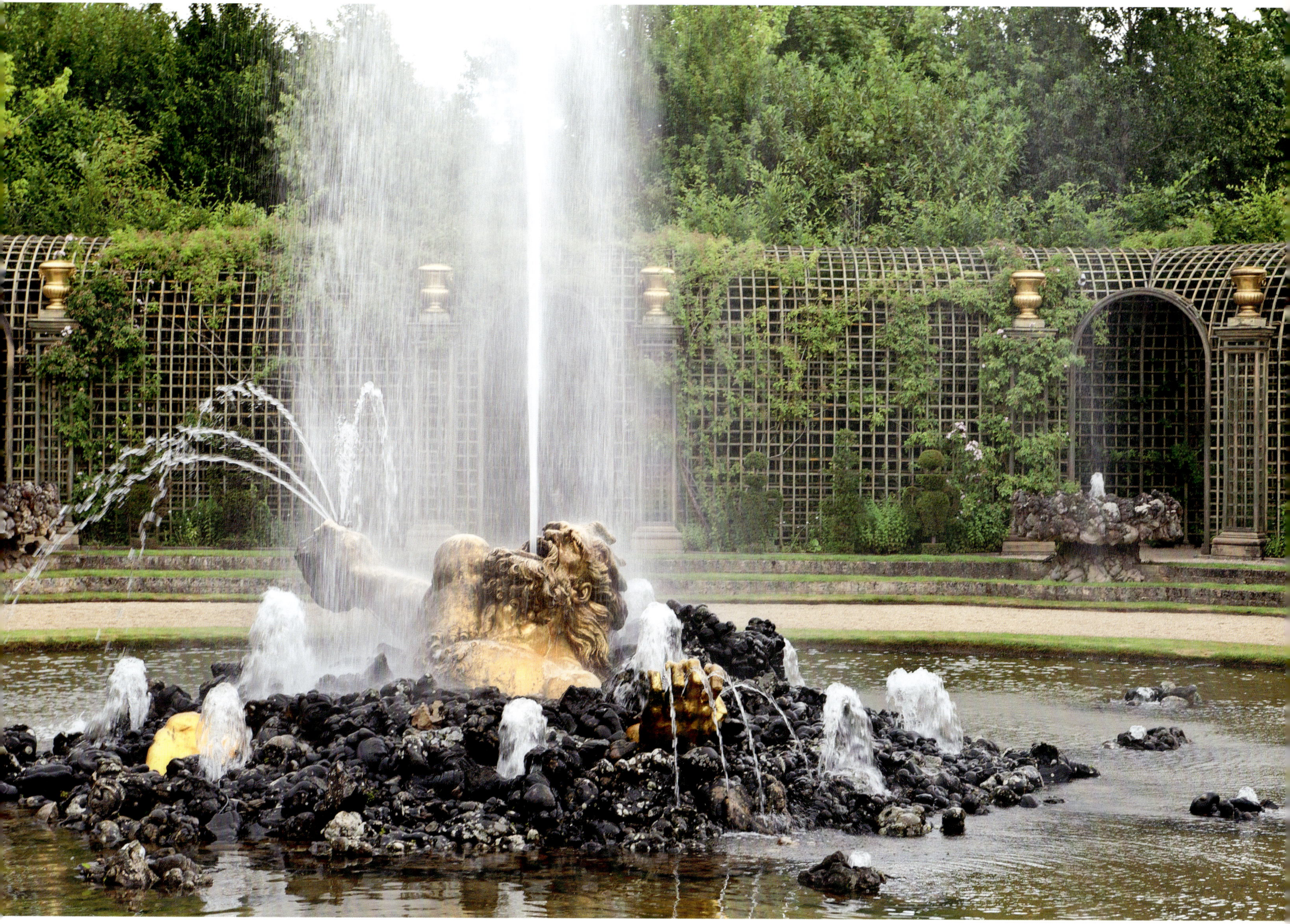

Schlosspark von Schönbrunn
Wien-Hietzing (Österreich)
Im Auftrag von Kaiser Leopold I. 1688 erstes Projekt für den Schlossbau durch Johann Bernhard Fischer von Erlach. Ab 1696 Realisierung des Projektes nach dem zweiten reduzierten Entwurf. Ab 1695 erster Garten durch Jean Trehet angelegt

Rechts: Verschönerungsprojekt des Schönbrunner Berges mit einer frühen Entwurfsvariante zur Gloriette und Vorschlägen zur Ausstattung des Gartens mit Skulpturen. Aquarell, ausgeführt vermutlich von Carl Schütz nach Entwurf von Johann Ferdinand Hetzendorf von Hohenberg, 1772

Unten: Blick durch die Tiergartenallee auf das Schloss

Rechte Seite: Der Fächer im Boskettbereich

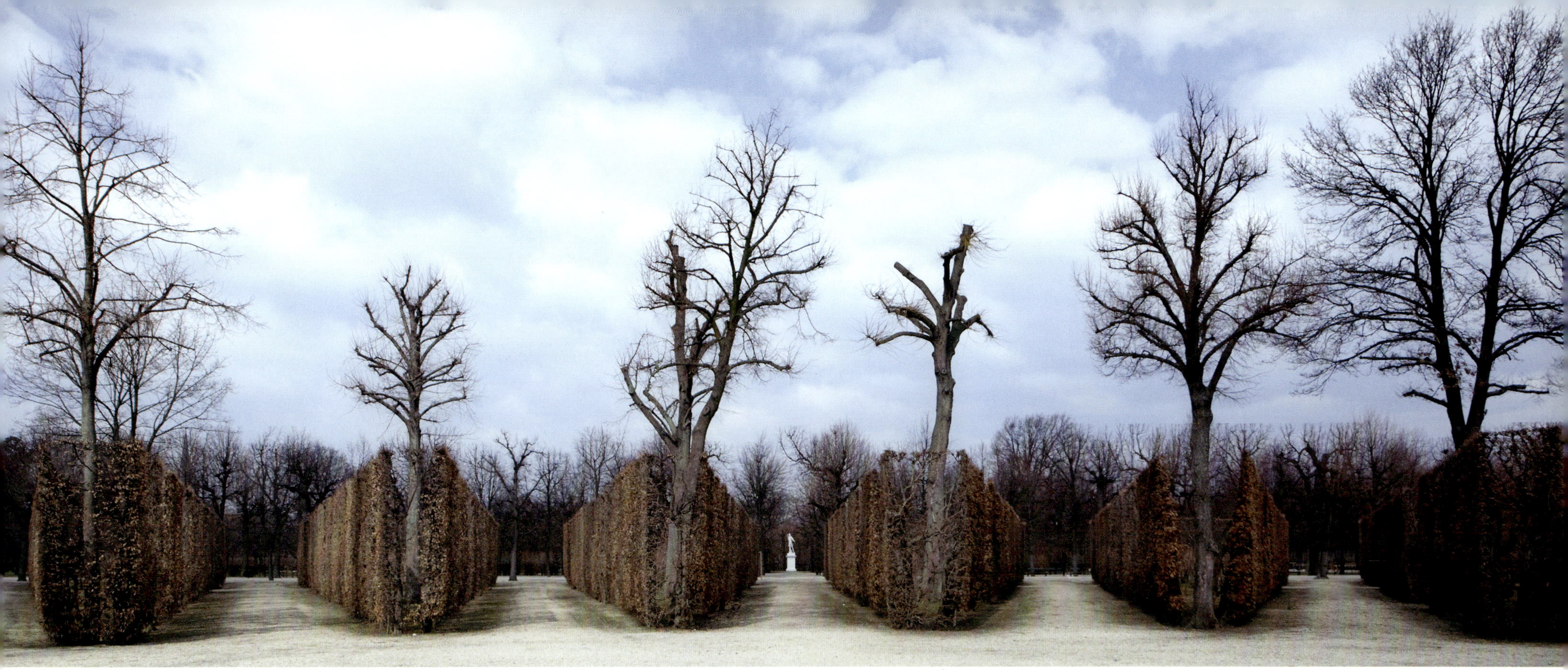

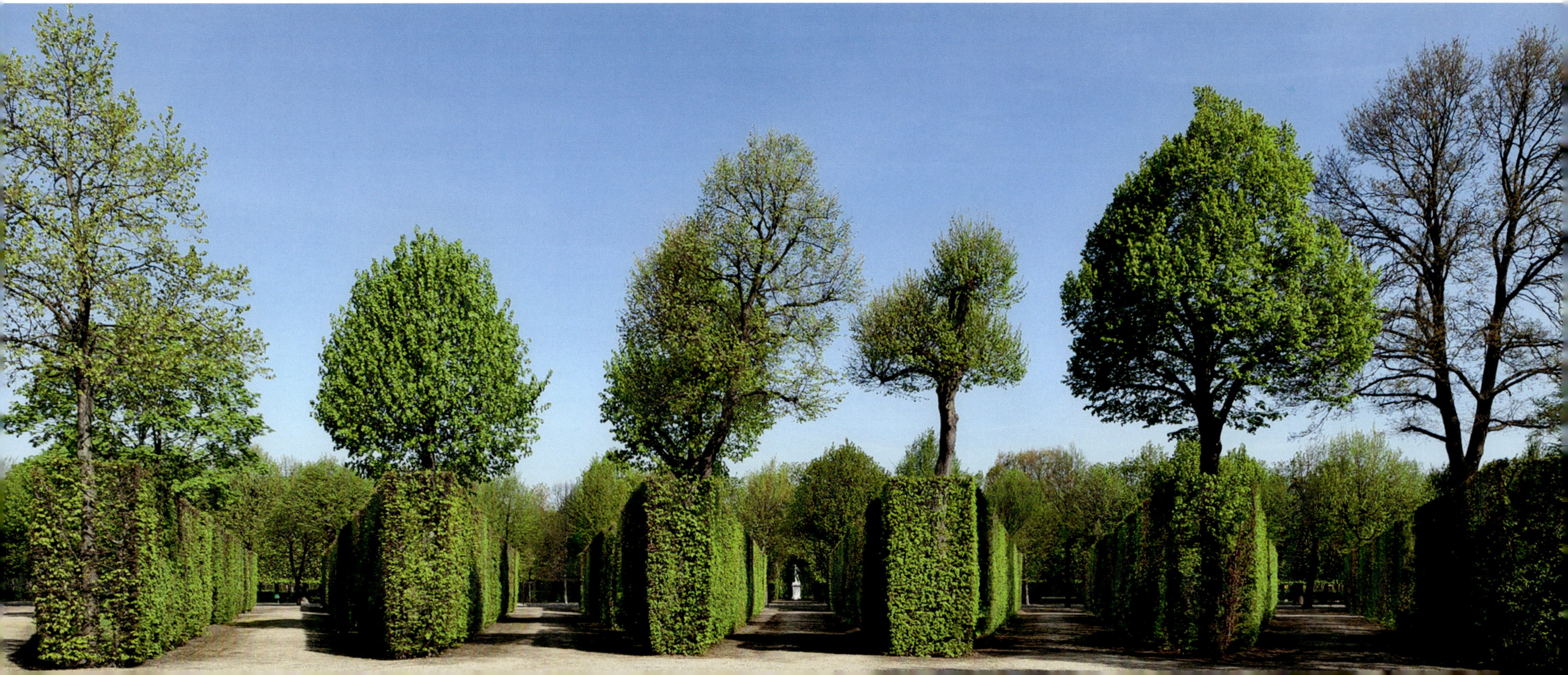

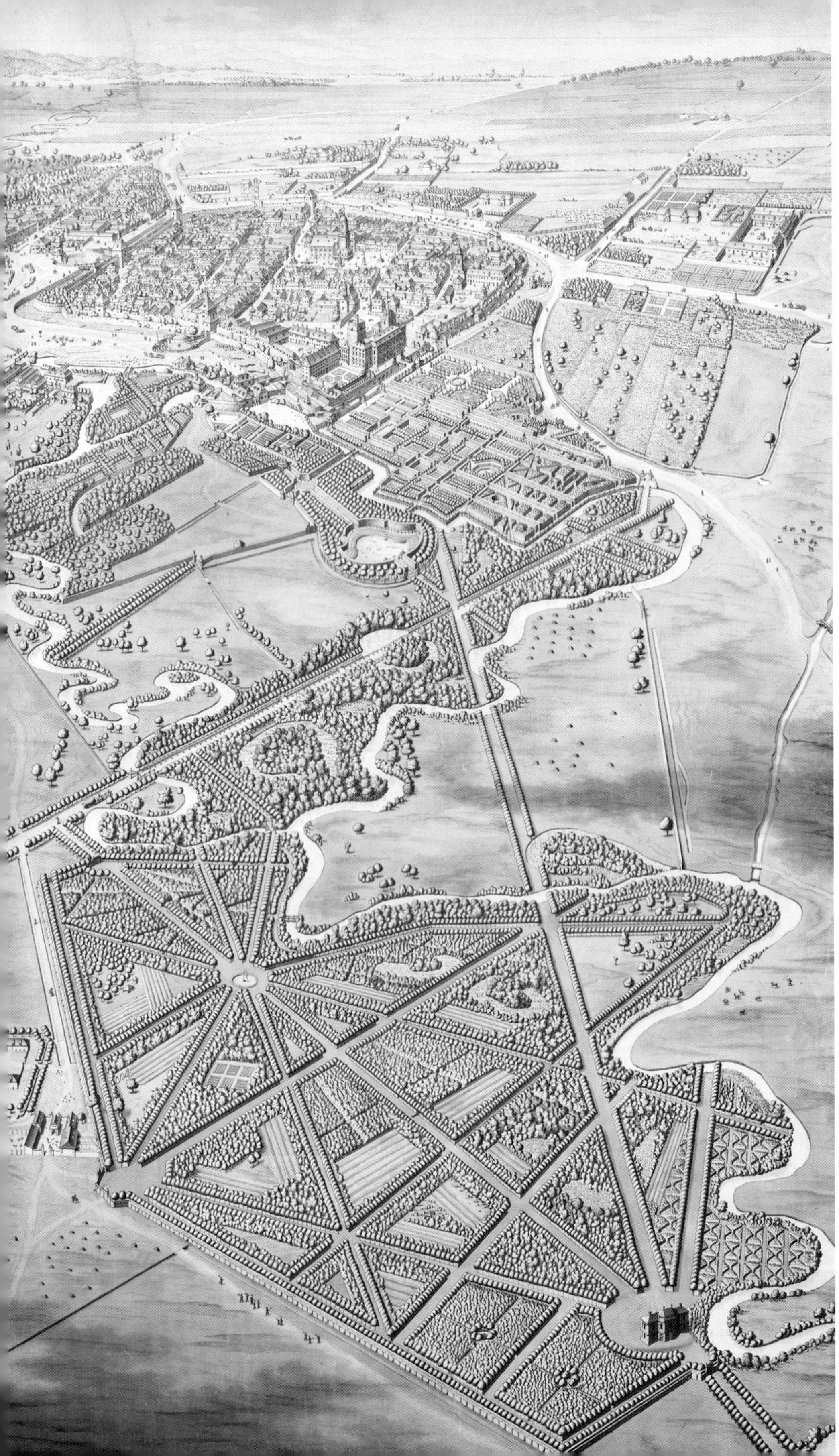
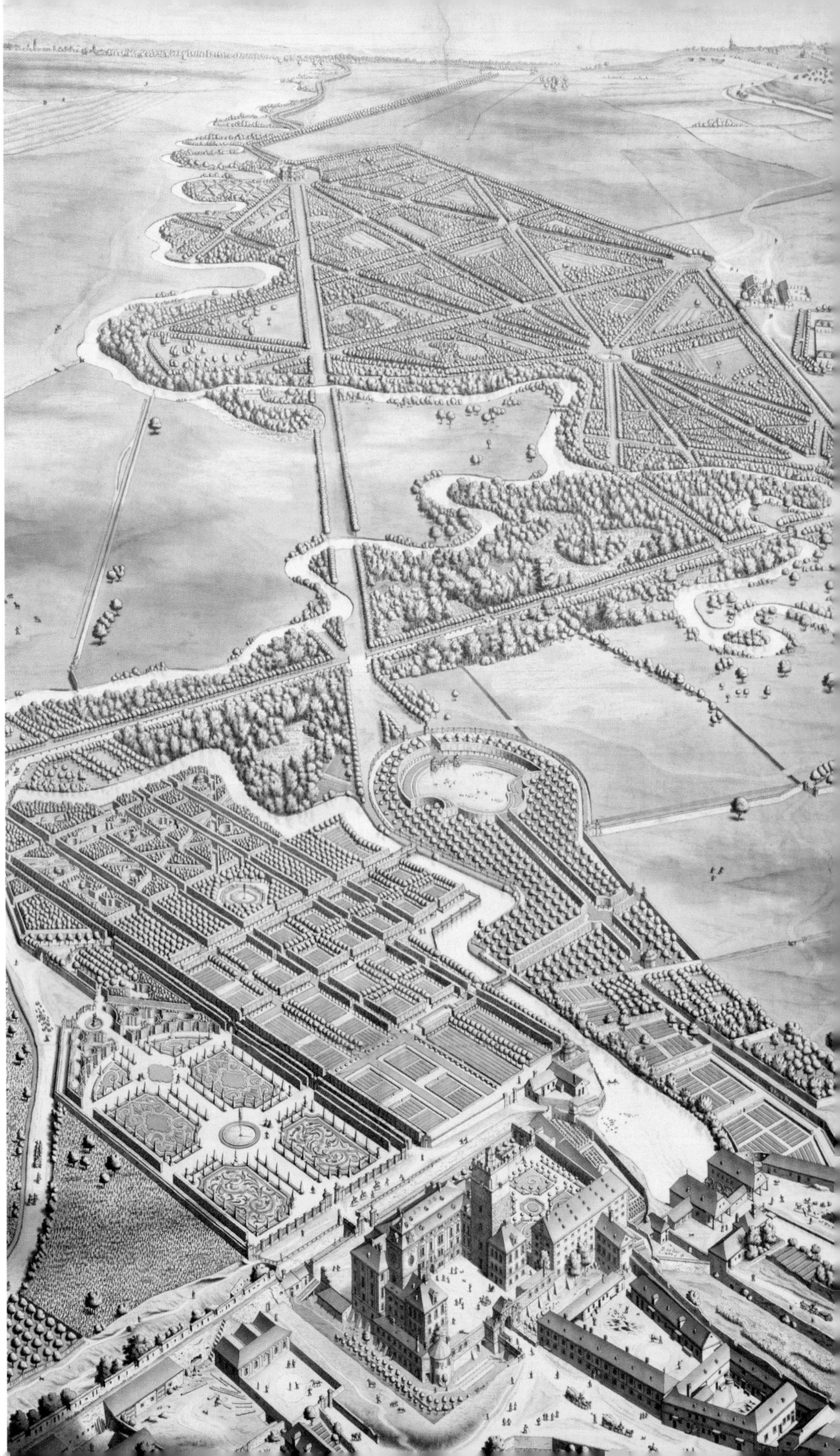

Linke Seite: Der Garten von Schloss Bruck
Bruck an der Leitha (Österreich)
Für Alois Thomas Graf Harrach nach einem Entwurf Johann Lucas von Hildebrandts um 1710 errichtet.
Lavierte Federzeichnungen der ausgeführten Anlage

Rechte Seite: Blick auf das Obere Belvedere
Wien-Landstraße (Österreich)
Für Prinz Eugen von Savoyen nach einem Entwurf Johann Lucas von Hildebrandts 1700–1721 errichtet.
Garten durch den Fontainier Dominique Girard angelegt

Oben: Apoll und das Feuer. 1. Viertel 18. Jahrhundert

Unten: Blick vom Unteren auf das Obere Belvedere

*Das Gartenpalais Liechtenstein
Wien-Rossau (Österreich)
Erstes Gesamtkonzept durch Johann Bernhard Fischer von Erlach für
Fürst Johann Adam Andreas I. von Liechtenstein ab 1688 erstellt.
Belvedere durch Johann Bernhard Fischer von Erlach ab 1689 errichtet.
Gartenpalais durch Domenico Martinelli 1692–1712 errichtet. Garten
durch Jean Trehet angelegt. Gartenskulpturen von Giovanni Giuliani ab
Mitte der 1690er Jahre*

*Links und unten: Vogelschau des Gartens gegen das Belvedere und
Vogelschau der Gesamtanlage gegen das Belvedere und die Siedlung
Liechtenthal. Lavierte Federzeichnungen von Salomon Kleiner, 1732*

*Rechts: Blick vom Gartenbelvedere über den Garten auf das
Sommerpalais. Ölgemälde von Bernardo Bellotto, 1758*

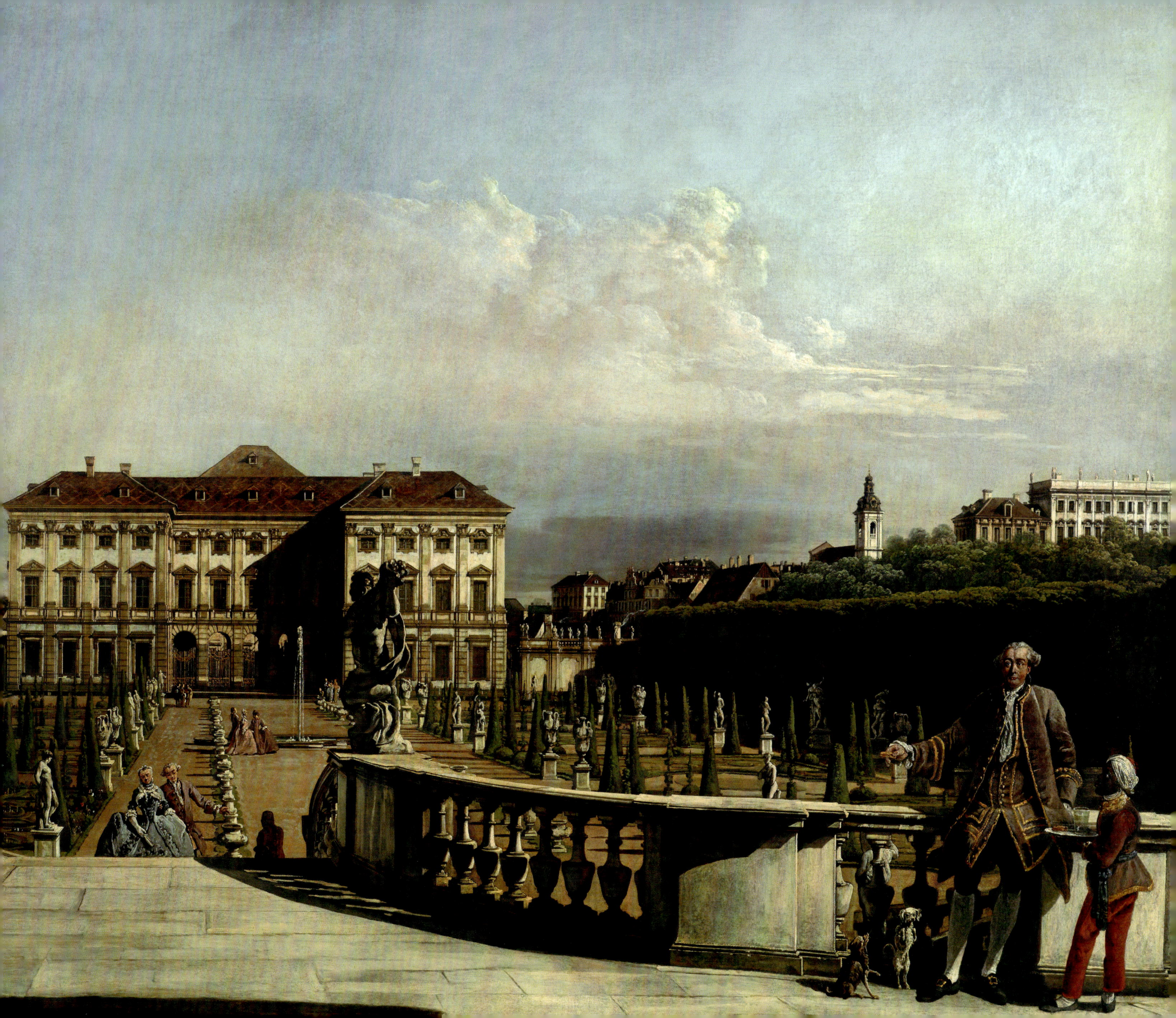

98

*Der Skulpturengarten und das Theater im
Schlosspark von Salaberg
Salaberg bei Stadt Haag (Österreich)
Durch Franz Ferdinand Reichsgraf von Salburg
angelegt. Skulpturen bei Giovanni Stanetti 1705
beauftragt*

Schlosspark von Schwetzingen
Schwetzingen (Rheinland-Pfalz, Deutschland)
Für Kurfürst Carl Theodor von der Pfalz durch Nicolas de Pigage (ab 1762) und Friedrich Ludwig Sckell (englischer Garten, ab 1774) angelegt

Links: Der in Schlangenlinien gefasste Wasserlauf des Vogelbades in der nördlichen Angloise

Oben: Treillagen („Perspektiv") um den Vogelbrunnen am Badhaus

Unten: Das Naturtheater vor dem Apollotempel

Rechte Seite: Das arkadengesäumte Parterre

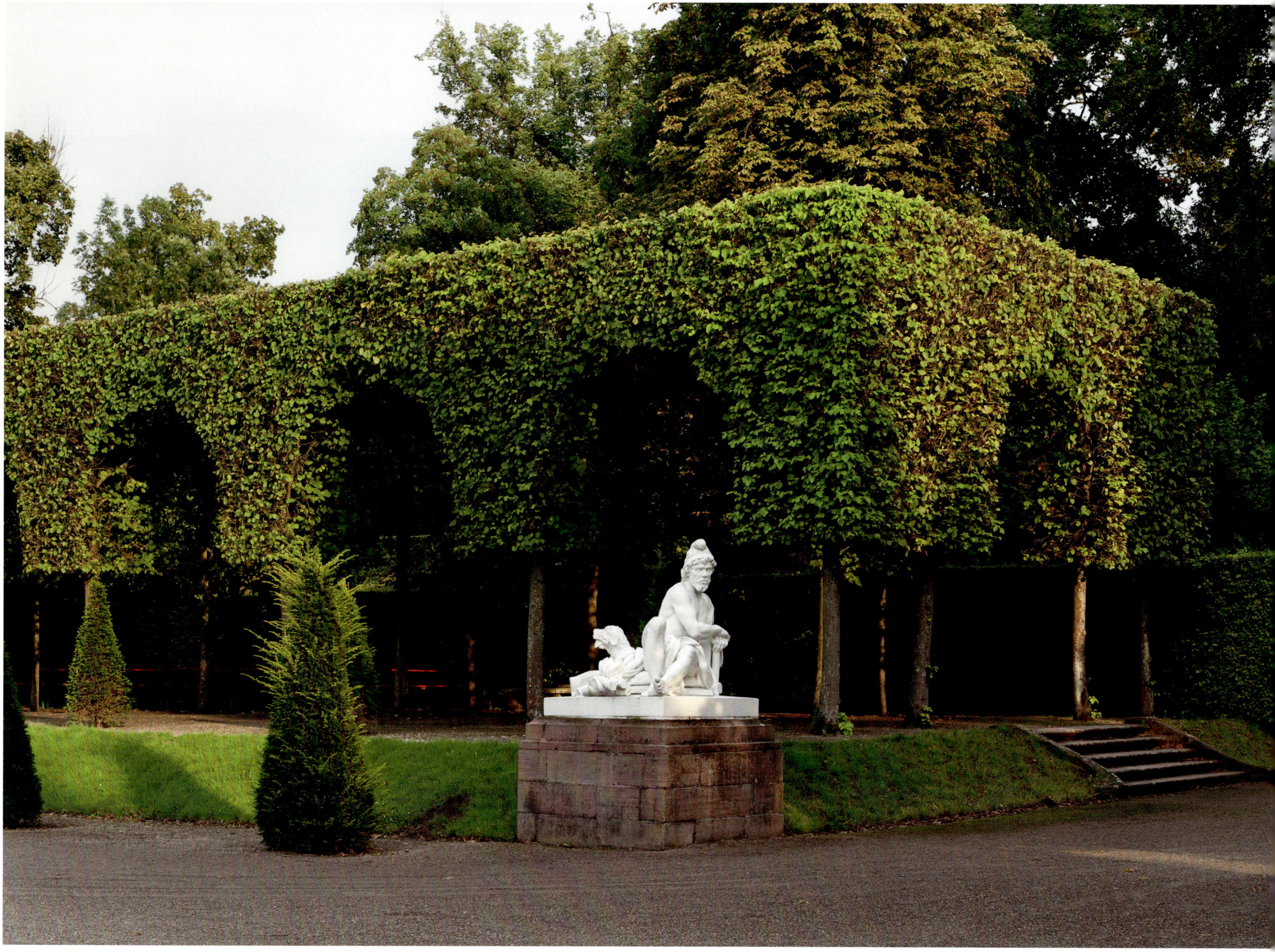

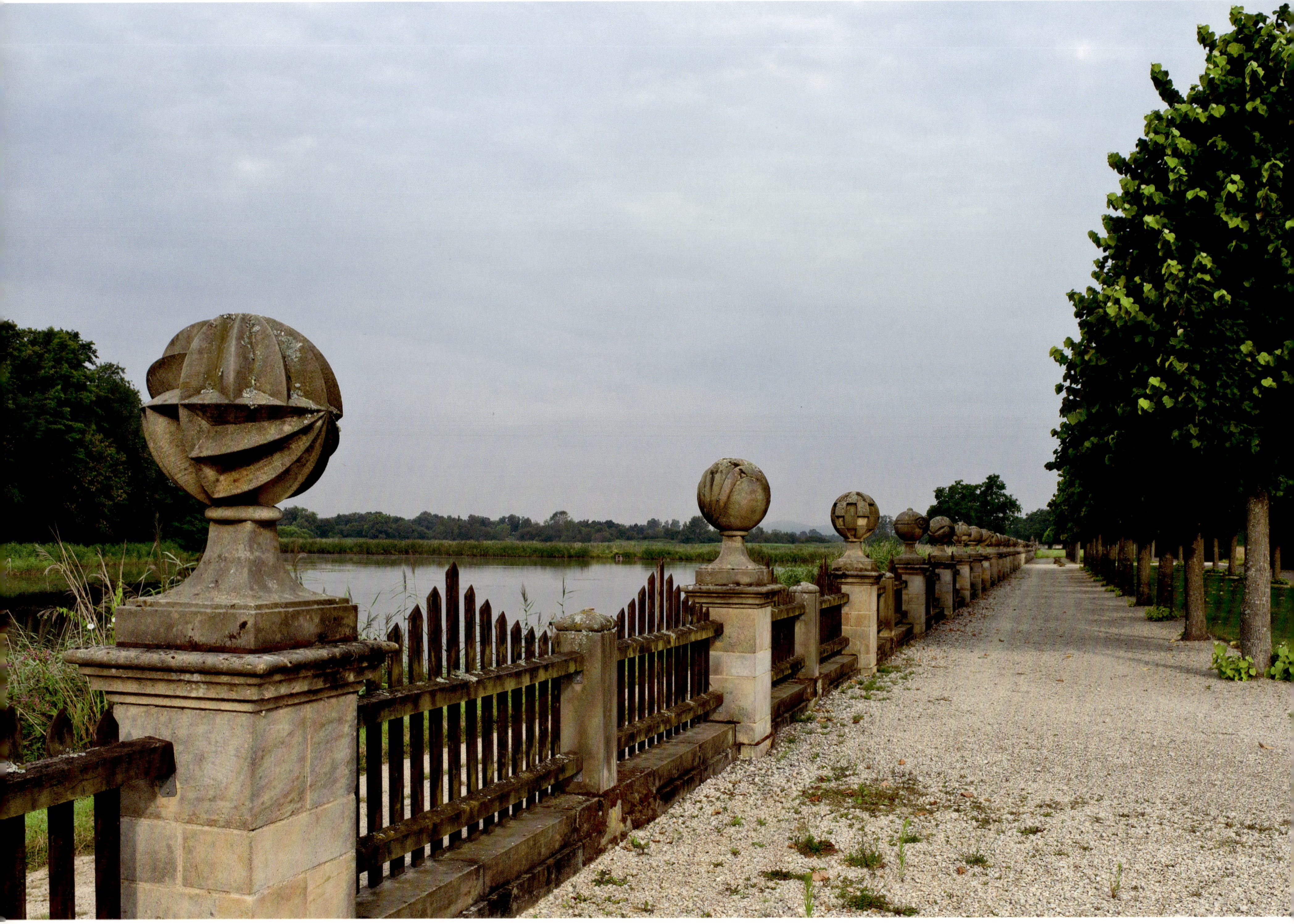

Linke Seite und rechts: Begrenzungszaun zum großen Teich des Schlosses Seehof Memmelsdorf (Bayern, Deutschland) Ursprüngliche Barockanlage ab 1686 für Fürstbischof Lothar Franz von Schönborn als Sommerresidenz der Bamberger Fürstbischöfe nach Plänen von Antonio Petrini errichtet. 1757 wesentliche Umgestaltungen unter Fürstbischof Adam Friedrich von Seinsheim. 1779 mit den Skulpturen des Bamberger Hofbildhauers Ferdinand Tietz ausgestattet

Unten und ganz rechts: Zaun mit im Winter durch Weidenkörbe geschützten barocken Gartenskulpturen des Schlosses Veltrusy Veltrusy (Böhmen, Tschechien) Ursprünglicher Schlossbau durch Wenzel Graf Chotek von Chotkow 1716 errichtet. Wesentliche Veränderungen ab 1764

Nymphenbad im Zwinger
Dresden (Sachsen, Deutschland)
Für August den Starken durch Matthäus Daniel Pöppelmann errichtet (erstes Projekt 1709, Realisierung 1711–1728). Abschluss der barocken Anlage durch den Museumsbau Gottfried Sempers von 1854. Skulpturen von Balthasar Permoser, Johann Christian Kirchner, Johann Benjamin Thomaes und Paul Egell

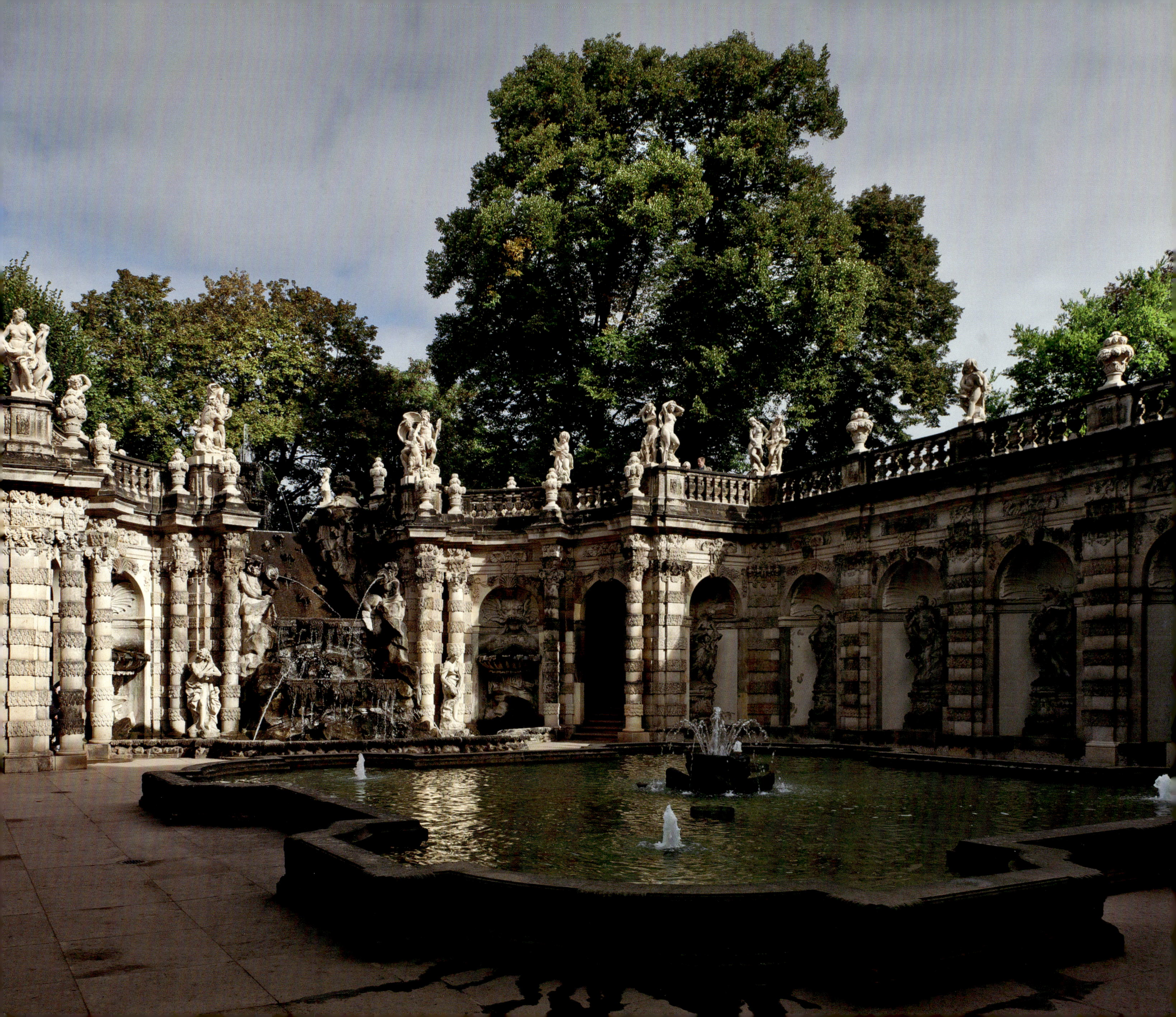

Linke Seite: Schloss Weikersheim
Weikersheim (Franken, Deutschland)
Garten nach einem Entwurf von Daniel Matthieu 1707–1725 angelegt. Orangerie von Johann Christian Lüttich 1719–1723 errichtet. Skulpturen teilweise nach Stichvorlagen von Jacques Callot von Johann Jakob Sommer, ab 1708 für Carl Ludwig Graf von Hohenlohe

Rechte Seite: Schlos Buchlovice
Buchlovice, Zlínký Kraj (Mähren, Tschechien)
Hauptflügel des Schlosses für Johann Dietrich von Peterswald durch Domenico Martinelli 1702 errichtet. Parallelflügel oberhalb des Schlosses 1710–1738 errichtet. Barockgarten im 19. Jahrhundert teilweise in einen Landschaftsgarten umgewandelt

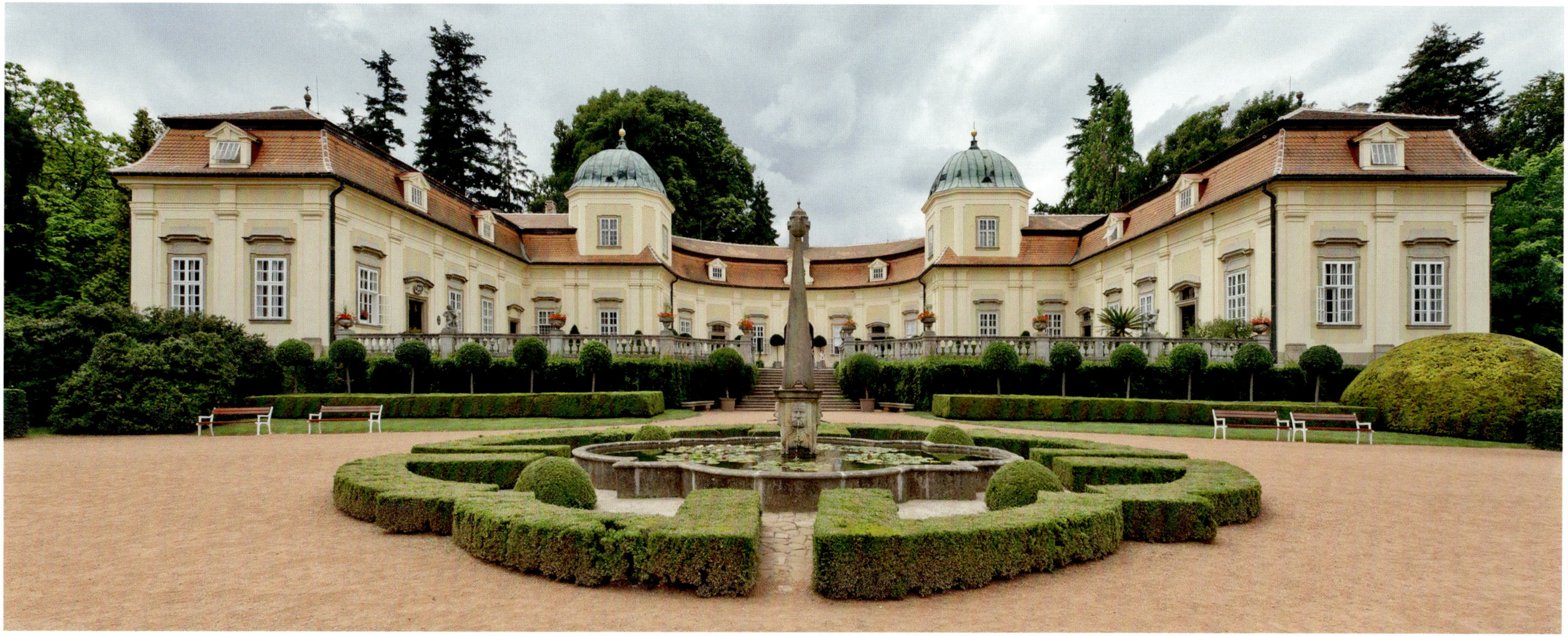

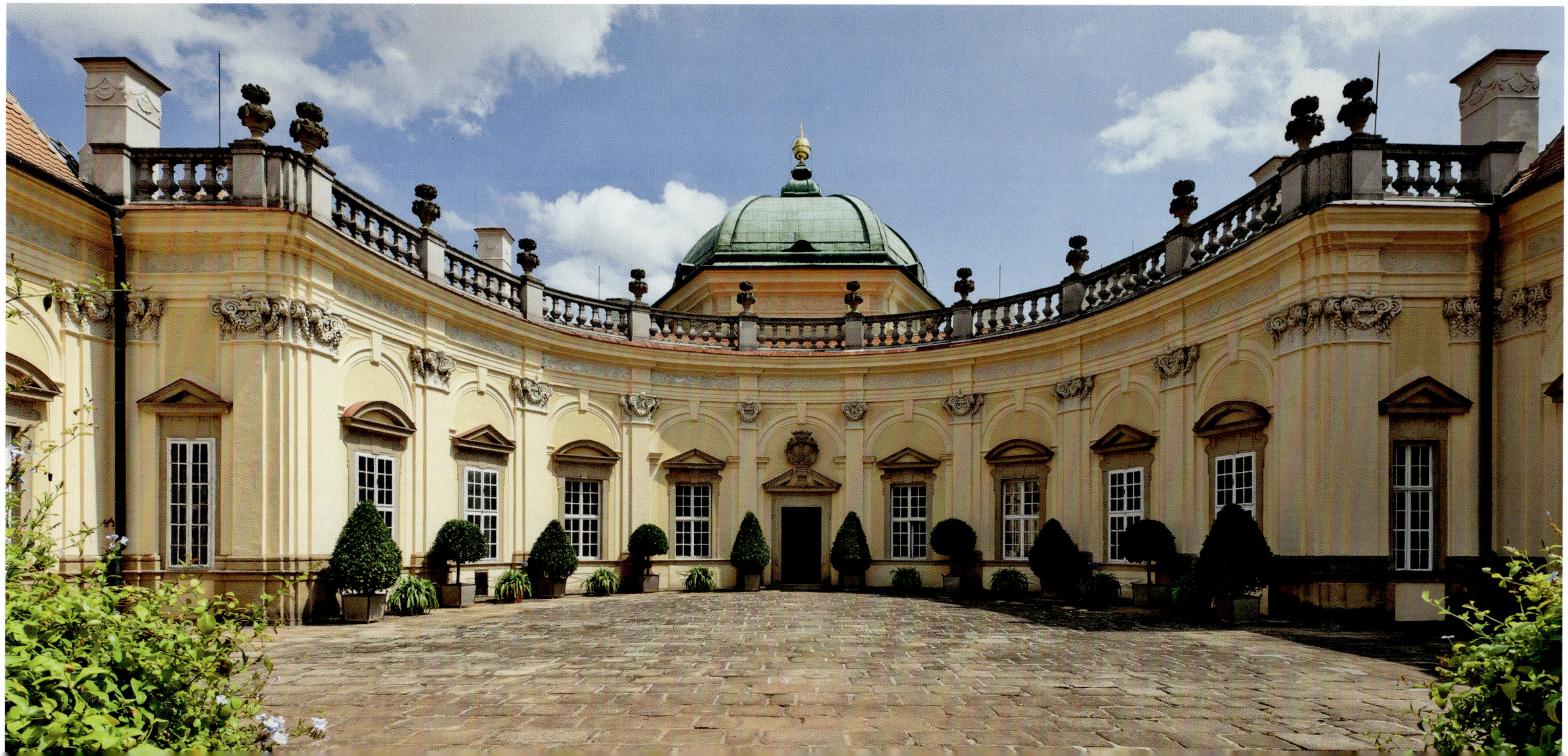

Palais Het Loo
Apeldoorn (Gelderland, Niederlande)
Für Statthalter Wilhelm III. von Oranien durch Jacob Roman und
Daniel Marot 1685–1692 errichtet

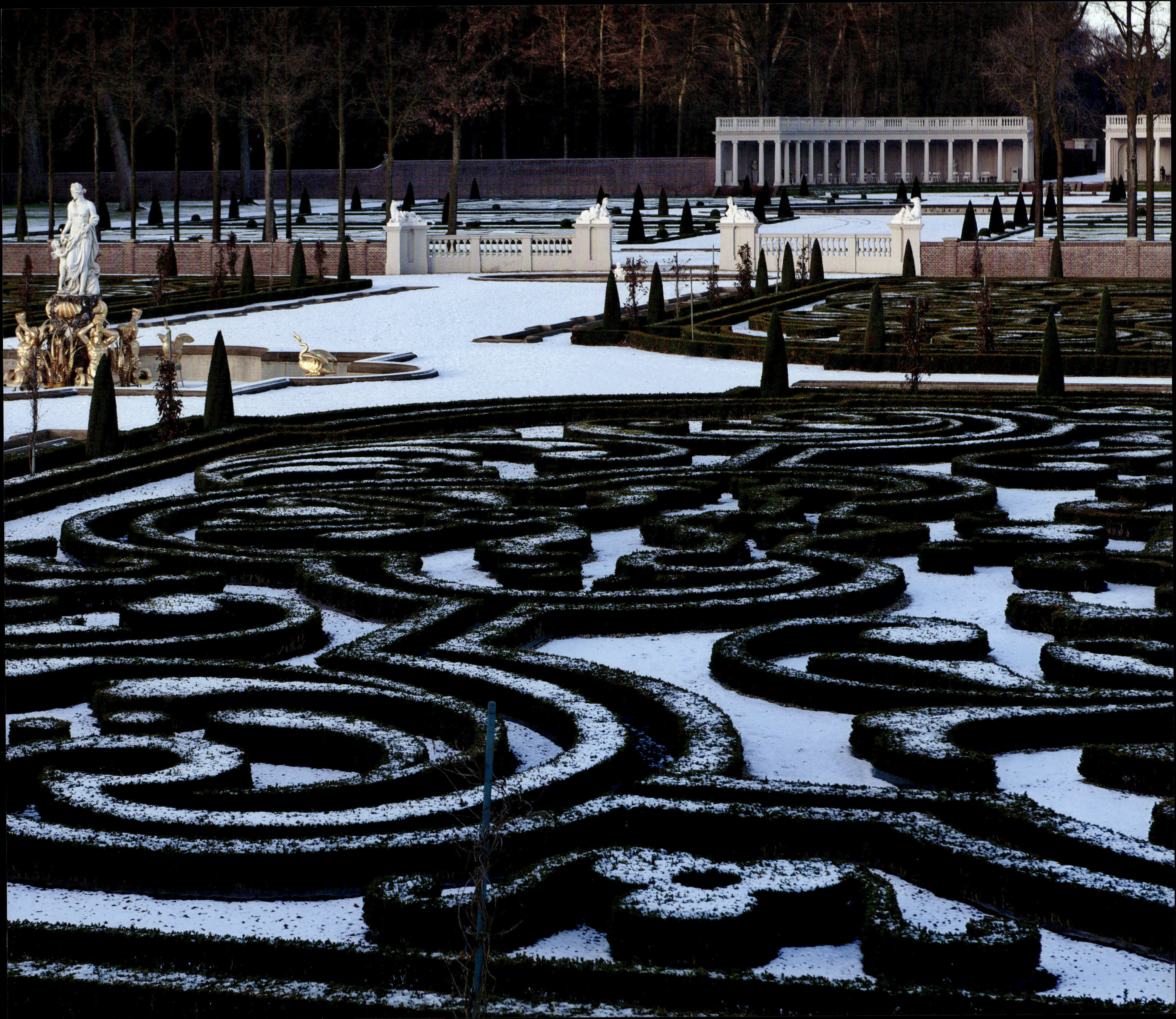

Schlosspark von Peterhof
Peterhof (St. Petersburg, Russland)
Ab 1716 Planungen durch Zar Peter den Großen unter Beratung von Jean-Baptiste Alexandre Le Blond (gestorben 1719), Niccolo Michetti, Andreas Schlüter und Johann Friedrich Braunstein. Unter Zarin Elisabeth 1747–1752 Erweiterung des Großen Palastes durch Bartolomeo Francesco Rastrelli

Links: Die Goldene Kaskade mit dem vorgelagerten Kanal zum Finnischen Meerbusen

Unten: Eremitage-Palast am Finnischen Meerbusen. Von Johann-Friedrich Braunstein 1725 errichtet

Ganz unten: Eva-Fontäne. Skulptur von Giovanni Bonazza (1718) nach dem Original von Antonio Rizzi (Dogenpalast in Venedig). Architektur von N. Michetti (1722)

Rechte Seite: Triton-Fontäne vor der Orangerie, 1726 errichtet

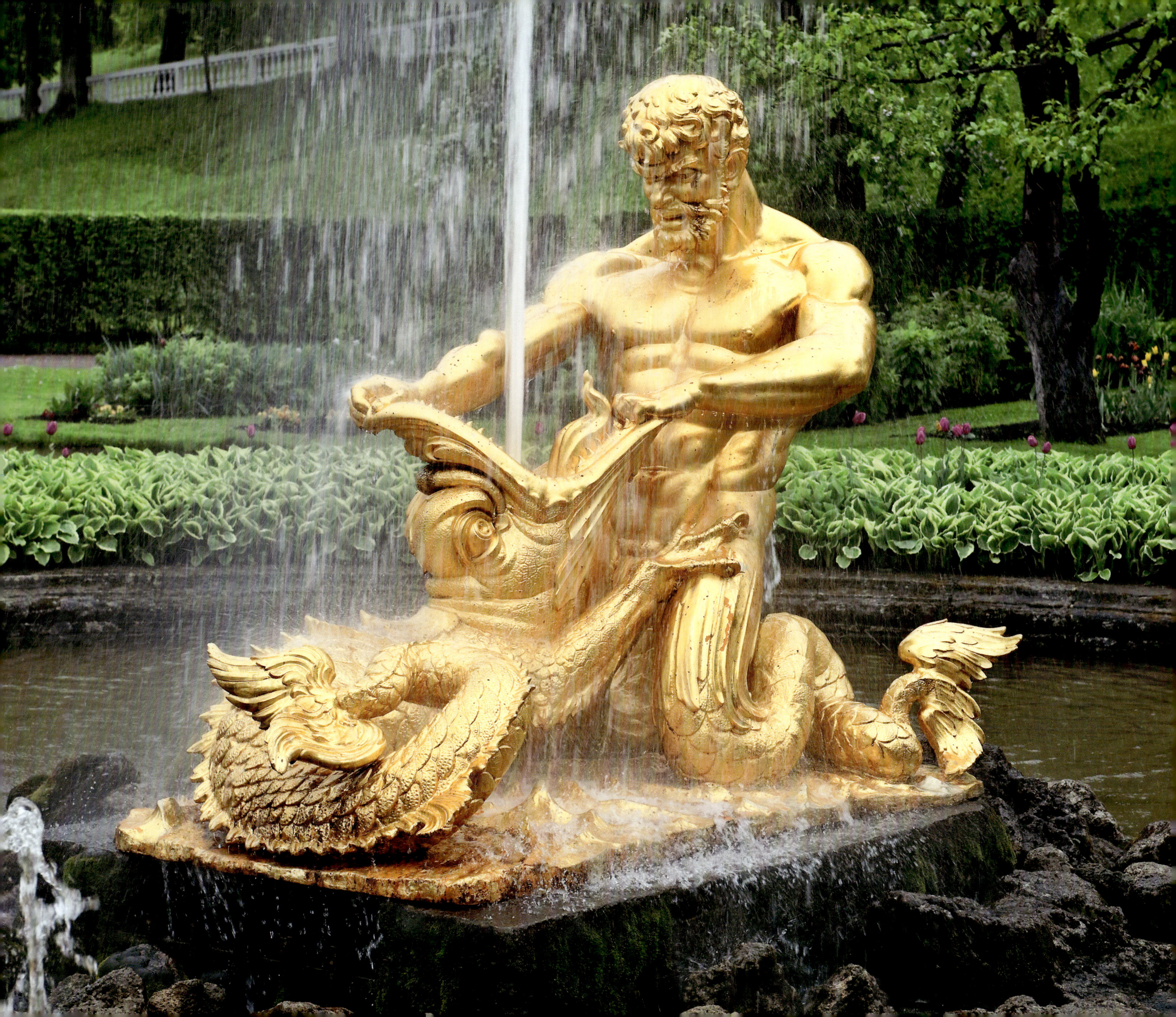

Villa Pisani
Stra (Veneto, Italien)
Von Almorò Pisani 1720 bei Girolamo Frigimelica de' Roberti beauftragt. Für Alvise Pisani, Botschafter Venedigs am französischen Hof und 1735 zum Dogen gewählt, durch Francesco Maria Preti 1736–1756 fertiggestellt

Links: Belvedere an der Gartenmauer

Unten: Blick von der Vorhalle des Marstalls zur Villa

Rechts: Blick von der Villa über den 1911 angelegten Großen Kanal zum Marstall

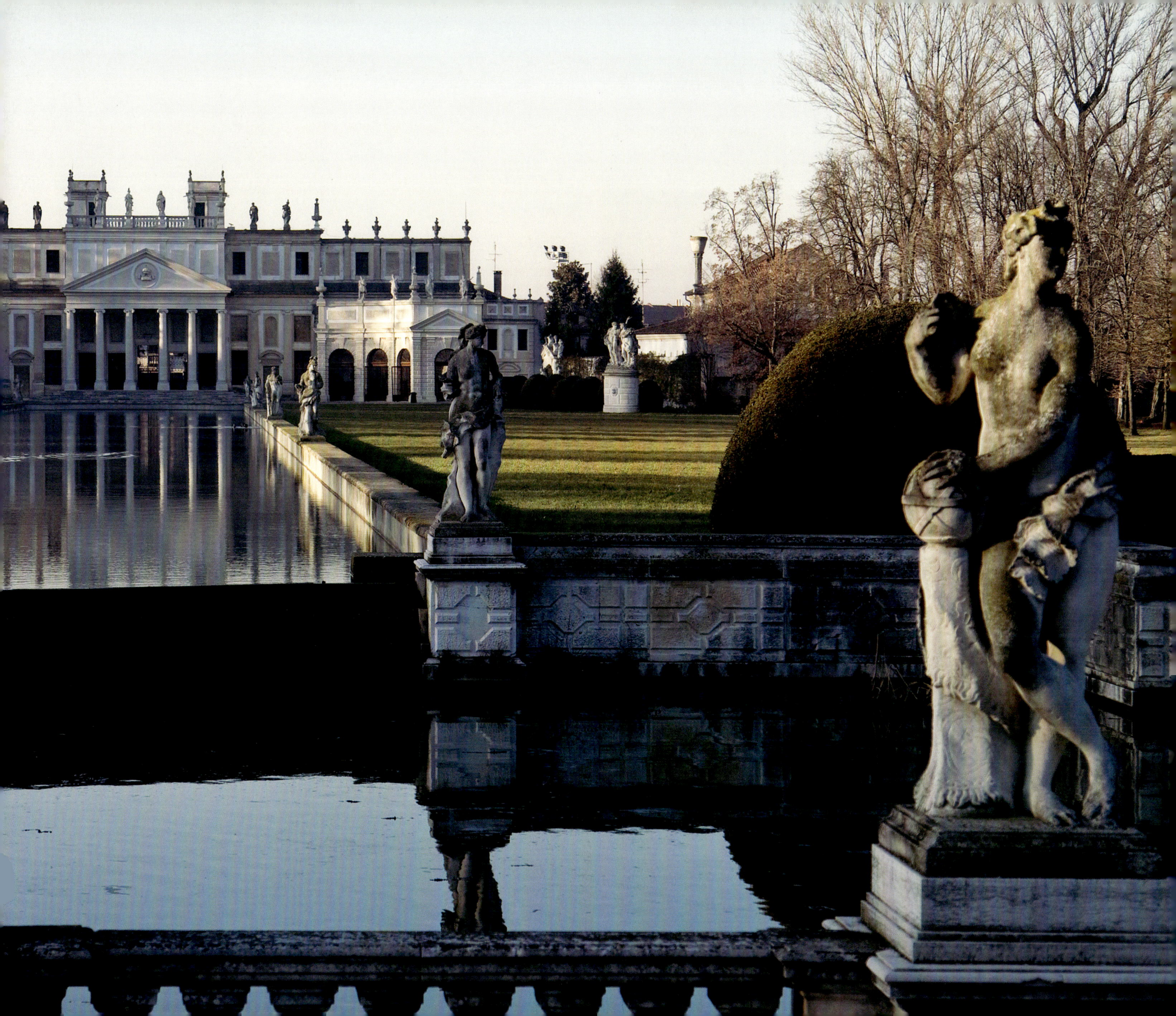

Garten von Hampton Court Palace
East Molesey (Surrey, England)
Garten 1995 als Nachschöpfung der ursprünglichen Anlage von William III. nach einem Plan von 1702 angelegt

Links: Blick über den Privy Garden auf den um 1700 errichteten Palast von Sir Christopher Wren

Unten: Blick über die Pond Gardens

Rechts: Blick vom Great Fontain Garden gegen den Großen Kanal mit der Jubilee Fountain, in den 1660er Jahren durch König Karl II. als Geschenk für seine Braut Katharina von Braganza geschaffen und durch Prinz Charles 2004 wiederhergestellt

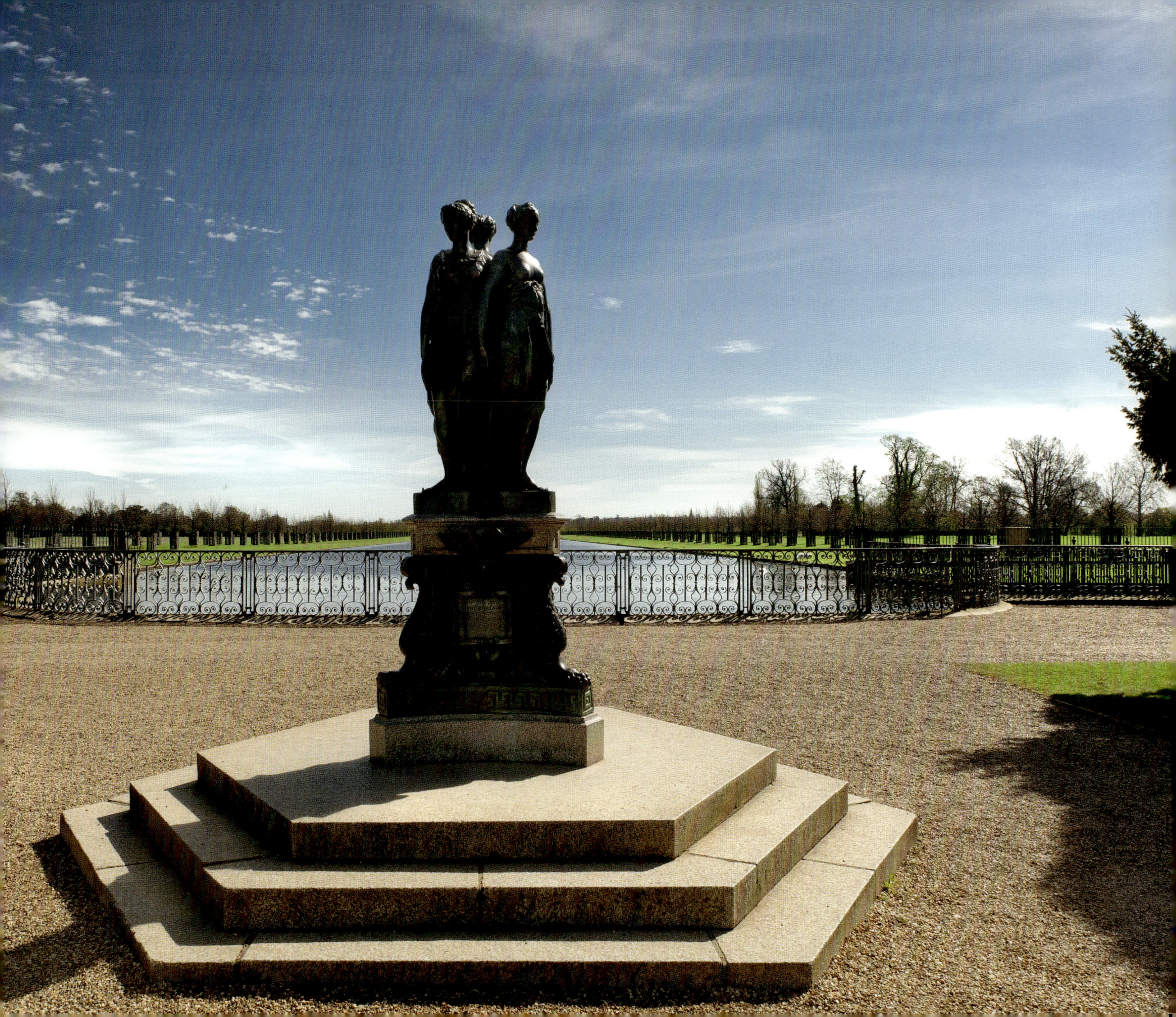

DIE WELT ALS WUNDER UND HARMONIE

Der chinesische Garten

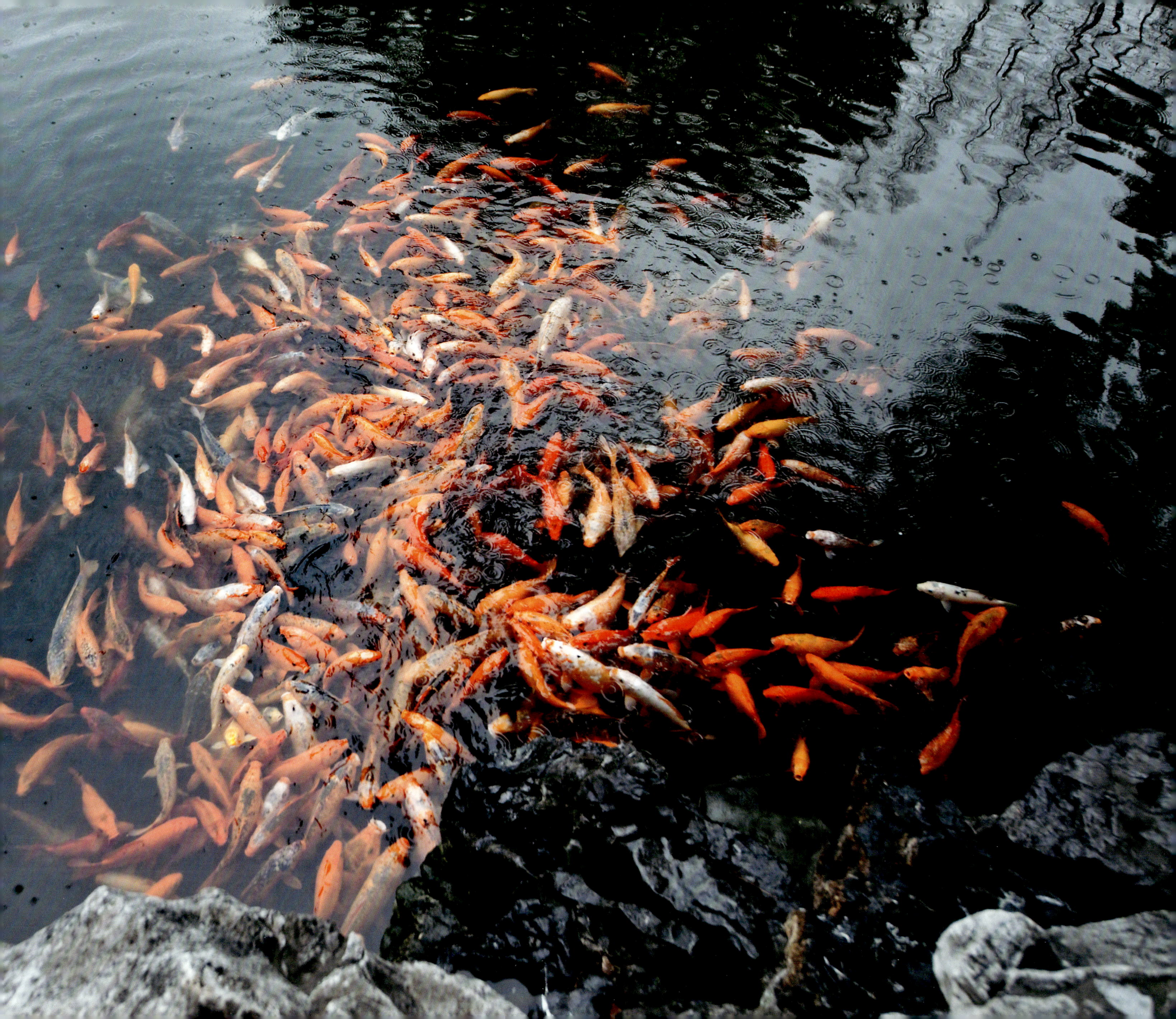

Der Aufeinanderprall der zwei großen Traditionen des Gartens, des europäischen und des fernöstlichen, erfolgte zum ersten Mal auf indirekte Weise in Beijing. Dort wirkte der Jesuit Padre Jean Denis Attiret (1702–1768), der in Rom Malerei studiert hatte und 1737 als Maler und Missionar nach China ging. In seinen Arbeiten für Kaiser Qianlong (1711–1799) unterwarf er sich dabei ganz den Vorstellungen seines Auftraggebers, der das Land von 1737 bis 1796 regierte. 1749 erschien nach Briefen, die er nach Paris sandte, die erste Publikation über den chinesischen Garten, die 1752 auch in einer englischen Übersetzung gedruckt wurde. Das 1770 bis 1787 in mehreren Folgen erschienene Buch *Le Jardin Anglo-Chinois* bildet neben Objekten der Chinamode auch über hundert Gärten von Chinas Herrschern ab. In Europa waren diese Berichte eine Sensation, man kann sich auf der anderen Seite aber auch vorstellen, was die Erkenntnisse und Erfahrungen der Missionare in China für die Jesuitenpatres selbst bedeutet haben müssen. Sie waren die Achsen und geraden Linien von Versailles und seinen Abkömmlingen gewohnt, sie waren geprägt durch schnurgerade Alleen und hunderte Meter lange Wasserachsen. In China erlebten sie nun das genaue Gegenteil davon. Sie konnten den riesigen Garten *Yuan Ming Yuan* (*Garten der Vollkommenheit und des Lichts*, *Garten der vollendeten Klarheit*) des kaiserlichen Sommerpalastes kennen lernen, den der gartenbesessene Kaiser Qianlong in Auftrag gegeben hatte und unermüdlich erweiterte – ein riesiger Komplex aus Seen und Palästen, der nach außen hin durch eine gigantische Mauer abgeschlossen war. Er umfasste rund 140 Gebäude auf einer Fläche von 350 Hektar. Ein winziger Teil wurde von dem Palast *Xi Yang Lou* eingenommen, den Qianlong nach den Anweisungen seiner europäischen Maler und Künstler im europäischen Stil errichten hatte lassen.

Yuan Ming Yuan war – muss man heute als Europäer umso betroffener sagen – wahrscheinlich der großartigste Lustgarten, der dem Wesen des Menschen am besten entsprechende und humanste Garten, der je geschaffen worden ist. Heute existieren davon nur mehr marginale Reste, die da und dort den unglaublichen Anspruch erkennen lassen und vor allem die kaum fassbaren Dimensionen, die diese Anlage einst besessen hat. Der gesamte Garten wurde in einer der beschämendsten Aktionen des europäischen Imperialismus im Zuge des Ersten Opiumkrieges 1860 durch eine englische Division des anglofranzösischen Invasionsheeres unter James Bruce, 8. Earl of Elgin (1811–1863), mehrmals geplündert und systematisch zerstört.

Folgen wir den Schilderungen von Padre Attiret in seinen Briefen, glaubt man über weite Strecken Naturschilderungen vor sich zu haben, wenn er beschreibt, wie klare Wasser durch verschlungene Tallandschaften mäandern, die voneinander durch schmale Hügel getrennt sind. Attiret beschreibt die aufregenden Felsformationen, die die Ufer dieser Bäche begleiten, und ist voller Bewunderung darüber, dass er zwar weiß, dass es sich hier überall um Menschenwerk handelt, das aber als solches verborgen bleibt und nicht zu erkennen ist. In jedem Landschaftsabschnitt gab es außergewöhnliche Bauwerke, alle bestückt mit Kunstwerken und Büchern. Viele dieser Pavillons konnte man nur über Brücken erreichen. Diese waren oft selbst wieder Kunstwerke und mit Aussichtspavillons versehen, die im rechten Augenblick zum Verweilen einluden und vor sich die schönsten Panoramen ausbreiteten. „Aber das Allerreizendste ist eine Insel oder ein Felsen in der Mitte des Sees (…). Auf diesem Felsen steht ein kleiner Palast, der immerhin hundert verschiedene Räume enthält (…). Von dort hat man einen Blick auf alle Paläste, die sich in einiger Entfernung voneinander rund um das Ufer des Sees verteilen; auf alle Hügel, die zu diesem Ufer abbrechen; auf alle Wasserläufe, die sich dorthin bewegen, (…) auf alle Brücken, seien sie an der Mündung oder am anderen Ende dieser Flüsschen; auf alle Pavillons und Triumphbögen, mit denen die Brücken geschmückt sind; und auf alle Wäldchen, die man angepflanzt hat, um die einzelnen Paläste voneinander zu trennen und abzuschirmen."

Ist man je durch dieses immer noch riesige Gartengelände gegangen – heute nur mehr das Negativ dessen, was er einmal gewesen ist –, so begreift man, welche Bewunderung und Faszination aus Padre Attirets Schilderung spricht, wie sehr sogar jemand, der Versailles kannte, allein von den Dimensionen dieser Anlage beeindruckt gewesen sein muss. Dazu kommt aber auch noch Betroffenheit über das gänzlich Andere, über die scheinbare Unordnung, die einem absoluten Ordnungsprinzip des westlichen Gartens gegenüberstand. War eine Ordnung mit Achsen und rechten Winkeln, mit absolut symmetrischen Entsprechungen der östlichen Welt fremd? Nein, diese östliche Welt kannte auch diese Gestaltungsprinzipien und brachte sie in Haus und Palast vielleicht noch viel konsequenter als jede abendländische Baukunst zur Anwendung. Viele der Tempelanlagen sind wie gigantische astronomische Instrumente ausgerichtet, wo auch noch so kleine Abweichungen von den angestrebten Ordnungsprinzipien einfach nicht stattfinden.

Für den Garten in China galten immer schon anders geartete Spielregeln. Das hatte auch Padre Attiret erkannt, wenn er nach Paris schreibt, dass die Chinesen die Gesetze von „Ordnung und Disposition" sehr wohl anzuwenden wussten, wo es ihnen wichtig erschien – aber eben nicht im Garten. Das Nichtvorhandensein dieses Typs von Ordnung in ihren Gärten war beabsichtigt, weil es ihnen um „eine natürliche und ungebändigte Ansicht der Gegend (ging), um einen Zufluchtsort und nicht um einen nach Regeln der Kunst gebildeten Palast". Im europäischen Modell war der rigide Raster der Geometrie konsequent auf die Landschaft angewendet worden. Chinas allmächtiger Kaiser Qianlong hingegen respektierte in seinem riesigen Sommerpalast *Yuan Ming Yuan* Natur und Mensch als gleichwertige Partner, gerade Linien und rechte Winkel blieben jenen Bauten vorbehalten, die das Verhältnis von Mensch zu Mensch artikulierten.

Erklärt werden kann dieses differenzierte Agieren durch die fernöstlichen philosophischen Grundlagen. Die Ordnung des chinesischen Hauses entsprach dem Konfuzianismus mit seinem klaren Streben nach einer geregelten Organisation der menschlichen Gesellschaft. Im Garten hingegen setzte sich die Lehre der Taoisten durch, die die harmonische Einheit der Natur mit dem Menschen forderten. Ziel des chinesischen Gartens war es, diese Harmonie der Natur (Erde, Himmel, Steine, Wasser, Gebäude, Wege und Pflanzen) zu erreichen und die vollkommene Einheit des Menschen mit diesen Dingen herzustellen. Grundlegend war das taoistische Prinzip des *yin* und *yang*, das Gleichgewicht und Harmonie zweier Seiten zum Ausdruck bringt: Ruhe und Bewegung, Licht und Schatten, Hart und Weich, Mann und Frau bilden solche Paarungen; im Garten ist der Fels mit den hinunterstürzenden Wassern die Verkörperung des Männlichen, die ruhige, spiegelnde Oberfläche des Teiches die Verkörperung des Weiblichen.

Ist bis jetzt nur von einem einzigen, dem kaiserlichen Garten schlechthin gesprochen worden, müssen wir vorsichtig sein, um das Bild nicht zu verzerren. Der chinesische Garten hat sich schon in frühester Zeit entwickelt und wurde seit der Han-Dynastie (206 v. Chr.–220 n. Chr.) von einer wohlhabenden Schicht getragen, die sich und ihren Reichtum in der Welt des Gartens verwirklichen konnte. Zu dieser Schicht zählten durchaus auch Gelehrte, Maler und Dichter, die in ihren Werken Gärten schufen, die schließlich umgesetzt wurden. Die Entwicklung von Kunst und Garten liefen in China immer parallel, während ähnliche Überlegungen in Europa erst im 18. Jahrhundert in der Genese des englischen Gartens ihren Widerhall fanden. Auch hier wurden die Vorgaben von Poeten oder Malern durch das Medium der Gartenkunst in die Dreidimensionalität übertragen. Es ist erstaunlich, wie ähnlich die Gedanken in beiden Kulturen gewesen sind – und dennoch zwei ganz unterschiedliche Gartentypen entstanden sind. Keinem Chinesen wären die unendlich dahinwallenden Rasenflächen des englischen Gartens verständlich gewesen, kein Engländer hätte auf der anderen Seite die Dichte chinesischer Anlagen verstehen können, die schroff aufragenden Felslandschaften auf kleinstem Raum, die Enge der kleinen Höfe, die winzigen Wasserflächen. Diese Kleinteiligkeit des chinesischen Gartens ist eine seiner typischsten Eigenheiten. Egal, ob es sich um eine kaiserliche oder eine private Anlage handelt, man kann sie am besten in den kleinen Gärten von Suzhou erleben, einer um 500 v. Chr. gegründeten Stadt mit Kanälen und einer Vielzahl heute noch erhaltener Gärten.

Im *Wang Shi Yuan* (*Garten des Meisters der Netze*), einem Privatgarten aus der Zeit um 1770, kann man sich in so eine kleine Welt des chinesischen Gartens einlassen, die gleichzeitig auch eine des chinesischen Hofhauses ist. Man betritt das Haus durch einen schmalen Korridor und bewegt sich weiter durch kleine Höfe bescheidener Ausmaße. Sie sind mit künstlichen Felsformationen bestückt, mit wenigen Pflanzen wie Bambus ausgepflanzt und lassen nirgendwo den Gedanken an Monumentalität aufkommen. Gepflastert sind die Höfe mit kleinen Steinchen, die zu einfachen Ornamenten, manchmal zu ganzen künstlichen Blumenteppichen gelegt sind. Es ist ein Kosmos, in dem die einzelnen Elemente nicht axial aufgefädelt, sondern vollkommen labyrinthisch zueinander komponiert sind – eine Welt, in der man seinen gegenwärtigen Standpunkt nie wirklich bestimmen kann, es gibt keine Logik dafür, wie weit die Wanderung noch gehen wird, welche Überraschungen noch kommen. Eine Welt, in der von Raum zu Raum eine immer stärkere Verdichtung stattfindet; eine Welt, die den Blick auf das Bescheidene, Kleine trainiert; eine Welt, in der die scheinbaren Nebensächlichkeiten zum Hauptdarsteller werden. Der Mensch schärft in diesen Räumen seinen Blick für die kleinen Veränderungen des täglichen Lebens und den kurzen Zyklus seiner Existenz im Rad der immer wiederkehrenden Wandlungen der Natur. Die Bilder, die hier entstehen, entführen den Besucher in ferne, wild zerklüftete, pittoreske Landschaften, die nachgestellt sind. Man scheute keine Mühen, die schönsten Felsen aus großen Entfernungen heranzukarren, um die Wunder der Natur in seinem Garten präsent zu haben. Abbild dieser Verbundenheit mit der Natur sind die oft vollkommen abgeschiedenen oder wie in diesem Haus im ersten Stock gelegenen Bibliotheken und Studierzimmer, in denen die gelehrten Besitzer sich zurückziehen und sich der Meditation des Gedichteschreibens oder der Kunst der Tuschemalerei hingeben konnten. Es waren Anlagen, die einem sehr hoch angesetzten kulturellen Standard der Bewohner entsprachen, sei es hier in diesem „profanen" Beispiel, sei es in den kaiserlichen Anlagen, wo all diese kleinen Räume von Kunstobjekten, Zeichnungen und Aquarellen überquollen, die oft mehr als tausend Jahre alt waren und die einzigartige Kontinuität dieser Kultur belegen können.

Das Zentrum der Gärten sind zweifelsohne die großen Wasserflächen, die sich dem aufmerksamen Besucher schon lange ankündigen, bevor er aus dem davor durchschrittenen Labyrinth wirklich ins Freie kommt. Hier, im *Garten des Meisters der Netze*, ist es die Bibliothek, von der aus man privilegiert dieses immer wieder wechselnde Spiel von Wasser und Licht erahnen kann, bevor man tatsächlich ins Freie tritt. Steht man vor dem Teich, ist man überrascht von seiner Größe. Auch hier hilft wieder der Trick, dass man ihn aufgrund seiner unregelmäßigen Konfiguration eigentlich nie zur Gänze zu erleben glaubt. Man hat den Eindruck, als würde er hinter dieser Ecke, hinter jenem Pavillon noch weiter gehen. Es gibt keinen klar definierten Weg, der um diesen Teich oder Hof führen würde, immer wieder kann man in angrenzende Räume eintreten und kommt an ganz anderer Stelle wieder heraus, man hat schnell die konventionelle Orientierung verloren und wird ständig von Neuem beeindruckt, das man noch nicht gesehen hat. Man kann den Teich auf einer Brücke überqueren, auch hier ist nicht der Weg das Ziel, sondern die Blickpunkte, die man beim Überqueren der Brücke hat, die Eindrücke, die man gewinnen kann. Die Brücke ist wie so oft in China keine gerade Brücke, sondern eine Zick-Zack-Brücke, auf der man die Geh- und damit auch die Blickrichtung immer wieder ändert, um so aus diesem Überschreiten einen möglichst intensiven und lang anhaltenden Genuss lukrieren zu können. Ganze 4.000 Quadratmeter reichen in diesem extrem kleinen Garten, um die ganze Welt des chinesischen Hofhauses in seiner Verquickung mit der Gartenwelt zu erleben, ohne einen Augenblick gelangweilt zu sein. Kein Besucher wird nach einem Rundgang wissen, wie er wirklich gegangen und wo er gewesen ist, so bewusst verwirrend und wundersam ist die ganze Anlage gestaltet.

Für uns reicht der Besuch eines dieser kleinen Gärten aus, um sich den wesentlichen Elementen eines solchen Typus anzunähern: den Felsen und dem Wasser. Der Fels ist ein Symbol für die geheimnisumwobenen drei Inseln der Unsterblichkeit, die schon von Qin Shi Huangdi (259–210 v. Chr.), dem ersten Kaiser von China, durch eine Expedition junger Männer und Mädchen gesucht und nicht gefunden worden war. Han Wudi (156–87 v. Chr.) löste den Knoten, indem er von den Inseln Penglai, Yingzhou und Fangzhang sinnbetörende Nachbildungen in Auftrag gab, die die Unsterblichen anlocken sollten. Er hoffte, sie würden dann dort ihr Geheimnis der Unsterblichkeit preisgeben. Große, seltsam geformte Felsbrocken wurden wie lokale Götter verehrt. Im 11. und 12. Jahrhundert steigerte sich die Gier nach besonderen Steinformationen zur wahren Petromanie. Die jeden Rahmen sprengende Steinsammlung des Kaisers Huizong (1082–1135) ruinierte sogar die Staatsfinanzen. Im 18. und 19. Jahrhundert erlebte diese Petromanie eine neue Blüte. Fels und Wasser wurden damit zu den wichtigsten Symbolen für die Wohnstätten der Unsterblichen in den chinesischen Gärten. *Shan shui*, wörtlich übersetzt Berge und Wasser, wurde schlussendlich zum Begriff für Landschaft.

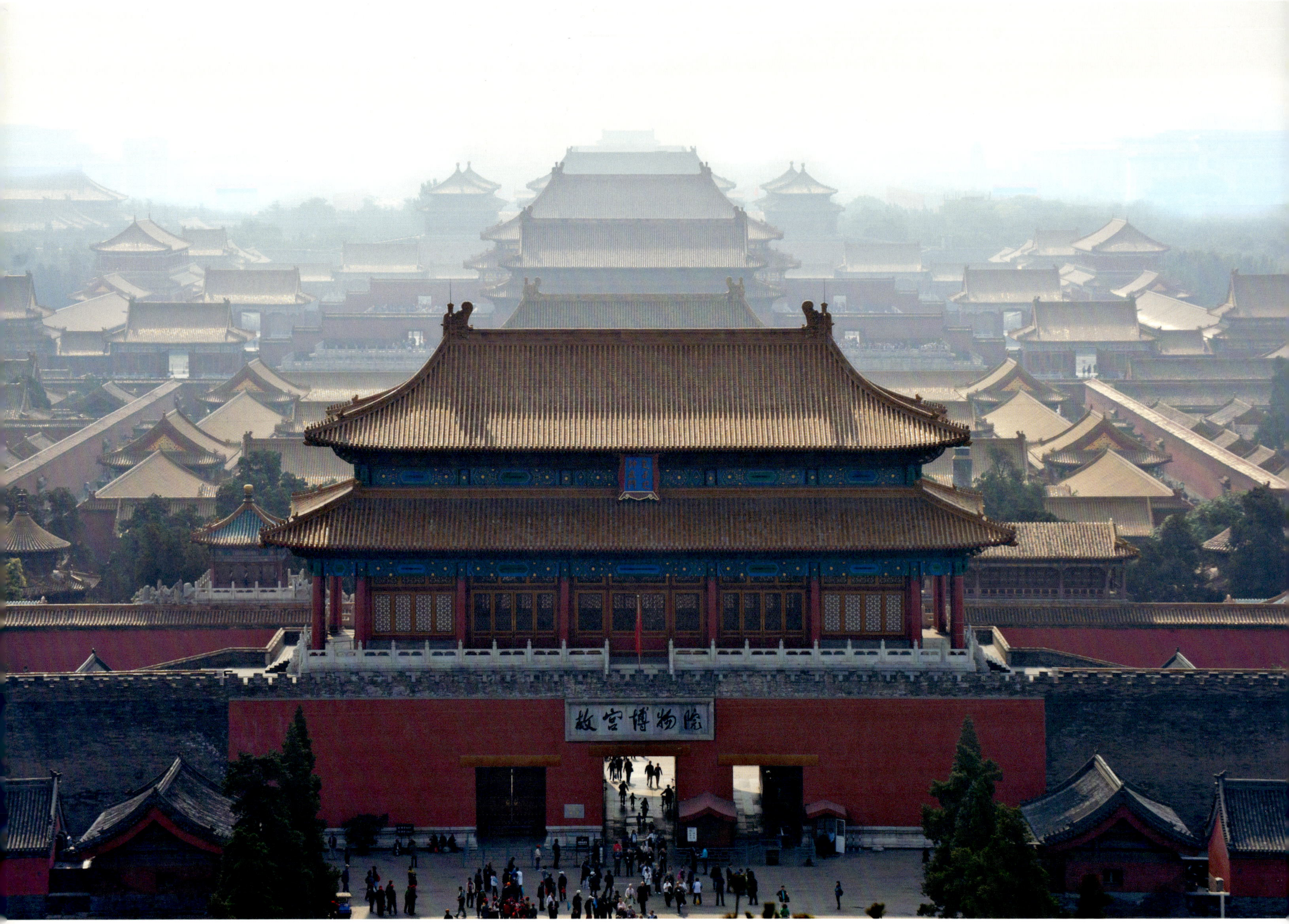
故宫博物院

Verbotene Stadt
Beijing (Volksrepublik China)
Erste Bauten unter dem dritten Ming-Kaiser Yongle 1406–1420 errichtet. Bis 1644 Sitz der Ming-Dynastie und danach kurz Residenz des Bauernführers Li Zicheng. Im Oktober 1644 wurde der sechsjährige Shunzhi zum ersten Kaiser der Qing-Dynastie ausgerufen. Nach der Xinhai-Revolution erfolgte 1911 die Abdankung von Pu Yi, dem letzten Kaiser

Linke Seite: Blick von Norden aus dem von Kaiser Qianlong 1749 errichteten Pavillon des Ewigen Frühlings (Wanchun Ting) auf dem Kohlehügel (Mei Shan; Aussichtsberg, aufgeschüttet mit dem Aushubmaterial der Wassergräben der Verbotenen Stadt, am Fuß des Hügels wurden auch die Kohlen für die Verbotene Stadt gelagert) über die Verbotene Stadt

Unten: Blick aus der Verbotenen Stadt auf den Kohleberg mit dem Turm der Prächtigen Aussicht (Qiwang Lou)

Verbotene Stadt
Beijing (Volksrepublik China)
Der Innere Goldwasserfluss vor dem Tor der Höchsten Harmonie im ersten Hof der Verbotenen Stadt mit den fünf marmornen Brücken, Symbolde der fünf Tugenden des Konfuzianismus (kindliche Pietät, Menschlichkeit, Ehrlichkeit, Aufrichtigkeit, Weisheit)

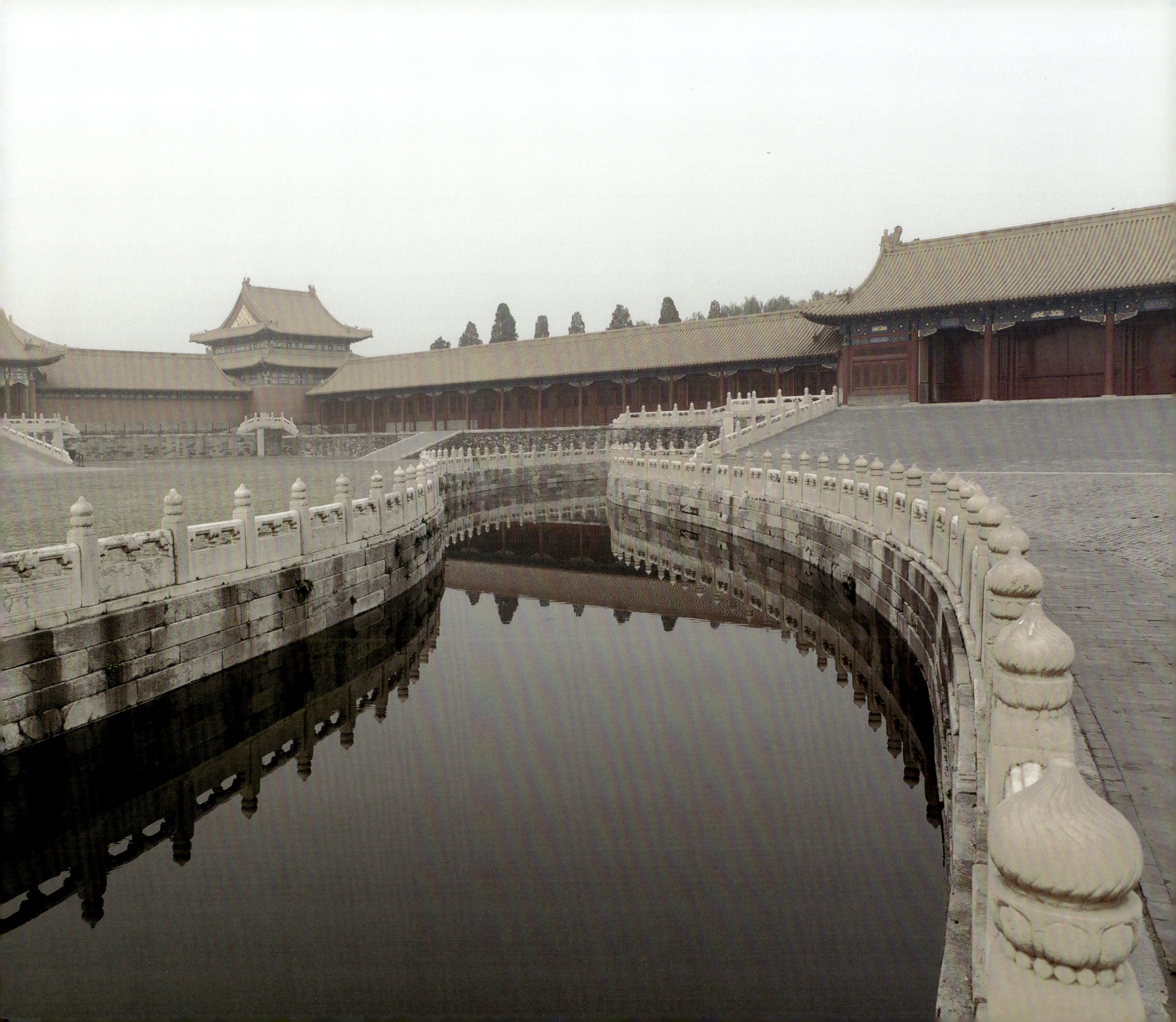

Verbotene Stadt
Beijing (Volksrepublik China)
Kaiserlicher Garten (Yu Hua Yuan) am Nordende der Verbotenen Stadt

Links: Aussichtspavillon, davor „Landschaft" mit pittoresken Felsformationen

Unten und rechte Seite: Teehaus (Pavillon der Tausend Frühlinge) mit einem aus zwei Stämmen zusammengewachsenen Baum an jeder seiner vier Seiten

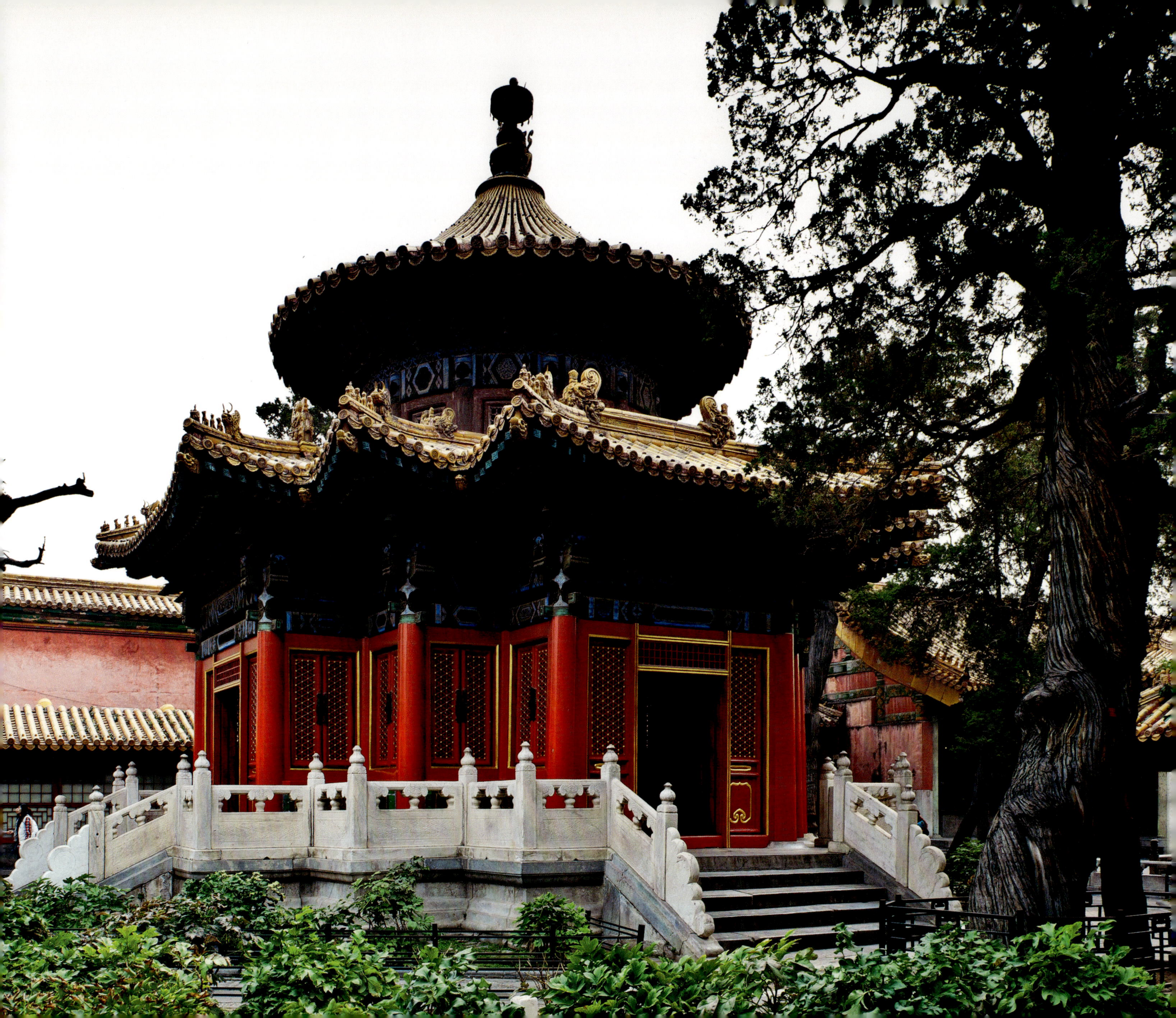

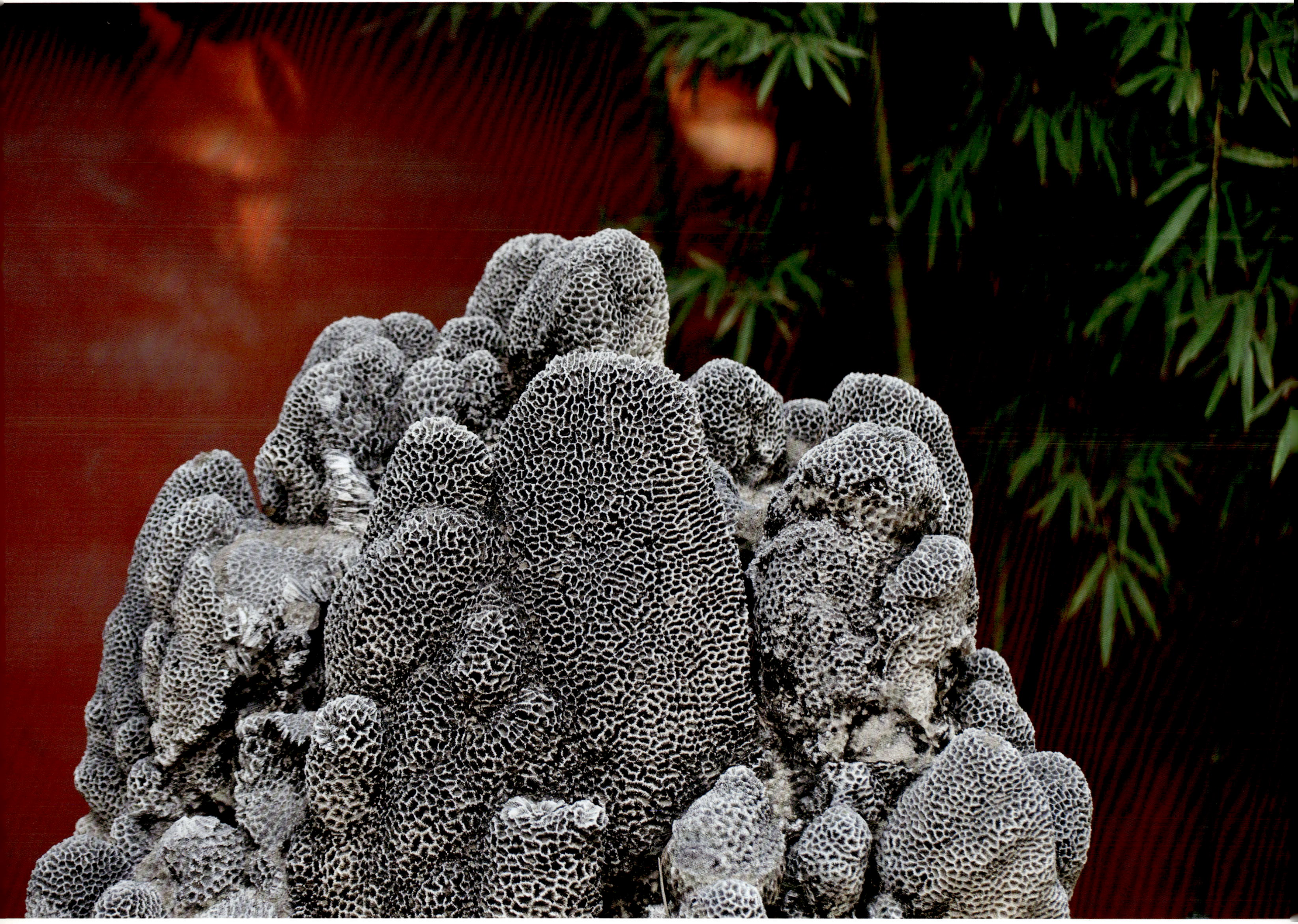

Verbotene Stadt
Beijing (Volksrepublik China)

Linke Seite und rechts: Kostbare Felsformationen im Kaiserlichen Garten am Nordende der Verbotenen Stadt

Unten: Lu Zhi. Das Lied vom Großen Lande Wu. 1534. Kolorierte Tuschezeichnung. Chinas pittoreske Landschaften waren Vorbilder der in den Gärten wiederzufindenden Felsformationen

*Paläste an der Ostseite der Verbotenen Stadt
Beijing (Volksrepublik China)*

Oben: Wandfeld mit neun fünfklauigen Drachen aus bunt glasierten Tonziegeln (1417) am Eingang zum Palast der Friedvollen Langlebigkeit (Ningshou gong)

Links, unten und rechte Seite: Die Quianlong-Gärten, entstanden während der langen Regentschaft von Kaiser Quianlong (vierter Kaiser der Qing-Dynastie, Regentschaft 1735–1796/99). Sie geben Eindrücke der Inspektionsreisen des Kaisers nach Südchina (Jiangsu und Zhejiang) wieder. Sein wichtigster Berater war der Jesuitenpater Giuseppe Castiglione

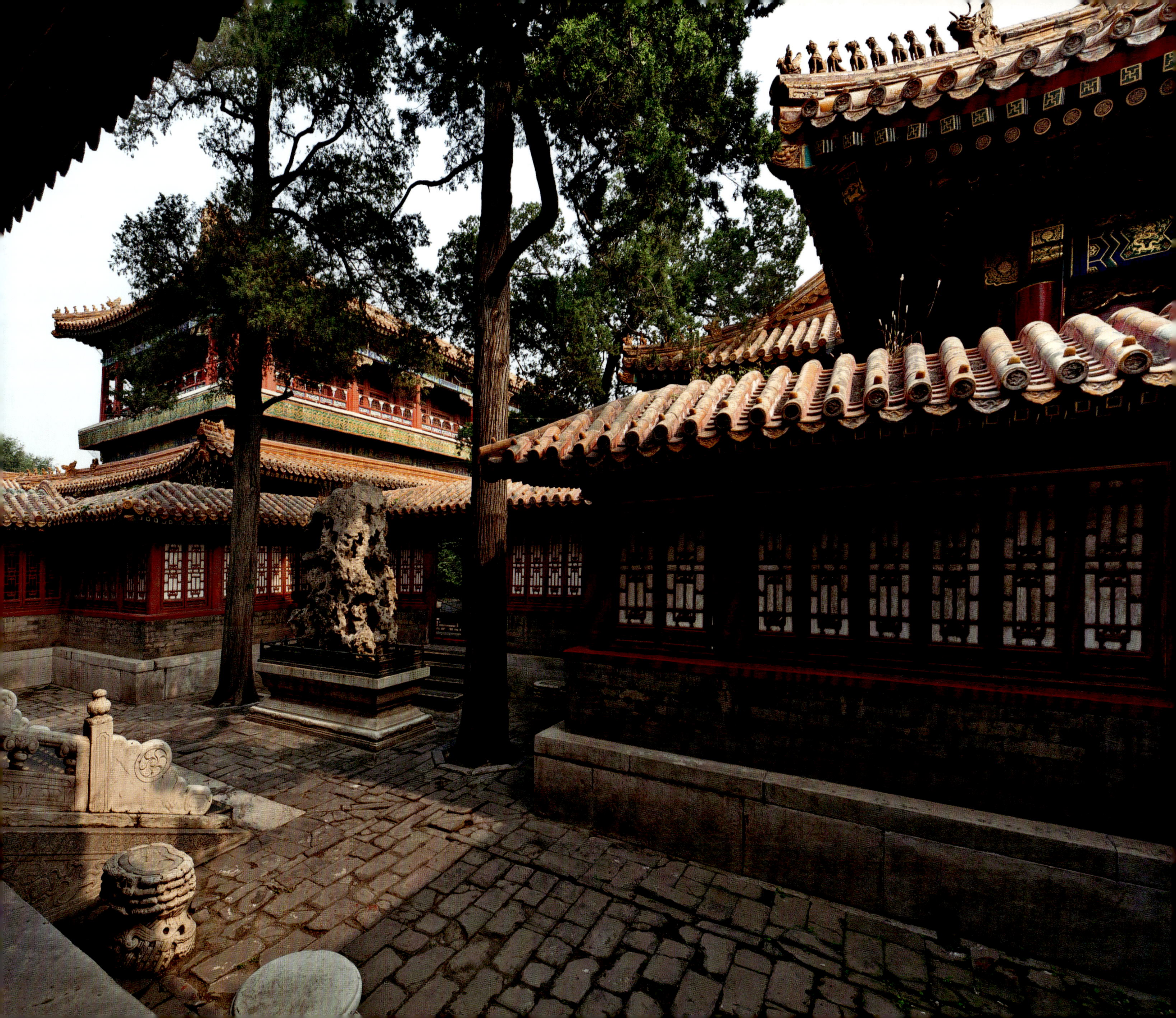

Garten der Harmonischen Einheit (Yihe Yuan) oder Neuer Sommerpalast
Beijing (Volksrepublik China)
Von Kaiser Quianlong als Geschenk an seine Mutter anlässlich ihres 60. Geburtstags auf dem Gelände des seit 1153 bestehenden Garten des Reinen Wassers (Jin-shui Yuan) ab 1751 errichtet und 1764 fertiggestellt. Im Zweiten Opiumkrieg zerstört und 1885–1895 im Auftrag von Kaiserinwitwe Cixi wieder aufgebaut. 1900 abermals zerstört und danach auf Veranlassung von Cixi noch einmal rekonstruiert

Unten: Blick vom Tempel des Meeres der Weisheit (Huihau Si) über den Pavillon des Buddhistischen Wohlgeruchs (Woxiang Ge) auf den Kunming-See mit der Insel des Südlichen Sees (Nanhu Dao)

Rechts: Blick von der Terrasse des Tempels des Buddhistischen Wohlgeruchs (Woxiang Ge) über die Dächer der Wolkenzerstreuenden Halle (Paiyun Dian) auf das Tor des Jadepalasts über den Wolken (Paylou) auf den Kunming-See

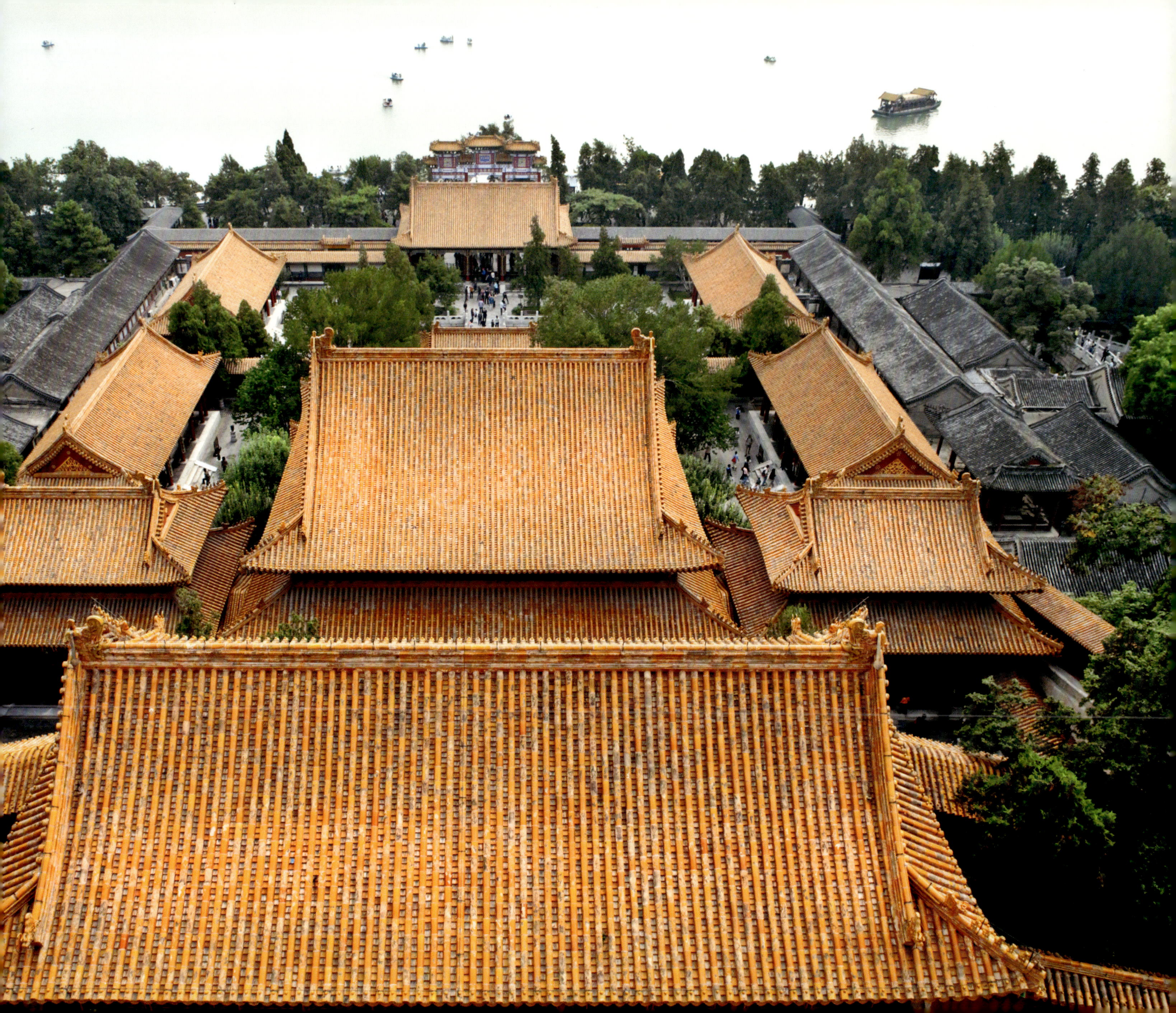

Garten der Harmonischen Einheit (Yihe Yuan) oder Neuer Sommerpalast Beijing (Volksrepublik China)

Links: Tempel am Pavillon des Buddhistischen Wohlgeruchs (Woxiang Ge)

Unten: Die Anlage mit dem Pavillon der Kostbaren Wolken (Baoyun Ge), gegossen aus massiver Bronze

Rechts: Blick über den westlichen bewaldeten Teil des Sommerpalastes

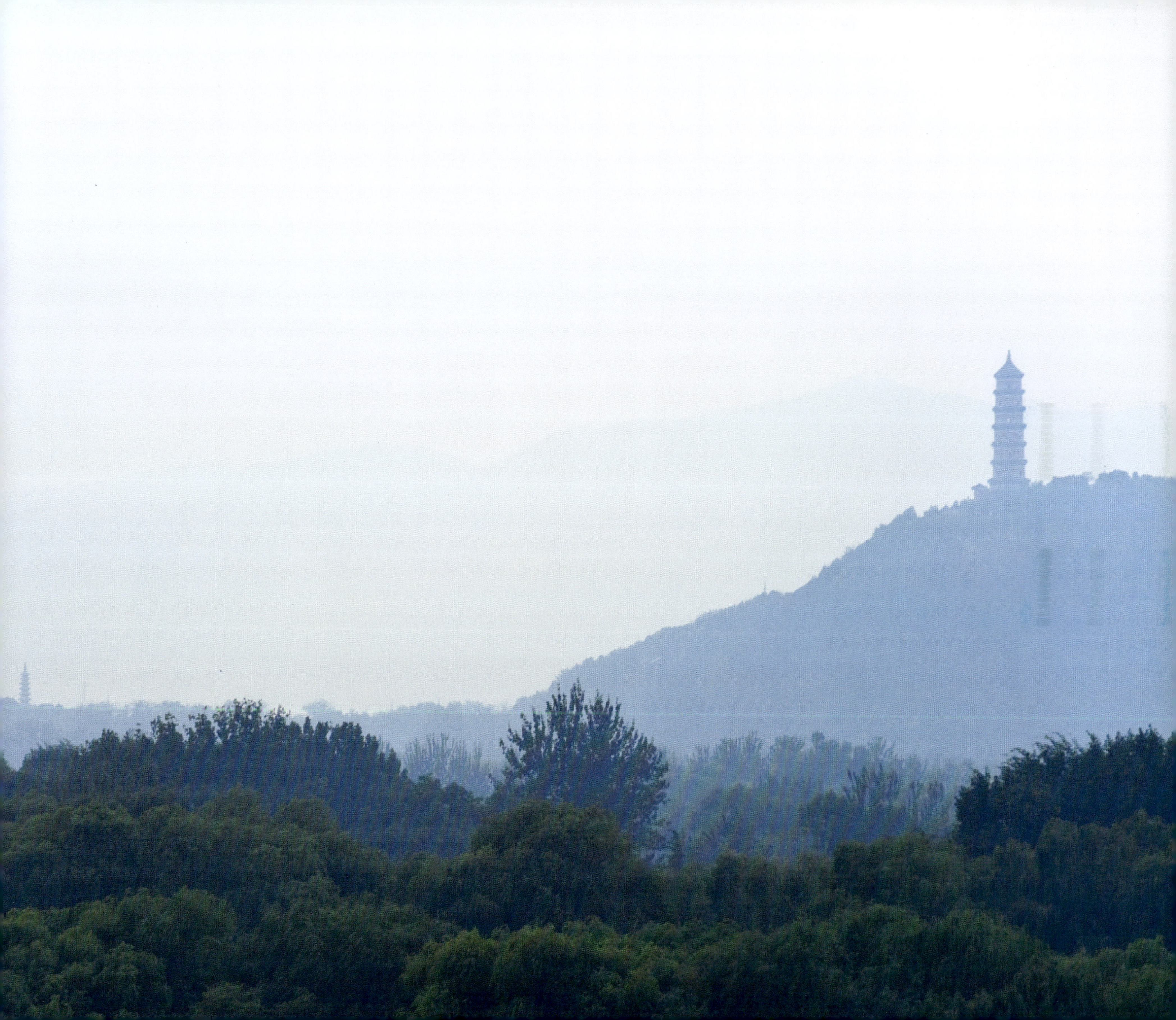

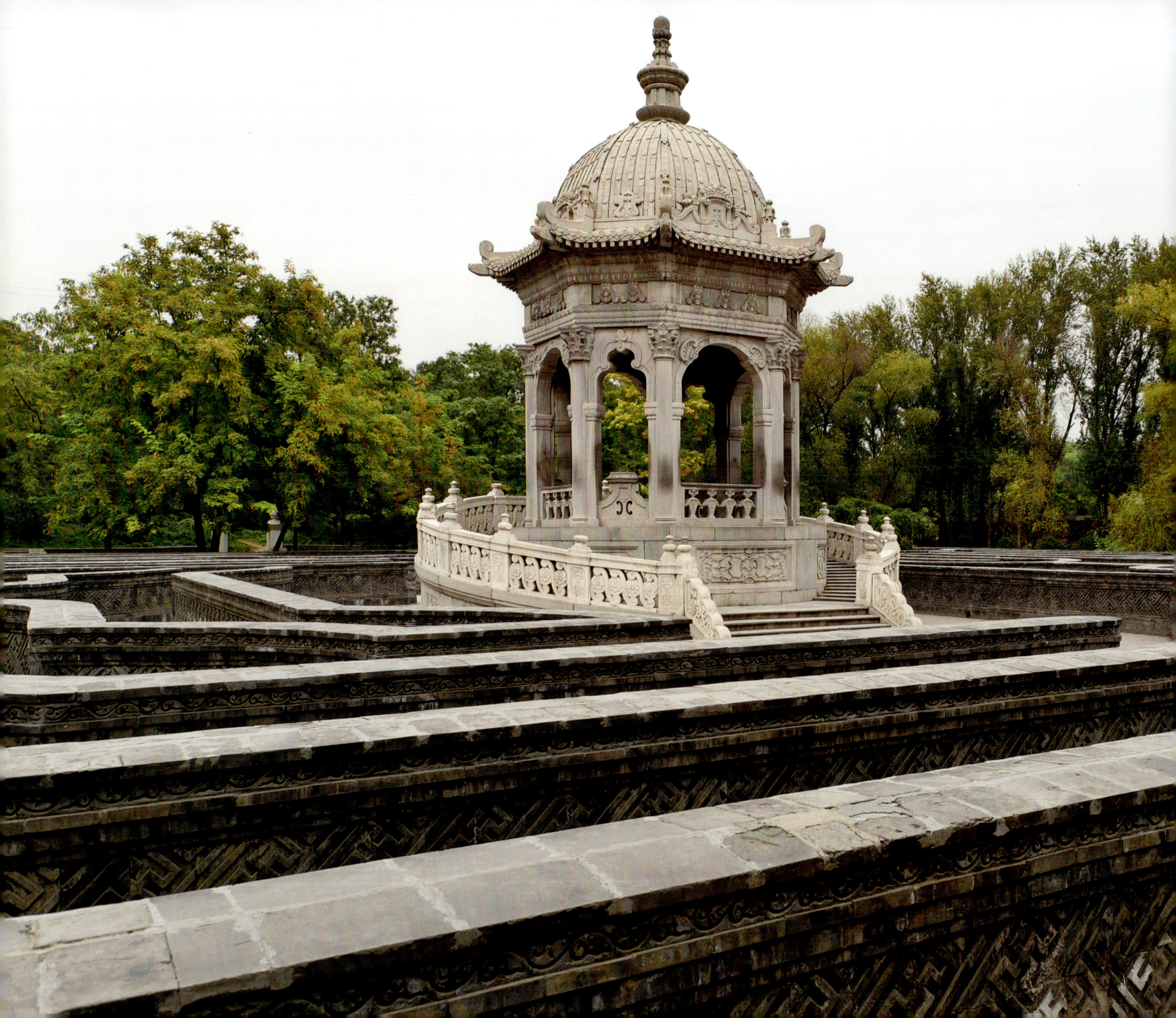

Alter Sommerpalast (Yuan Ming Yuan)
Beijing (Volksrepublik China)
Der Garten der Vollkommenheit und des Lichts war einst der aufwändigste und schönste Garten Chinas mit etwa 100 Landschaftsinszenierungen und 140 Gartengebäuden. Errichtet für Kaiser Quialong, teilweise unter dem Einfluss der Jesuitenpatres Castiglione und Benoît sowie böhmischer Missionare im Stil des europäischen Barock. Fertigstellung 1760 anlässlich des 25. Regierungsjubiläums des Kaisers. 1860 geplündert und zerstört durch die französisch-englische Strafexpedition im Zuge des Zweiten Opiumkriegs

Links: Wiederaufgebautes Labyrinth

Rechts und unten: Reste der monumentalen Fontänen (Da Shui Fa)

Yuyuan-Garten
Shanghai (Volksrepublik China)
Für seinen Vater Pan En, einem hohen Beamten der Ming-Dynastie,
von Pan Yunduan 1559 als Privatgarten errichtet

Unten: Beinahe unendlich ist die Formenvielfalt von Durchgängen

Rechts: Blick auf den zweigeschossigen Kuailou-Pavillon

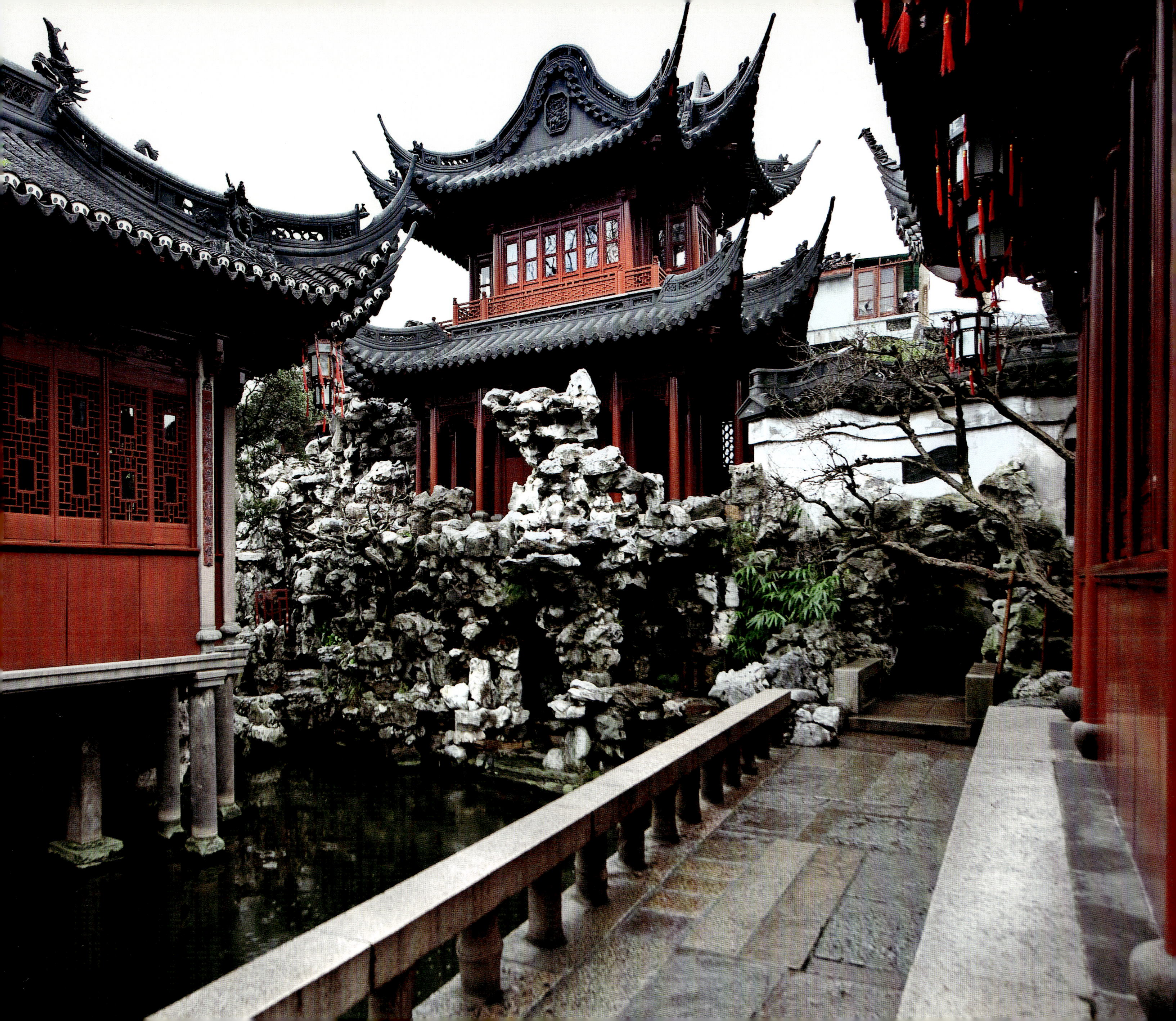

Garten des Meisters der Netze (Wangshiyuan)
Suzhou (Volksrepublik China)
Für Shi Zhengzhi während der Song-Dynastie 1174–1189 errichtet und 1785 restauriert durch Song Zongyuan, einem pensionierten Beamten der Qing-Dynastie. Durch ihn erhielt der Garten auch seinen Namen, der mit seinen „Bildern" das Leben eines einfachen Fischers abbilden sollte.
Am zentralen Teich liegen die Loggia für die Entenjagd und der Quadratische Pavillon

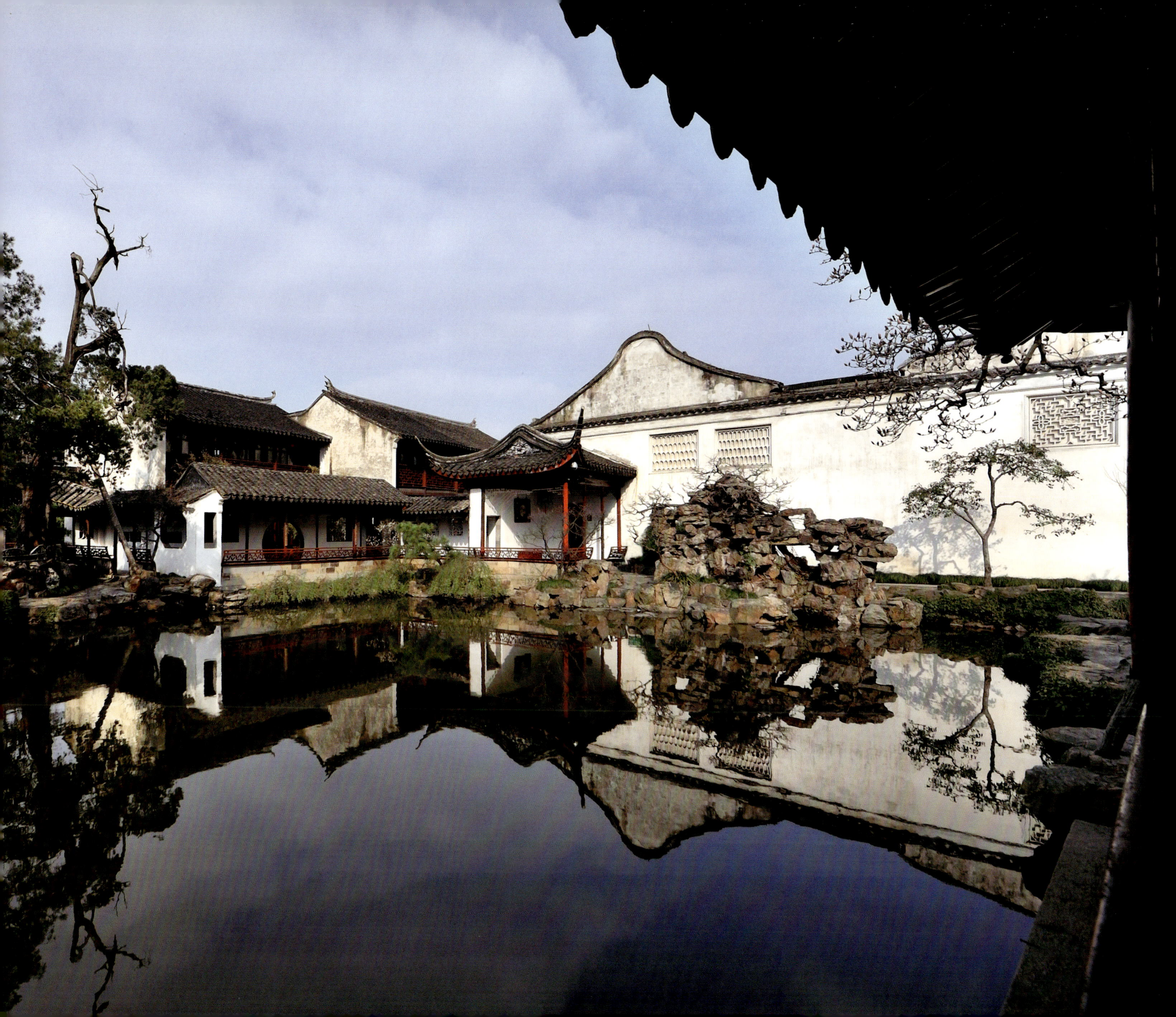

Links oben: Garten des Meisters der Netze (Wangshi Yuan)
Suzhou (Volksrepublik China)
Der Hof vor dem Päonien-Pavillon mit dem Kalten Frühlingspavillon

Links unten: Garten des Löwenwalds (Shizi Lin, Lion Grove)
Suzhou (Volksrepublik China)
Kleine Miniaturgärten mit bizarren Felsformationen und Bonsaibäumchen holen die Landschaften Chinas in die kleinen Höfe

Rechts unten: Quianlong-Gärten in der Verbotenen Stadt
Beijing (Volksrepublik China)
Flaschenförmiges Tor in mit bunten Steinplatten bekleideter Wand

Seidenstoff mit Gartenszenen. Ursprünglich eine Wandbespannung, später zu Paravents verarbeitet. Chinesische Seidenstickerei, um 1780

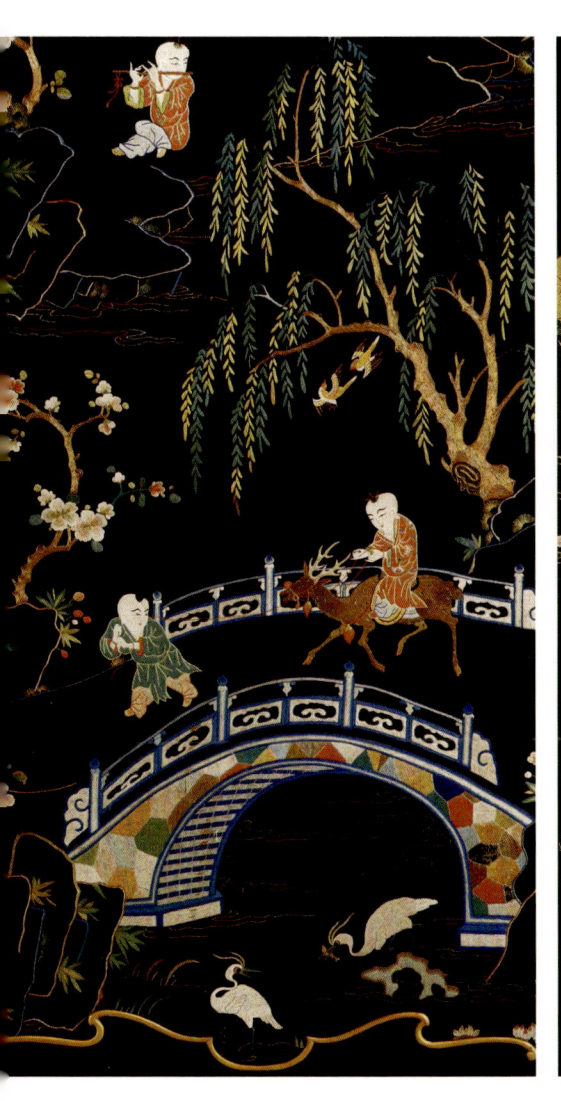

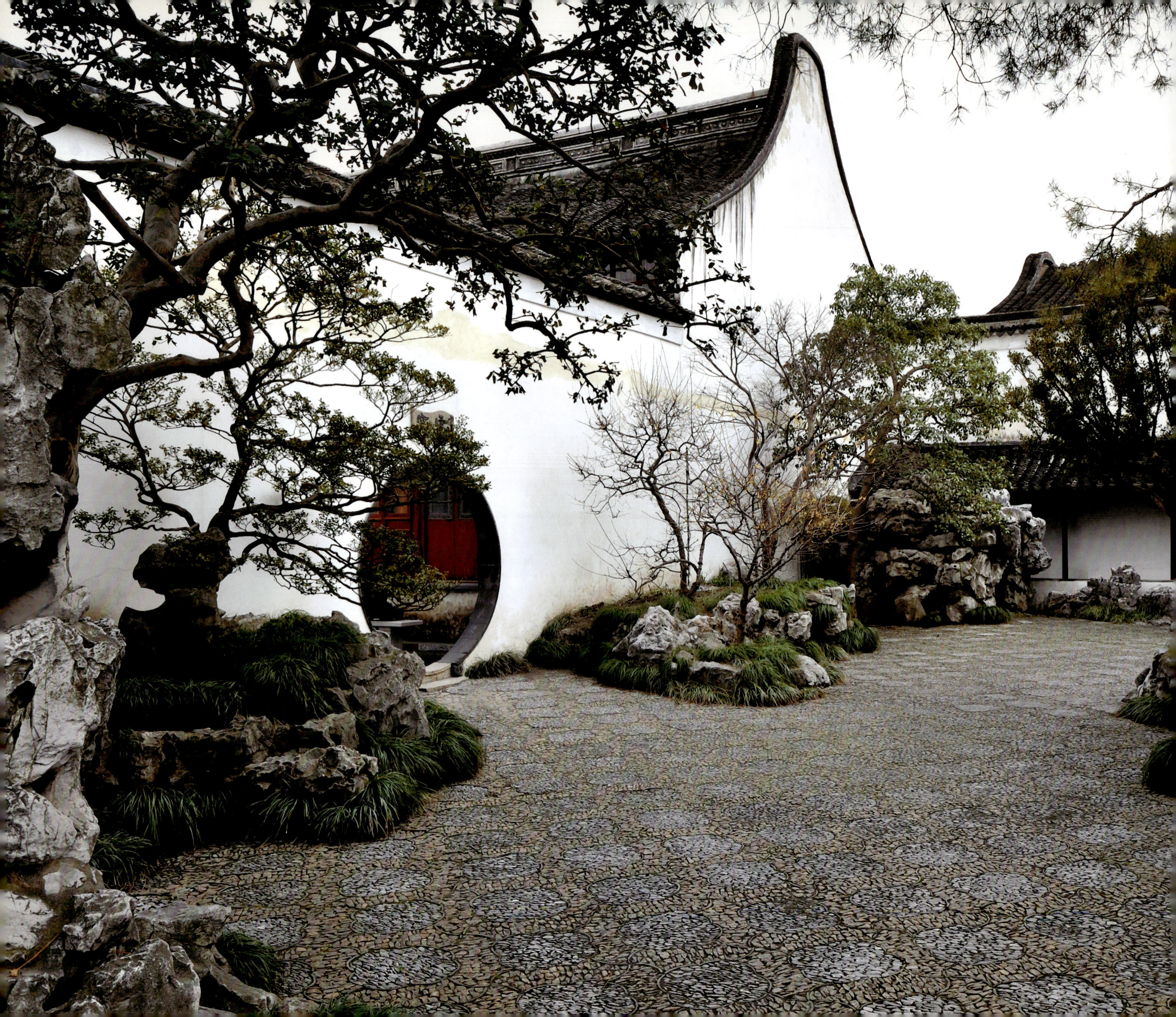

Links: Garten des Meisters der Netze (Wangshi Yuan)
Suzhou (Volksrepublik China)
Blick in den Hof der Wolkenstiegen-Halle

Rechts: Villa Della Regina
Turin (Piemont, Italien)
Supraporte im westlichen Schlafzimmer mit Darstellung einer Gartenszene. Gouache auf Papier, um 1735

Unten: Garten des zerknirschten Verwalters / törichten Politikers (Zhuozheng Yuan)
Suzhou (Volksrepublik China)
Steinmosaik im Hof des Chinesischen Apfels (Malus Spectabilis)

Links und links unten: Blick auf den und aus dem Abgelegenen Pavillon im Garten des zerknirschten Verwalters / törichten Politikers (Zhuozheng Yuan)
Suzhou (Volksrepublik China)
Von dem Mandarin Wang Xianchen 1509 angelegt. Früh zu Berühmtheit gelangt, wurde der Garten schon 1533 von dem Maler und Dichter Wen Zhengming auf 31 Albumblättern in Bildern und Versen festgehalten

Rechts unten: Blick durch eines der Tore im Garten des Löwenwalds (Shizi Lin)
Suzhou (Volksrepublik China)
Für den Tian-Ru-Mönch Weize, der 14 Gedichte mit Szenen des Löwenwaldes verfasste, von seinen Schülern 1342 angelegt. An der Entstehung des Gartens war auch der berühmte Dichter und Maler Ni Yunlin (Ming-Dynastie) beteiligt, der zusätzlich zum Ruhm dieses Gartens beitrug. Die Felsen des Gartens stellen Löwen in verschiedensten Formen und Größen dar

Rechts: Steinbrücke im Garten des Meisters der Netze (Wangshi Yuan)
Suzhou (Volksrepublik China)

Unten: Die Zick-Zack-Brücke zur Mingse-Halle im Garten des zerknirschten Verwalters / törichten Politikers (Zhuozheng Yuan)
Suzhou (Volksrepublik China)

VON DER ABSTRAKTION ZUR MEDITATION

Der japanische Garten

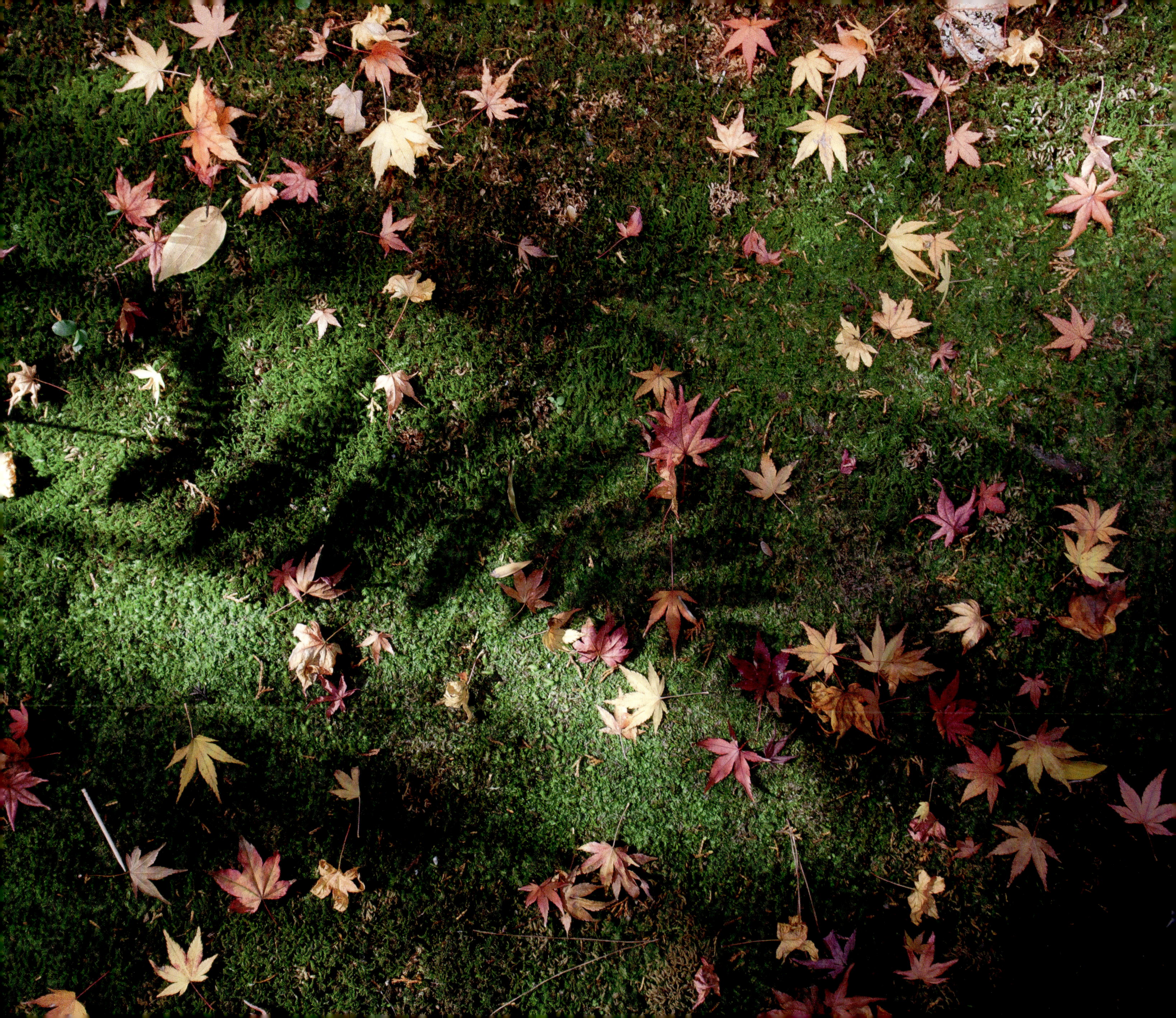

Ohne die Entwicklung in China ist die Genese des japanischen Gartens nicht denkbar. Liegt der Ursprung von Chinas Gärten in der Han-Dynastie (206 v. Chr.–220 n. Chr.), datieren die frühesten japanischen Gärten um 600 n. Chr. und sind so wie die chinesischen ein die Natur nachahmendes, abbildendes Artefakt.

Es ist vielleicht gut, sich am Anfang ein wenig mit der Symbolik der Materialien auseinanderzusetzen, die in den Gärten Verwendung finden: Im Wesentlichen sind es Stein, Wasser, Moos und der Baum. Die Belegung dieser Elemente mit Bedeutungen ist jedoch nicht konsistent und oft doppeldeutig. Jeder noch so durchgeplante Garten ist deshalb immer offen für unterschiedliche Interpretationen – eine Offenheit, die durchaus im Sinne des dahinterstehenden Weltbildes zu verstehen ist. Klar ist, dass die ursprünglichen Tempel bis in die jüngste Vergangenheit immer wieder, wenn auch mit einem für unser Verständnis fast unvorstellbaren Traditionsbewusstsein, erneuert worden sind und sich so Inhalte und Interpretationen verschoben haben.

Das wichtigste Material im japanischen Garten ist der Stein, der eine Vielfalt verschiedenster Bedeutungen trägt: Er versinnbildlicht sowohl eine Insel im Meer wie auch Tiere oder vom Himmel herabgestiegene Götter. Im Südgarten des Tofuku-ji-Tempels in Kyoto symbolisieren vier große Felsen die *Elysischen Inseln* (*horai, hojo, eiju, koryo*) im stürmischen Meer (*hakkai*). Am westlichen Ende stehen fünf moosbedeckte Hügel für die *Fünf heiligen Berge* (*gozan*). Die ursprüngliche Anlage stammte aus dem 13. Jahrhundert und wurde um 1890 erneuert; 1939 wurde das Ensemble durch den Gartenarchitekten und Gelehrten Mirei Shigemori (1896–1975) neu angelegt.

Das zweite, immer wieder verwendete Element, das hier auftaucht, ist der geharkte Kiesel. Er symbolisiert das stürmische Meer mit seinem bewegten Bild der Wellen sowie den Wohnsitz der unsterblichen Götter, die hier dem Taoismus zufolge ruhen. Manchmal symbolisieren die Kiesel, zwischen den Felsen eingezwängt, das Gebirgswasser, den Wasserfall, der sich ins Tal stürzt oder unter einer Brücke hindurchfließt, etwa im Felsengarten des Zuiho-in-Gartens in Kyoto.

Als drittes Element wird das Moos verwendet, prinzipiell Symbol des Alters und der Ehre, hier Symbol der *Fünf heiligen Berge*, womit die zehn (sic!) wichtigsten Zen-Klöster Japans gemeint sind. Auch dieses System wurde in China während der Song-Dynastie (960–1279) geschaffen und während der Kamakura-Periode (1185–1333) auf Japan übertragen. Fünf der Tempel befanden sich in Kamakura, fünf in Kyoto. Sie wurden schließlich während der Zeit des Shogunats zu wichtigen Verwaltungseinrichtungen und staatlich unterstützt. Die kulturelle Bedeutung des Mooses in Japan ist für einen Europäer entweder komplett unverständlich oder schlicht und einfach umwerfend – es gibt kaum etwas Schöneres als Moospolster im flachen Licht der Sonne.

Schlussendlich fehlen noch die eigentlichen Pflanzen in unserem Sinn: die Sträucher und Bäume. Laubbäume, ob in ihrer monumentalen, meist beschnittenen Form oder als kleine *bonsai* in Hof oder Haus, sind die Symbole des menschlichen Lebens, des Menschseins schlechthin und werden so bis an ihr Ende aufwändig und mühevoll gepflegt. Der Satz „Ehre das Alter", einer der Grundsätze der abendländischen Kultur, ist in Japan unantastbar geblieben, wie im Umgang mit den Bäumen deutlich wird. Das Sprießen der Bäume im Frühling und vor allem ihre Blüte (*sakura*) – speziell die Schönheit und Vergänglichkeit der Pflaumen- und Kirschblüten – werden jedes Jahr von Neuem gefeiert und sind für hunderttausende Menschen in Japan Anlass, dorthin zu fahren, wo dieses Wiedererwachen am intensivsten und am stärksten zu erleben ist: in Kyoto. Im März von Kyūshū im Süden ausgehend, „wandert" diese Kirschblütenfront bis zum Mai nach Hokkaidō im Nordosten. Nur einmal noch im Jahr erlangen die Gärten eine ähnliche Attraktivität, wenn sich im Herbst das Laub der Ahorne und der Ginkos verfärbt (*momiji*) und leuchtendes Grün, Rot und Gelb von in unseren Breiten kaum zu erlebender Intensität noch einmal die Menschen hinaus in die Natur locken.

Gerne wird im Garten der immergrüne Bambus verwendet, biegsam und standfest. Er ist mit seinem Rohr mit unterschiedlichen Abschnitten, Dichten und Aussehen, der vertikalen, mit immer höherem Alter nie enden wollenden Aneinanderreihung ein Symbol der Generationen. Und schließlich bezieht sich die Symbolik nicht nur auf das Einzelobjekt, sondern auch auf die Zusammenstellung verschiedener gegensätzlicher Paarungen, das Nebeneinander der Kiefer und des Pflaumenbaums beispielsweise symbolisiert den Spannungsbogen zwischen immerwährender Dauer und der Vergänglichkeit des Augenblicks.

Wie komplex und kompliziert die Geschichte des japanischen Gartens ist, soll ein kurzer Blick auf die Person des berühmtesten Gärtners des 20. Jahrhunderts verdeutlichen: auf den schon genannten Mirei Shigemori. Als junger Mann erhielt er eine Ausbildung in der klassischen Teezeremonie, dem Arrangieren von Blumen (*ikebana*) und schließlich in der Landschafts- und Tuschemalerei. Ab 1917 studierte er in Tokyo klassische japanische Malerei, woraufhin er eine Gesamtschule für klassische japanische Kultur gründen wollte. Das große Erdbeben von 1923 zerstörte jedoch diese Pläne. Gleichzeitig begann er sich mit dem japanischen Garten zu beschäftigen, 1938 beendete er die Publikation des 26-bändigen Werks über die *Geschichte des japanischen Gartens*, das 1971 kurz vor seinem Tod in einer zweiten, revidierten Auflage erschienen ist. Und dann gestaltete er auch noch Gärten, beginnend 1914 mit dem Garten seines eigenen Hauses, 1939 den bereits erwähnten Garten des Tofuku-ji-Tempels – auf den noch 240 andere folgen sollten. Bei all diesen Aufgaben konnte er aus seinem allumfassenden Wissen über die japanische Kultur schöpfen, aber auch aus seiner Nähe zu zeitgeistigen Strömungen. Er hatte ein Naheverhältnis zu jenen Architekten, die wie Kenzo Tange (1913–2005) die historische japanische Architektur für die Moderne wiederentdeckten, ein Faktum, ohne das Shigemoris so subtile und tiefgreifende schöpferische Auseinandersetzung mit dem Thema Garten nicht möglich gewesen wäre.

Blicken wir nach diesem Exkurs in die unmittelbare Vergangenheit tiefer zurück in die Geschichte: Gärten tauchten also in Japan nicht so früh auf wie in China, aber mit dem Ende des 7. Jahrhunderts scheinen sie bereits Allgemeingut gewesen zu sein; schon 612 hat der Koreaner Shikomaro, der in Japan besonders eindrucksvolle Gärten gestaltet haben soll, Berühmtheit erlangt. Während der Nara-Periode (710–794) und der daran anschließenden Heian-Periode (794–1185) wurde der Einfluss von Dichtern und Malern auf die Konzeption und Gestaltung von Gärten immer wichtiger – auch hier sind die Parallelen zu China unübersehbar.

Prinzipiell wurde bei den Palastbauten der Aristokratie vom 10. bis ins 12. Jahrhundert der Garten im Süden der Wohnräume angelegt, den Mittelpunkt bildete ein Teich mit einem Hügel im Hintergrund. Der Garten des Joju-in-Tempels am Fuß des Mount Kiyomizu in Kyoto aus der Zeit des 15. Jahrhunderts entspricht diesem Typus. Auf der einen Seite waren diese Gärten Abbilder der kosmischen Ordnung, auf der anderen dienten größere Anlagen dem adeligen Vergnügen. Es herrschte große Begeisterung für alles, was aus China kam. Ganze Fischerdörfer wurden an Teichen errichtet, man nutzte sie und die Kanäle für Bootsfahrten, bei denen Dichtung und Musik von chinesisch Kostümierten wiedergegeben wurden. Hier wird der innige Dialog zwischen Dichtung, Musik und Malerei, wie in China, zu einem entscheidenden Faktum. So bunt wie diese Nutzung war der Garten auch in seiner Gestaltung, schenken wir den überlieferten Schilderungen Glauben.

Bald machte sich ein allmählicher Wandel breit. Mit dem Abbruch der Beziehungen zu China und der Errichtung der neuen Hauptstadt der Krieger-Regierung in Kamakura brach die Kamakura-Zeit (1185–1333) an. Gärten wurden jetzt immer mehr ein Teil der Klöster und nicht mehr der Residenzen. In der darauffolgenden Muromachi-Zeit (1333–1573) wurde unter dem Einfluss der Tuschemalereien der chinesischen Song-Dynastie (960–1279) der Gestaltungsaufwand in den Gärten noch mehr reduziert: Monochrom wie diese Landschaften sollten auch die Gärten sein. Wichtige Gärten dieser Zeit sind in Kyoto der *Tenryū-ji* (als Übergang vom Shinden- zum Zen-Stil, um 1339), der *Garten des Goldenen Pavillons* (oder *Kinkaku-ji*, 1397) und der *Garten des Silberpavillons* (oder *Ginkaku-ji*, 1484).

Mit der Reduktion setzte im japanischen Mittelalter der „Versteinerungsprozess" ein, der unter dem Einfluss des Zen-Buddhismus und der gleichzeitigen Landschaftsmalerei die Pflanzen im Garten immer mehr zurückdrängte und schlussendlich beim vollkommen flachen Garten endete, der sich vor den Wohnräumen der Priesterschaft wie ein malerisches Kunstwerk ausbreitete und von dort betrachtet wurde. Es begann damit der Siegeszug der Steingärten (*kare-san-sui*), die ausschließlich der Meditation dienen. Diese Steingärten sind mit ihren aus Kieseln geformten Flussläufen und Wasserfällen, mit dem Meer, das sie formen, sowie den Inseln und Bergen Abbilder der Welt, vor denen sitzend man Stunden der Meditation verbringt. Berühmt sind die aus dem 16. Jahrhundert stammenden Tempelgärten in Kyoto namens *Daisen-in* und *Ryōan-ji*, wo sich dieser zum Augenblick erstarrte Kosmos über Jahrhunderte tradiert hat.

In diesen Zen-Gärten kulminiert der Typus des japanischen Gartens, der kein Garten ist, in dem man über lange Strecken wie im Landschaftsgarten des Westens, im extremsten Fall tagelang, herumwandert. Der japanische Garten, egal aus welcher Zeit er stammt, ist ein Garten exakt gefasster, gerahmter Bilder, in die man sich begibt und dann in Ruhe verharrt, bis man das nächste Bild erreicht hat – wenn es dieses Bild überhaupt gibt. Kein anderer Garten als der japanische, bringt Natur und Menschenwerk so eng und dicht zusammen. Kein anderer Garten erreicht ein so hohes Maß an Abstraktion und Stilisierung, womit er zum lebendigen Kunstwerk wird. Im japanischen Garten bleibt nichts dem Zufall überlassen, jeder noch so kleine Ast, jedes Moospolster unterliegt der Überlegung des Gärtners und wird von ihm gehegt. Trotz dieses extremen Eingreifens des Menschen in die Natur gibt es keinen Garten, in dem der Natur größeren Respekt entgegengebracht wird als im japanischen. Im europäischen Garten werden Hecken seit Generationen mit Hilfe von großen Gerüsten und riesigen Maschinen beschnitten, wird ihnen eine Form aufgezwungen. In Japan überlegt der Gärtner vor jedem noch so kleinen Schnitt, der dem Baum dann schlussendlich die Form gibt, wie und wo er agiert, damit sein Eingriff *und* das Wachstum des Baumes in perfektem Einklang das erwünschte Ziel erreichen.

Mit der Entwicklung der Teezeremonie entstand als zusätzlicher Gartentyp der Teegarten, ein Garten, an dessen Rand man nicht nur meditierte, sondern den man auch betrat. Die Teezeremonie (*chadō*) ist ebenfalls ein aus China stammendes Ritual, das an der Wende vom 11. zum 12. Jahrhundert kodifiziert wurde und noch heute von einem festen Regelwerk geprägt ist. Umstritten ist schon die Übersetzung des Begriffes: Die Teezeremonie ist weder Zeremonie noch Ritual, sondern steht für einen Lebensweg und sollte deshalb *Teeweg* heißen. Er wird in der Anlage der Gebäude sichtbar. Der Teeweg beginnt im *Warteraum* (*machiai*), einem meist offenen Pavillon, in dem sich die Gäste treffen und vom Gastgeber mit einem leichten Tee begrüßt werden. Danach begeben sie sich über einen *Gartenpfad* (*roji*, „taubedeckter Pfad"), der die erste Phase der Erleuchtung darstellt und das Abstreifen des Alltags symbolisiert, in das *Teehaus* (*chashitsu*), das man voller Respekt und Demut durch einen extrem niedrigen, von einer Schiebetüre verschlossenen Eingang auf Knien betritt (*nijiriguchi*). Dieser Weg ist niemals in gerader Linie angelegt, auch hierfür gibt es ganz bestimmte, in den Lehrbüchern aufgezeichnete Muster. In dem für die Rezeption der japanischen Architekturgeschichte unverzichtbaren Buch *Das japanische Wohnhaus* schreibt der Architekt Tetsuro Yoshida (1894–1956): „die schönsten Steine des japanischen Gartens sind die vom Teegarten herstammenden Schrittsteine"; und dann schildert er genau die Regeln für deren Verlegung, durch die man das Natürliche mit dem Künstlichen zu verflechten trachtete.

Die vier der Teezeremonie zugrundeliegenden Prinzipien – Harmonie (*wa*), Respekt (*kei*), Reinheit (*sei*) und Ruhe (*jaku*) – bestimmen auch die bauliche Anlage der Teehäuser und des Gartens. Die Forderung nach Harmonie endet im totalen Einklang mit der Natur und dem Verständnis für die Vergänglichkeit des Seins, die sich in den Materialien und in der Bauweise des Teehauses widerspiegeln: Holz, Bambus und Lehm. Das Haus enthält nur zwei Räume: einen, der der Vorbereitung dient, und einen, in dem die Teezeremonie stattfindet. Dieser Hauptraum ist 4,5 *tatami* groß, entsprechend dem Grundmaß der Reismatte (ca. 90 x 180 Zentimeter).

Weitere Elemente sind die steinernen Wasserbecken, die der Reinigung vor der Teezeremonie dienen (man wäscht sich die Hände, spült den Mund und befreit sich so vom Staub des Alltags), und die immer wieder anzutreffenden kostbaren steinernen Laternen. Die Vegetation wird durch immergrüne Pflanzen bestimmt, Koniferen werden bevorzugt, Bambus gibt den Eindruck von archaischer Urwüchsigkeit und verweist auf die ewige Generationenfolge, am Boden wuchert das im feuchten Klima Japans überall anzutreffende Moos. Durch die additive Aneinanderreihung solcher Teegärten konnten auch größere Anlagen entstehen. Der Garten des kaiserlichen Palastes und vor allem jener der kaiserlichen Katsura-Villa in Kyoto sind Beispiele für diese Entwicklung, die bis heute ungebrochen fortlebt; für die Architektur der Moderne in Europa und Amerika wurde Letztere gleichsam zur Ikone.

Kaiserpalast (Kyoto-Gosho)
Kyoto (Japan)
Erste Bauphase gleichzeitig mit der Erklärung Kyotos zur Hauptstadt 794. Von 1331 (Thronbesteigung von Kaiser Kogon) als Higashinotoin-Tsuchimikado-dono-Palast bis 1869 kaiserliche Residenz. Nach den Brandkatastrophen von 1788 und 1854 innerhalb eines Jahres jeweils komplett erneuert

Ganz oben: Der Seiryo-den- und der Totei-Garten mit zwei unterschiedlichen Bambussorten

Oben: Wandpaneele im Sakura-no-ma (Kirschblüten-Saal)

Rechts: Die Shishin-den-Halle und die vorgelagerten Dantei-Gärten mit einem Mandarinen- und einem Pflaumenbaum

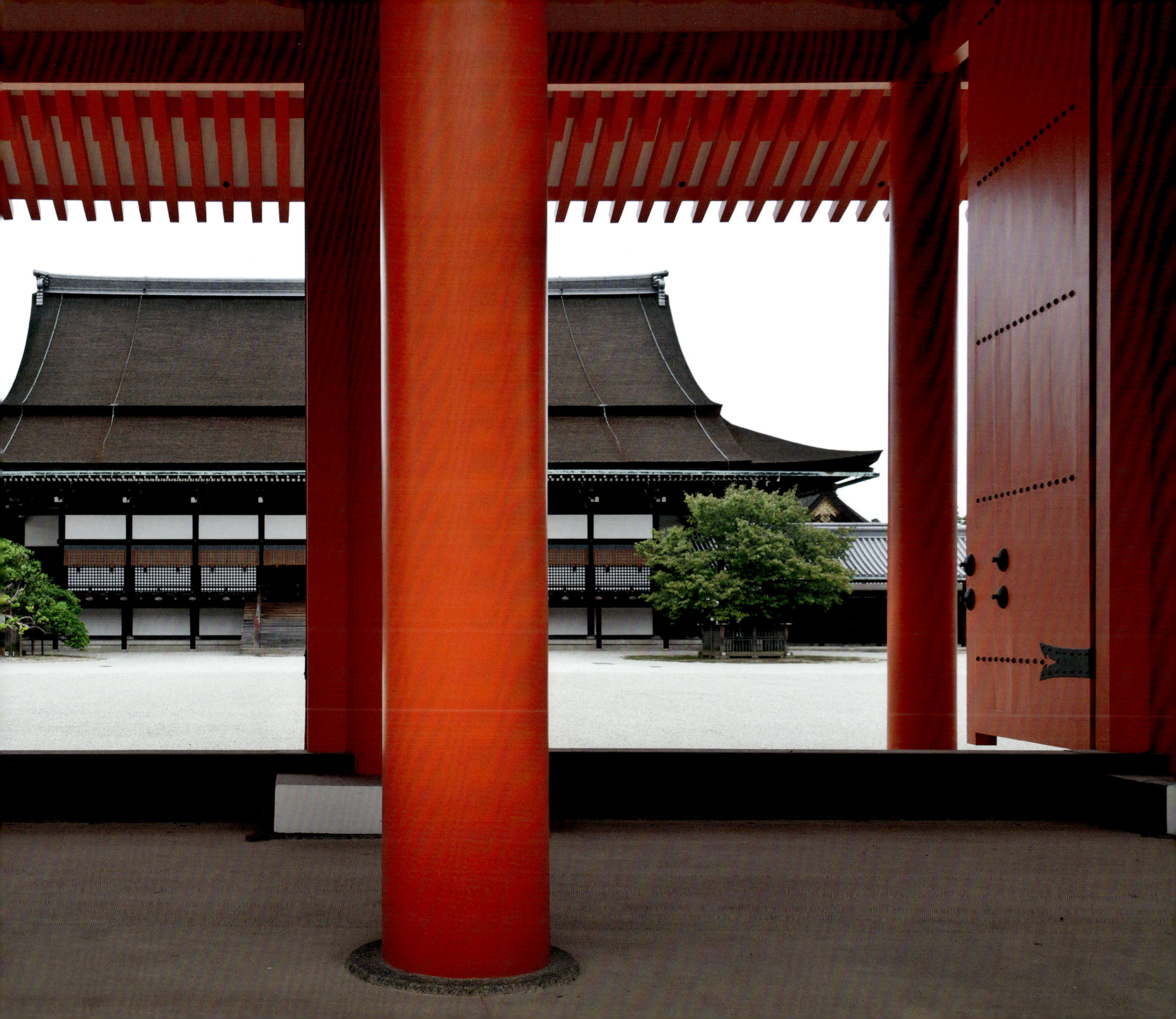

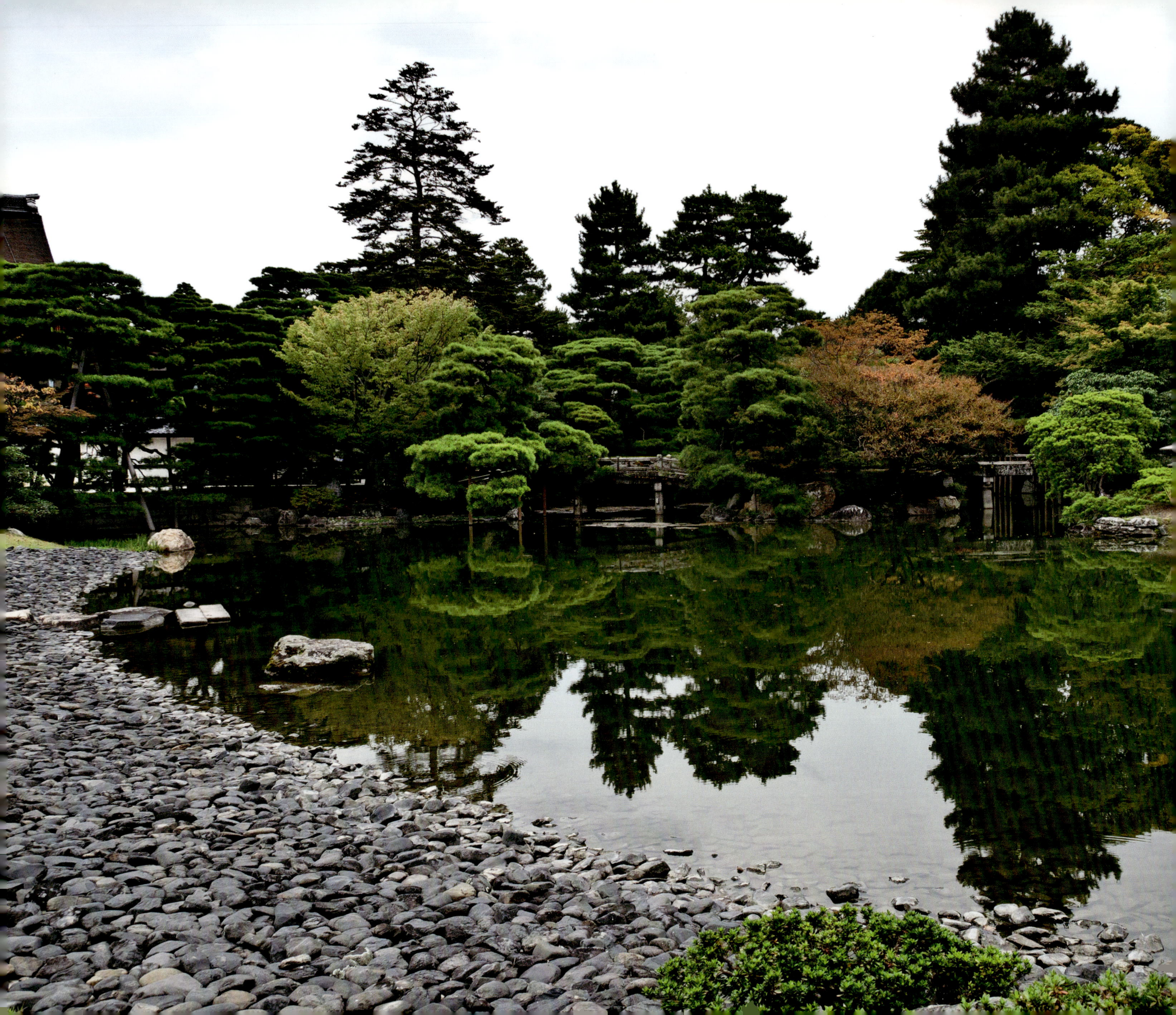

Der Oike-niwa-Garten im Kaiserpalast (Kyoto-Gosho)
Kyoto (Japan)
In der frühen Edo-Periode (1603–1868) angelegt

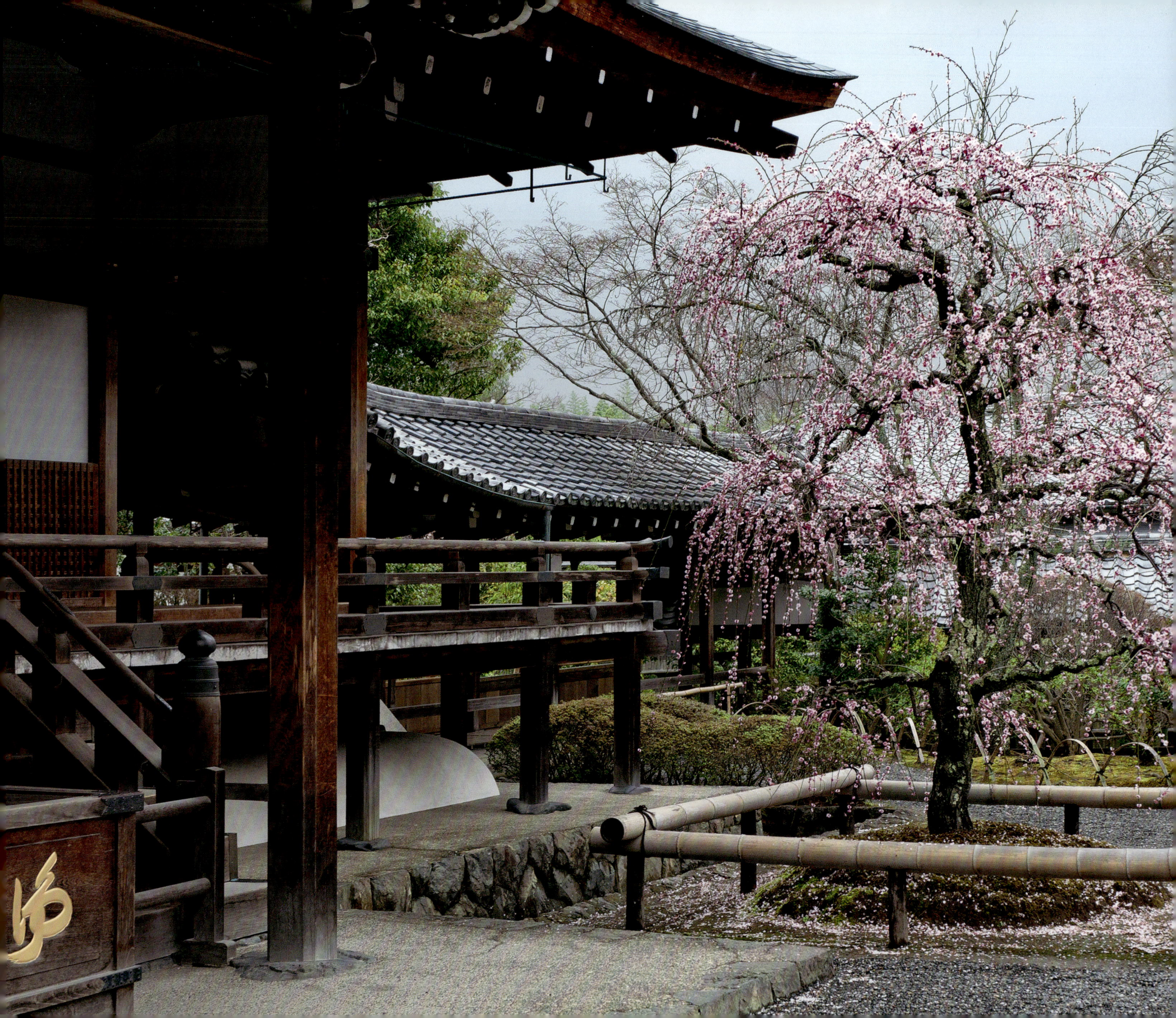

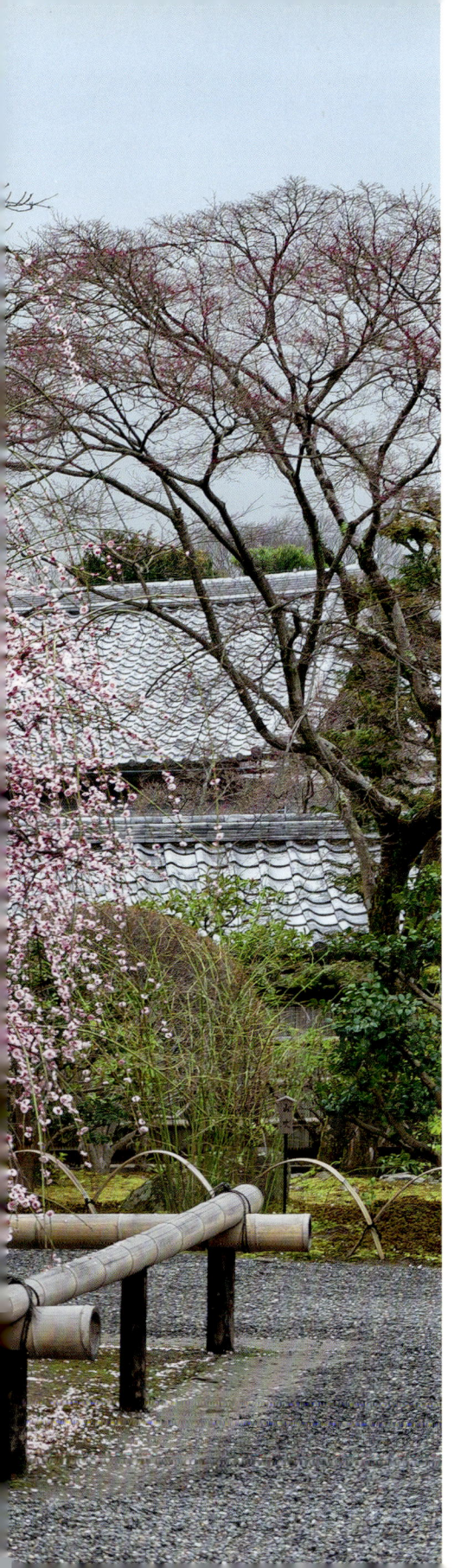

*Weiß und rosa blühender Pflaumenbaum beim
Tenryu-ji-Tempel, Taho-den-Schrein
Kyoto (Japan)
Ursprüngliche Anlage durch Shogun Ashikaga Takauji
1339 errichtet. Nach einem Brand in der Meiji-Periode
(1868–1912) erneuert. Garten durch Muso Soseki in
der 1. Hälfte des 13. Jahrhunderts angelegt*

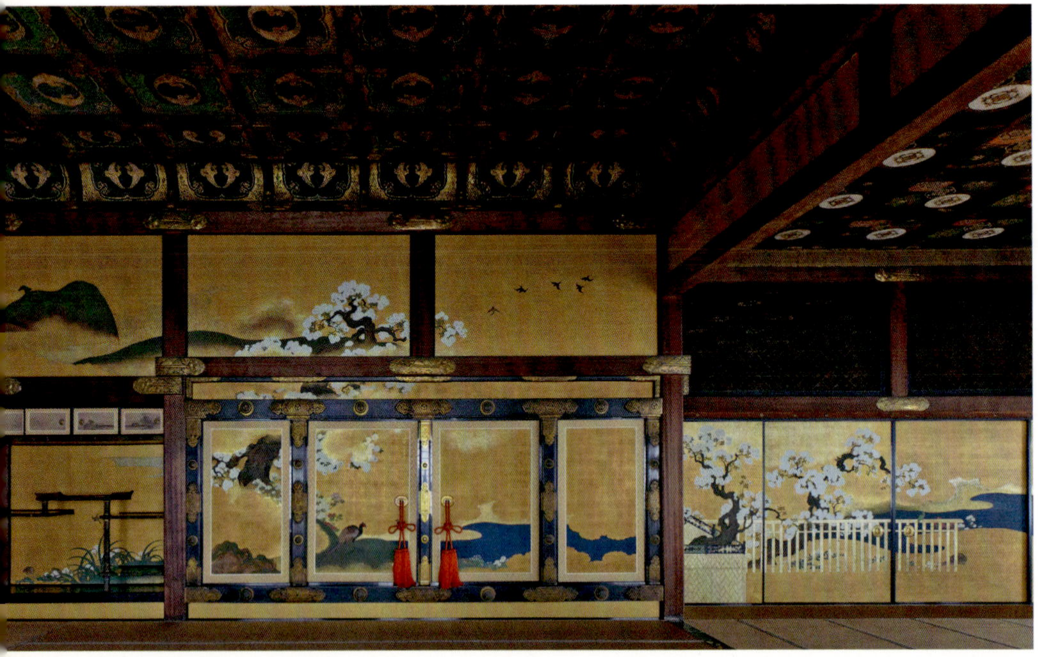
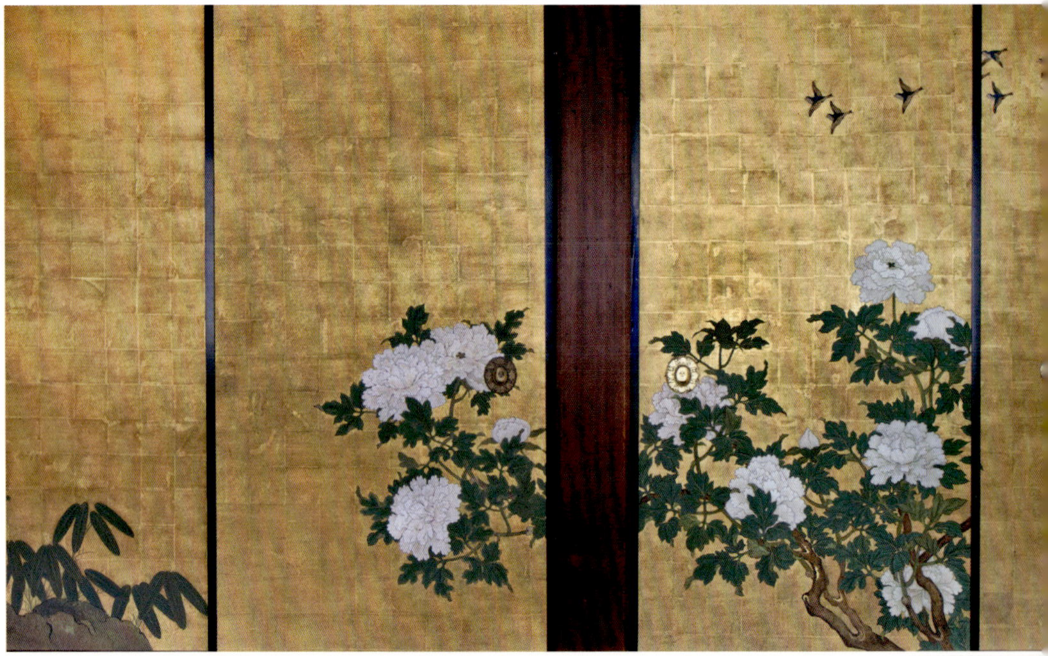
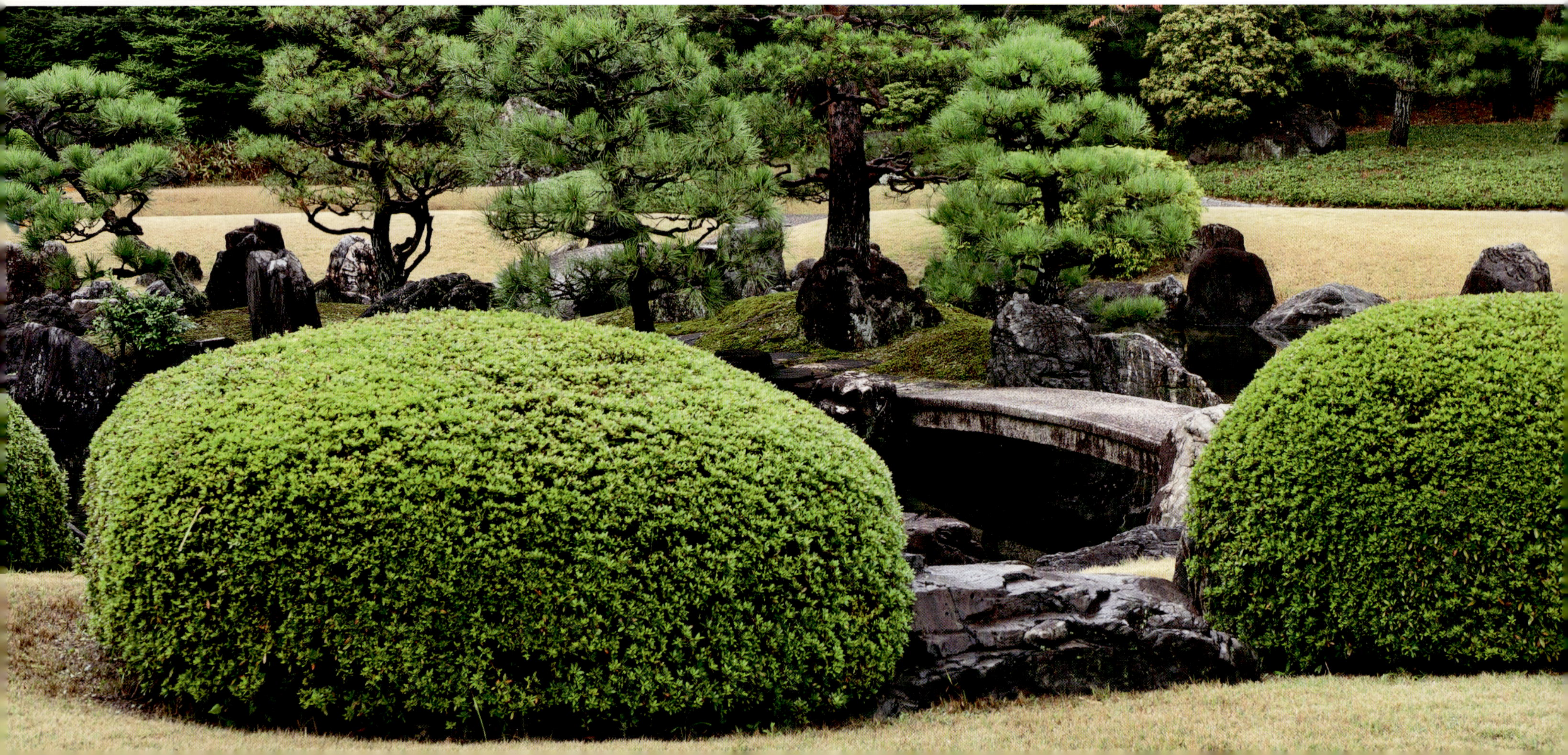

*Nijō-Burg, Ninomaru-Garten
Kyoto (Japan)
Für Shogun Ieyasu Tokugawa ab
1603 angelegt. 1626 Erweiterung
unter Shogun Iemitsu. Wandmalereien
der Kano-Schule durch Tanyu,
Naonobu und Koui. Garten durch
Kobori Enshu im 16./17. Jahrhundert
gestaltet*

*Linke Seite, oben: Kano Naonobu.
Wandpaneele mit Kirschbäumen in
der Kuro-shoin-Halle. 1. Hälfte
17. Jahrhundert*

*Linke Seite unten und rechts unten:
Im Seiryu-en-Garten*

*Rechts oben: Laterne im
Ninomaru-Garten*

Links: Darstellung des Kiyomizudera-Tempels (gegründet 778) auf einem japanischen Lackschränkchen. 2. Hälfte 17. Jahrhundert. Urushi (schwarzer japanischer Lack) mit Makie- und Nashiji-Dekor (Gold- und Silberstreubilder)

Unten: Lotusblumen im Teich des Gartens des Ryguen-in-Tempels
Kyoto (Japan)

Rechts: Goldener Pavillon (Kinkakuji) im Garten des Rokuon-ji-Tempels
Kyoto (Japan)
Ursprünglicher Bau 1397 errichtet. Heutiger Tempel nach Zerstörung durch Brandstiftung 1955 erneuert

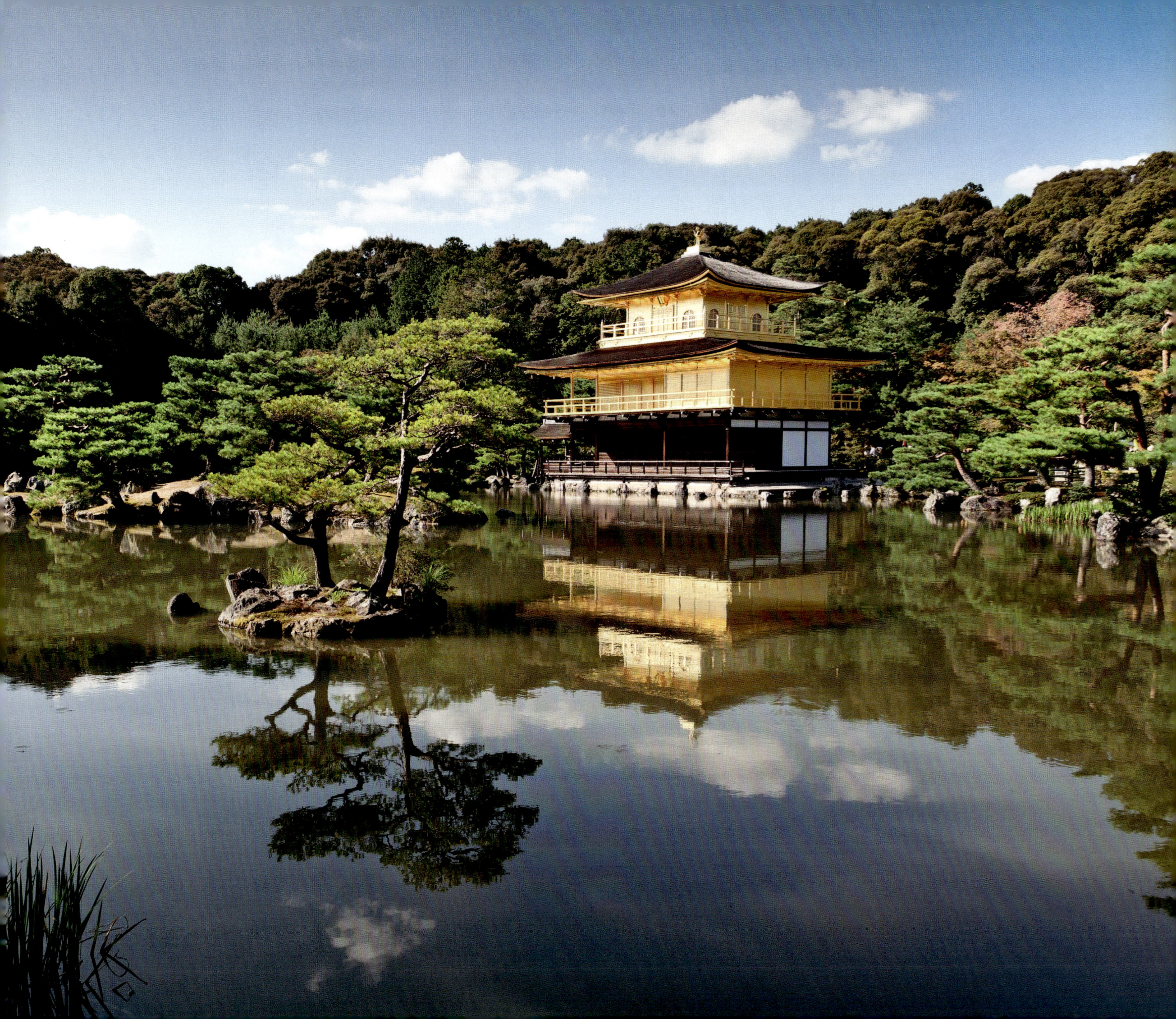

Villa Shisen-do (Eremitage)
Kyoto (Japan)
Für und durch den Gartenarchitekten Jozan Ishikawa, dem persönlichen Sekretär von Ieyasu Tokugawa, 1641 errichtet

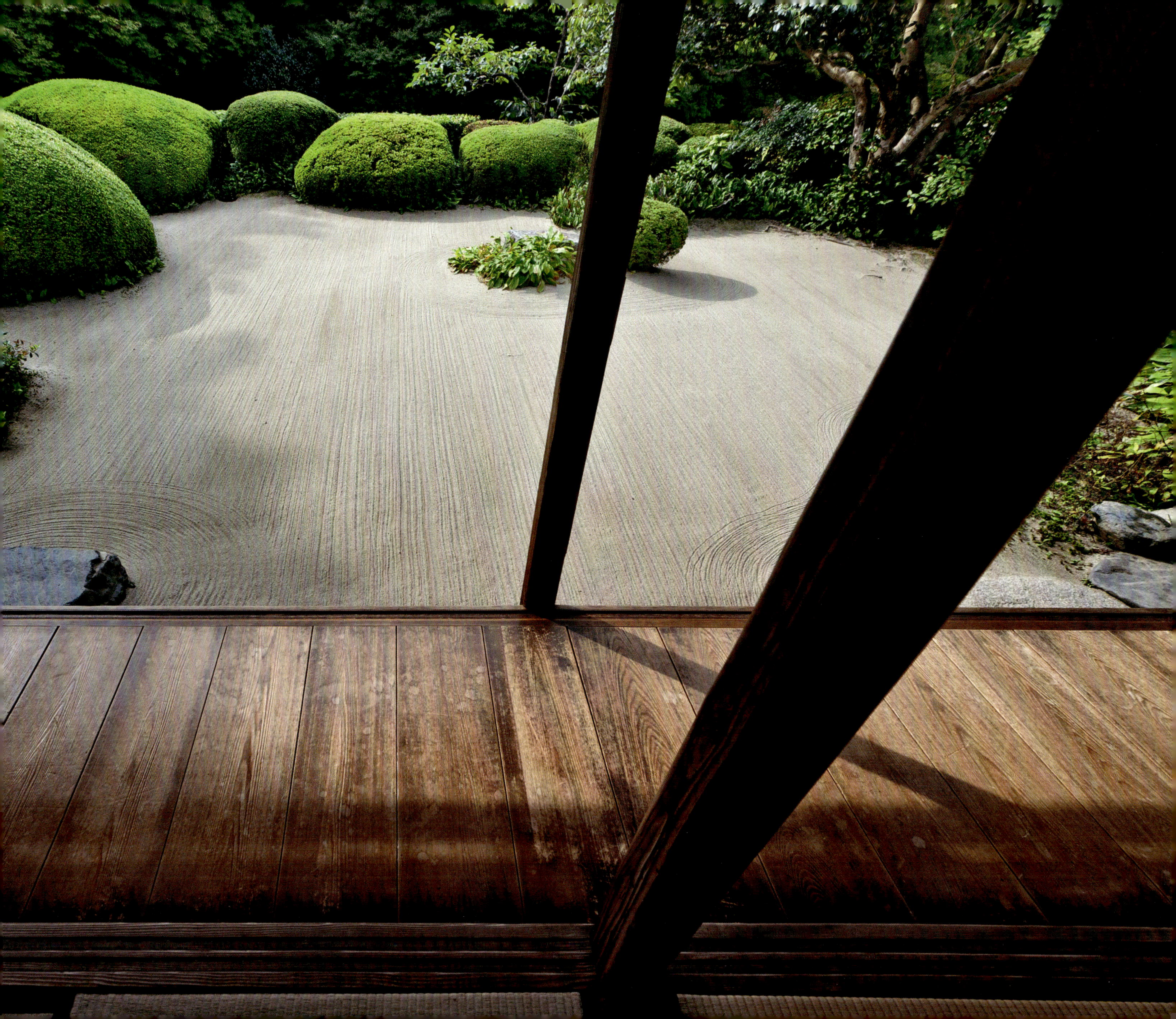

Hojo-Südgarten des Ryguen-in-Tempels mit seinen drei klassischen taoistischen Steinstrukturen:
Kame-shima (Schildkröteninsel), Horai-san (Mount Horai) und Tsuru-shima (Kranich-Insel)
Kyoto (Japan)
Durch den Priester Tokei errichtet. Der Garten durch den Maler und Gärtner Soami
(Muromachi-Periode) 1502 gestaltet

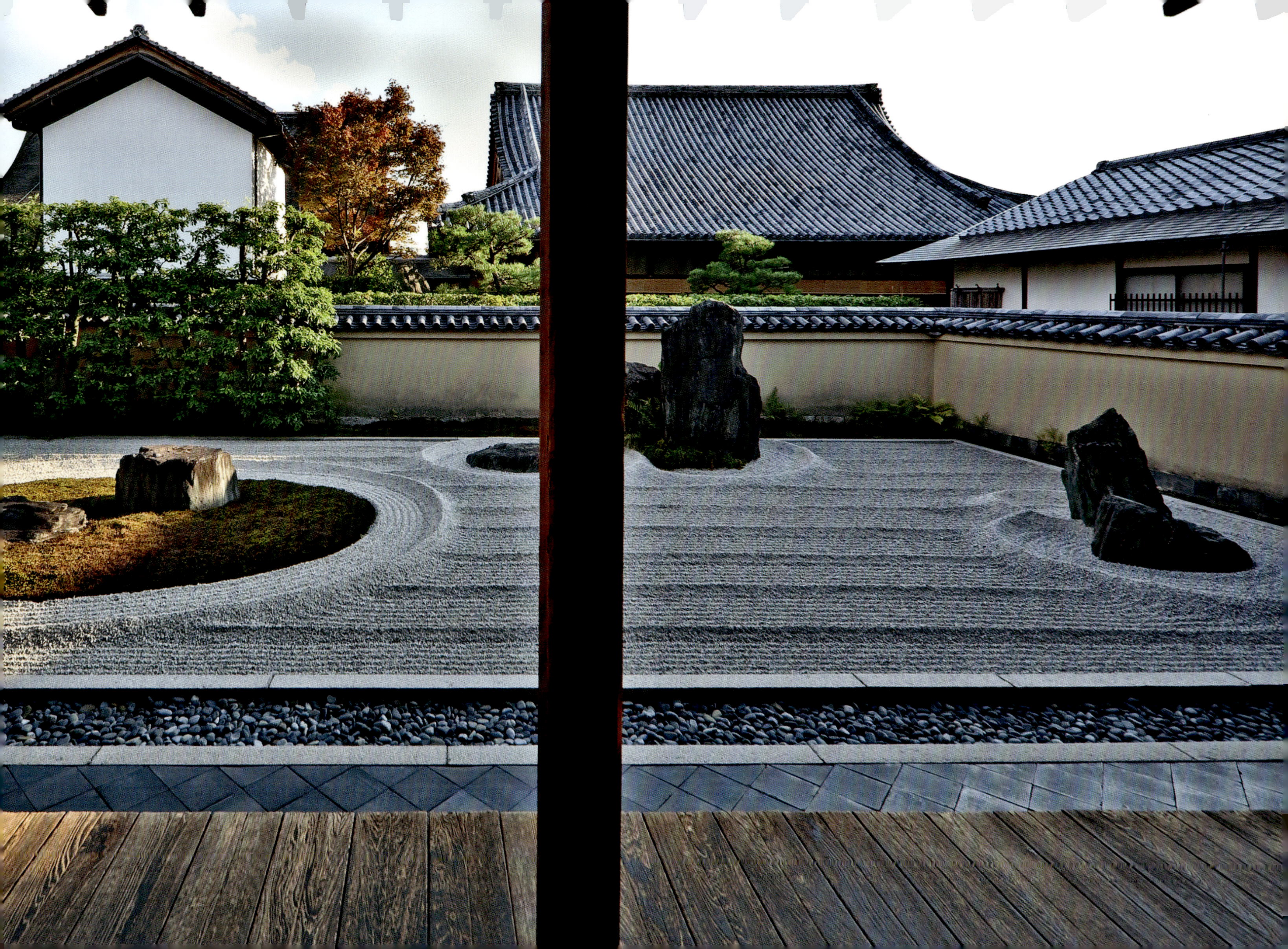

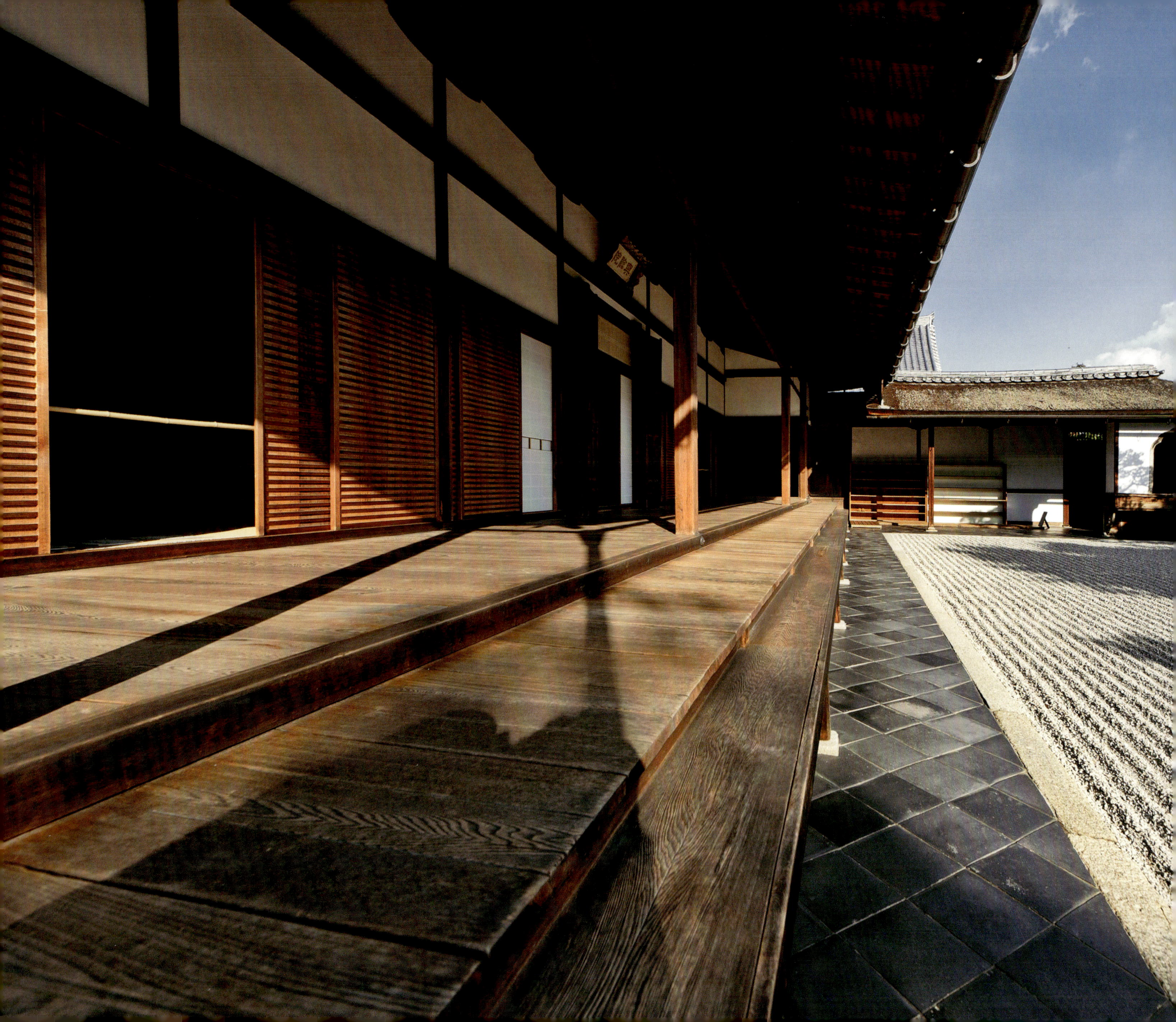

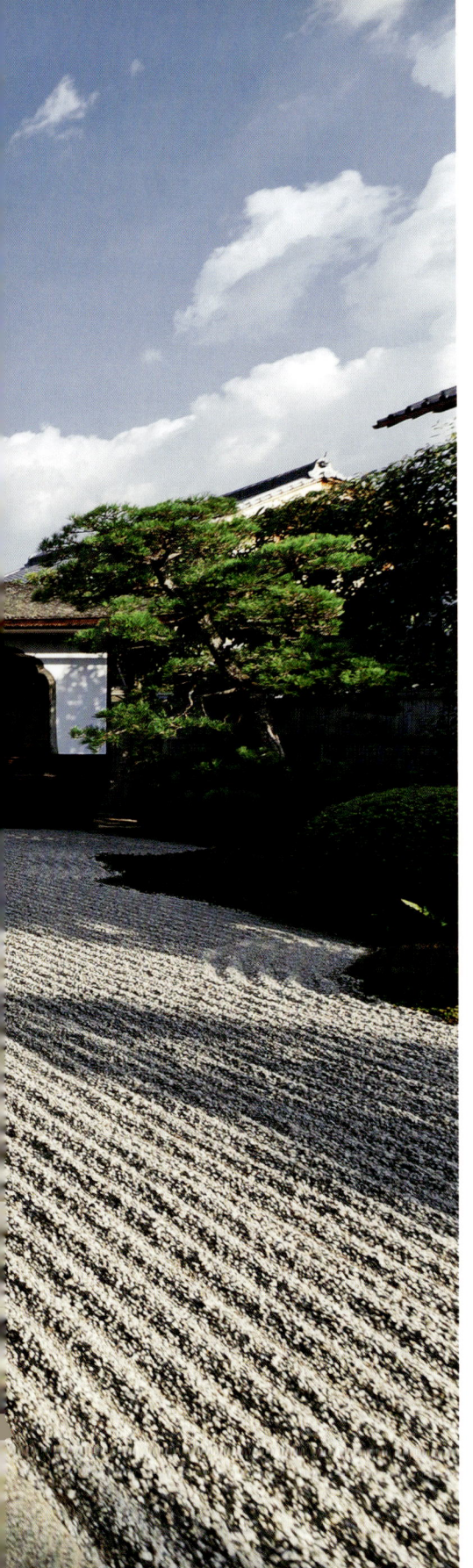

Steingarten im Korin-in-Tempel, einem Untertempel des Daitoku-ji-Tempels
Kyoto (Japan)
Für Yoshifusa Hatekeyama 1521–1523 errichtet

Felsengarten des Ryoan-ji-Tempels
Kyoto (Japan)
Ursprünglich die Villa der Tokudaiji-Familie (Mitte 15. Jahrhundert). An Hosokawa Katsumoto vererbt. Nach dessen Tod in einen Zen-Tempel umgewandelt. Felsengarten mit 15 Steinen, gestaltet durch den Maler und Gärtner Soami (gestorben 1525)

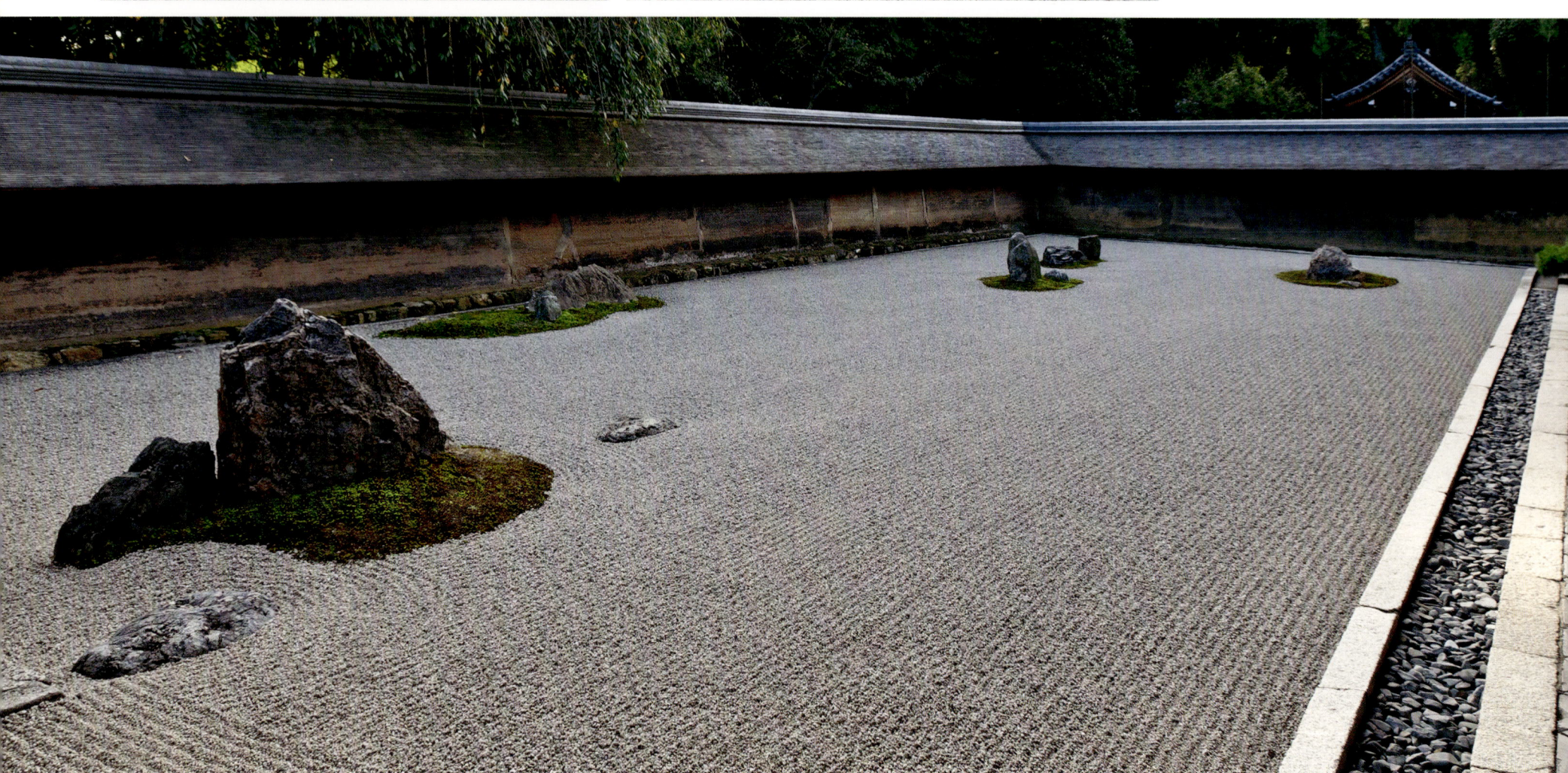

Felsengarten im Zuiho-in-Garten
Kyoto (Japan)
In der Showa-Periode (1926–1989) angelegt

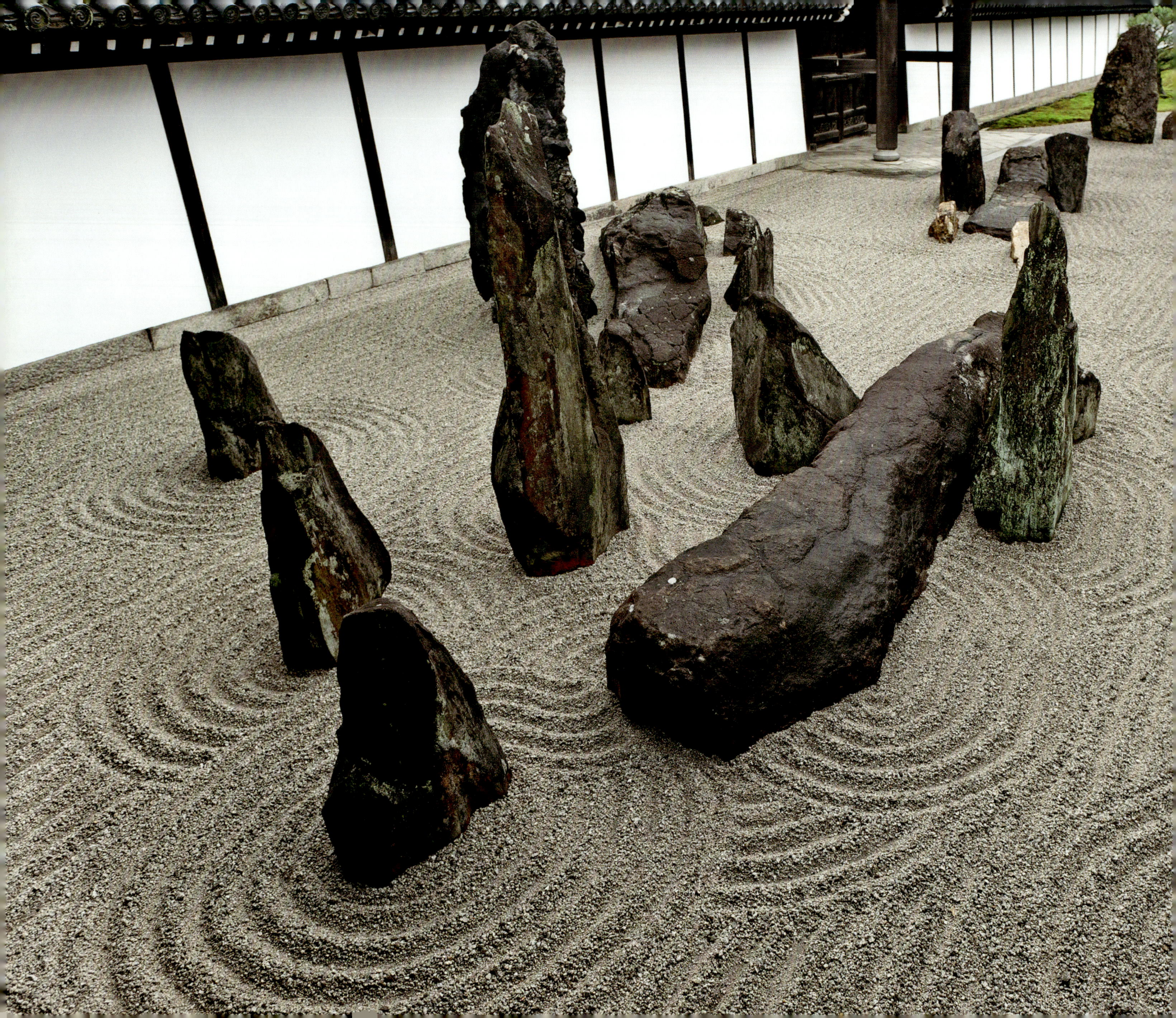

Der Hasso-Garten um die Halle des Abtes (Hojo) des Tofuku-ji-Tempels
Kyoto (Japan)
Erster Tempel durch den Priester Ennibenen in der Mitte des 13. Jahrhunderts angelegt und 1890 erneuert. Gärten 1939 durch Mirei Shigemori neu angelegt. Einzige Anlage, bei der die Gärten alle vier Seiten der Halle umgeben

Links und rechts: Im Südgarten symbolisieren vier große Felsen die Elysischen Inseln (Horai, Hojo, Eiju, Koryo) im stürmischen Meer (Hakkai), wiedergegeben durch die Kiesel; am westlichen Ende stehen fünf moosbedeckte Hügel, die Fünf heiligen Berge (Gozan)

Unten: Schachbrettmuster im Kies vor der Kaisan-do-Halle des Tofuku-ji-Tempels

Ganz unten: Im Ostgarten (Hokuto-no-niwa) zeigen die Steine des Fundaments des ursprünglichen Tempels das Sternbild des Großen Bären (Hokutoshichisei)

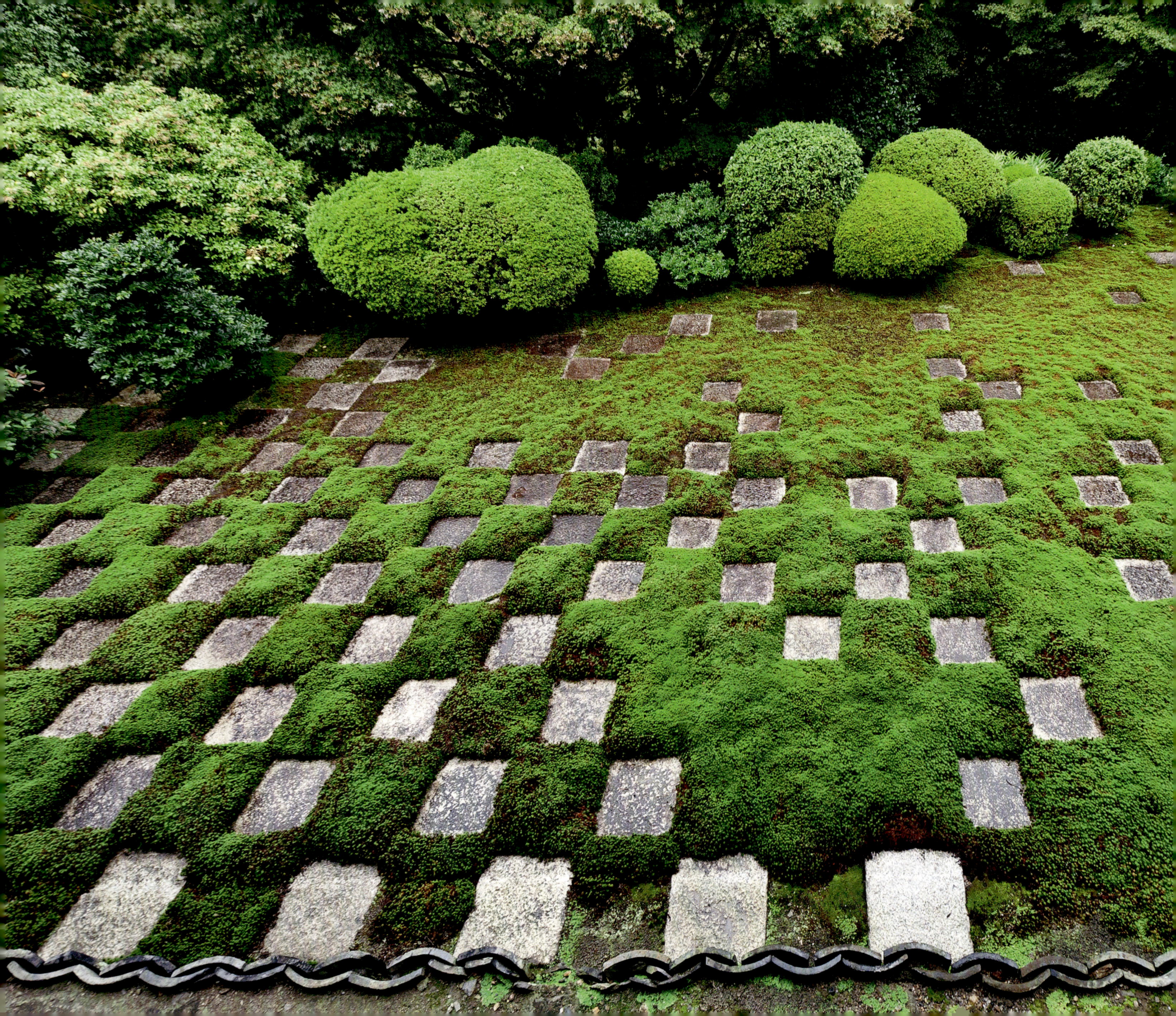

Nord- und Westgarten um die Halle des Abtes (Hojo) des Tofuku-ji-Tempels
Kyoto (Japan)
Erster Tempel durch den Priester Ennibenen Mitte des 13. Jahrhunderts errichtet und 1890 erneuert. Gärten 1939 durch Mirei Shigemori neu angelegt

Links: Nordgarten mit unregelmäßigem Schachbrettmuster unter Verwendung der Fundamentsteine des ehemaligen Haupttores

Rechts und unten: Westgarten mit Moos, Kieseln und quadratisch geschnittenen Azaleenblöcken

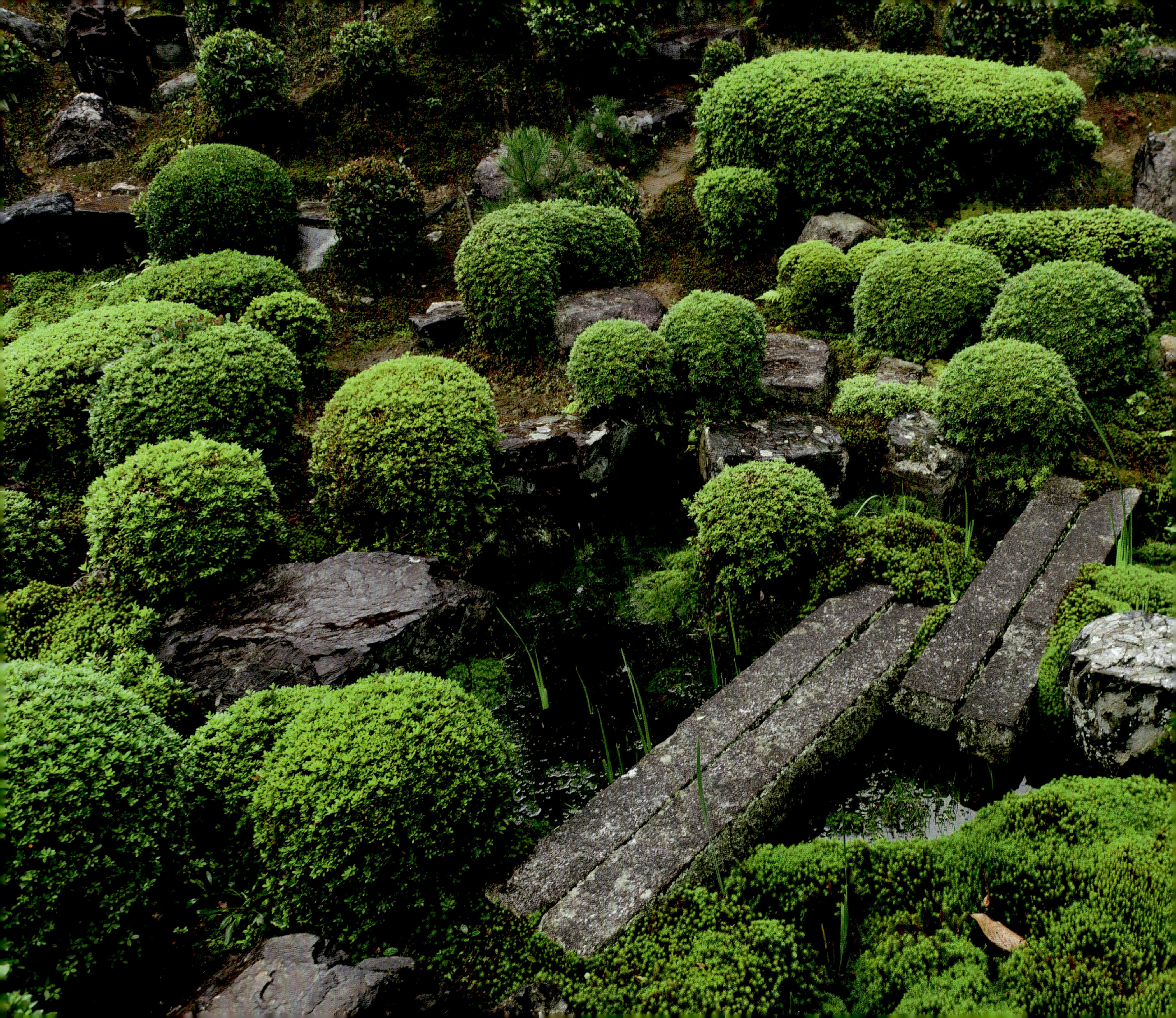

Garten mit Wasserläufen, Brücken und geschnittenen Azaleen vor der Kaisan-do-Halle des Tofuku-ji-Tempels
Kyoto (Japan)

Garten des Reiun-in-Tempels, einem Nebentempel des Tofuku-ji-Tempels
Kyoto (Japan)
Ursprüngliche Anlage durch den Priester Kiyo-honshu 1390 errichtet. Im Mittelpunkt ein Felsen (Iai-seki) von der Insel Kyushu als Symbol des Mount Shumisen, von Shosetsu Mitte des 17. Jahrhunderts hierher gebracht. 1970/71 Restaurierung und teilweise Neugestaltung des Gartens nach historischen Abbildungen durch Mirei Shigemori

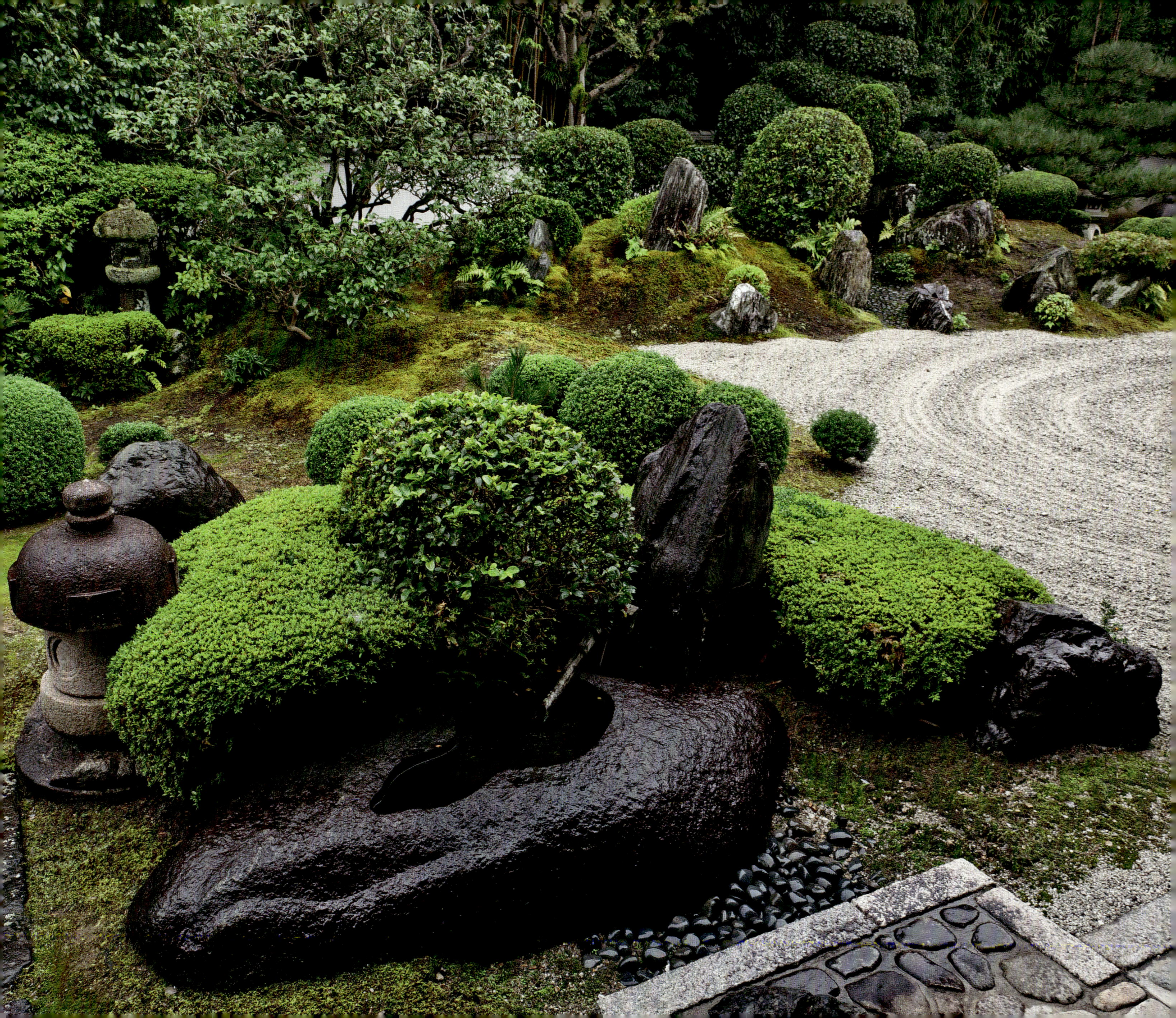

*Garten des Joju-in-Tempels am Fuß des Mount Kiyomizu
Kyoto (Japan)
Durch den Maler und Gärtner Soami 1469–1487 gestaltet und
den Gärtner Kobori Enshu vollendet*

Links: Eine Steinlaterne im Hintergrund markiert die Tiefe der Anlage

Rechts: Im Zentrum liegt der Teich mit zwei Inseln

*Unten: Auf der größeren der beiden Inseln eine Steinlaterne (Kagero)
und die sich verneigende Felsengruppe Eboshi-iwa*

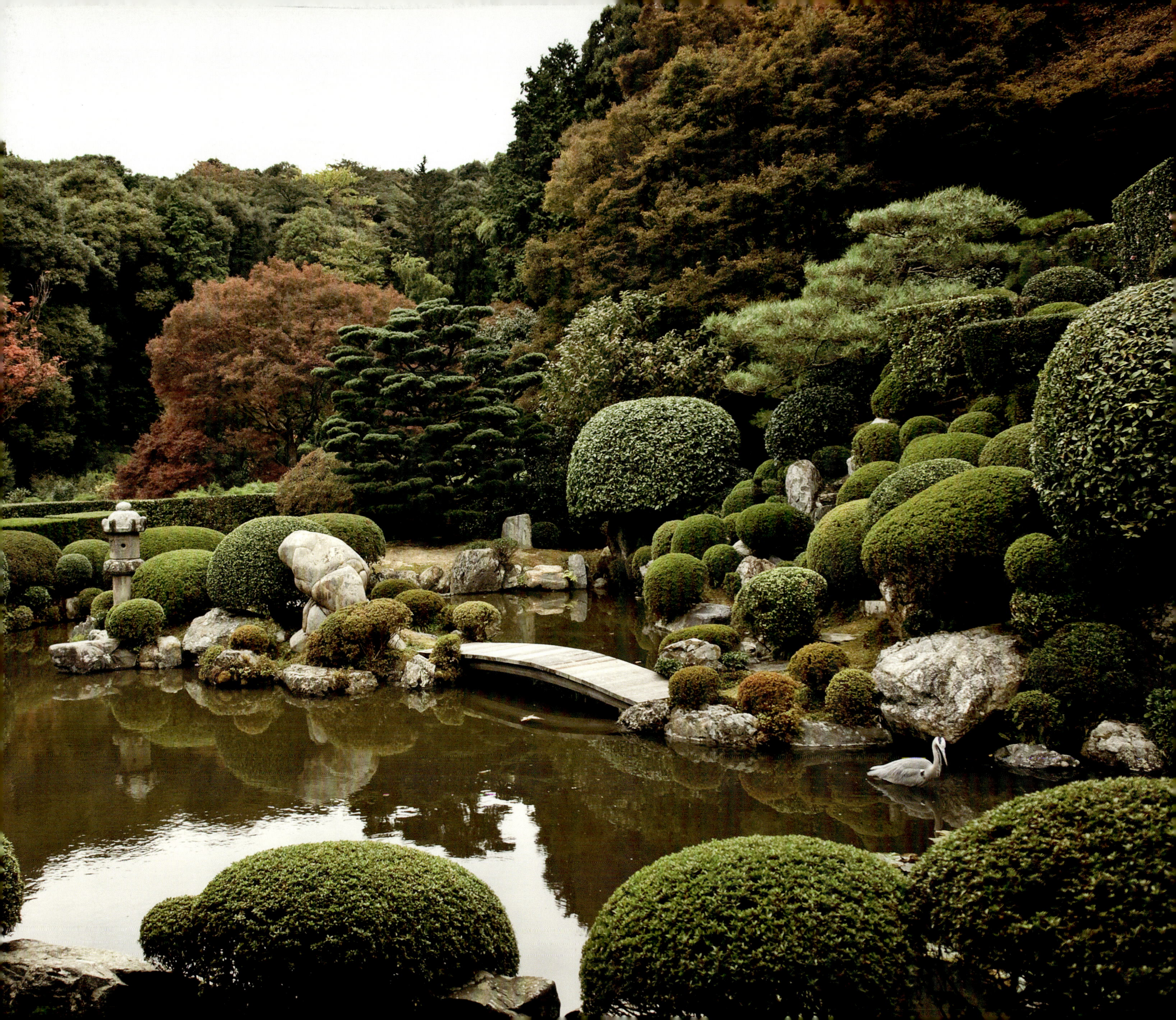

*Garten des Heian-jingu-Schreins
Kyoto (Japan)
Replik in reduziertem Maßstab zur
Erinnerung an die ursprüngliche Anlage
von 794, errichtet anlässlich deren 1100.
Geburtstags. Repräsentativstes Beispiel für
die Gärten der Meji-Periode (1868–1912)*

*Links: Seiho-ike-Teich (Ostgarten), im
Hintergrund die Taihei-kaku-Brücke*

*Unten: Blick von der Taihei-kaku-Brücke
auf das Gästehaus (Shobikan)*

Rechts: Die Taihei-kaku-Brücke

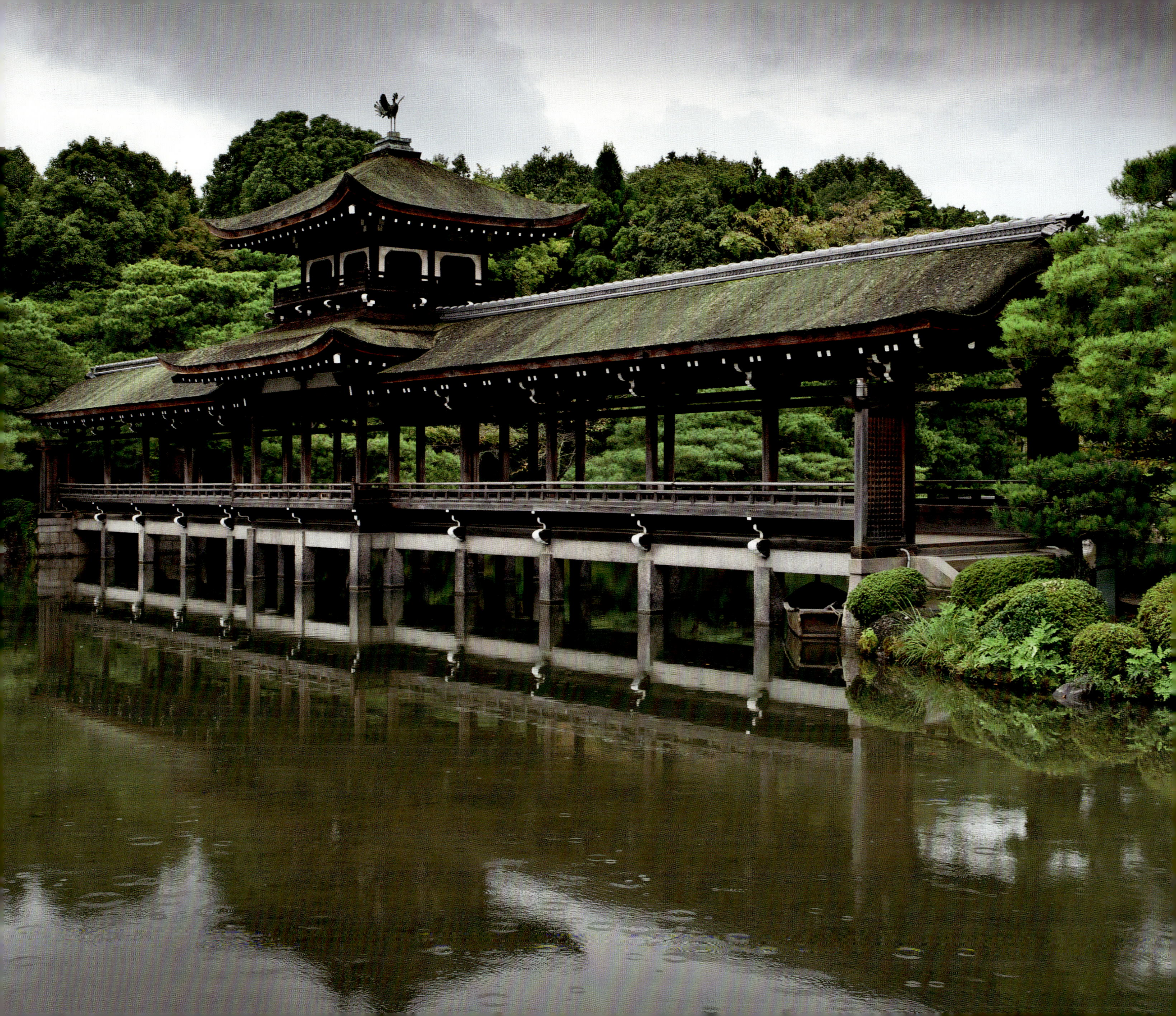

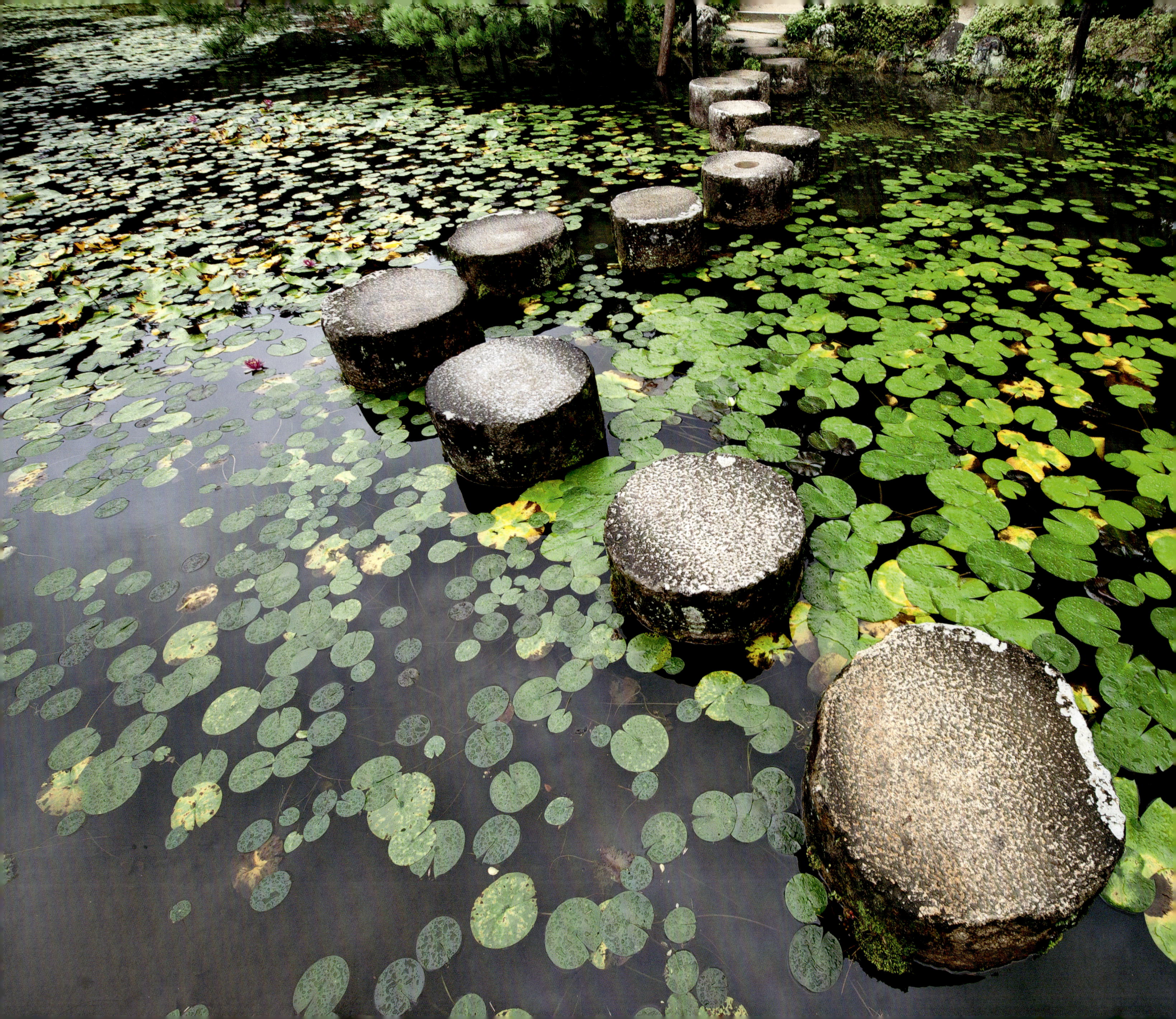

*Links und unten: Trittsteine zur Überquerung des
Soryu-ike-Teichs im Garten des Heian-jingu-Schreins
Kyoto (Japan)
Um 1900 angelegt*

*Rechts: Brücke zur Burg von Matsumoto
Matsumoto (Japan)
Japans älteste noch erhaltene Burg. Erster Bau
durch Shimadachi Sadanaga (Ogasawara-Familie)
1504–1508 errichtet. Nach 1550 im Besitz von Ieyasu
Tokugawa (Begründer des Tokugawa-Shogunats).
Heutiger Bau aus der Bunroku-Periode durch die
Ishikawa-Familie ab 1580. Zentraler Turm durch
Ishikawa Yasunaga 1593/94 errichtet*

Links und unten: Variationen von Moos
Kyoto (Japan)

Rechts: In Moos gebettete Warabejizo-Statue des Sanzen-in-Tempels
Kyoto (Japan)
Erste Anlage an der Wende vom 8. zum 9. Jahrhundert errichtet

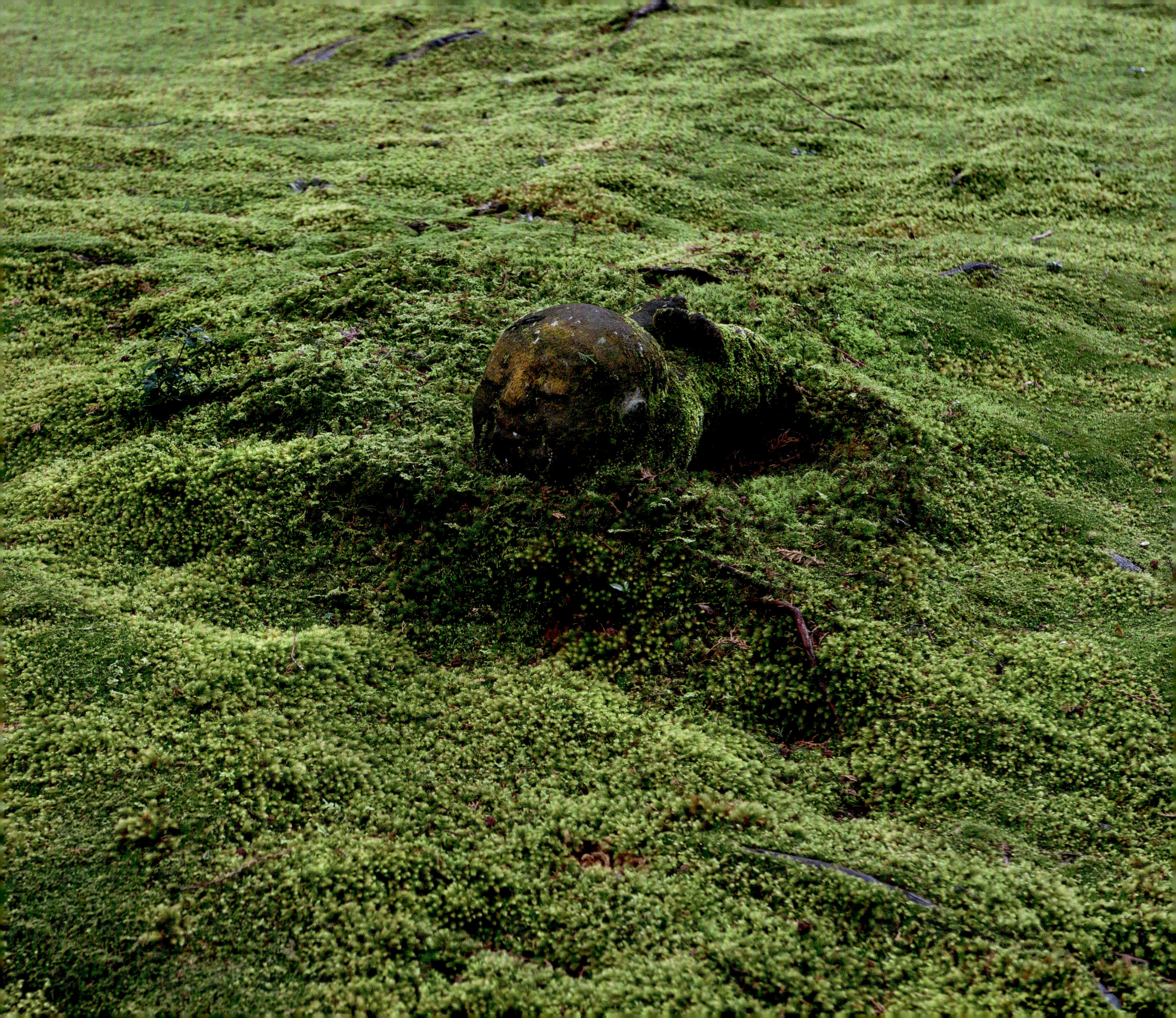

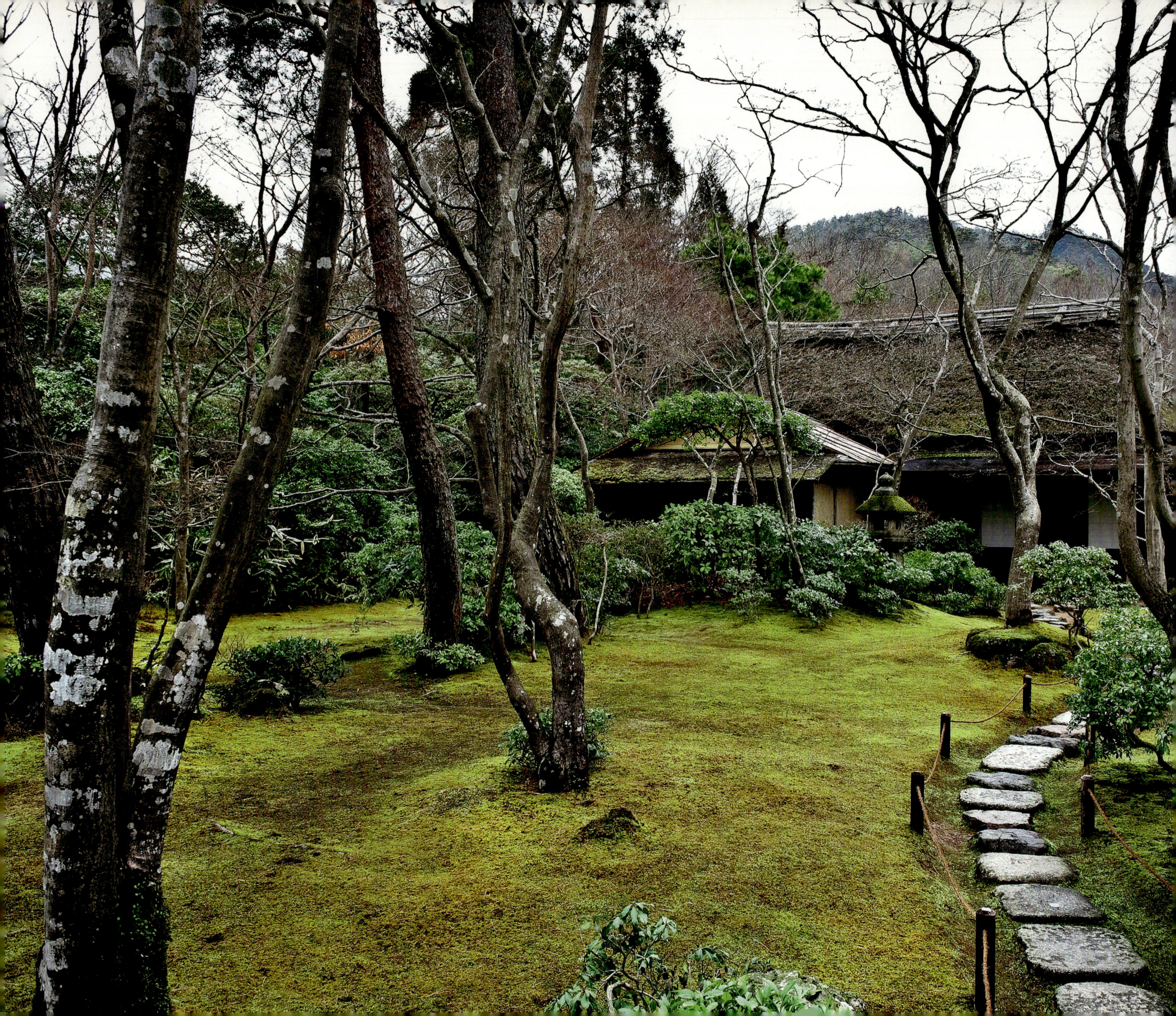

*Links und unten: Teehaus der Okochi-Sanso-Villa
Arashiyama, Kyoto (Japan)
Villa des japanischen Stummfilmstars Okochi Denjiri.
Im 2. Viertel des 20. Jahrhunderts errichtet*

*Rechts: Über 500 Jahre alte Kiefer in Form
des Mount Fuji beim Hosen-in-Tempel, einem
Subtempel des Shorin-in-Tempels
Ohara, Kyoto (Japan)*

*Landhaus (Rakushisha) mit Garten des
Dichters Mukai Kyorai, einer der zehn Schüler
des Haiku-Dichters Matsuo Basho
Kyoto (Japan)
Ende des 17. Jahrhunderts
(frühe Tokugawa-Periode) errichtet*

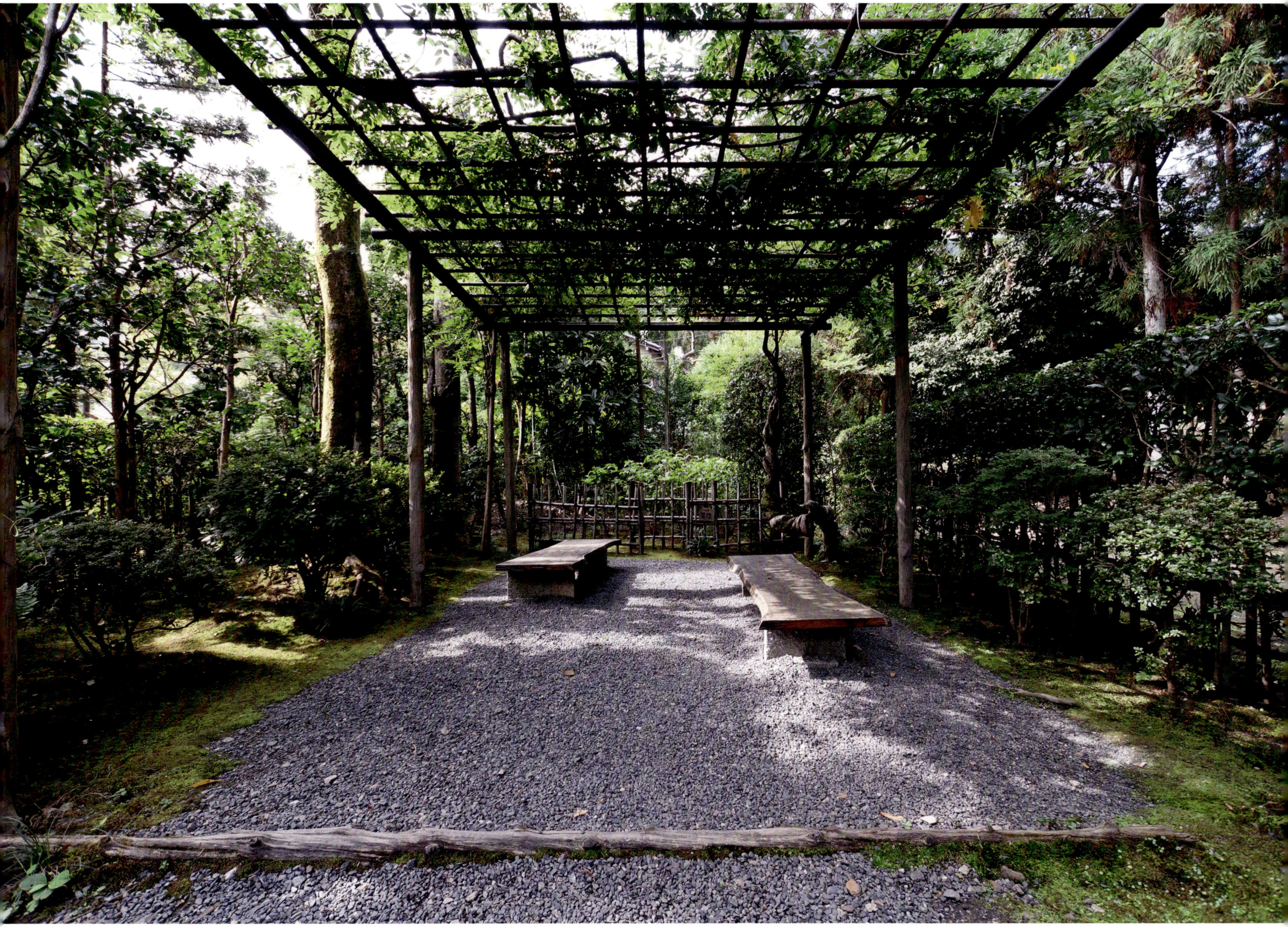

Unten: Aus Reisstroh und Bambus gebundener Zaun des Korin-in-Tempels
Kyoto (Japan)

Rechte Seite: Aus Reisstroh und Bambus gebundener Zaun im
Kaiserpalast (Kyoto-Gosho)
Kyoto (Japan)

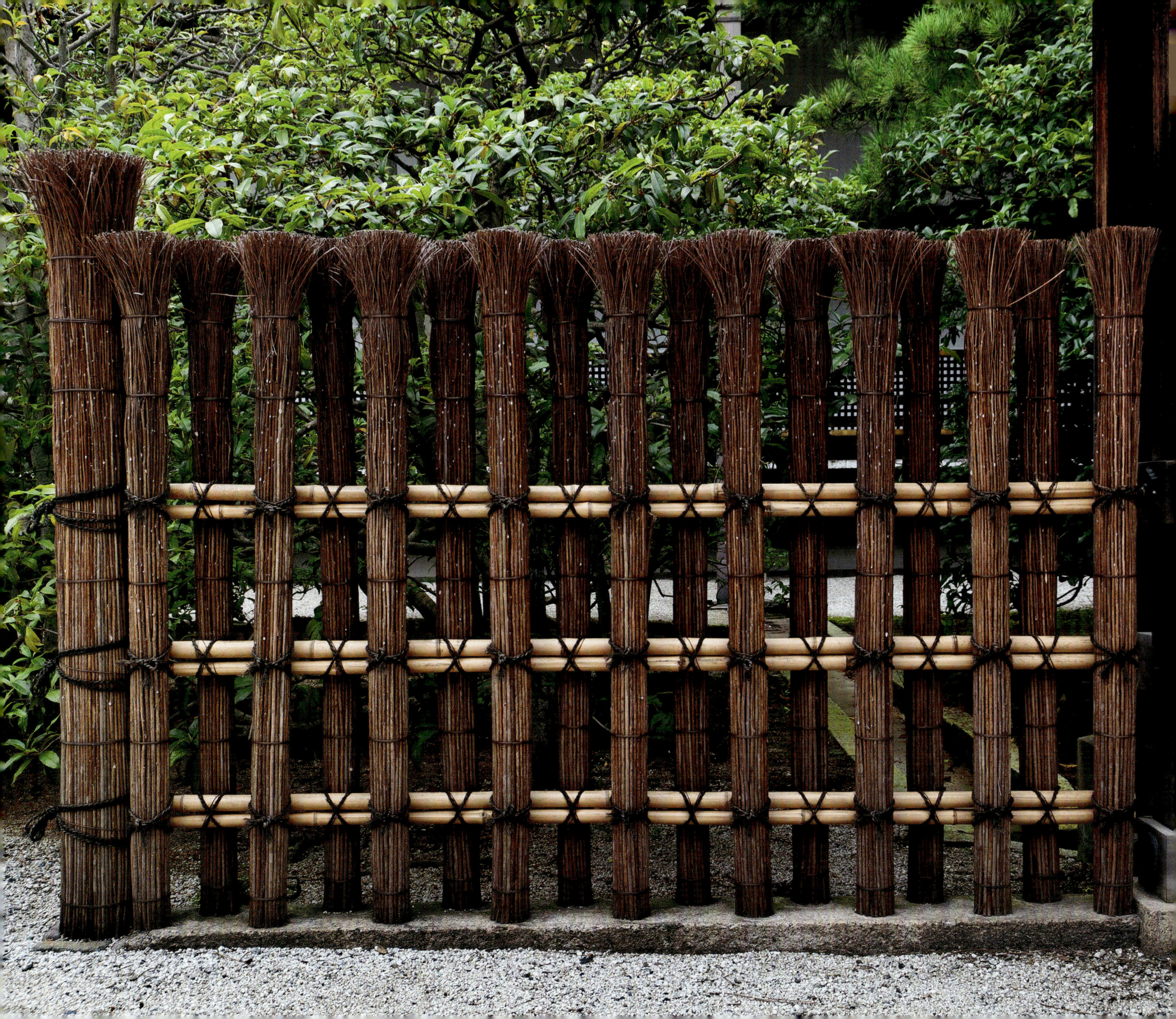

*Links und unten: Farn und Anemone im
Shisen-do-Tempel
Kyoto (Japan)*

*Rechts: Brunnenschale aus Stein im
Enko-shi-Tempel
Kyoto (Japan)*

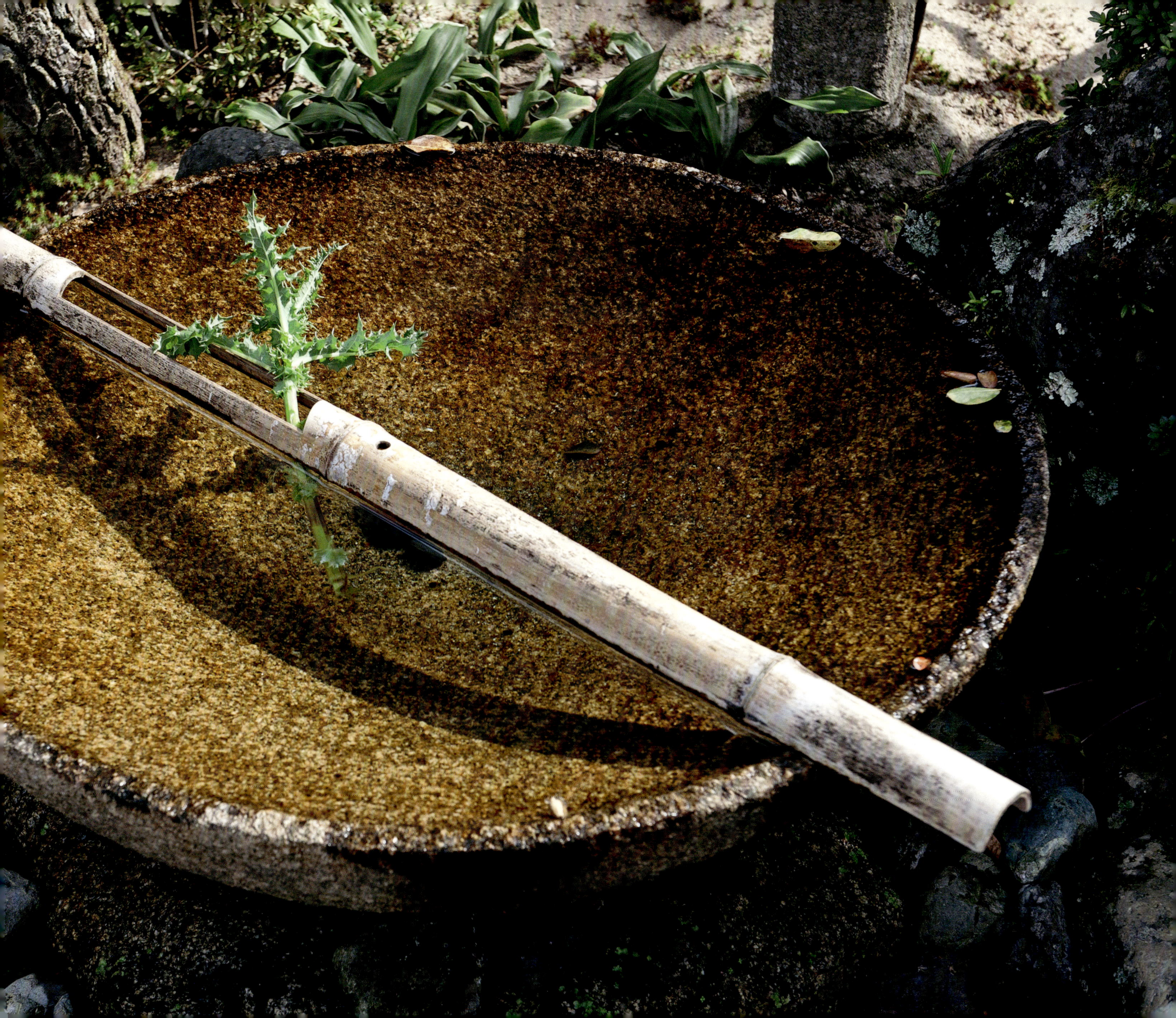

Zen-Garten mit Brunnen im Nebengarten des Hosen-in-Tempels, einem Subtempel des Shorin-in-Tempels
Ohara, Kyoto (Japan)

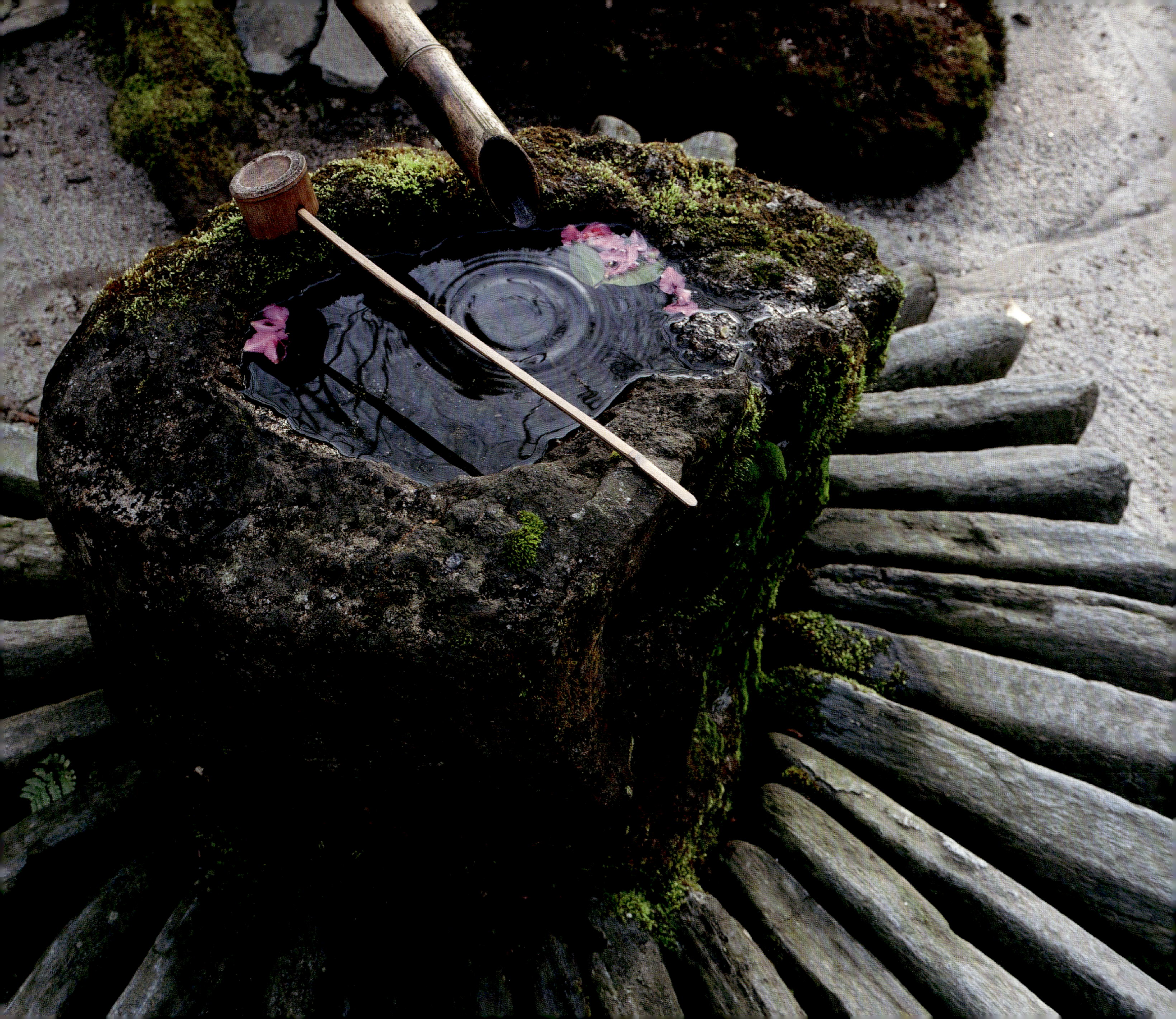

DIE INSZENIERTE LANDSCHAFT

Der englische Garten

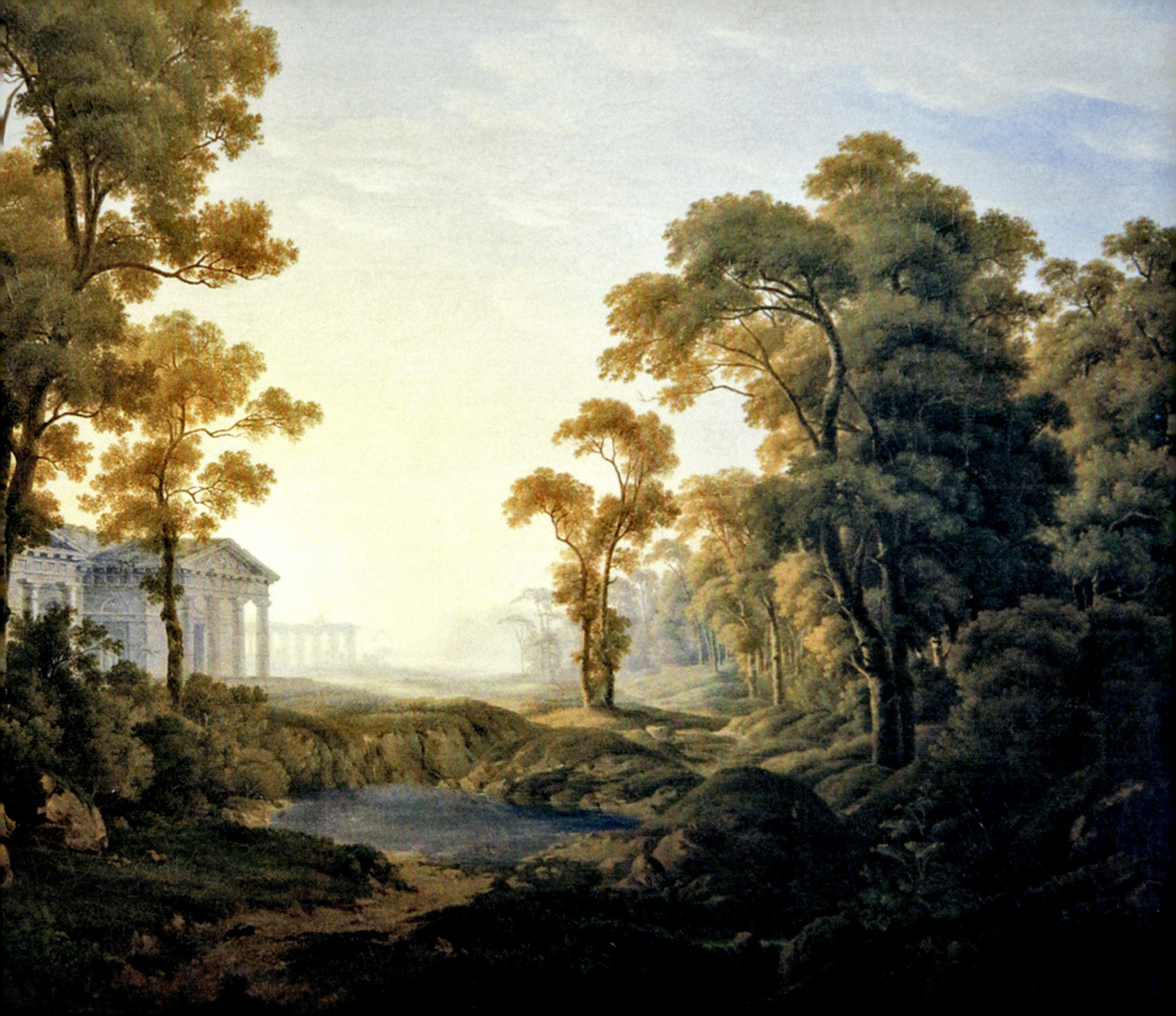

Auch der Landschaftsgarten ist immer noch ein Abbild des Paradieses, das sich in der Vorstellung jedoch massiv geändert hatte. War das Paradies des Mittelalters von mathematischen Vorstellungen geprägt, die nahtlos in die Geometrien der Renaissance und deren Einsatz im Sinne eines streng geordneten absolutistischen Weltbildes des Barock überging, begann man sich nun darunter etwas ganz anderes vorzustellen. Man beschäftigte sich zusehends mit der Welt, die bis jetzt außerhalb der Mauern der Gärten geblieben war, und begann sich für die „Restflächen" zu interessieren, für die Welt der Naturlandschaft und das, was der Mensch im Zuge seines Wirtschaftens aus ihr gemacht hatte. Es interessierte nicht mehr der gerade Wasserkanal, sondern der unbeschwert mäandernde Fluss; es interessierte nicht mehr die nach klaren stereometrischen Modellen beschnittene Pflanze (Topiari), sondern der in seinem natürlichen Wuchs beeindruckende Baum. Diese Lust am Pittoresken und Bizarren war einer der Auslöser neuer Entwicklungen im Barock und im Rokoko gewesen, wo man das Unregelmäßige der Naturform, etwa einer Muschel oder einer wild gewachsenen Perle, zum Ideal erklärt hatte. Schon im Barock entdeckte man die Faszination am Exotischen, am Fremden: Wenn Johann Bernhard Fischer von Erlach (1656–1723) in seinem *Entwurff Einer Historischen Architectur ...* (1721), der ersten umfassenden Architekturgeschichte der Welt, unter den chinesischen Bauwerken auch die unregelmäßigen Felsformationen „Sinesischer Lustberge mit Höhlen und Zimmern" aufnimmt, ist er damit seiner Zeit weit voraus – ganz im Sinn des Barocken interessiert ihn zumindest theoretisch auch eine ganz andere Welt von Formvorstellung, über die er als Berichterstatter in seinem Buch referiert.

Schon 1624 hatte der englische Gesandte in Venedig, Henry Wotton (1568–1639), in Hinblick auf die nach einem ausgeklügelten Proportionskanon gestalteten Bauten Andrea Palladios darauf hingewiesen, dass die Gärten das genaue Gegenteil dieser Architektur zu sein hätten. Sir William Temple (1628–1699) machte in seinem Traktat *Über die Gärten Epikurs* von 1685 auf das Irreguläre in der chinesischen Kunst und deren Verachtung für die europäische Symmetrie und Uniformität aufmerksam, plädiert aber letztlich doch für den europäischen Weg, weil man, gestützt auf die Geometrie, keine allzu großen Fehler machen könnte.

In der Malerei tauchten Nicolas Poussin (1594–1665), Claude Lorrain (1600–1682), Gaspard Dughet (1615–1675) und Salvator Rosa (1615–1673) in dieses andere Weltbild ein und schufen Bilder, die bald viel mehr als die Natur selbst Vorbilder für das neue Gestalten sein sollten. Man entdeckte die Landschaft als Paradies: lichtdurchflutet und mit sanften Wiesen, von leise dahinfließenden Bächen und Flüssen durchzogen – der Mensch in diesen Bildern und die in sie eingebettete mythologische Geschichte wurden nebensächlich.

Auch der Blick auf die Antike wurde neu fokussiert. Jetzt schaute man nicht mehr auf die Strenge der Säulenordnungen, sondern auf die kleinen Landschaftsbildchen, die in Ausgrabungen römischer Villen und Paläste in immer größerer Zahl zu Tage gefördert wurden. Illusionistische, fast impressionistisch hingehauchte Veduten markierten eine neue Gegenwelt zu dem, was bisher an der Antike interessierte. Natur und Freiheit wurden zu Synonymen, die sich auch bald in Politik und Kunst verbündeten. Der Gedanke der Freiheit wurde als natürliches Recht postuliert, die unverfälschte Natur zum Freiheitssymbol schlechthin. Der Dichter Alexander Pope (1688–1744) bezeichnete beschnittene Pflanzen als „lächerliche immergrüne Skulpturen" und setzte sie den durch die Etikette zurechtgestutzten Höflingen gleich. Den in der Natur wachsenden Baum ernannte er zum Sinnbild des freien Menschen. Für Jean-Jacques Rousseau (1712–1778) schließlich war das Beschneiden eine Metapher für falsche Erziehung; den guten Erzieher setzte er mit dem naturverbundenen Gärtner gleich.

So ist es leicht zu erklären, dass sich in der Idee des Landschaftsgartens einerseits schnell alle fortschrittlichen Geister wiederfanden, auf der anderen Seite der Furor der nach Freiheit drängenden Französischen Revolution die meisten der bestehenden französischen Gärten hinwegfegte und erst so den in Europa flächendeckend einsetzenden Siegeszug des Landschaftsgartens oder der englischen Anlage, wie sie in der Zeit selbst allgemein bezeichnet wurde, ermöglichte.

Maler wie Hubert Robert (1733–1808) komponierten Bilder wie Gärten und Gärten wie Bilder. Natürliche Elemente, Skulpturen und Architekturen beziehungsweise Architekturzitate wurden zu Versatzstücken. Die Architektur ist nicht mehr wie noch im Barock der ruhende Pol, auf den sich die Gesamtkomposition bezieht, sondern Staffage und Stimmungsträger. Nicht mehr der Stil ist wichtig, Antike, Orient und das als mindestens ebenso exotisch empfundene eigene Mittelalter in Form der Gotik existieren als wohl abgestimmte Stimmungsträger in unmittelbarer Nachbarschaft. Auf diese Weise erreicht gegen Ende des 18. Jahrhunderts die Gartenkunst den unumstrittenen Primat unter den Künsten, dem sich als Gesamtkunstwerk alle anderen unterzuordnen hatten: die Malerei, die Bildhauerei wie auch die Architektur. Die Gartenkunst wurde zu einer Kunstform, die sich zwischen dem Traum eines fernen Arkadiens mit seinen Bildern und der durch die Gartenkünstler angestrebten Utopie bewegte, aber auch zwischen dieser Utopie und den real existenten Möglichkeiten, wie viele der großen Gartenschöpfer nur allzu schnell nach dem Scheitern ihrer Träume erkennen mussten.

Die Entwicklung dieser Utopien hatte – zumindest am Anfang – handfeste politische Hintergründe. In England führte die Einsetzung der Hannoveraner Könige ab 1714 nicht zu den gewünschten Reformen. Man opponierte offen gegen die Misswirtschaft und Korruption des Premierministers Sir Robert Walpole (1646–1745) und gründete die Country-Partei, in der sich alle zusammenfanden, die sich gegen die Missstände wehrten. Stadt und Land wurden zu einem moralischen Gegensatzpaar, wie es schon Horaz in seiner berühmten Ode *Beatus ille qui procul negotiis* (*Glücklich jener, der fern von den Geschäften ist*) angeschlagen hatte. Ihren geistigen Zusammenhalt fanden die Widerständler in den Logen der Freimaurer (Gründung der Londoner Großloge 1717), durch die die Idee des Landschaftsgartens ebenfalls Verbreitung fand.

Einer, den die politischen Verhältnisse von London aufs Land vertrieben hatten, war der schon zitierte Alexander Pope, der sich in ein Haus mit Garten in Twickenham bei London zurückzog. Er erwarb das Anwesen an der Themse 1718. Mit Villa, Grotte und Garten schuf sich Pope ein Ambiente, von dem aus er sein Lebensideal eines sauberen und idealen England propagierte. Er wurde damit zum großen Heroen: 1729 berichtete Voltaire nach seiner Rückkehr aus England, er hätte das Bild des Poeten in mindestens zwanzig Villen gesehen. Einer der Freunde Popes und Mitglied einer Freimaurerloge war Richard Boyle (1694–1753),

3. Earl von Burlington. Auch er besaß auf dem halben Weg zwischen Twickenham und London ein Anwesen: Chiswick. Dort errichtete er frei nach dem Vorbild der Villa Rocca Pisana in Lonigo bei Vicenza einen „Zubau" zu seinem Haus als Statement des Rationalen und Antihöfischen, weit weg von den Repräsentationsgelüsten des Barock und Treffpunkt von Boyles Freunden. Der Garten selbst ist reich an Bauzitaten, gleichsam ein gegliedertes Freilichtmuseum über antike Architektur. Am Anfang wohl noch von Boyle selbst gestaltet, kam später der aus Rom zurückgekehrte William Kent (1684–1748) hinzu, der mit seinen Entwürfen für viele Gärten die treibende Kraft werden sollte. An einem winzigen Teich mit einem Obelisken in seiner Mitte errichtete er in Chiswick eine verkleinerte Kopie des römischen Pantheon, um das Wasser standen als Erinnerung an den Süden Zitronen- und Orangenbäumchen in Kübeln. Einen ersten Höhepunkt fand Kents Schaffen in Stowe, wo er ab 1730 für Richard Temple (1675–1749) die noch steife, durch Charles Bridgeman (1690–1738) bereits 1716 begonnene Anlage überarbeitete, durch die so genannten *Elysischen Gefilde* erweiterte und damit die erste wirklich als englischen Landschaftsgarten zu bezeichnende Anlage schuf.

In Stowe startete auch die zweite große Figur der englischen Gartenkunst seine Karriere: Lancelot Brown (1716–1783), auch Capability Brown genannt, der die Fähigkeit besessen haben soll, in jedem Topos die Möglichkeiten zu erkennen, einen Landschaftsgarten zu formen. Als Gärtnergehilfe und Küchengärtner führte er in Chiswick den englischen Adel durch die Anlage, schuf unter William Kent bald erste Entwürfe und formte um 1750 die Anlage von Warwick-Castle, die ihn sofort berühmt machte. 1764 folgte Blenheim, der Landsitz der Herzöge von Marlborough, im Jahr 1767 trat er den Posten des „Master Gardener" in Hampton Court an, um nur einige wenige Eckpunkte seiner beispiellosen Karriere zu erwähnen.

Neben all diesen gesellschaftspolitischen Überlegungen spielten sicherlich auch handfeste ökonomische Gründe bei der Durchsetzung der neuen Mode eine entscheidende Rolle. Enorm war der Aufwand, den ein großer französischer Garten erforderte, ganze Heerscharen von Gärtnern mussten die Anlagen in Schuss halten, sodass viele schon relativ rasch nach ihrer Entstehung wieder Ruinen waren. Der Landschaftsgarten hingegen hatte den Vorteil, dass man ihn in den Kreislauf des Wirtschaftens viel besser einbinden konnte. So sollten Gartenkunst und Landwirtschaft im Sinne der *ornamental farm* zu einer ausgewogenen Harmonie zusammenfinden; nur wenn dieses Gleichgewicht auch funktionierte, hatten die Gärten eine reale Überlebenschance.

So war es letztlich nur eine Frage der Zeit, bis die Mode des Landschaftsgartens ganz Europa erfasste. Nach England folgte Frankreich, wo man die Flucht aus den Ritualen des Barock sehr schnell wagte. Kaum eines der Bilder Antoine Watteaus (1684–1728), das die höfischen Gartenfeste zum Thema hat, zeigt dabei als Spielort einen formalen Garten; mit wenigen Ausnahmen ist es immer eine sehr naturnahe Situation, die als Hintergrundfolie dient, auch hier ist die Malerei der Zeit weit voraus. Im *Hameau* Marie Antionettes am Kleinen Trianon des Schlossparks von Versailles (1782–1789) wird dieses gespielte Landleben schließlich Realität, das kleine Ensemble von Bauernhäuschen und Fischerhütten wird zum Urbild aller späteren ähnlichen Anlagen. In Frankreich entstand auch der *jardin anglo-chinois*, gefüttert vor allem durch die Beschreibungen der Gärten Chinas durch die Jesuitenmönche Jean-Baptiste du Halde (*Déscription de la Chine*, 1735) und Jean-Denise Attiret (1749). Pavillons, Kioske und Pagoden kamen in Mode, ebenso künstliche pittoreske Felsformationen oder die durch eine zarte Brücke mit dem Ufer verbundene kleine Insel. Rasch integriert diese Mode die Rückschau auf die Antike. In der Pagode von Chanteloup (1775–1778) verdankt das Sockelgeschoss seine Form dem antiken Monopteros. Mit dem *Park Monceau* in Paris, den der Dichter Louis Carrogis Carmontelle (1707–1806) für den Louis-Philippe-Joseph, Herzog von Orleans (1747–1793), ab 1733 anlegte, entstand eine Anlage, die hemmungslos Erinnerungen an Motive des Alten Ägypten, der Antike, des Orients, Hollands, ja sogar der Schweizer Alpenwelt kompilierte.

Entscheidende Bedeutung erlangte der Garten des Marquis de Girardin (1735–1808) in Ermenonville. Girardin war Gönner von Jean-Jacques Rousseau, der hier auch seine letzten Lebenswochen verbrachte. Er wehrte sich gegen die Vereinnahmung des englischen Modells, wie sie durch den *jardin anglo-chinois* erfolgt war, und schuf einen Garten, der großzügige Bilder weiter arkadischer Landschaften umsetzte. In seinem 1777 erschienen Gartentraktat lieferte er zusätzliche neue Ansätze, indem er die Verbindung des Schönen mit dem Nützlichen forderte, eine Forderung, der auch die Monumente der Revolutionsklassizisten folgten, die niemals leere Form blieben, sondern immer mit konkreten Inhalten erfüllt waren. Legendär sind Claude-Nicolas Ledoux' (1736–1806) um 1780 entstandene Entwürfe für den Landschaftsgarten von Maupertuis des Marquis de Montesquiou: Die Kugel des *Hauses des Flurwächters* symbolisiert die nach allen Seiten gleichermaßen gerichtete Wachsamkeit, das *Haus der Flussinspektoren der Loue* legt sich wie ein Reif um den Wasserlauf, den es zu observieren gilt.

In Deutschland entsteht die erste echte englische Anlage ab 1764, nachdem der 24-jährige Prinz Leopold III. Friedrich Franz von Anhalt-Dessau (1740–1814), sein vier Jahre älterer Architektenfreund Friedrich Wilhelm Freiherr von Erdmannsdorff (1736–1800) und der 30-jährige Hofgärtner Johann Friedrich Eyserbeck (1734–1818) von einer langen Englandreise zurückgekehrt waren, wo sie Gartenkultur und Landwirtschaft, aber auch die neuen industriellen Entwicklungen studiert hatten. In kürzester Zeit entstand das Wörlitzer Gartenreich, das noch nach Dessau und Oranienbaum ausstrahlte und selbst wieder zu einer Pilgerstätte für jene wurde, die sich mit dem Thema in Zentral- und Osteuropa auseinandersetzten. Mit den Gärten von Fürst Hermann Ludwig Heinrich Pückler-Muskau (1785–1871) in Muskau und Branitz reicht die Entwicklung schon weit ins 19. Jahrhundert hinein. Dem Beispiel von Wörlitz folgten schon bald die Anlagen des österreichischen Kaiserhauses in Laxenburg und die weitläufigen Ansitze des österreichischen Adels im eigenen Stammland sowie in Böhmen, Mähren und Ungarn. Dort verbreiteten die Liechtensteins, die Schwarzenbergs, die Auerspergs, die Choteks oder die Esterházys die neue Form des Gestaltens und – vor allem auch – Wirtschaftens.

Nur kurz soll hier Russland erwähnt werden. Dort fanden das neue Ideal und die unendliche Weite der russischen Landschaft besonders in den unweit von St. Petersburg gelegenen Anlagen von Pawlowsk und Puschkin sowie im späten 19. Jahrhundert im Garten von Archangelskoje bei Moskau zu einer glücklichen Synthese.

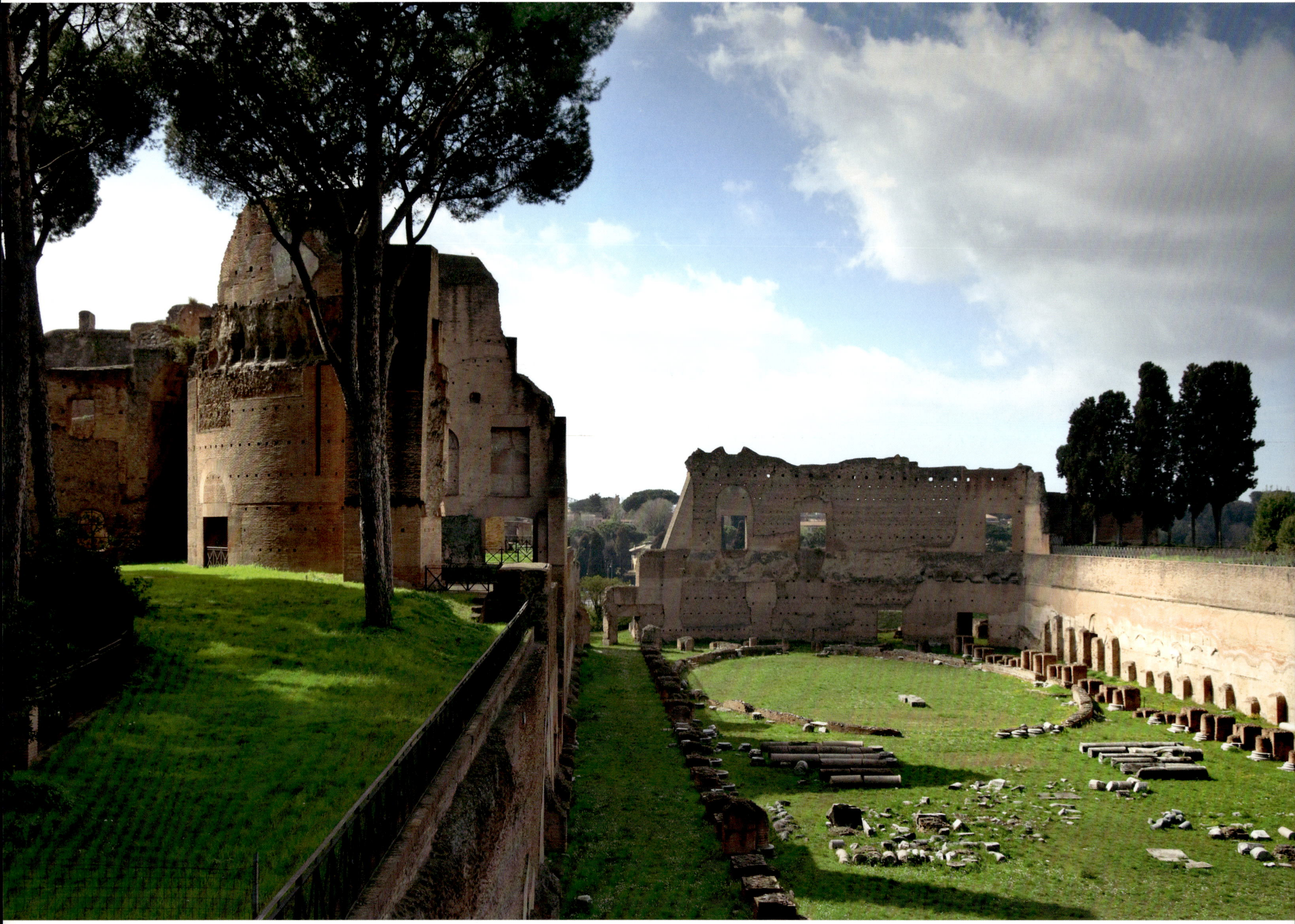

Linke Seite und unten: Orti Farnesiani im nördlichen Teil des Palatin-Hügels
Rom (Latium, Italien)
Von Kardinal Alessandro Farnese 1550 erworben, der das Gelände der ehemaligen Villa des Tiberius durch Giacomo Barozzi da Vignola umgehend in einen weitläufigen italienischen Garten umwandeln ließ. Auf dem Gelände und in den nahen Caracallathermen aufgefundene Skulpturen (Farnesischer Stier) sowie kostbare Marmorplatten gehen in die Paläste und Sammlungen der Familie. Mit den ersten planmäßigen Ausgrabungen unter Graf Egido Di Velo verschwinden die Gärten bis auf wenige Reste (Stiegenaufgang mit Resten der flankierenden Volieren) und werden systematisch zum archäologischen Park umgewandelt. Immer mehr durchdringen einander beeindruckende mediterrane Vegetation und Reste der antiken Kultur. Es entsteht ein Arkadien aus zweiter Hand

Rechts oben: La Maison du Désert de Mr de Monville (Retz bei Paris). Aus: Alexandre de Laborde. Description des nouveaux jardins de la france et de ses anciens chateaux, les dessins par Bourgeois. 1808. Kupferstich

Rechts Mitte: Kilian Ponheimer. Aussicht des Predigstuhls. Eines dem Russisch Kaiserl. Herrn Botschafter in Wien Fürsten v. Galitzin zugehörigen Landgutes. 1789. Kupferstich

Rechts unten: Das Lysikratesdenkmal in einer Phantasielandschaft am Meer. Aus: Georg Cristoph Kilian. Ruinen und Überbleibsel von Athen. 1764. Kupferstich

199

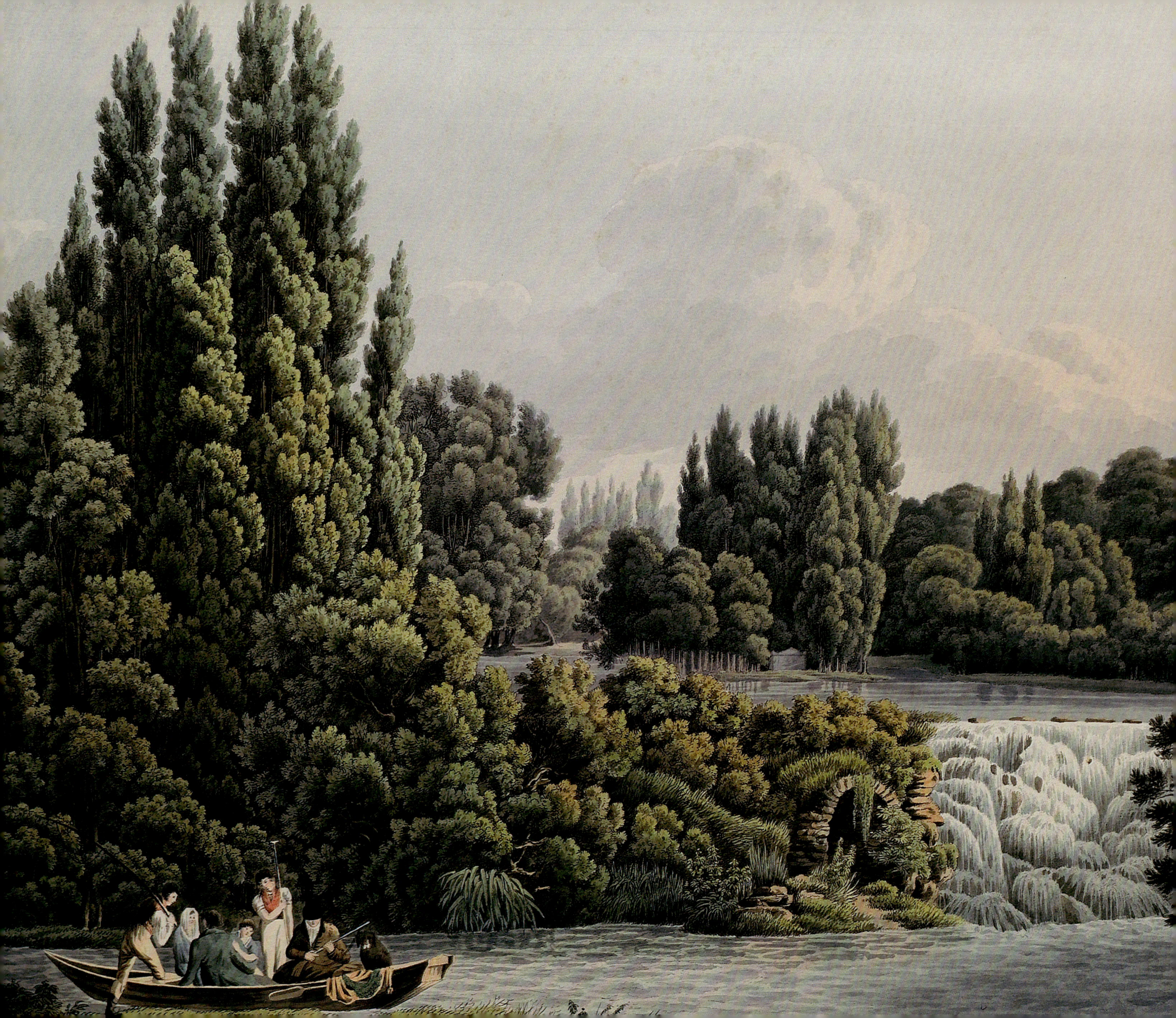

*Links: Tombeau de Jean-Jacques Rousseau
im Park des Schlosses von Ermenonville
Ermenonville (Frankreich)
Kolorierter Kupferstich von Carl Ludwig Frommel,
1. Viertel 19. Jahrhundert*

*Rechts: Drei Ansichten des Parkes von Schloss Laeken
Laeken bei Brüssel (Belgien)
Schloss und Park 1781–1785 nach Entwürfen von
Charles de Wailly durch Louis Montoyer für den
österreichischen Statthalter in Brüssel, Albert Kasimir
von Sachsen Teschen, errichtet. Aquarelle von
Françoise Le Febvre, 1787*

*Der englische Garten am Petit Trianon mit dem Hameau de la Reine
Maria-Antoinettes des Château de Versailles
Versailles (Ile-de-France, Frankreich)
1774 geht das Petit Trianon als Geschenk ihres Gemahls König Ludwig XVI.
an Marie-Antoinette. Unmittelbar danach Umwandlung eines Teiles des
formalen Gartens in einen Landschaftsgarten und 1783–1788 Errichtung
eines kleinen ländlichen Weilers (hameau) durch Richard Mique*

Links: Der Marlborough-Turm

Unten und rechte Seite oben: Der Bauernhof

*Rechte Seite unten: Blick über den Weiher auf den Marlborough-Turm,
die Mühle und das Maison de la Reine*

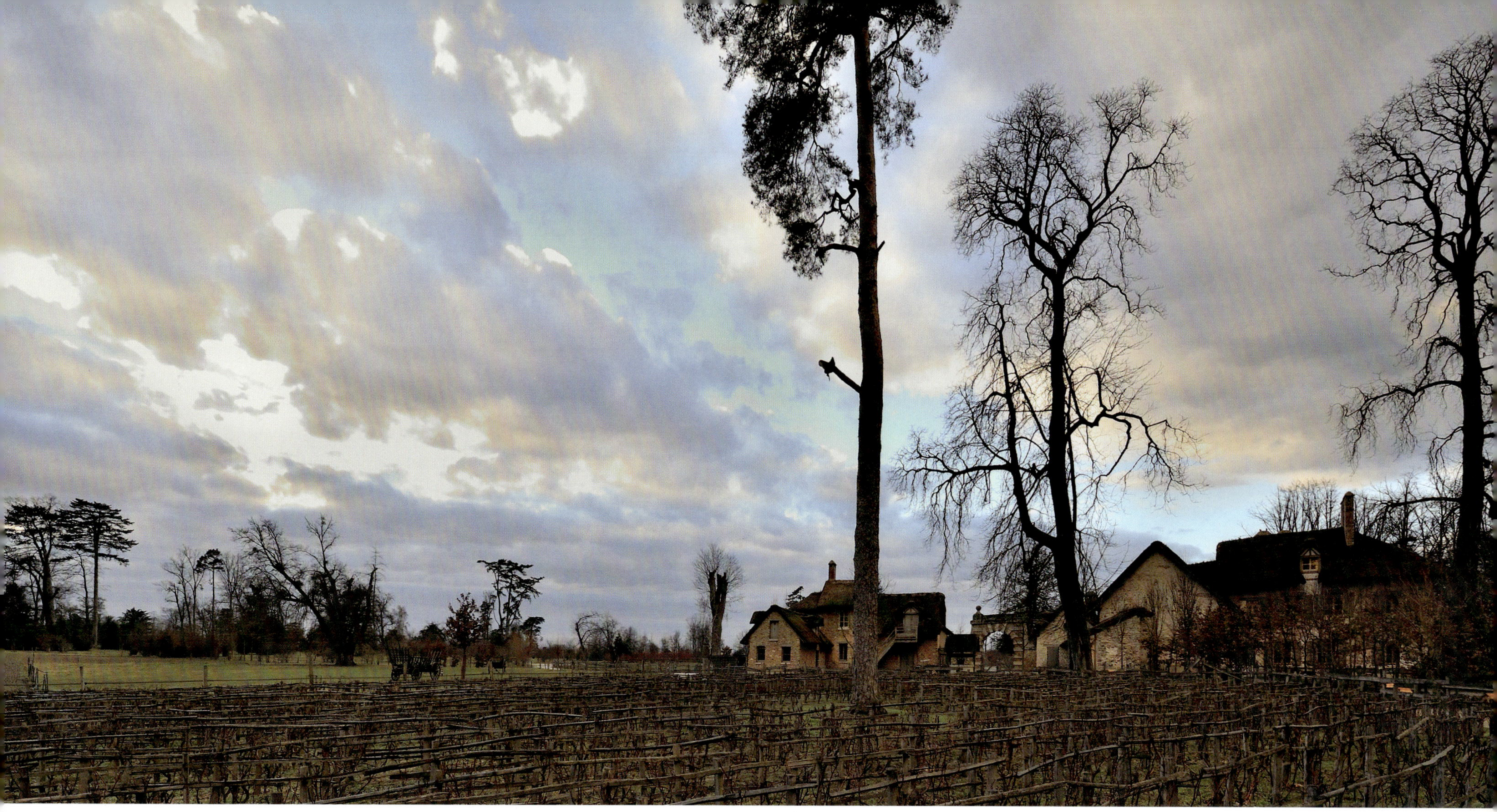
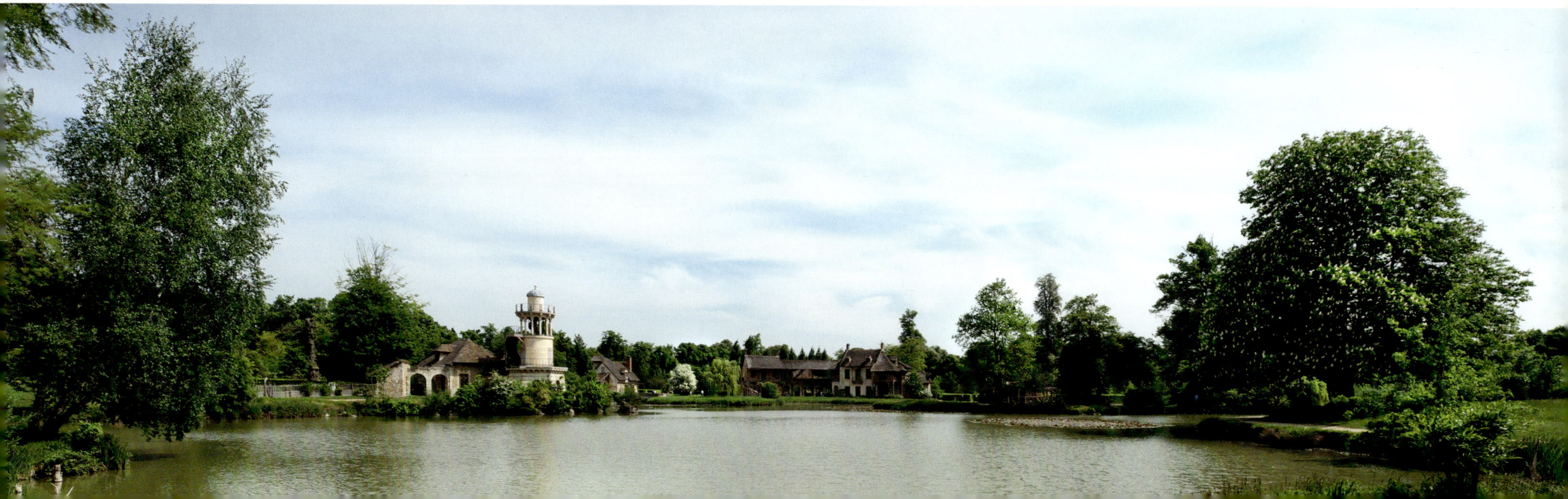

Chiswick House and Grounds
Chiswick bei London (England)
Für Richard Boyle, 3. Earl of Burlington, durch William Kent und Charles Bridgeman 1720–1730 errichtet. Garten durch den königlichen Gärtner Charles Bridgeman und William Kent, den Burlington auf seiner Grand Tour in Italien kennen gelernt hatte, nach den Vorbildern arkadischer italienischer Landschaftsgemälde (Nicolas Poussin, Claude Lorrain) angelegt. Neben dem Zitat antiker Vorbilder (Architekturen, Spolien, Skulpturen) Abwendung von der Achse als Gestaltungsprinzip, Hinwendung zur bewegten Form des Weges und Aufbrechen des ummauerten Gartens in die umgebende freie Landschaft. Chiswick Gardens werden zur Geburtsstätte des englischen Landschaftsgartens

Links: Der Ionic Temple und die 1729 fertiggestellte Villa

Rechte Seite: Ionic Temple (Pantheon) und Obelisk im kreisrunden Teich in der Senke des Orange Tree Gardens. Die Fläche um den Teich war ursprünglich mit Orangenbäumchen (Kübelpflanzen) besetzt

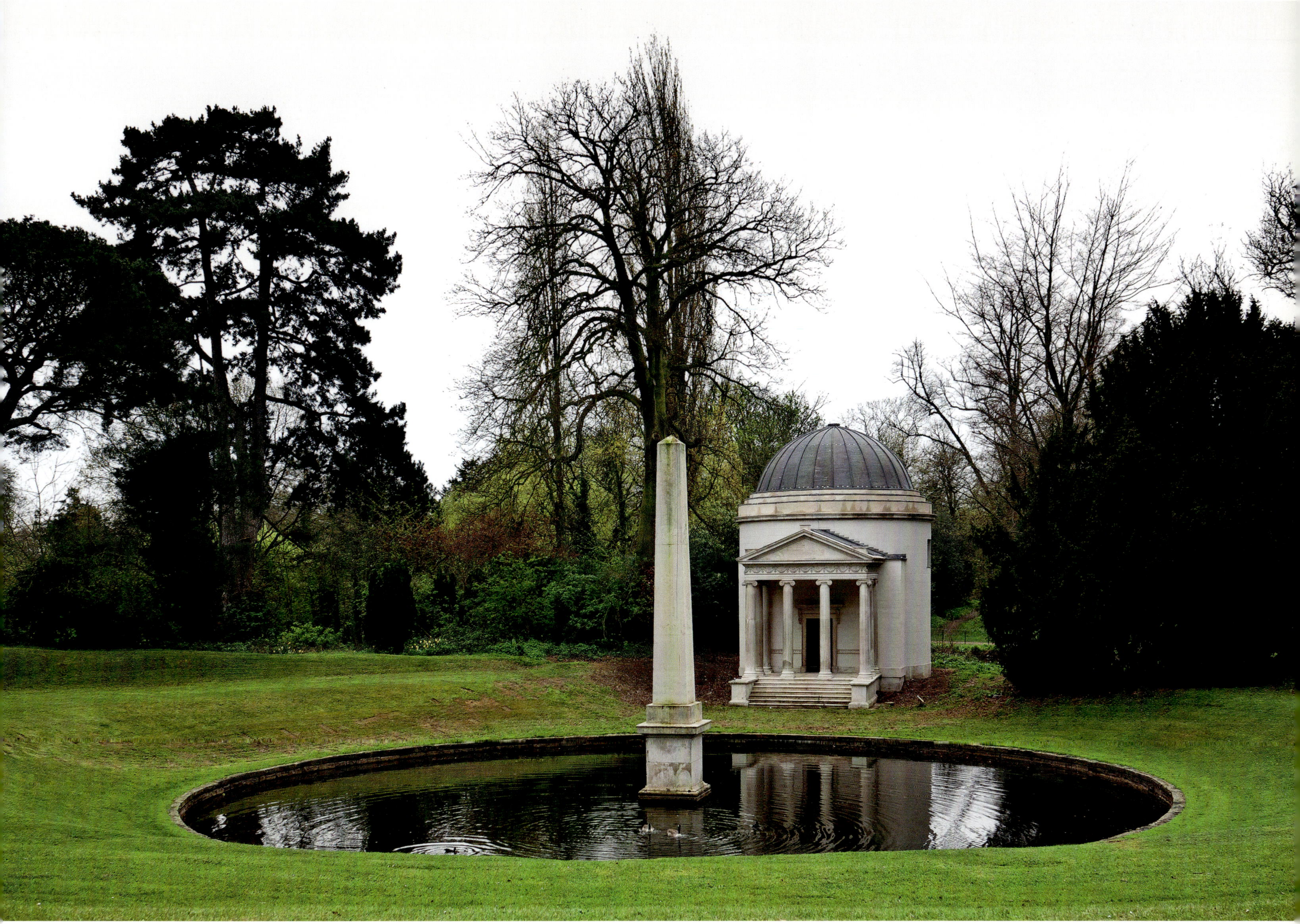

Castle Howard
York (North Yorkshire, England)
Gebäude für den 3. Earl of Carlisle von Sir John
Vanbrugh und Nicholas Hawksmoor 1699–1712 errichtet.
Ursprünglich formale Gärten, später in Landschaftsgarten
mit weitläufigen Wasser- und Wiesenflächen umgewandelt,
die in die freie Landschaft übergehen

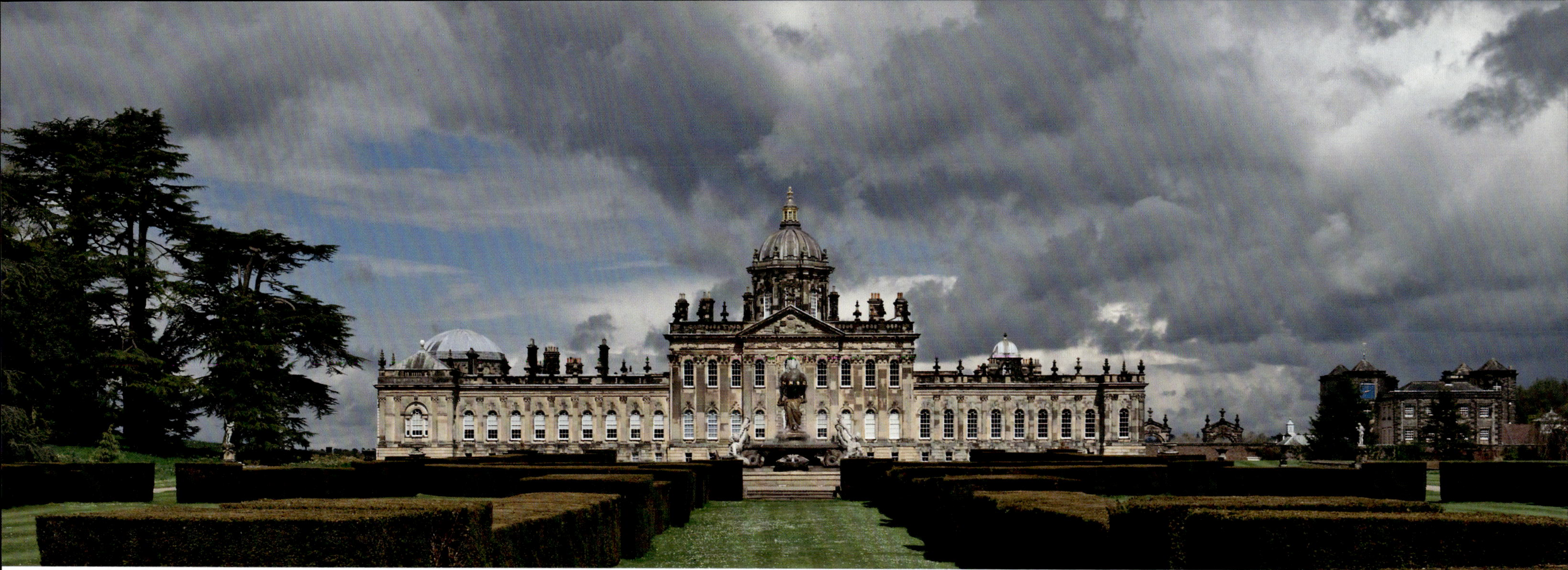

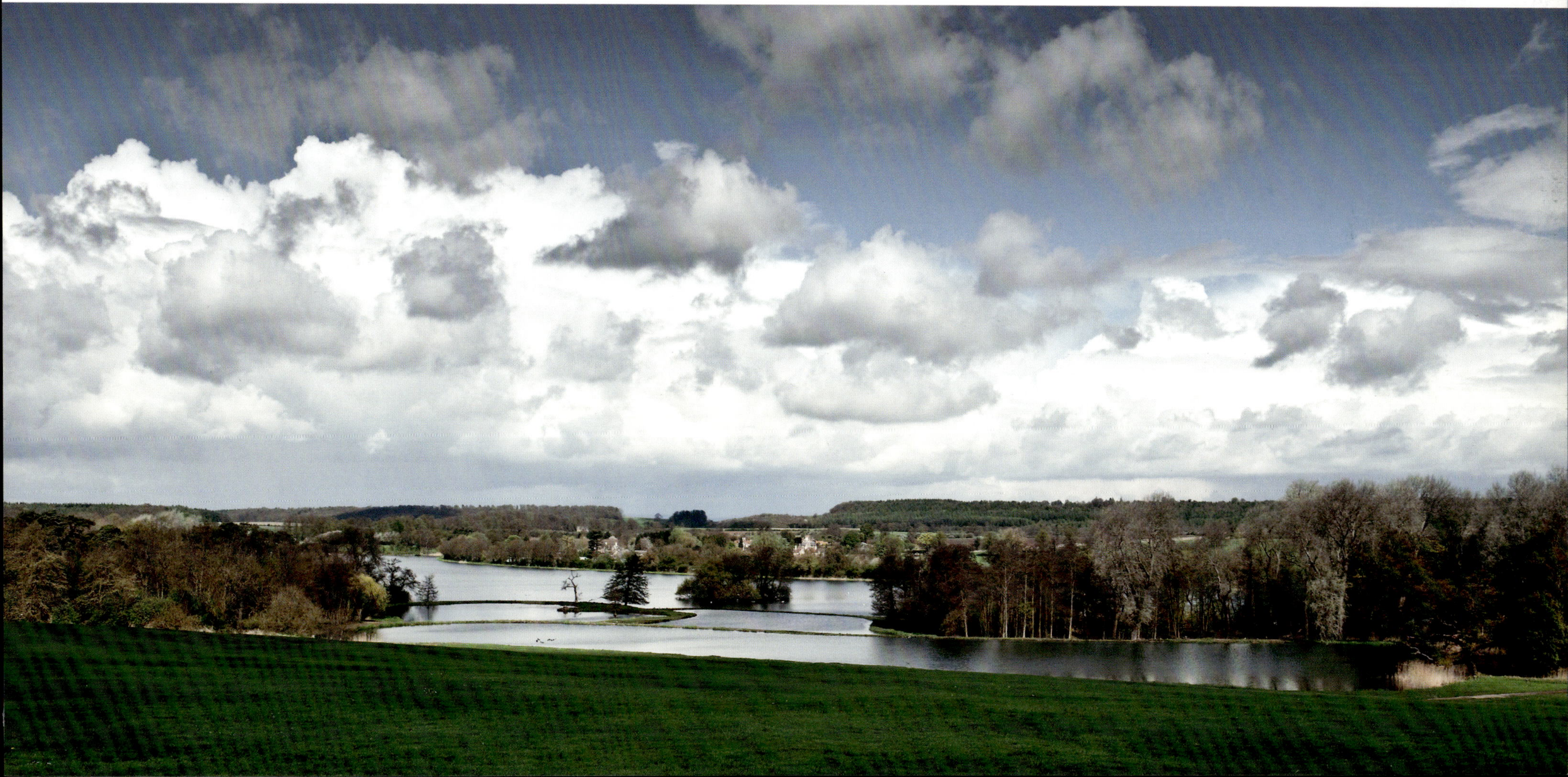

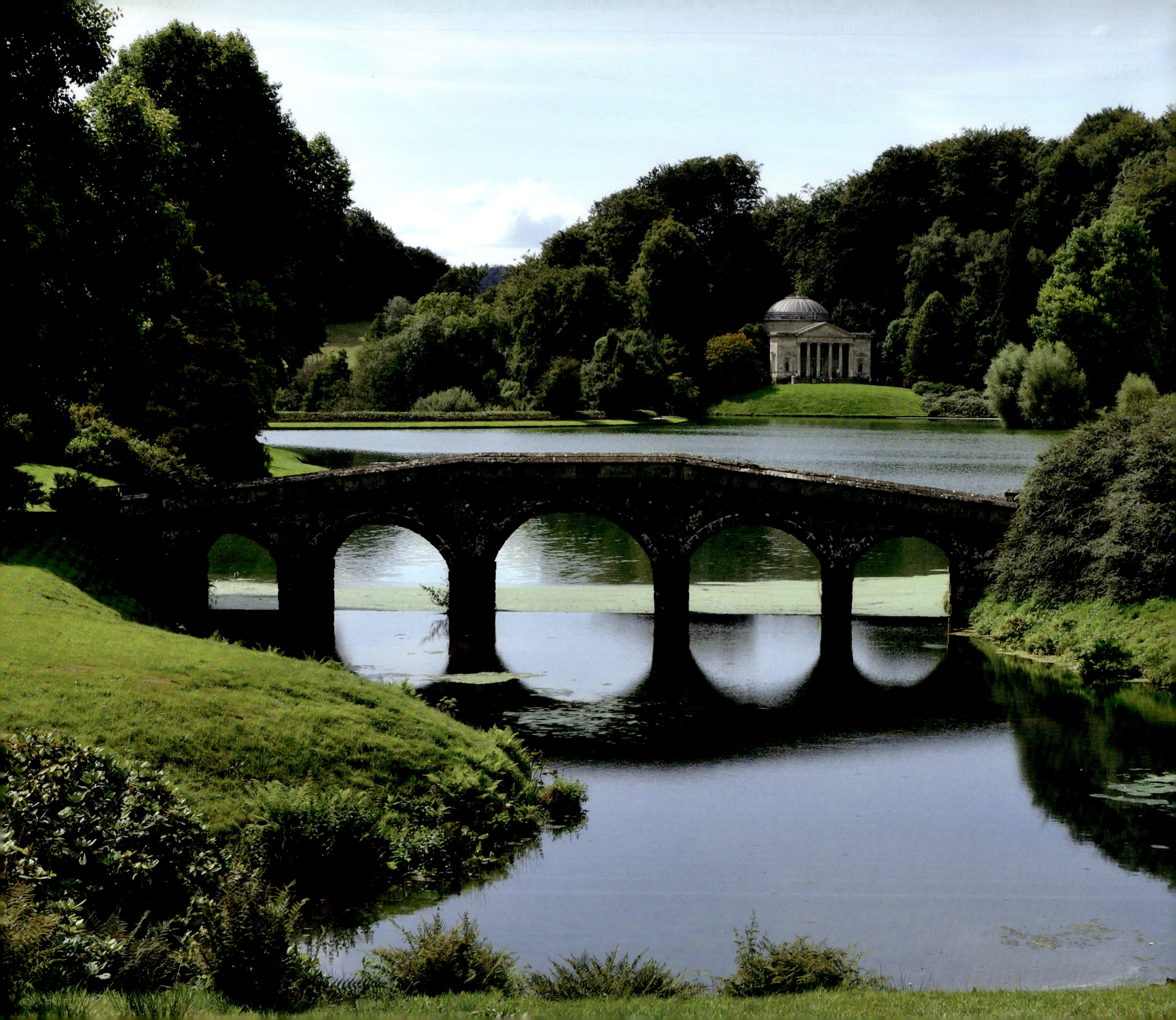

*Links: Stourhead Gardens. Blick über die Brücke auf das 1753/54 errichtete Pantheon als Dominante des Westufers
Stourton, Warminster (Wiltshire, England)
Stourhead House 1721 durch Colen Campbell für den Bankier Henry Hoare I. nach dem Vorbild
palladianischer Villen errichtet. Sein Sohn Henry Hoare II. gestaltet auf Basis der Eindrücke seiner
Grand Tour der 1730er Jahre 1742 zusammen mit dem Architekten Henry Flitcroft die Gartenanlage neu.
Er folgt der Inspiration französischer und italienischer Landschaftsmalerei (Nicolas Poussin,
Claude Lorrain, Gaspar Dughet) des 16. und 17. Jahrhunderts. Jeder Blick beim Gang um den
zentralen See sollte eine neue Perspektive anbieten*

*Unten: Stowe Landscape Gardens. Der Große Obelisk
Stowe, Buckingham (Buckinghamshire, England)
Durch Charles Bridgeman (ab 1718), Sir John Vanbrugh (1721), William Kent (ab 1730)
und Capability Brown (ab 1740) errichtet für Richard Temple, 1. Viscount Cobham*

Stowe Landscape Gardens
Stowe, Buckingham (Buckinghamshire, England)
Durch Charles Bridgeman (ab 1718), Sir John Vanbrugh (1721), William Kent (ab 1730)
und Capability Brown (ab 1740) errichtet für Richard Temple, 1. Viscount Cobham

Unten: Blick von Stowe House über die See-Pavillons (Sir John Vanbrugh, 1719) auf den Korinthischen Bogen (Thomas Pitt, 1. Baron Camelford, Lord Temples Cousin, 1765)

Rechts: Der Monopteros (Temple of Ancient Virtue; Sir John Vanbrugh, 1721)

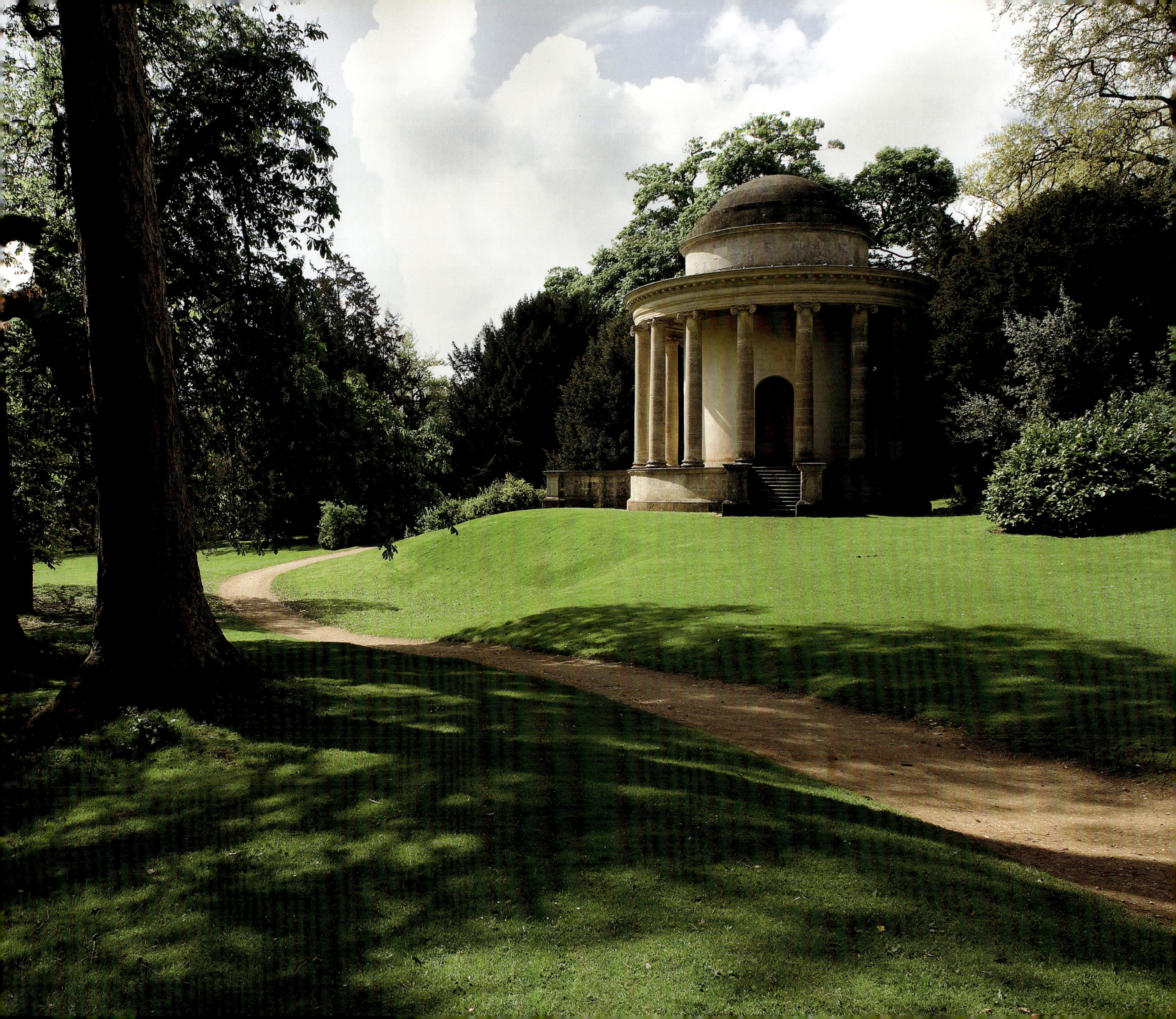

Stowe Landscape Gardens
Stowe, Buckingham (Buckinghamshire, England)
Durch Charles Bridgeman (ab 1718), Sir John Vanbrugh (1721), William Kent (ab 1730) und Capability Brown (ab 1740) errichtet für Richard Temple, 1. Viscount Cobham

Links: Der Tempel der Königin (Ladies Building; James Gibbs, nach 1740)

Rechte Seite oben: Der Gotische Tempel (James Gibbs, 1741–1748) und die Palladianische Brücke (James Gibbs, nach 1740)

Wilton House
Wilton, Wiltshire (England)
Erstes Haus im Tudor-Stil 1551 durch William Herbert, 1. Earl of Pembroke, errichtet. 1630 Modernisierung des Südtrakts durch Inigo Jones. Das französische Gartenparterre von Isaac de Caus (1632) ist eines der frühesten in England. Im 18. Jahrhundert Umgestaltung zum englischen Landschaftsgarten

Unten: Blick auf die Eingangsfront mit dem Tudor-Turm des Hauses

Rechte Seite unten: Blick auf die Palladianische Brücke über den Fluss Nadder, errichtet 1736/37 unter dem 9. Earl of Pembroke durch Roger Morris

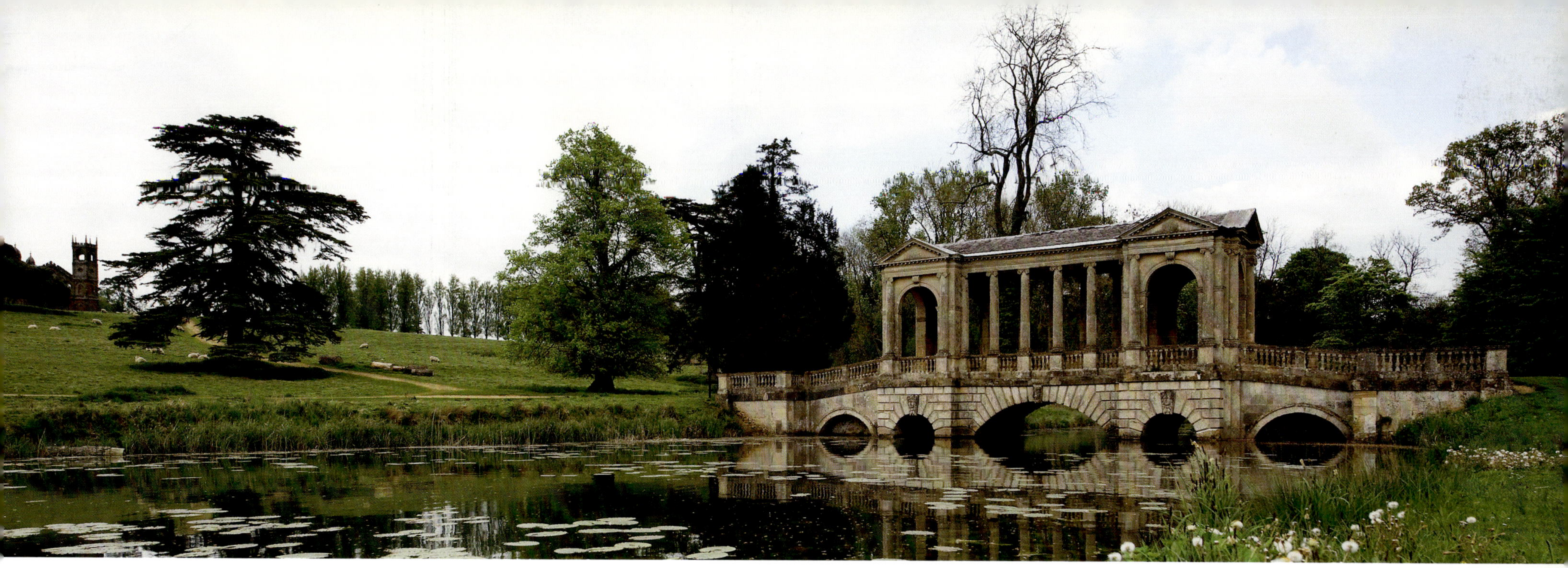

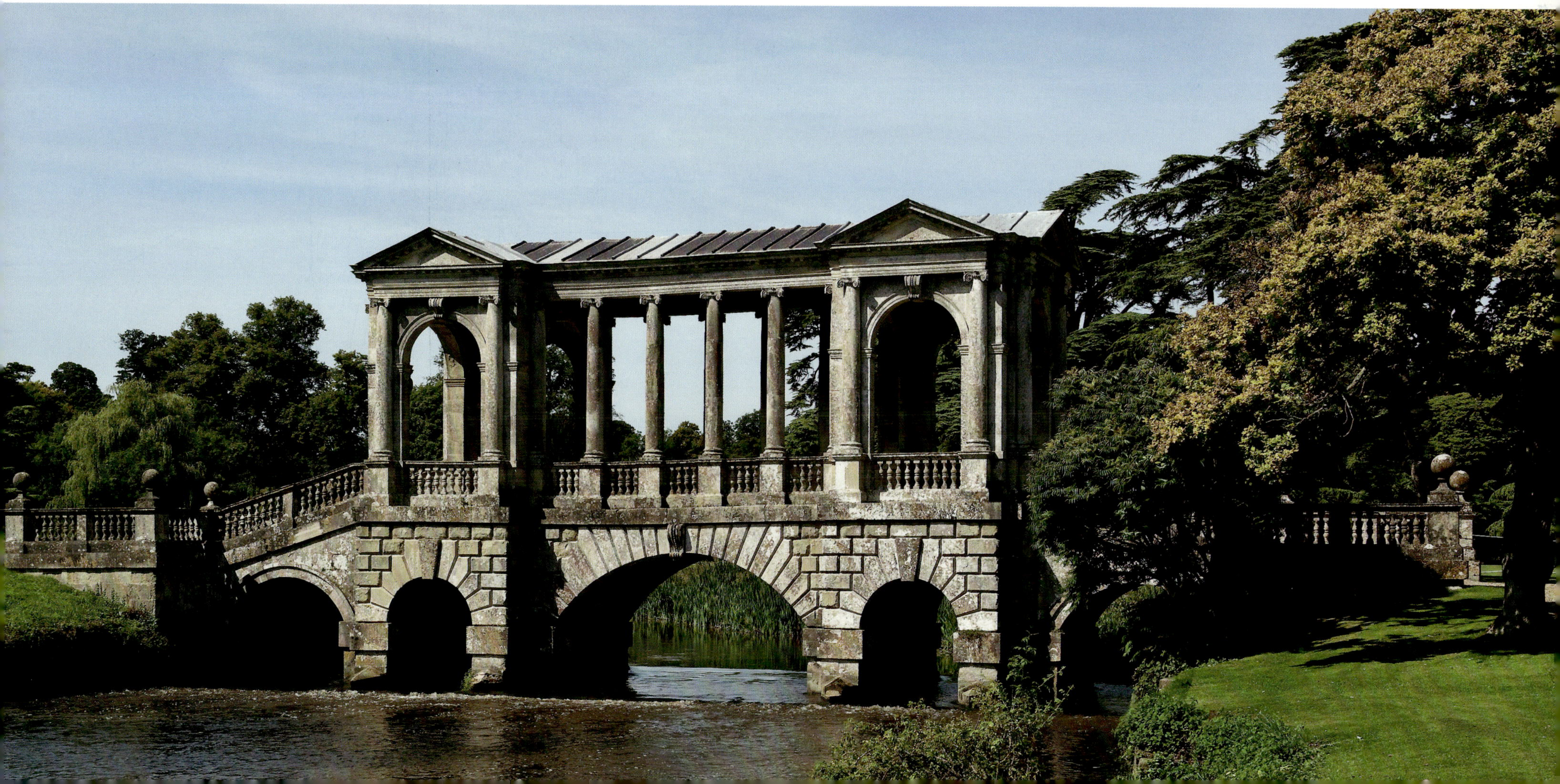

*Oben: Frogmore House mit dem Windsor Great Park
Windsor (Surrey, Berkshire, England)
Haus 1680 erbaut und 1792 von König Georg III. als Landschloss
für Königin Charlotte gekauft und adaptiert. Garten 1793 von
Major William Pric neu gestaltet*

*Links und rechte Seite: Kenwood House
London, Hampstead (England)
Bestehendes Haus für William Murray, 1. Earl of Mansfield,
durch Architekt Robert Adam 1764–1779 modernisiert*

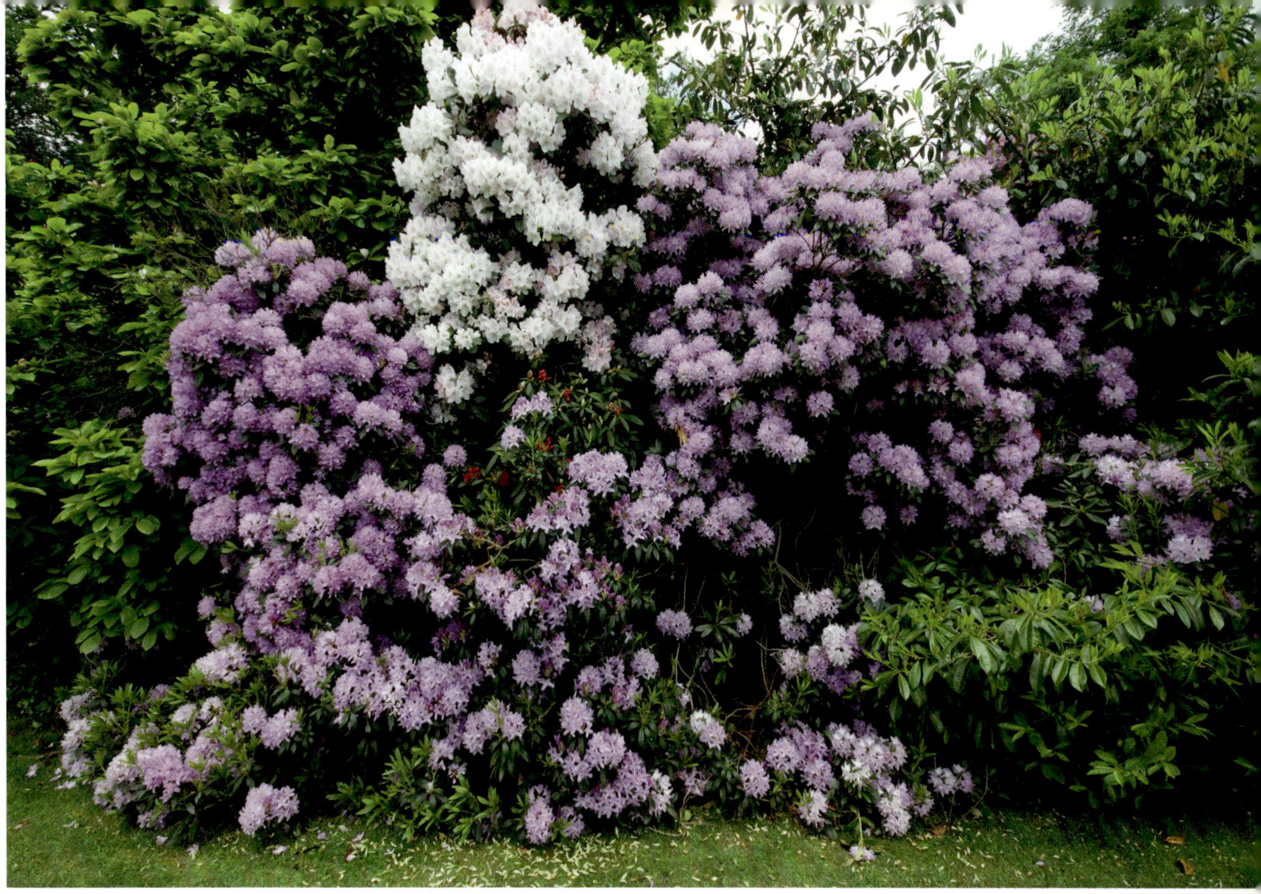
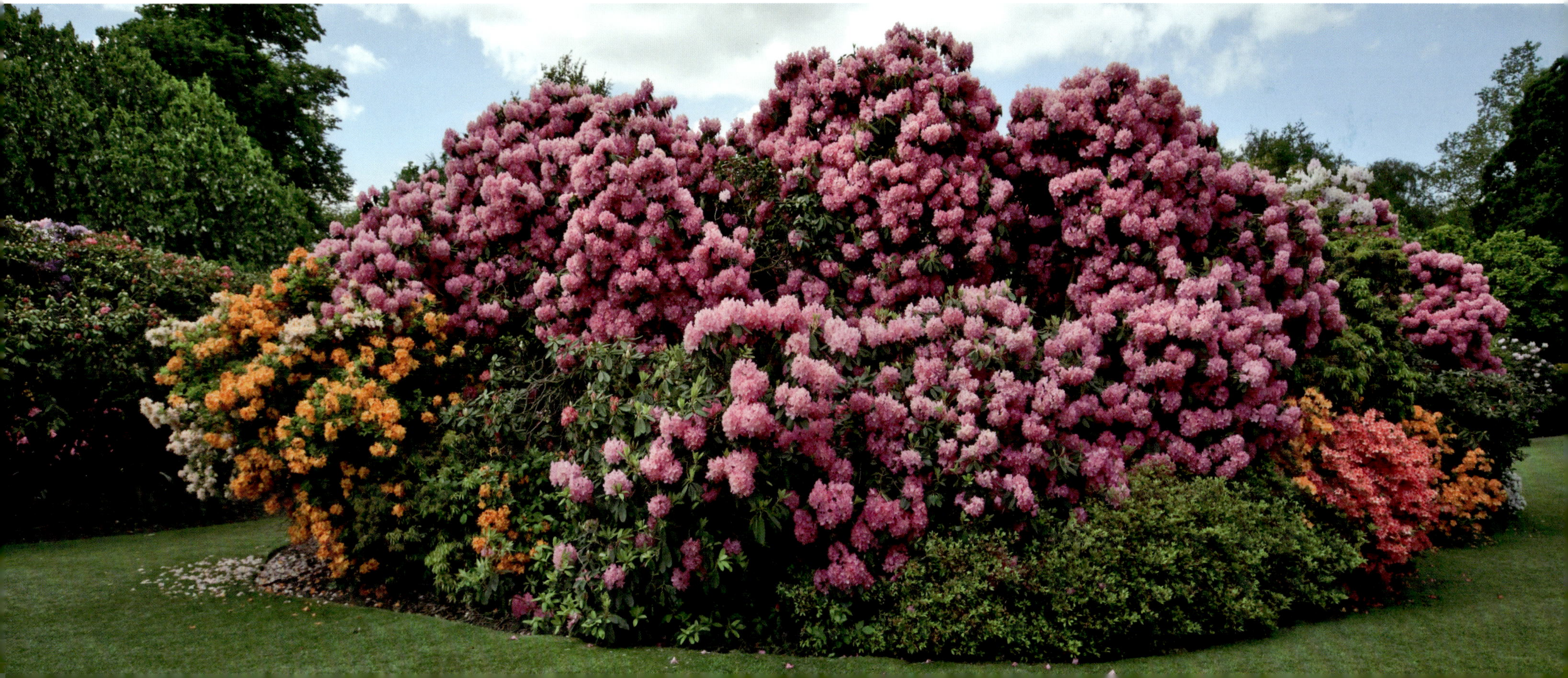

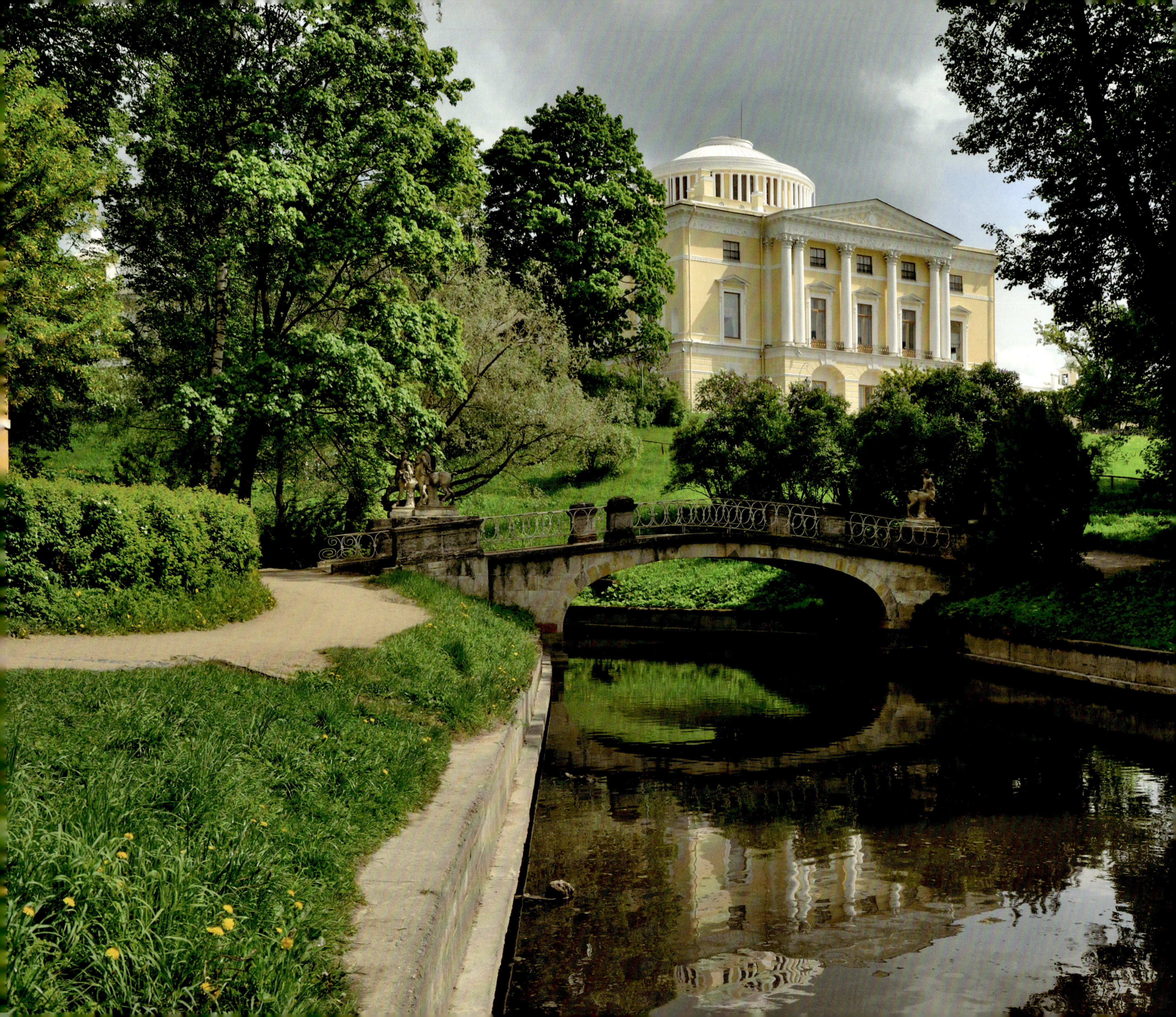

Pawlowsk, Garten und Residenz des Zarewitsch Pauls (I.) und der Marija Fjodorowna (als Zarin Elisabeth I.)
Leningradskaya Oblast' (Russland)
1777 schenkt Zarin Katharina I. ihrem Sohn Paul das Grundstück am Flüsschen Slawianka. 1780 wird der Engländer Charles Cameron zum Architekten bestimmt. 1782 Baubeginn und 1786 Fertigstellung

Schloss Pawlowsk (links und unten) und Freundschaftstempel (ganz unten) an der Slawianka

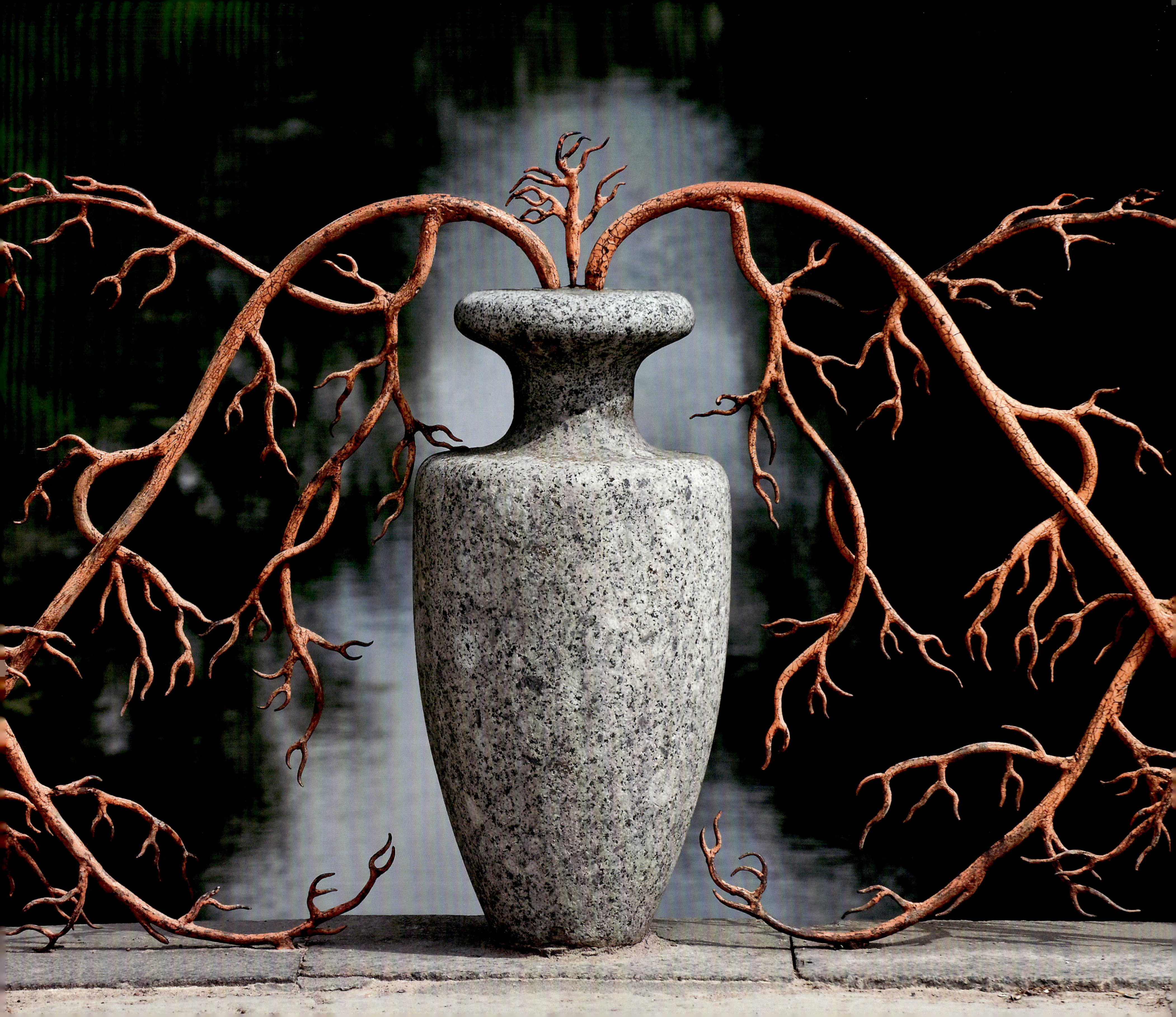

Schloss und Garten von Puschkin
Zarskoje Selo bei St. Petersburg (Russland)
Erster gezielter Ausbau ab 1717 unter Zarin Katharina I. und Umbenennung unter Zarin Elisabeth I. (gekrönt 1741) der Siedlung in Zarskoje Selo. 1749 wird Bartolomeo Francesco Rastrelli mit den Bauarbeiten betraut und die heterogenen Vorgängerbauten werden vereinheitlicht. Im Katharinengarten unter Zarin Katharina II. existieren französische und englische Teile (ab 1768). Der Alexanderpark wird ab 1818 durch den Schotten Adam Menelas (seit 1779 in Russland) als weitläufiger Landschaftsgarten mit einem Chinesischen Dorf im Zentrum angelegt

Linke Seite: Detail der Korallenbrücke im Alexandergarten

Rechts: Die Palladianische Brücke (Wassili Nejelow, 1770–1776) im Katharinengarten

Unten: Die Chinesische Brücke im Alexanderpark

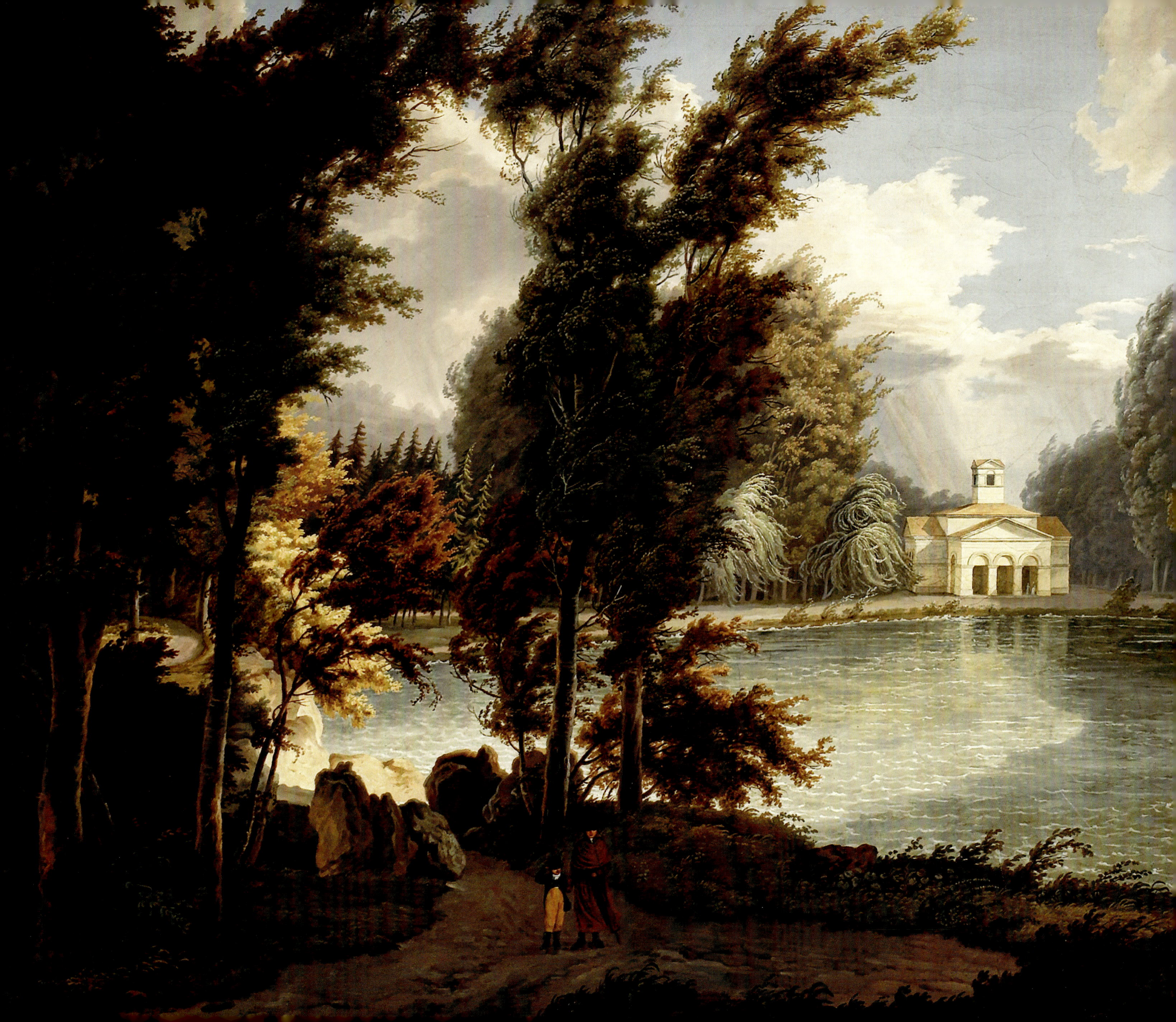

*Ansichten des Schlossgartens von Eisenstadt
Eisenstadt (Burgenland, Österreich)
Anfang 19. Jahrhundert Umwandlung des
barocken Gartens und des Schlosses in eine
klassizistische Anlage durch Charles de Moreau
für Fürst Nikolaus II. von Esterházy*

Links: Maschinenhaus am Maschinenteich

*Rechts oben: Blick über den Wasserfall
auf das Schloss*

*Rechts Mitte: Blick auf die klassizistisch
erneuerte Gartenfassade des Schlosses*

*Rechts unten: Blick aus der Grotte
auf den großen Wasserfall. Ölgemälde von
Albert Christoph Dies, 1812*

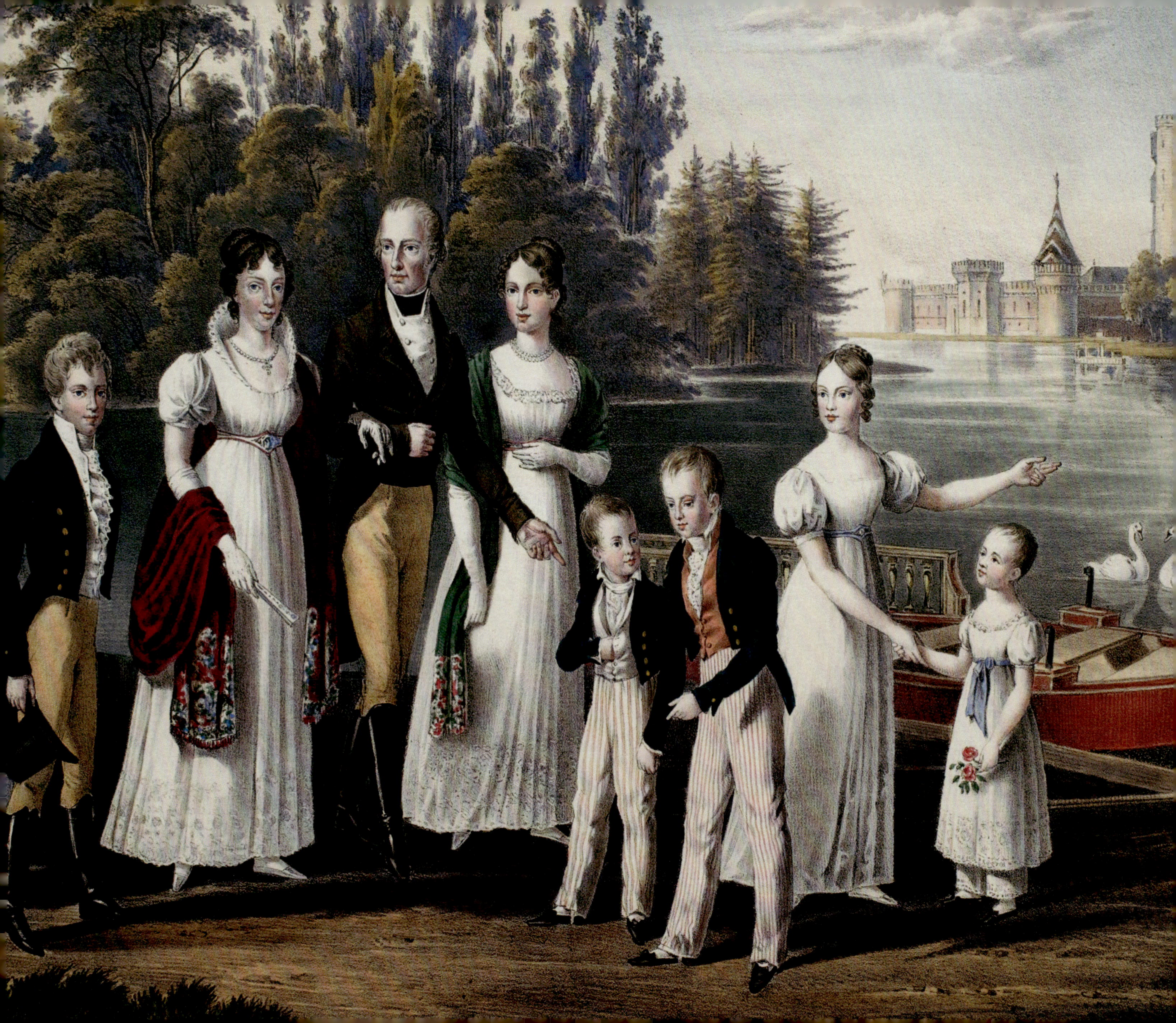

Der Garten des kaiserlichen Schlosses Laxenburg
Laxenburg bei Wien (Österreich)
Umgestaltung des ursprünglichen Barockgartens ab 1780

Links: Kaiser Franz und seine Familie in Laxenburg. Aus: Hauptmomente aus dem Leben Sr. Majestät Franz I. Kaiser von Österreich apostol. Königs. Gezeichnet von Johann Nepomuk Höchle, lithographiert von Franz Wolf, 1807

Unten: Der Kanal im Schlosspark von Laxenburg. Aus: Wiens Umgebungen. Kolorierte Umrissradierung, 1827

Ganz unten: Der Wasserfall am Kanal im Schlosspark von Laxenburg

*Der Garten des kaiserlichen Schlosses Laxenburg
Laxenburg bei Wien (Österreich)*

*Links: Der neue (chinesische) Pavillon im
Schlosspark von Laxenburg. Aus: Wiens
Umgebungen. Kolorierte Umrissradierung, 1827*

*Unten und rechts: Heutige Situation nach den
Kriegszerstörungen von 1945*

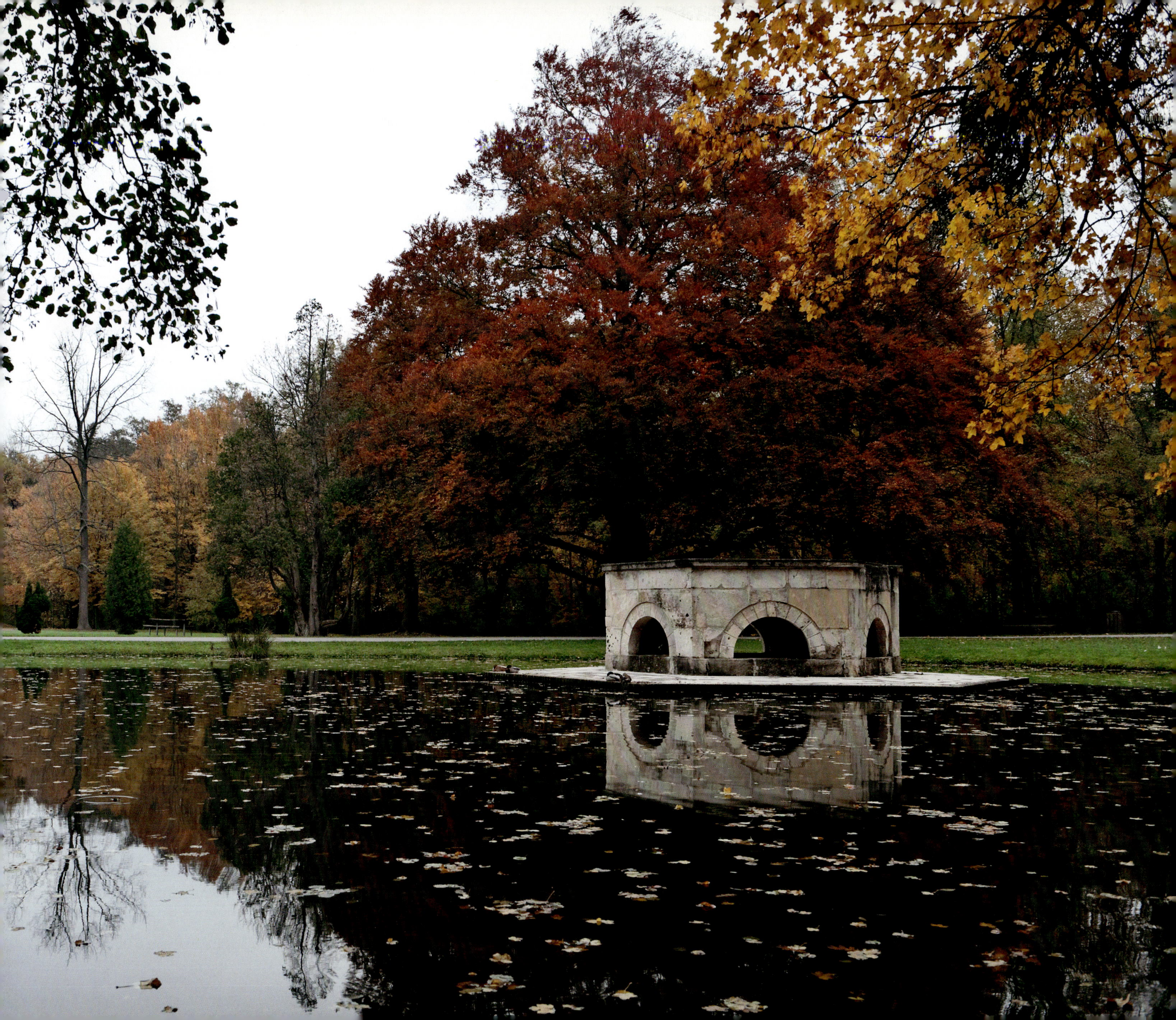

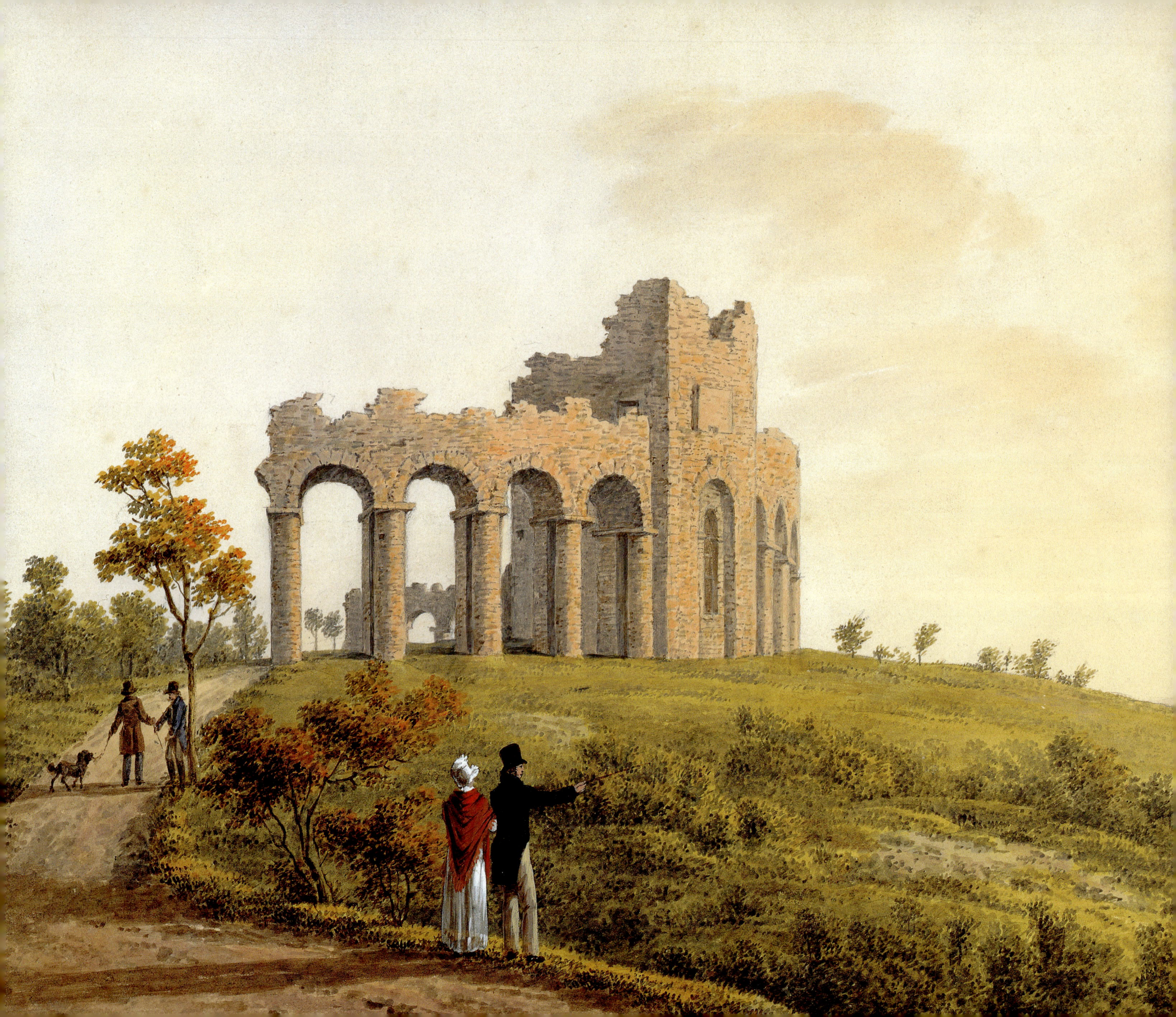

*Der Landschsaftspark in der Hinterbrühl
Mödling-Hinterbrühl bei Wien (Österreich)
Umgestaltung in einen Landschaftspark durch
Bernhard Petri und Philipp Prohaska unter
Fürst Alois I. und Fürst Johann I. von
Liechtenstein ab 1808*

*Links: Das Colosseum (Amphitheater;
Joseph Hardtmuth, ab 1810) bei Mödling.
Aquarell von Jacob Alt, 1813*

*Rechts oben: Das Colosseum bei Mödling.
Aus: Wiens Umgebungen. Kolorierte
Umrissradierung, 1827*

*Rechts unten: Blick auf die Burg Liechtenstein,
den Vorgängerbau des heutigen Neuen Schlosses
von 1820, und auf das Amphitheater.
Vorzeichnung von Laurenz Janscha, gestochen
von Johann Ziegler. Kolorierte Umrissradierung,
4. Viertel 18. Jahrhundert*

*Unten: Die breite Föhre nächst der Brühl bei
Mödling. Ölgemälde von Ludwig Schnorr von
Carolsfeld, 1838*

Der Landschaftsgarten um Feldsberg (Valtice) und Eisgrub (Lednice)
Valtice-Lednice-Břeclav-Pohansko (Südmähren, Tschechien)
Umgestaltung in einen Landschaftspark durch Fürst Alois I.
und Fürst Johann I. von Liechtenstein ab 1792

Links: Der Apollotempel (Josef Kornhäusel, 1818–1820) in Valtice

Unten: Das Jagdschloss Pohansko (Joseph Hardtmuth, 1812)

Rechts: Der Dianatempel (Rendezvouz; Joseph Hardtmuth ab 1810, Fertigstellung durch Josef Kornhäusel 1812) in Valtice

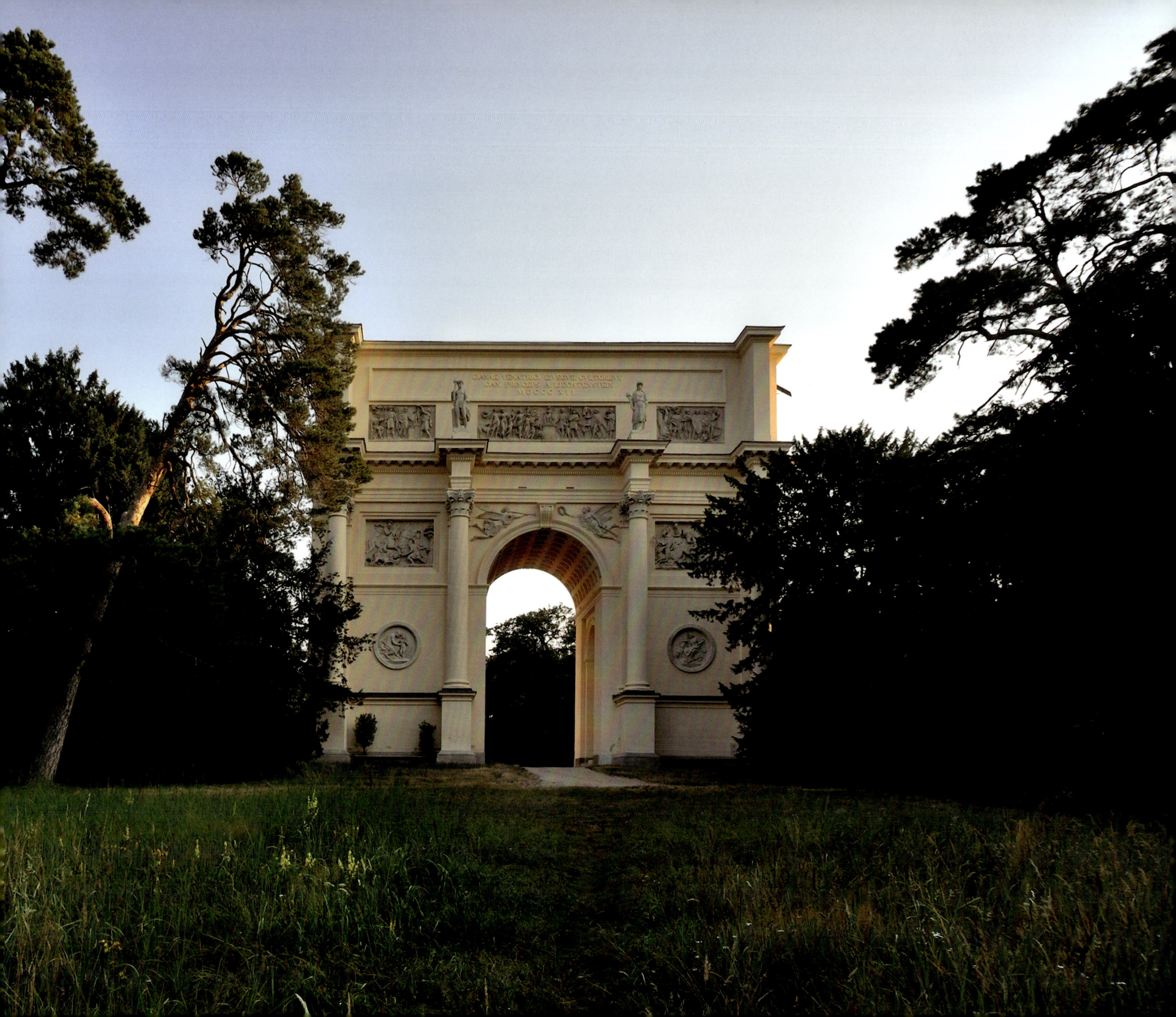

Der Landschaftsgarten um Feldsberg (Valtice) und Eisgrub (Lednice) Valtice-Lednice-Břeclav-Pohansko (Südmähren, Tschechien)

Links oben: Der Tempel der Drei Grazien (Franz Josef Engel, 1825) in Hlohovec

Links unten: Die Statue der Drei Grazien (Johann Martin Fischer Fischer, 4. Viertel 18. Jahrhundert) vor dem gleichnamigen Tempel

Rechts oben: Die Kolonnade auf dem Reisten (Joseph Harthmuth ab 1810, Fertigstellung durch Josef Kornhäusel 1812) in Valtice

Rechte Seite unten: Grenzgebäude (Franz Josef Engel, 1816–1827) am Bischofswarther Teich in Hlohovec. Blick von Südosten auf das Grenzgebäude und Blick aus dem Saal über den Teich. Aquarelle von Josef Höger, 1839

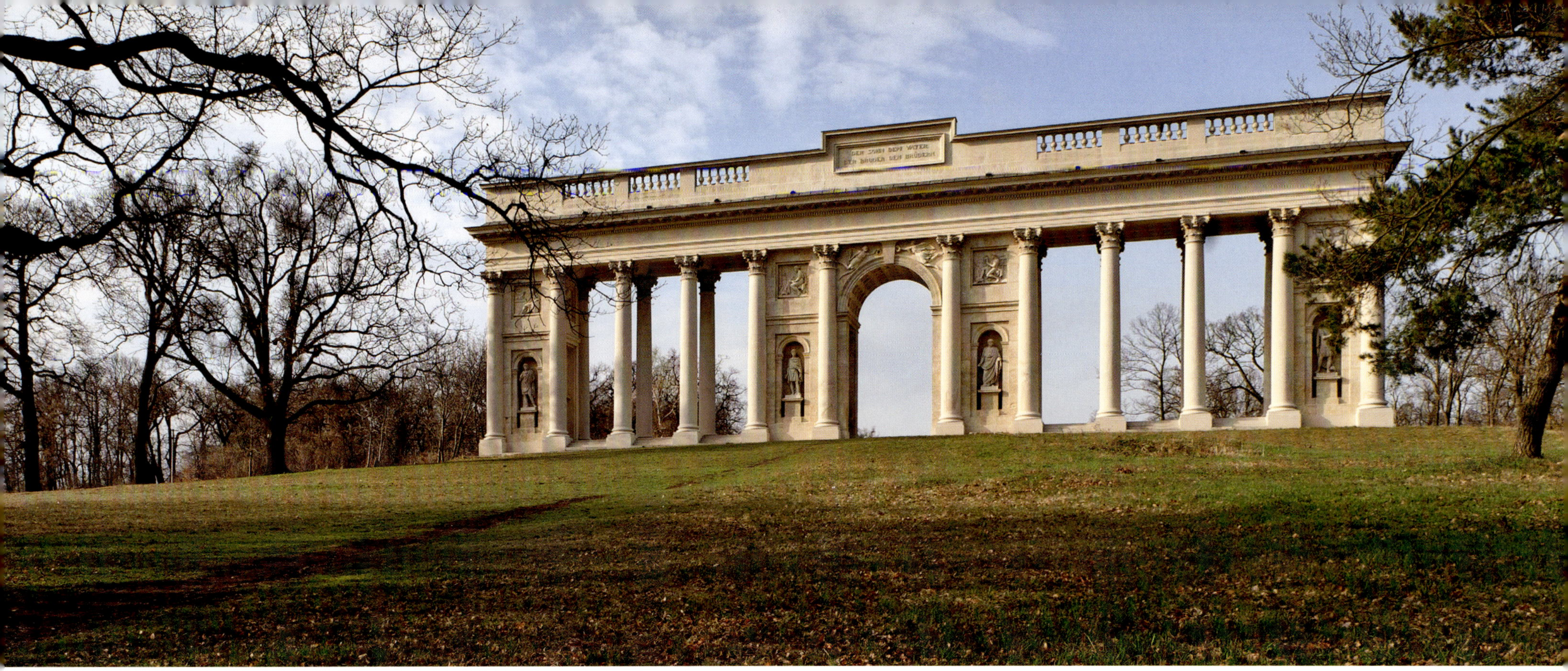

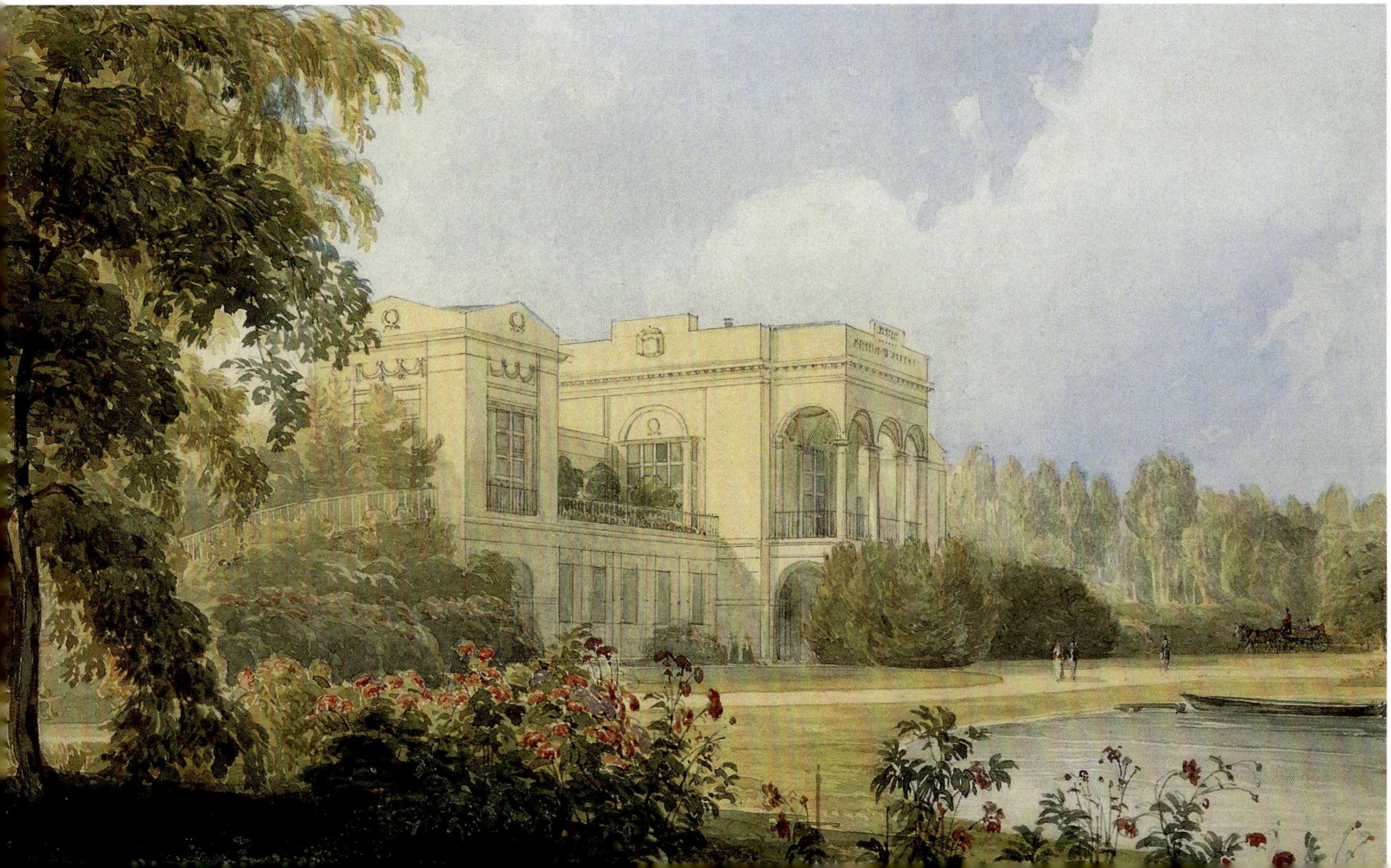

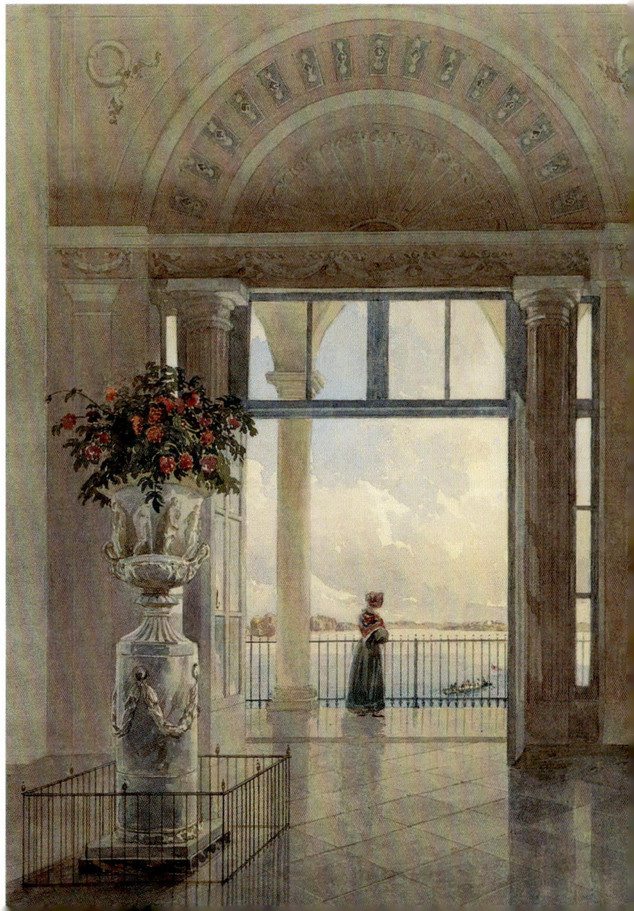

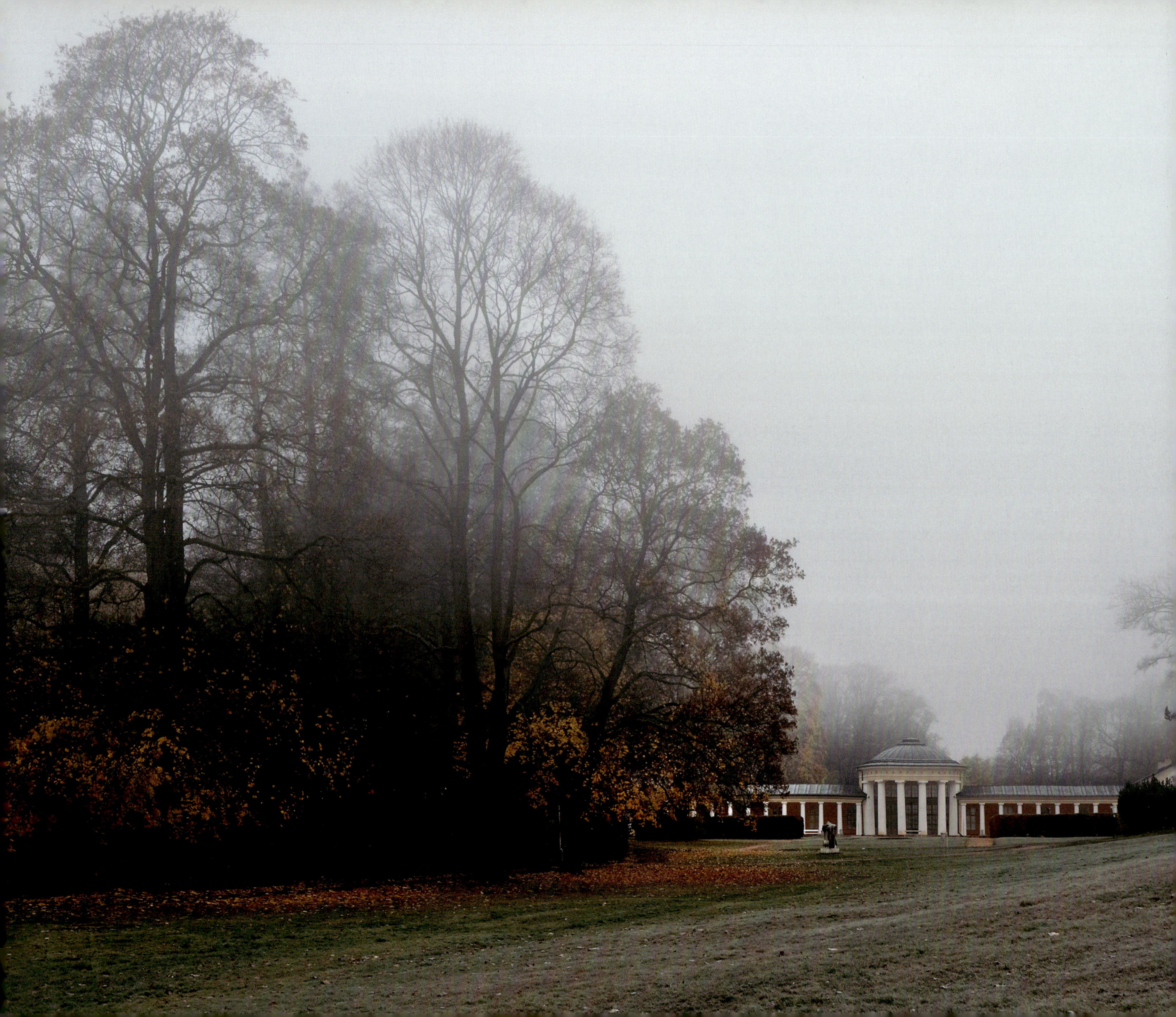

*Die Bäderlandschaft von Marienbad
Mariánské Lázne (Nordböhmen, Tschechien)
Erste Anlagen ab 1807 durch den Arzt des
Stiftes Tepl, Johann Josef Nehr. Ab 1813
unter Abt Karl Kaspar Reitenberger
großzügiger Ausbau*

*Links: Ferdinandsquelle. Errichtet 1826/27
mit Unterstützung durch Carl Graf Chotek
über der wahrscheinlich ersten entdeckten
Quelle in Marienbad*

Rechts: Blätter im Kurpark mit erstem Reif

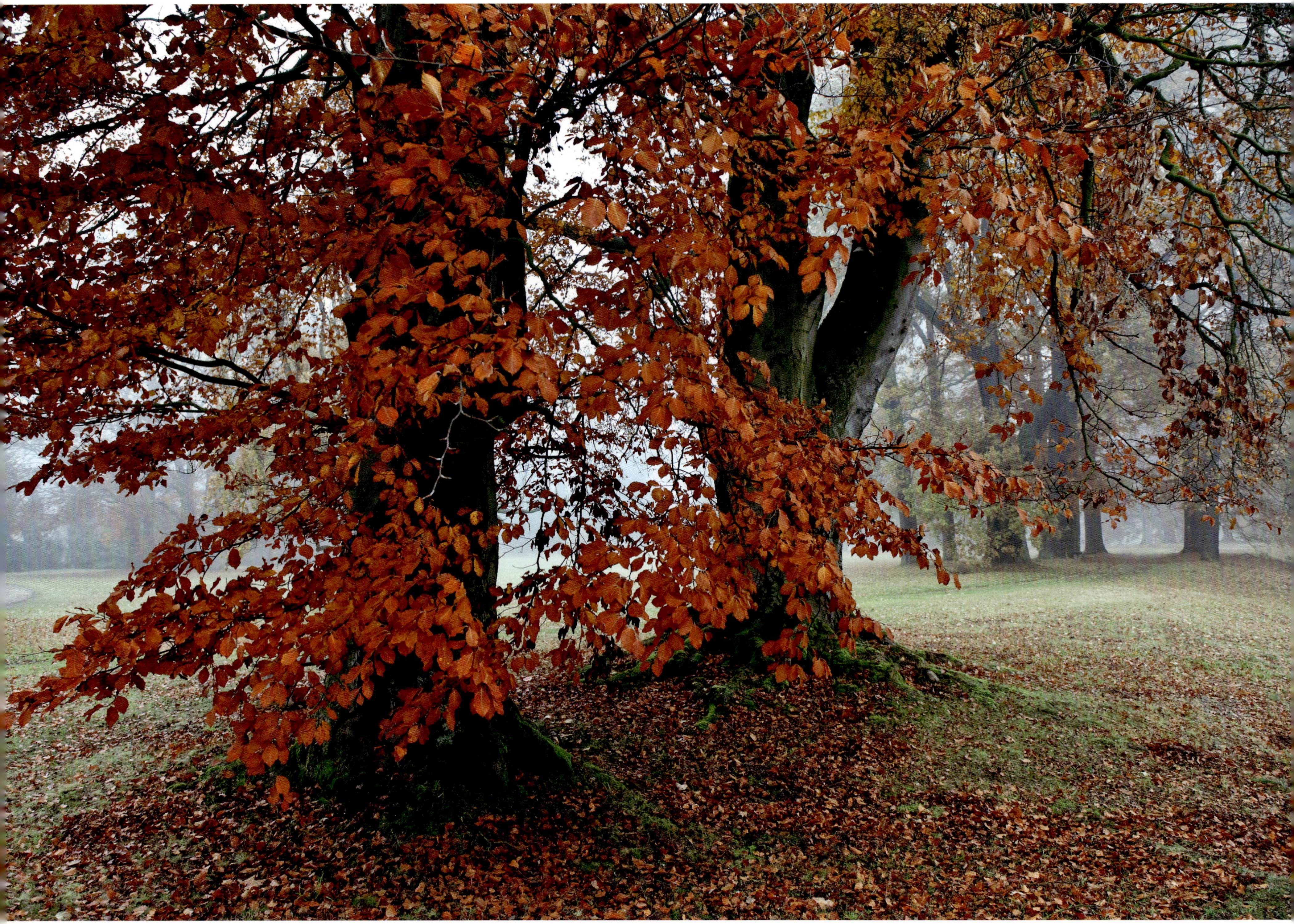

Park des Schlosses Königswarth
Kynžvart (Nordböhmen, Tschechien)
Durch Pietro Nobile für Klemens Wenzel Lothar Fürst von Metternich-Winneburg zu Beilstein 1821–1836 errichtet

Linke Seite und unten links: Im Schlosspark

Oben: Schloss von der Ehrenhofseite

Unten rechts: Diana mit der Hirschkuh. Kopie der Diana von Versailles in Gusseisen der Eisenhütte von Graf Karl Josef Salm-Reifferscheid in Blansko, nördlich von Brünn

Oben: Fürst-Pückler-Park
Bad Muskau (Sachsen, Deutschland)
Großzügige Neuanlage des Gartens an der Neiße durch Hermann von Pückler-Muskau zwischen 1815 und 1845. Der von Karl Friedrich von Schinkel geplante erste Schlossumbau wurde nicht realisiert. Das heutige Erscheinungsbild wird durch den Neubau im Stil der Neorenaissance unter Prinz Friedrich der Niederlande (Besitzer nach den finanziellen Schwierigkeiten Pücklers seit 1846) nach den Plänen von Maximilian Franz Strasser und Hermann Wentzel (1863–1866) bestimmt

Links und rechte Seite: Die Pyramide im Branitzer Park
Cottbus (Brandenburg, Deutschland)
Anlage des Gartens durch Hermann von Pückler-Muskau ab 1845. Die künstliche Insel der Pyramide im vom Grundwasser der Spree gespeisten See wurde als Grablege für den Fürsten und seine 1854 verstorbene Frau und Lebensgefährtin Lucie von Hardenberg 1856/57 errichtet

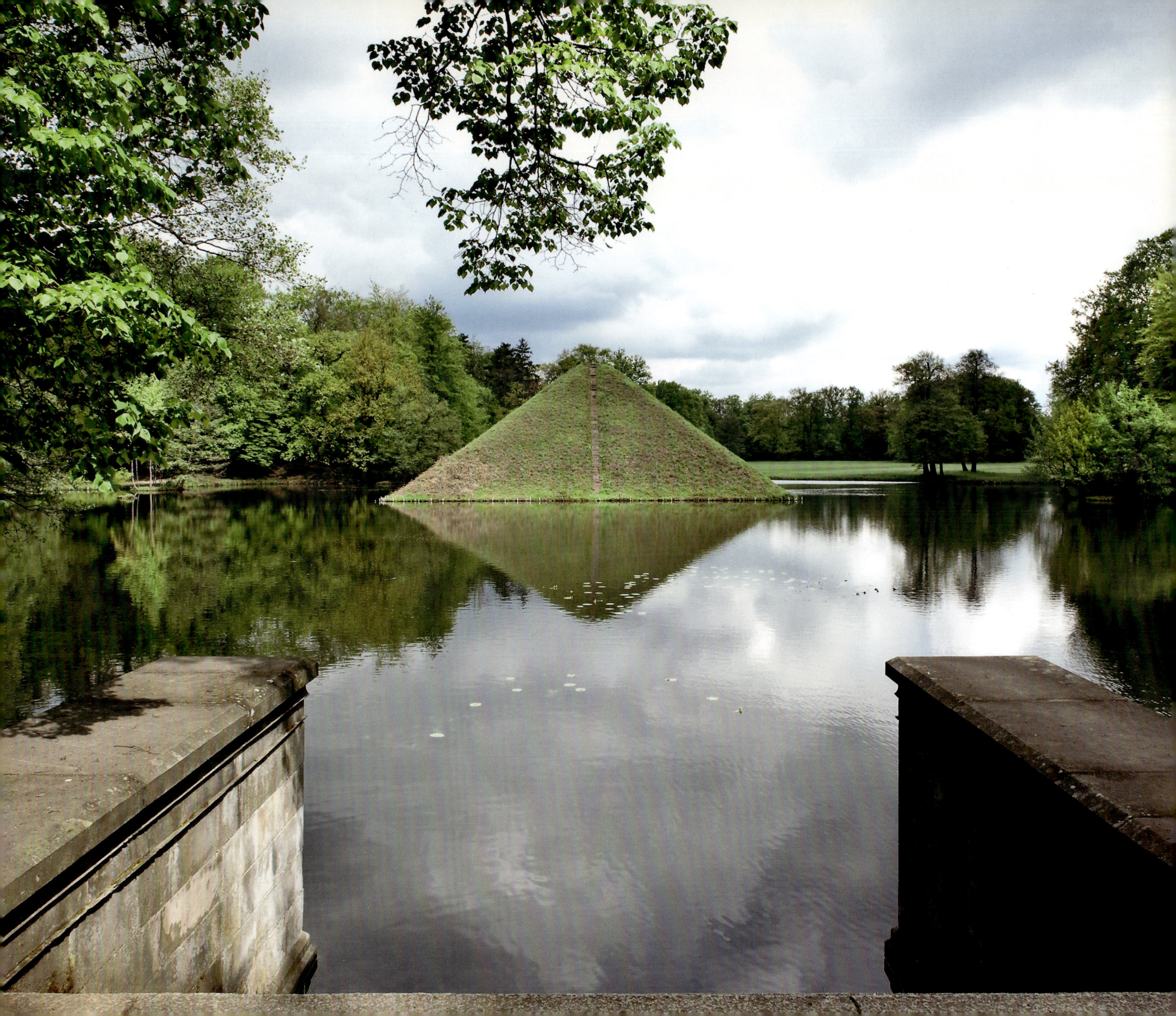

Landschaftspark zu Machern
Machern (Sachsen, Deutschland)
Für Reichsgraf Carl Heinrich August von Lindenau von Johann Gottfried und Johann Christian Nehring als eine der frühesten englischen Anlagen in Deutschland ab 1782 errichtet

Links: Burgturm der künstlichen Ruine (1795/96)

Unten: Agnestempel (nach 1806) am Nordufer des Schwemmteiches

Rechts: Pyramide (1792) als Grablege für die Familie Lindenau

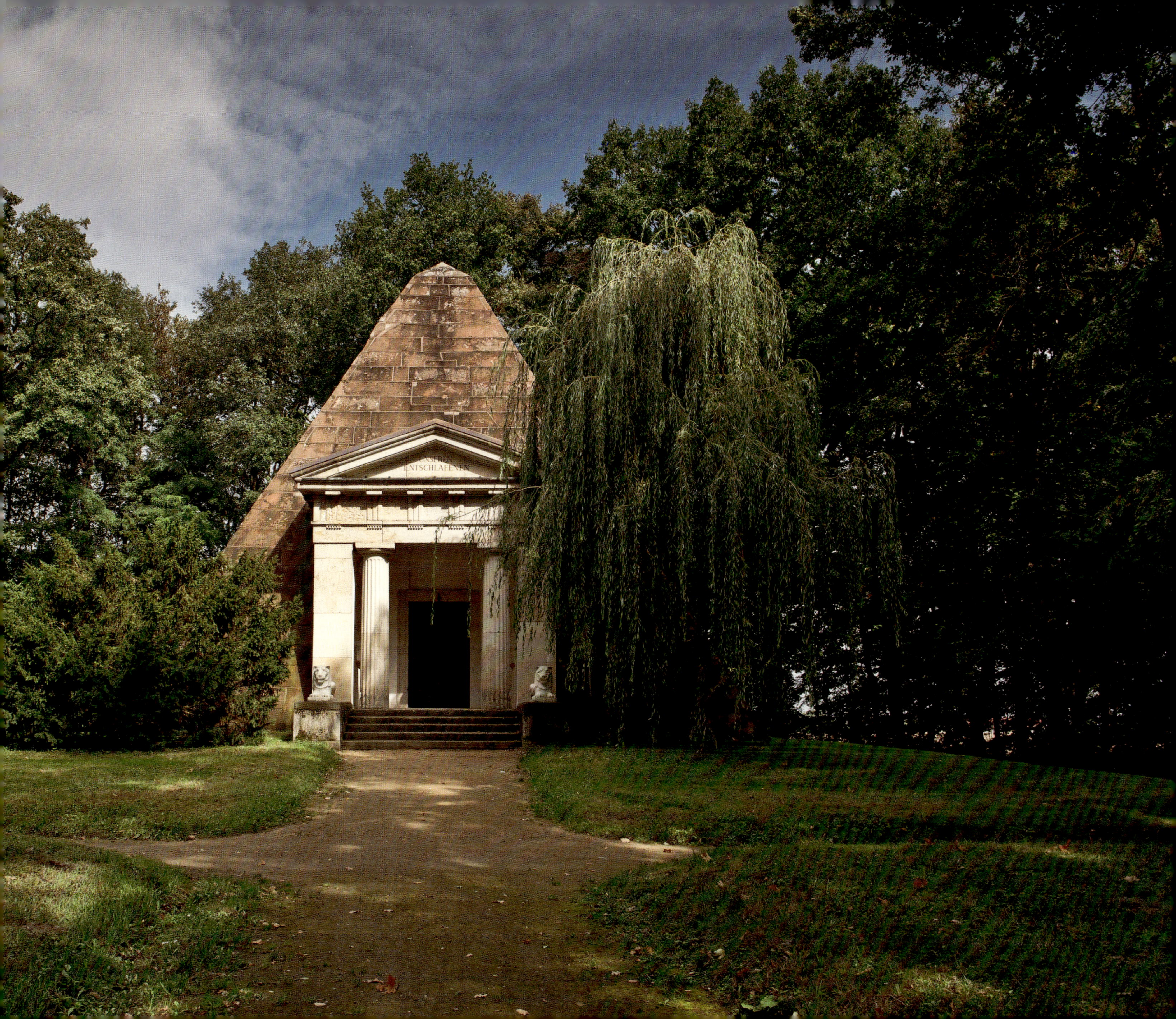
UNSEREN
ENTSCHLAFENEN

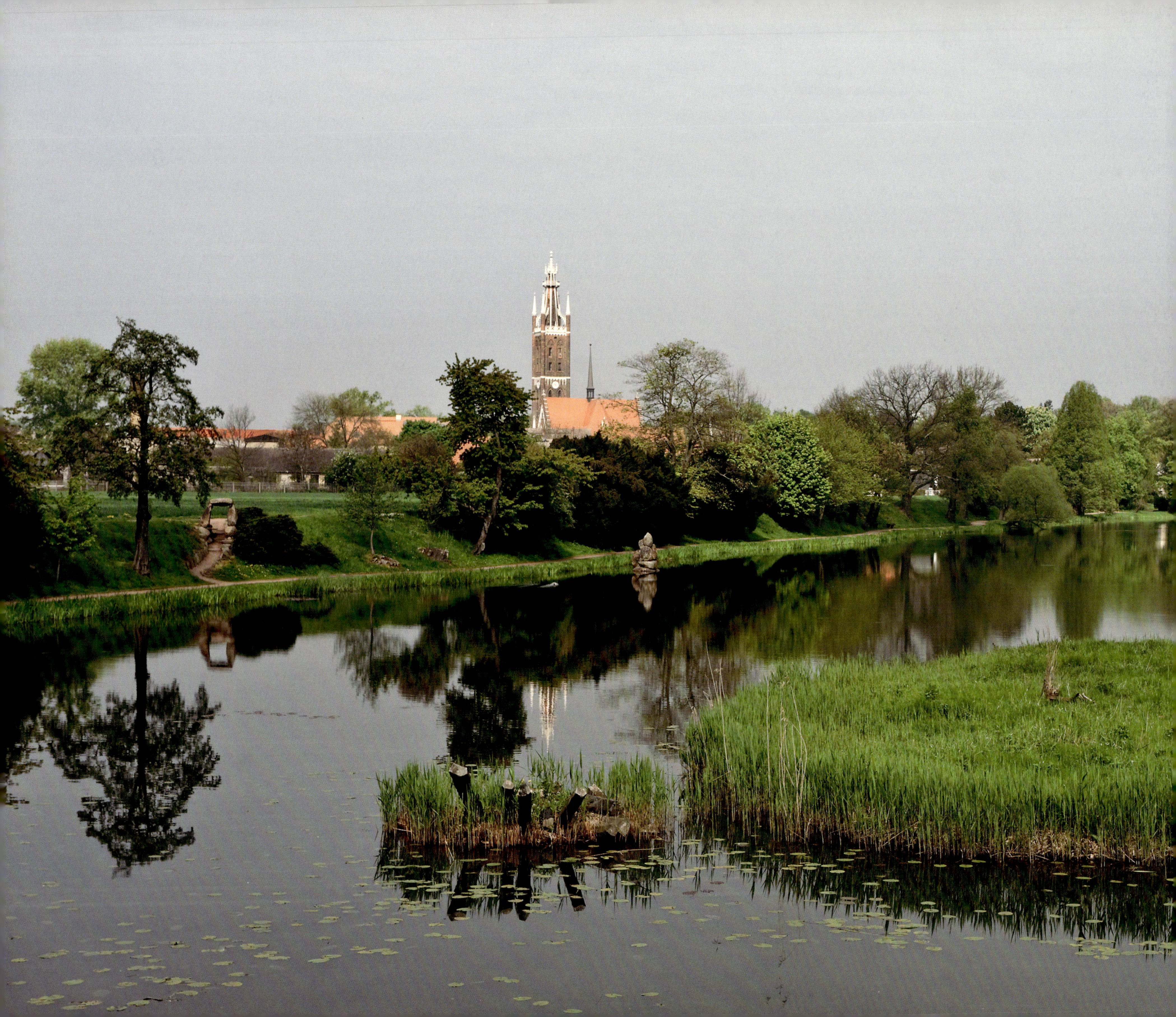

Wörlitzer Anlagen
Wörlitz (Sachsen-Anhalt, Deutschland)
1758 Übernahme der Regentschaft durch den 18-jährigen Leopold III. Friedrich Franz von Anhalt Dessau. 1763 Bildungsreise mit Friedrich Wilhelm von Erdmannsdorff nach England. 1765/66 Grand Tour nach Italien, Frankreich und Großbritannien. 1765–1813 Umgestaltung der Anlagen zum ersten Landschaftsgarten Kontinentaleuropas. Schloss Wörlitz errichtet 1769–1773 nach dem Vorbild englischer Landhäuser durch Friedrich Wilhelm von Erdmannsdorff. Erster klassizistischer Schlossbau in Deutschland

Links und unten: Blick vom Stein (Vulkan) auf das Dorf mit dem Turm der Pfarrkirche und auf das Schloss

Rechts: Das Ensemble der originalen Einrichtung (unter anderem mit Möbeln von Abraham und David Roentgen) und Ausstattung aus der Bauzeit ist vollständig erhalten

Wörlitzer Anlagen
Wörlitz (Sachsen-Anhalt, Deutschland)
Durch Friedrich Wilhelm von Erdmannsdorff 1765–1813 errichtet

Unten: Gotisches Haus. Entstanden ab 1773 nach dem Besuch des englischen Landsitzes Strawberry Hill (1764) als eine der frühesten neogotischen Architekturen auf dem europäischen Kontinent. Ursprünglich als Gärtnerwohnung vorgesehen, 1785–1813 privates Refugium (mehrmals erweitert) des Fürsten und der ihm morganatisch angetrauten Tochter des Gärtners, Luise Schoch, und den drei gemeinsamen Kindern. In den Fenstern meist aus der Schweiz stammende Glasgemälde des 15.–17. Jahrhunderts

Der Vulkan (Stein) und die Villa Hamilton in Wörlitz. Als Erinnerung an die Reise nach Neapel und als Monument der Freundschaft für den britischen Diplomaten, Antikensammler und Geologen Sir William Hamilton nach Entwurf von Karl von Erdmannsdorff 1788–1794 errichtet

Unten: Blick aus der Grotte unter dem Vulkan (Stein) auf das Dorf

Rechte Seite links: Villa Hamilton, im Hintergrund der Stein zu Wörlitz (oben), und der Stein zu Wörlitz (unten). Aquarelle von Karl Kuntz, 1797

Rechte Seite, rechts oben: Die mit farbigem Glas überdeckte Kragkuppel des Vulkans

Rechte Seite, rechts Mitte: Decke im Kaminzimmer der Villa Hamilton

Rechte Seite, rechts unten: Die Grotte unter dem Vulkan

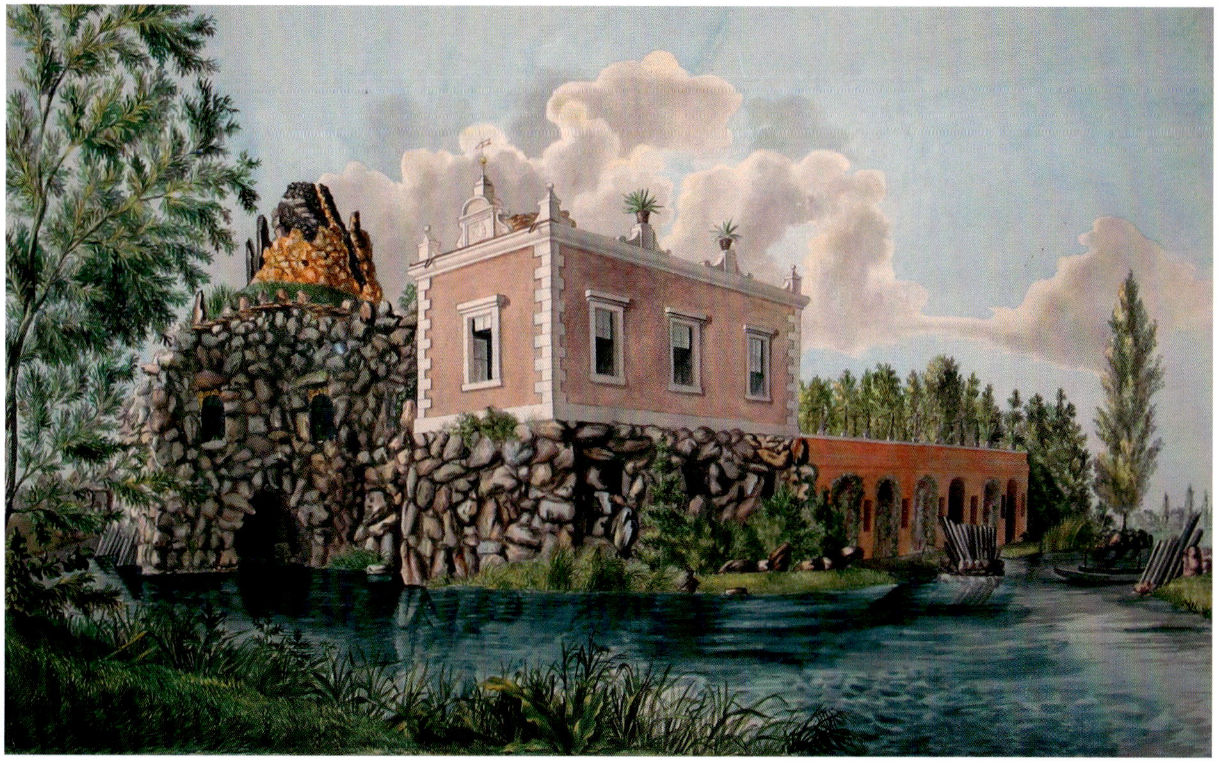
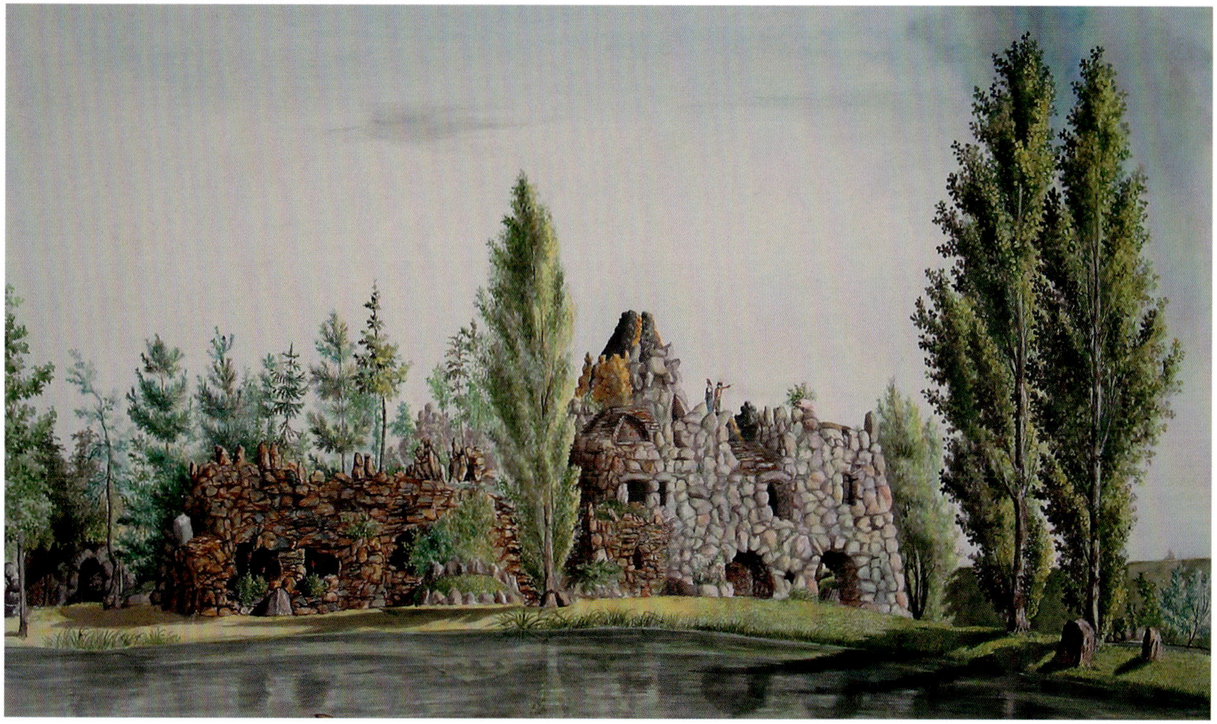
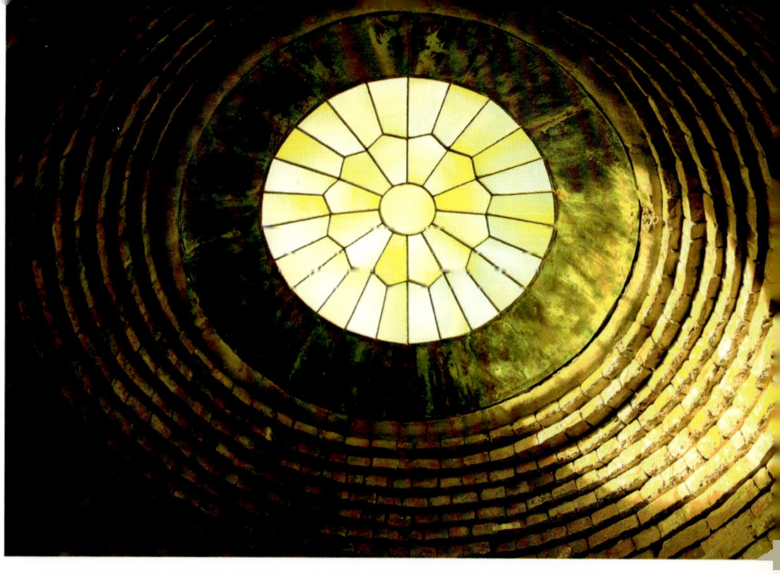
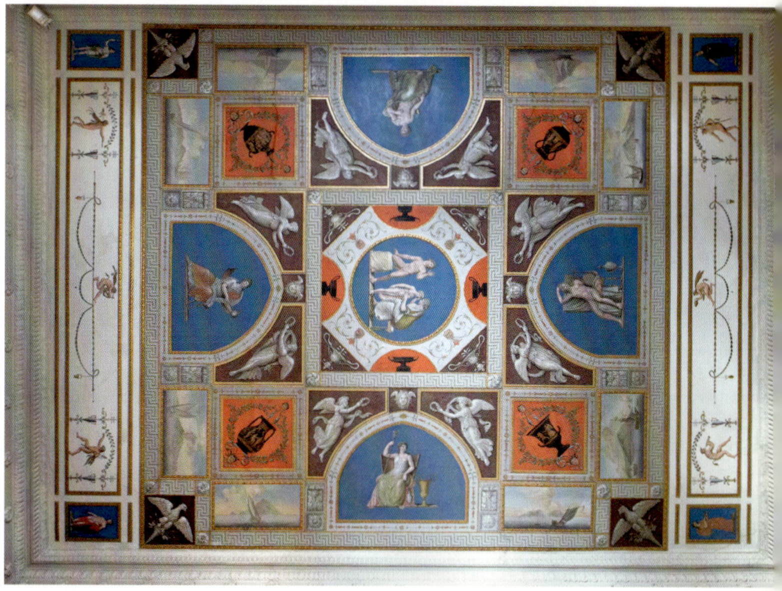
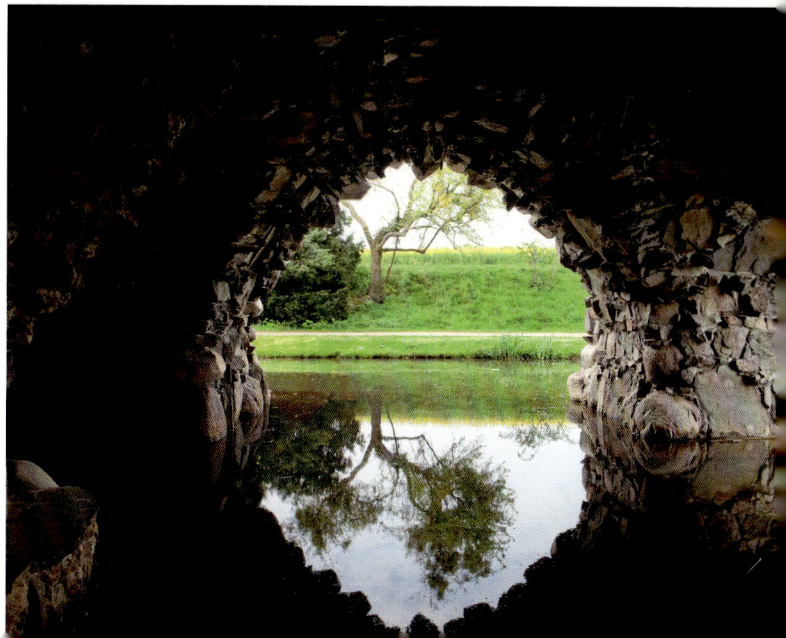

Wörlitzer Anlagen
Wörlitz (Sachsen-Anhalt, Deutschland)
Durch Friedrich Wilhelm von Erdmannsdorff 1765–1813 errichtet

*Links und unten: Chinesische (Weiße) Brücke über den Wolfskanal bei der Mündung
in das Kleine Wallloch während der Restaurierung 2007/08*

*Rechte Seite: Der Garten des Luisium mit dem kleinen Schlösschen und der Weißen Brücke.
Angelegt durch Fürst Franz von Anhalt-Dessau von Friedrich Wilhelm von Erdmannsdorff
1774–1778 für seine Gattin Louise und 1780 nach ihr benannt*

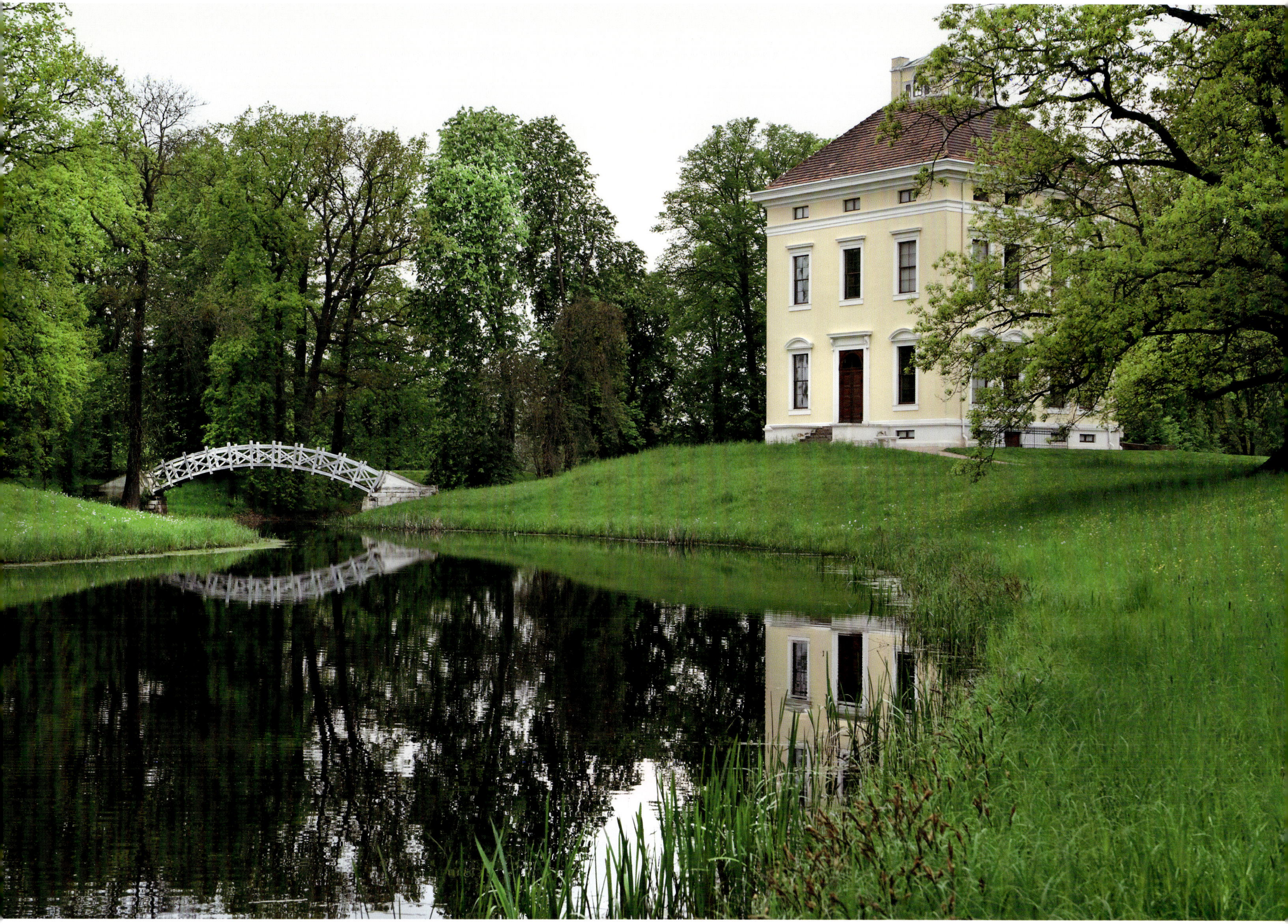

Links und unten: Die Hohe Brücke im Schlosspark von Charlottenburg
Berlin-Charlottenburg (Deutschland)
Der wahrscheinlich durch den Le-Nôtre-Schüler Siméon Godeau 1697 angelegte Barockgarten Ende des 18. Jahrhunderts durch den aus Wörlitz kommenden Gärtner Johann August Eyserbeck teilweise in einen englischen Landschaftsgarten umgewandelt. Die Brücke über den Karpfenteich in der Preußisch-Königlichen Eisengießerei im schlesischen Malapane (Ozimek) bereits 1800 gegossen (Aufstellung um 1802). 1832 Veränderung des Geländers, um das Durchfallen von Kindern zu verhindern

Rechts: Bogenbrücken im englisch-chinesischen Garten von Schloss Oranienbaum
Oranienbaum (Sachsen-Anhalt, Deutschland)
Schlossanlage ab 1683 als Sommerresidenz für Henriette Catharina von Anhalt-Dessau errichtet. Unter Fürst Leopold III. Friedrich Franz von Anhalt-Dessau im 4. Viertel des 18. Jahrhunderts Umwandlung des barocken Inselgartens in einen englisch-chinesischen Landschaftsgartens mit einer Pagode, einem Teehaus und mehreren Bogenbrücken

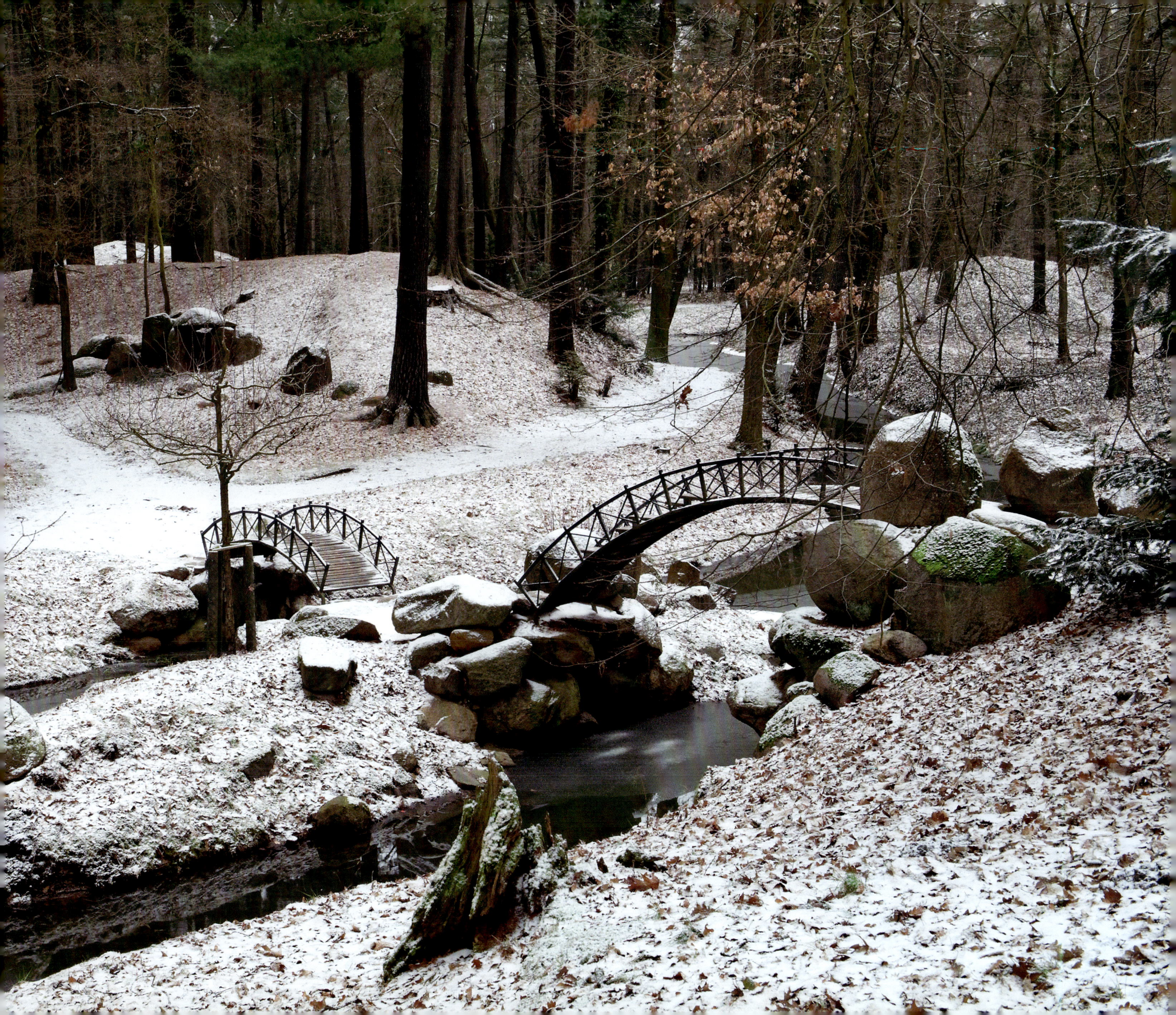

Schloss und Garten von Glienicke
Berlin, Steglitz-Zehlendorf (Deutschland)
Über ältere Anlagen der Grafen Lindenau (seit 1796) und Karl August Fürst von Hardenberg (seit 1814) für Prinz Carl (jüngerer Bruder von Kronprinz Friedrich Wilhelm) nach dessen erster Italienreise 1822 durch Karl Friedrich Schinkel unter Mitarbeit von Ludwig Persius in enger Zusammenarbeit mit dem Gartenarchitekten Peter Joseph Lenné ab 1823 errichtet

Links: Die Große Neugierde. Karl Friedrich Schinkel, 1835

Unten: Blick vom Ufer der Havel auf das Casino. Karl Friedrich Schinkel, 1824/25

Rechte Seite oben: Das Stipadium, ein erhöhter Sitzplatz mit Ausblick in Richtung Potsdam, davor die monumentale Granitschale von Christian Gottlieb Kantian. Ludwig Persius, 1840

Rechte Seite unten: Blick über das Casino auf die Havel. Karl Friedrich Schinkel, 1824/25

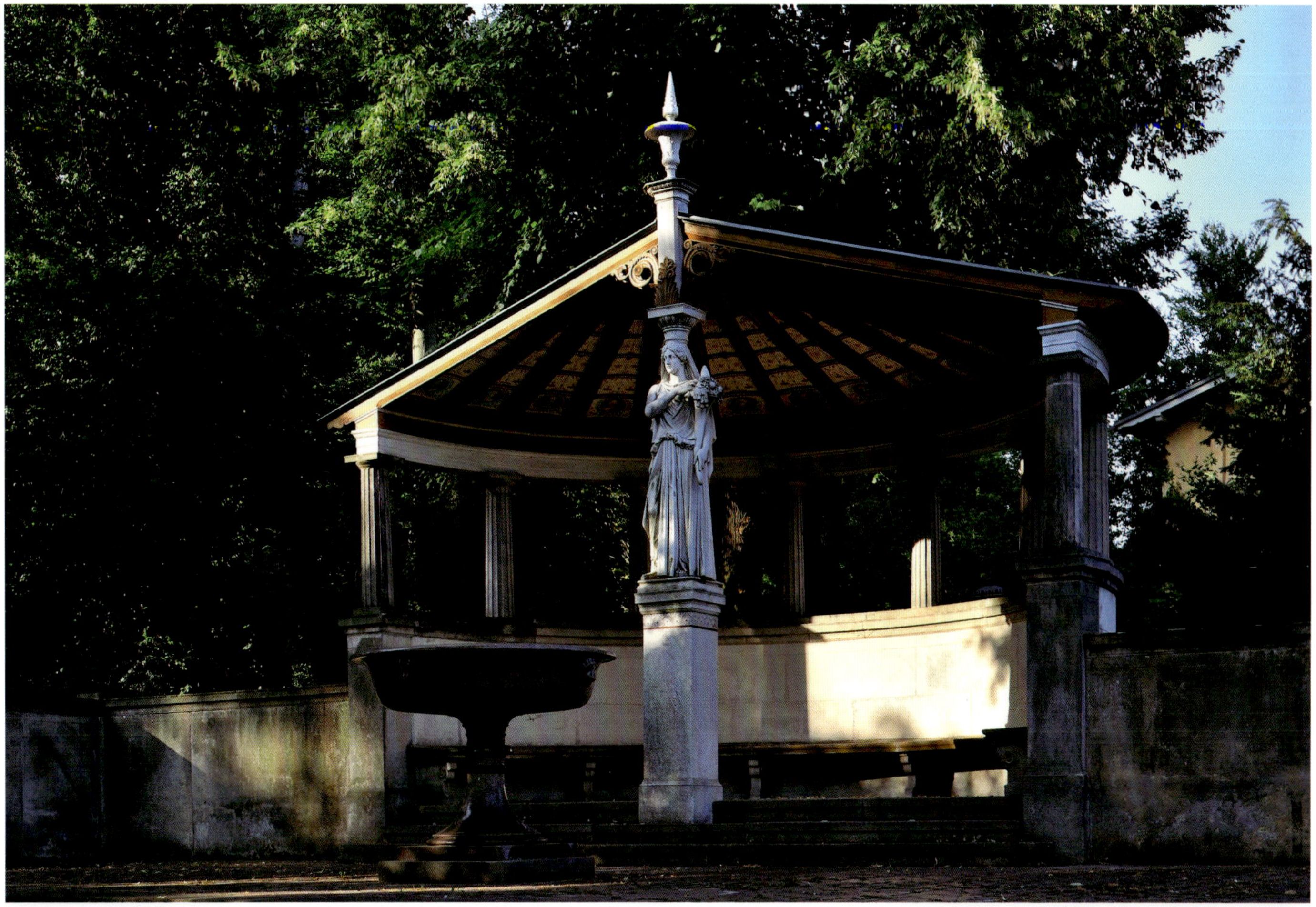

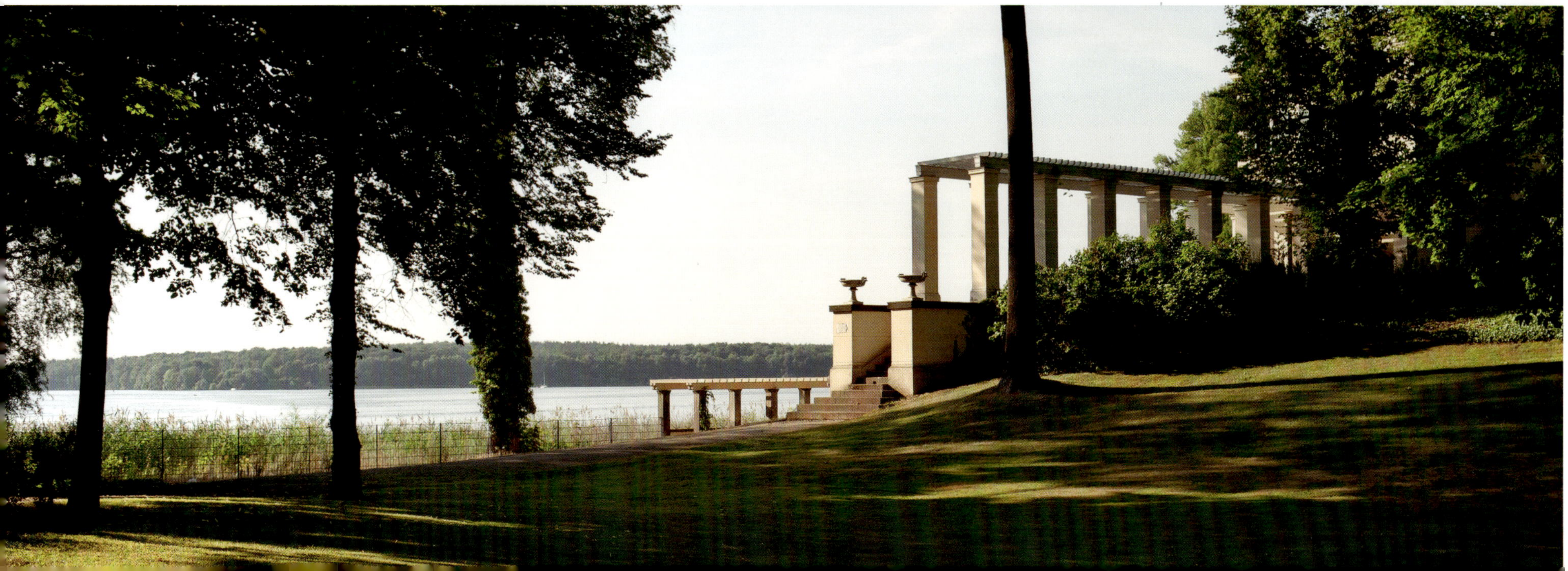

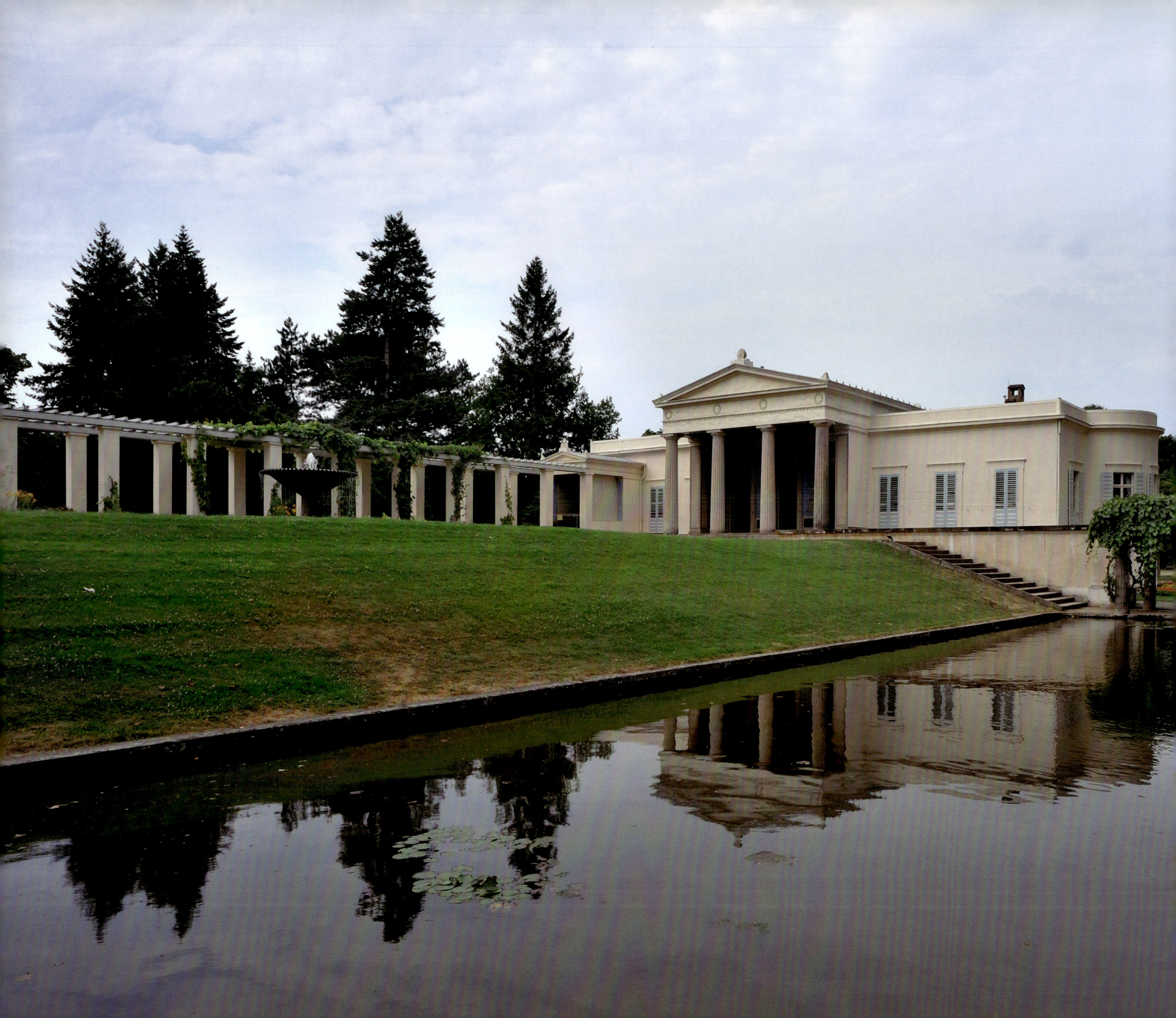

Schloss Charlottenhof im Park von Schloss Sanssouci
Potsdam (Brandenburg, Deutschland)
Durch Karl Friedrich Schinkel unter Mitarbeit von Ludwig Persius als
Sommersitz für Kronprinz Friedrich Wilhelm von Preußen und seine
Gemahlin Elisabeth Ludovika von Bayern 1826–1829 über älterem
Vorgängerbau errichtet

*Bauten im Park von Schloss Sanssouci
Potsdam (Brandenburg, Deutschland)
Durch Karl Friedrich Schinkel und Bauleiter Ludwig
Persius 1829–1840 errichtet. Ensemble in Erinnerung
an Schinkels zweite Italienreise von 1828: Gärtnerhaus
1829/30; Gärtnergehilfenhaus 1832 im Stil italienischer
Landhäuser; Römisches Bad 1834–1840; Teepavillon
all'Antica 1830*

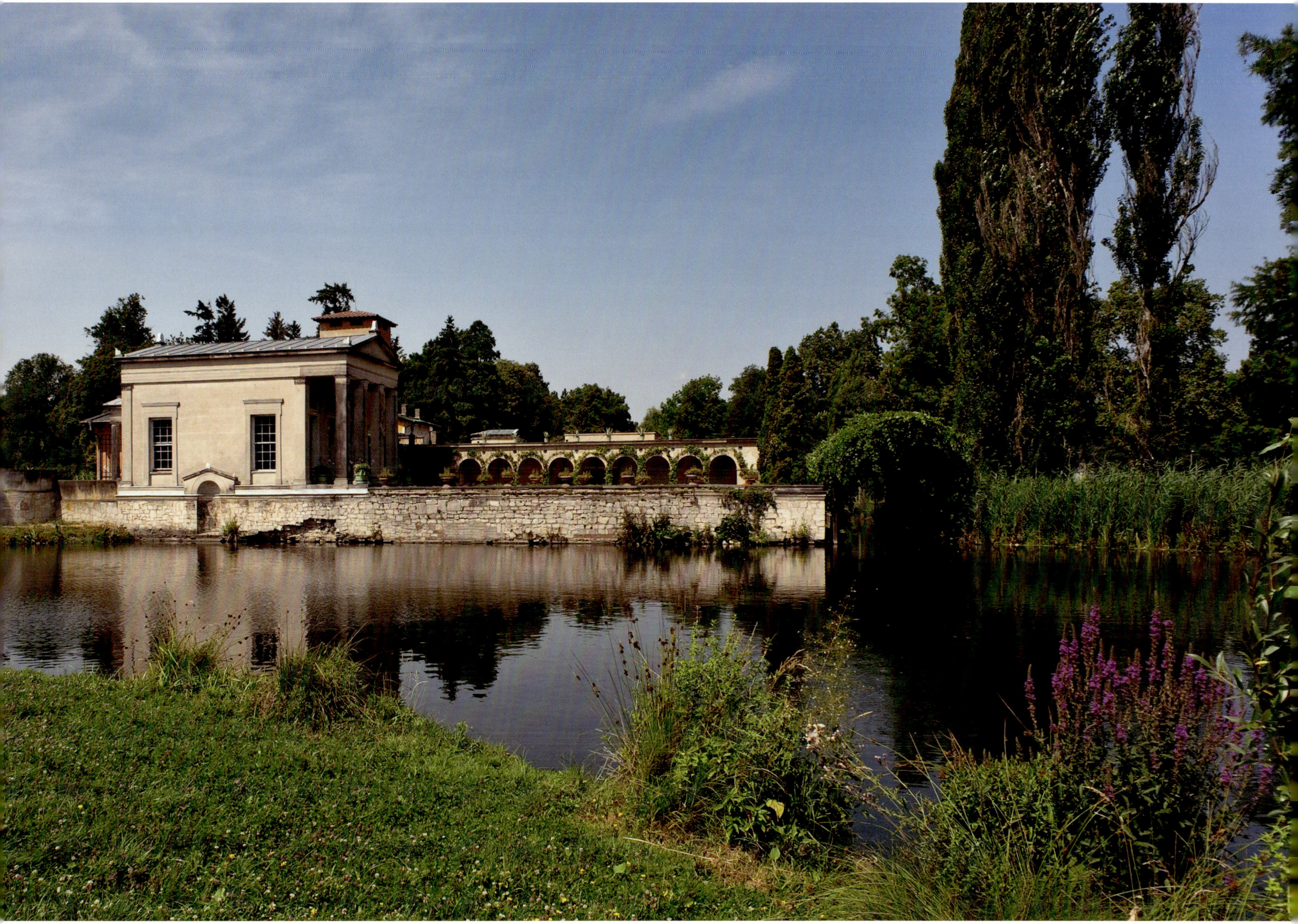

Englischer Garten der Villa Borghese
Rom (Latium, Italien)
1605 ursprünglicher barocker Park der Villa Borghese an der Stelle der antiken horti luculliani durch Kardinal Scipione Borghese angelegt. 1766 unter Fürst Marcantonio IV. Borghese erste Arbeiten zur Umwandlung in einen englischen Park. Unter seinem Sohn Camillo, Gemahl von Paolina Buonaparte-Borghese, und dessen Bruder Francesco (1776–1839) weiterer Zukauf von Grundstücken (Villa Giustiniani, Villa Pamphili und Villa Manfroni). Anlage des Giardino del Lago mit dem Tempel des Äsculap (rechte Seite) durch die Architekten Antonio und Mario Asprucci 1785–1787. Weiterführung dieser Arbeiten und Errichtung zahlreicher Gartenarchitekturen am Beginn des 19. Jahrhunderts durch den Architekten und Archäologen Luigi Canina

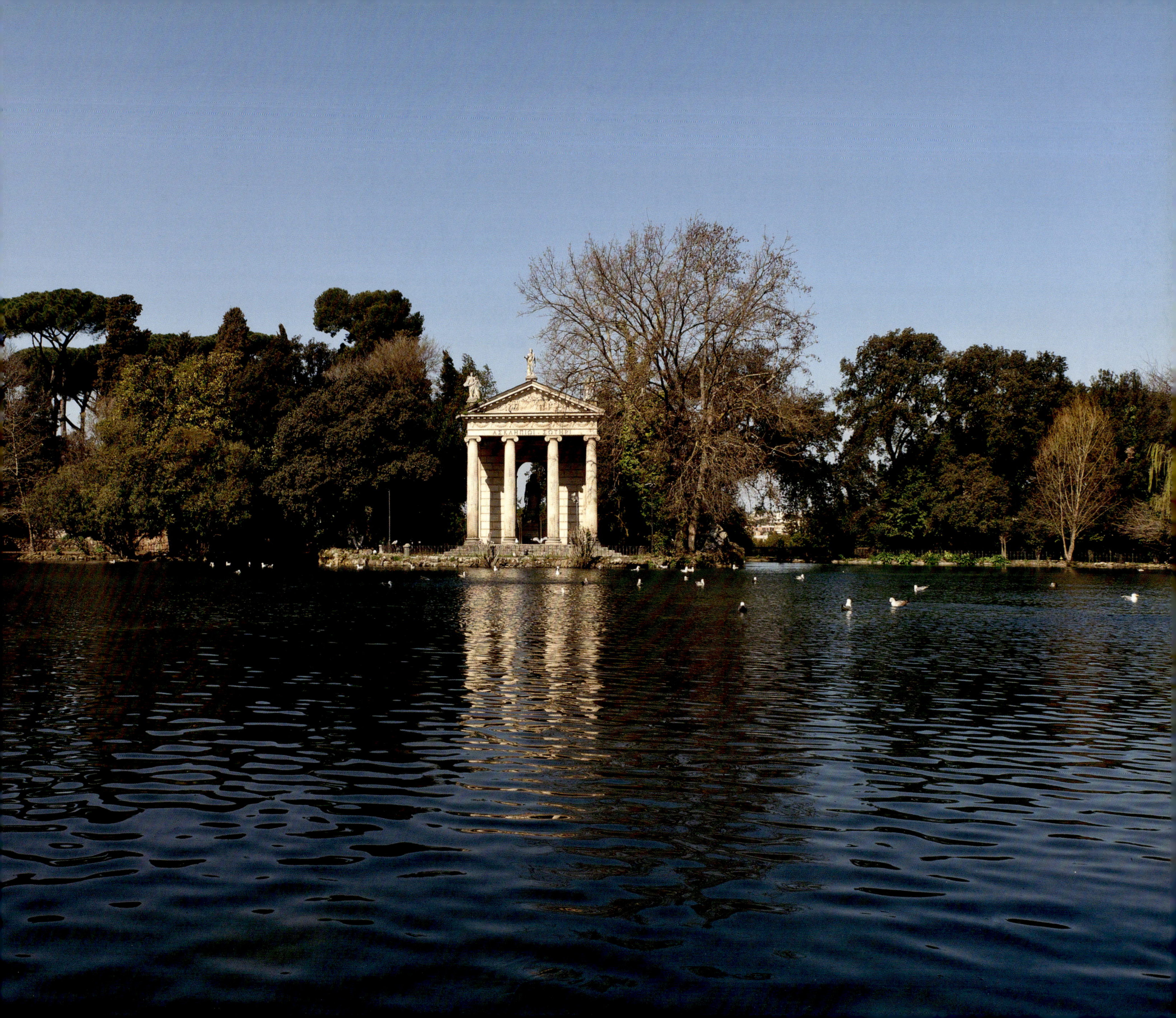

Villa Melzi d'Eril
Bellagio am Lago di Como (Lombardei, Italien)
Villa durch Giocondo Albertolli für Francesco Melzi d'Eril 1808–1815 errichtet. An der Ausstattung Mitarbeit durch die Maler Andrea Appiani und Giuseppe Bossi sowie die Bildhauer Canova, Pompeo Marchesi, Giovanni Battista Comolli (der im Schlosspark von Laxenburg die Kolossalbüste von Kaiser Franz schuf) und Luigi Manfredini. Garten nach einem Entwurf von Luigi Villoresi und Luigi Canonica angelegt

Links: Büste der Pallas Athene

Unten: Blick über die Gartenterrasse auf den Lago di Como

Rechts: Dante, von Beatrice in die himmlischen Regionen geführt (Detail). Monumentale Gruppe von Giovanni Battista Comolli

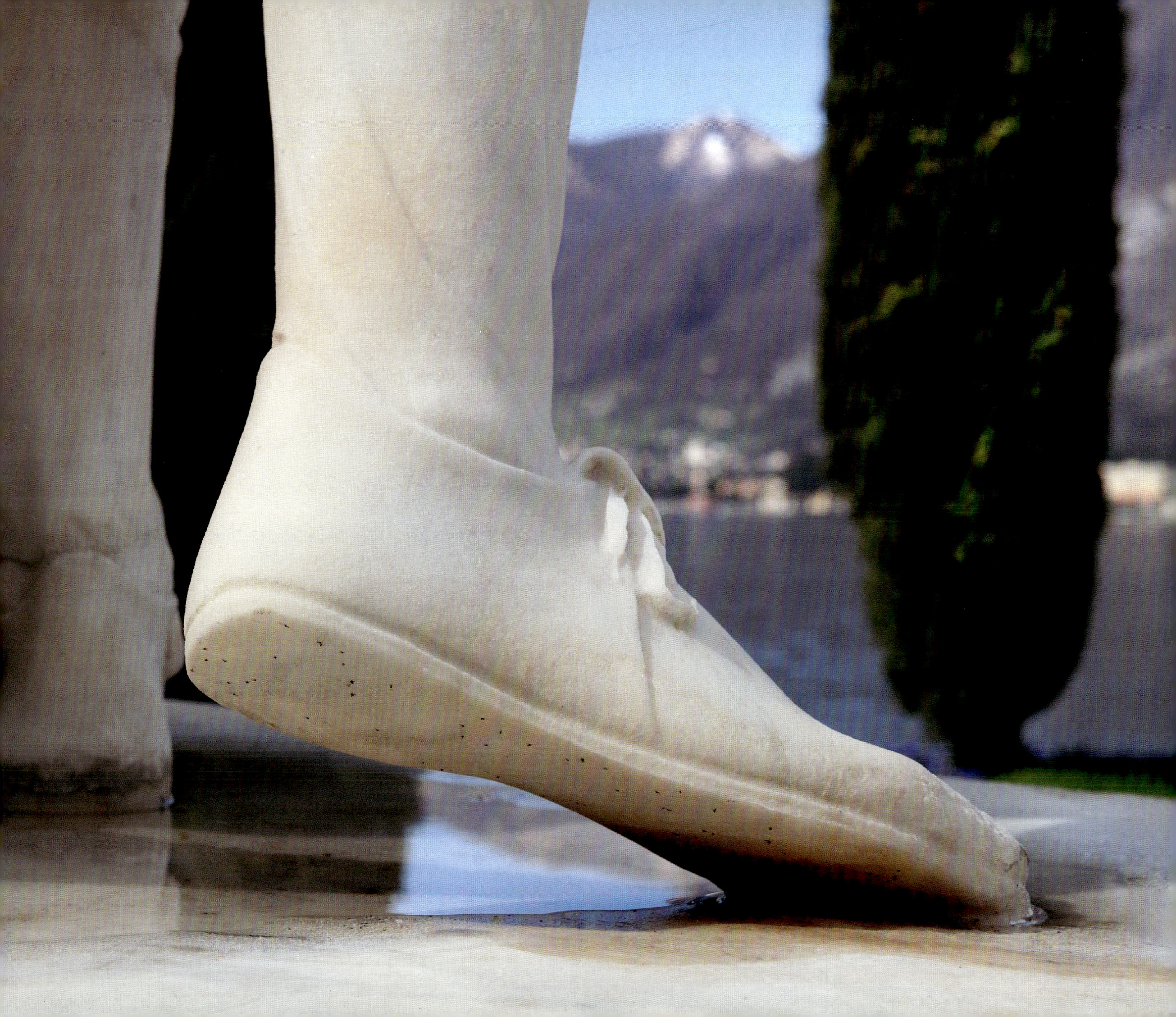

LAUNEN DER PHANTASIE
Follies, Pavillons

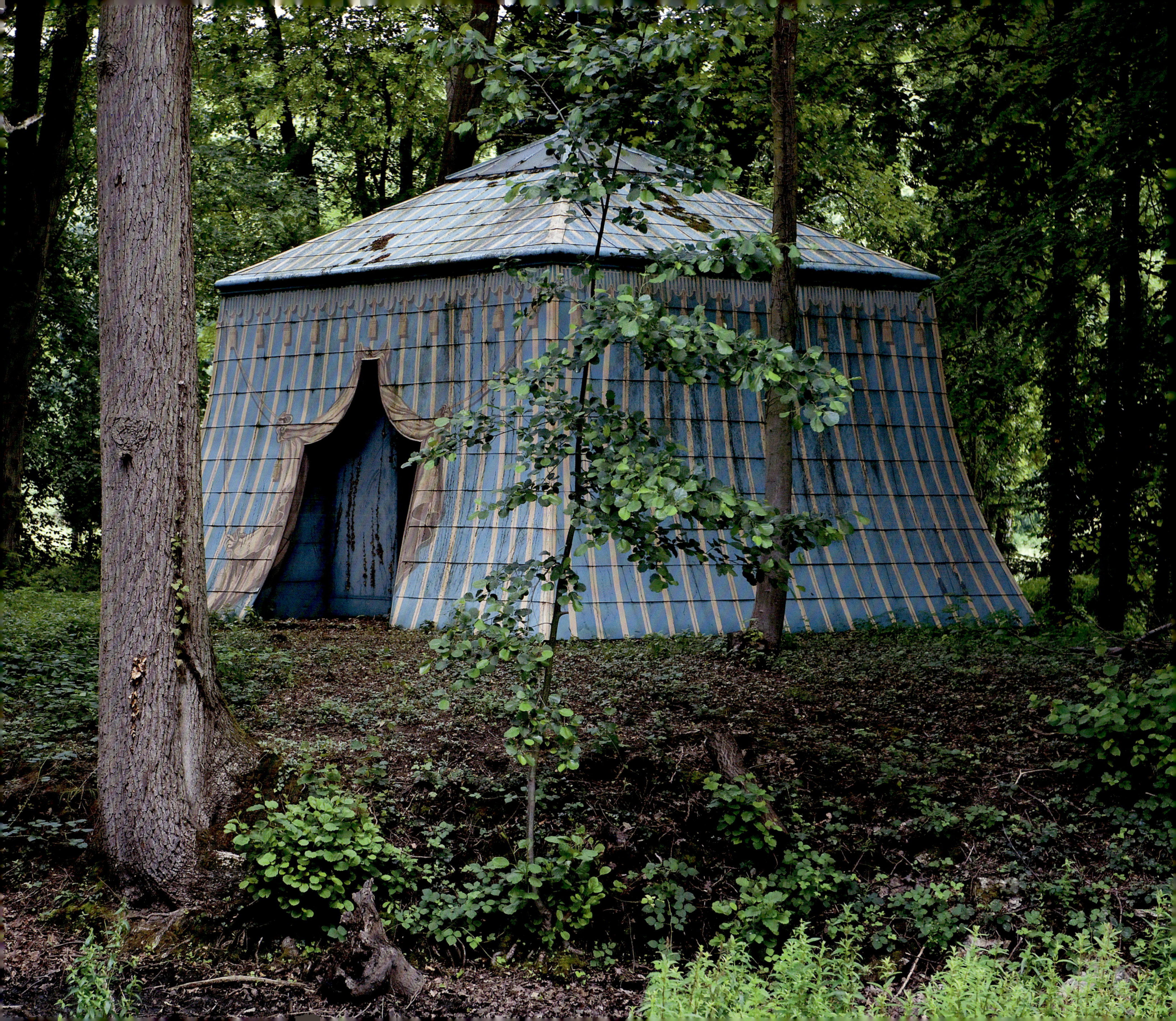

Follies – Narrheiten wurden die Gebäude genannt, die aufgrund ihres Zwecks nicht allzu viel Sinn machen, geht man vom funktionalistischen Ansatz aus. Unglaubliche Mengen Geld wurden in diese Narrheiten investiert, und doch wären viele unserer Gärten damals wie heute ohne sie traurige Torsi. Insbesondere im Landschaftsgarten der zweiten Hälfte des 18. und der ersten Hälfte des 19. Jahrhunderts definierten sie geradezu das, was Garten ist. Sie fixierten die Stimmung eines Ortes und prägten seine Aussage. Ihre Genese als wichtiger, meist nicht funktionsgebundener Bautypus setzte jedoch schon viel früher ein. Prächtige Pavillons begleiten seit jeher die Gartengeschichte. Gerade die *follies* blieben immer für alle Bewegungen und Neuerungen offen und waren damit eine Schleuse, Einflüsse aus China, Japan, Indien, Persien, der türkischen und vieler anderer Kulturen in das allgemeine Repertoire der Gartenkunst zu übernehmen.

Grundlegend war einmal mehr die Auseinandersetzung mit der antiken Kultur. Die Rezeption erfolgte einerseits über die Bauten oder deren Ruinen, andererseits durch die Werke antiker Schriftsteller, allen voran durch Vitruv (Marcus Vitruvius Pollio, ca. 90–ca. 10 v. Chr.) und seine *De architectura libri decem* (33–22 v. Chr., *Zehn Bücher über Architektur*), die nur einen Fehler hatten – in dem Traktat gab es keinerlei Abbildungen. Dieser scheinbare Mangel kehrte sich in den Händen von schöpferischen Geistern aber umso schneller ins Positive um: Das Fehlen von Illustrationen regte die Phantasie erst recht an.

Blicken wir auf die in Pompeji, Herculaneum und die in seiner Nachbarschaft entdeckten römischen Wandmalereien, sehen wir sehr schnell, dass es Gartenarchitekturen im Sinne von Pavillons, Lustgebäuden oder Lauben auch im Kulturkreis des Hellenismus und in den römischen Anlagen in großer Fülle gegeben hat. Ohne dass solchen Veduten jemals reale Situationen wiedergeben dürften, berichten sie dennoch von der Erinnerung an eine Gartenwelt, die voll mit Kleinoden gewesen ist. Die Welt der Renaissance mit ihrer Neuinterpretation der antiken Kultur hat die kleinen Pavillons und Lustgebäude in ihr Repertoire aufgenommen und weiterentwickelt. Pirro Ligorios *Casino* für Papst Pius IV. in den Vatikanischen Gärten (um 1560) steht wahrscheinlich am Beginn dieser Rezeptionsgeschichte.

Der erste Peripteros der Renaissance – Donato Bramantes (1444–1514) Tempietto in San Pietro in Montorio (um 1500) – hat seinen Weg bald in die Gartenanlagen gefunden. So ist der Pavillon *all'antica* als Monopteros oder Peripteros ein Motiv, das früh und immer wieder in Gärten auftaucht; sie sind ein „Must" in den englischen Anlagen und zählen noch weit ins 19. und 20. Jahrhundert hinein zu den beliebtesten Versatzstücken. Ein spezielles Thema sind die Grotten, die seit der Renaissance als Zwitterwesen zwischen Natur und Kunst die Phantasie beflügelten. Nicht selten bildeten sie die Hintergrundfolie für wertvollste Skulpturen, die man, nur von vorne beleuchtet, geheimnisvoll präsentierte.

Ein faszinierendes Kapitel bildet die Ruinenarchitektur. Schon die erste Gesamtschau antiker römischer Ruinen aus dem Jahr 1536, dargestellt auf dem Gemälde *Tempus edax rerum* von Hermanus Posthumus (um 1512/14–vor 1588), nahm sich des Themas an. Es zeigt die Reste von Rom vielfach nicht so, wie die Objekte damals in der Ewigen Stadt zu erleben waren, sondern in verwegenen Kompositionen und Zusammenstellungen. Partout dann, wenn sie noch einigermaßen vollständig erhalten waren, sind sie auf diesem Bild fragmentiert und ruinös dargestellt. Die Faszination für Ruinen sollte nun durch alle Zeiten hindurch anhalten, die Gärten sind voll mit künstlichen Ruinen: griechisch-römischen, gotischen, zeitlosen …

Einen anderen Typus von „Verrücktheiten", der ebenfalls direkt mit der antiken Kultur verbunden war, findet man in den Gärten der Medici im Umkreis von Florenz; denken wir beispielsweise an Giambolognas (1529–1608) *Appennino* im Villengarten von Francesco I. de' Medici (1541–1587) in Pratolino aus der Mitte des 16. Jahrhunderts. Er zeigt eine Statue, so riesig, dass man sie innen begehen und durch ihre Augen blicken kann.

Auch in Vicino Orsinis (1523–1585) *Giardino delle Mostre* im *Sacro Bosco* von Bomarzo in Viterbo gibt es eine Ansammlung solcher *follies* – Skulpturen in geradezu übermenschlichen Dimensionen, die schnell zu Architekturen werden: etwa ein Maul, durch das man bequem spazieren kann. Einzigartig ist schlussendlich die *Casa Obliqua*, ein Haus, das im wahrsten Sinne des Wortes schief ist und damit stellvertretend für die Idee dieses Gartens steht: Dessen Bauherr Francesco Vicino Orsini – sein Sekretär war Pirro Ligorio (um 1510–1583) – wollte aus der Ordnung des Vernünftigen, der *ratio*, ausbrechen, ihn jenseits des logischen Verstandes im Grenzbereich von Leben und Tod ansiedeln. Es ist ein Garten, in dem vieles nicht im Gleichgewicht steht, in dem man ganz neue Erfahrungen sammeln kann, nicht nur wenn man sich durch das schräge Haus mit den abfallenden Böden tastet.

Im französischen Garten lebt dieser Hang zum „Schrägen" in Versailles fort, wo im *Bosquet d'Encelade* der Kampf des Giganten, Sohn der Gaia (Erde), im Rausch des Wassers und der Blitze, die in seinen Händen zucken, dargestellt ist. In Deutschland steht der *Herkules* von Schloss Wilhelmshöhe in derselben Tradition, auch er ist so eine Verrücktheit, die 1701 nach dem Vorbild des antiken *Herkules Farnese* durch den italienischen Bildhauer Giovanni Francesco Guerniero (1665–1745) für Landgraf Karl von Hessen-Kassel (1654–1730) geschaffen worden ist.

In Englands Parklandschaften akzentuierte man einzelne Punkte durch *follies*. Den Anfang machte Castle Howard unweit von York, das von John Vanbrugh (1664–1726) – eigentlich ein Dramatiker – und Nicholas Hawksmoor (1661–1736) für den 3. Earl of Carlisle errichtet worden war. Hier buhlen eine Rotunde, ein Triumphbogen und ein Mausoleum um das Interesse des Besuchers. Zum Klassiker wurden die Gartenanlagen von Stowe, in denen der Maler, Architekt und Gartengestalter William Kent (1685–1748) eine Fülle solcher Bauwerke um die von ihm sanft in das Tal um eine Wasserfläche komponierten *Elysischen Gefilde* gruppierte. Jede Form der architektonischen Äußerung ist in diesen Anlagen zu finden: von Bauten, die sich an mittelalterlichen Vorbildern orientieren, bis zu Pavillons, deren Ursprung in den exotischen Fernen Asiens liegt. In England werden eine Reihe von Typen kodifiziert: Favoriten sind der Rundtempel, das Pantheon, der Obelisk und die Palladianische Brücke, die schon kurze Zeit später, immer wieder anders gestaltet, in den Gärten vom äußersten Westen Europas auf den Britischen Inseln bis hin zu den ambitionierten Anlagen der russischen Zaren auftauchen werden.

Dazwischen liegt – geographisch wie auch zeitlich – Frankreich und die Französische Revolution von 1789, die zwar die Kontinuität abrupt unterbrochen hat, jedoch mit der Revolutionsarchitektur und ihrer *architecture parlante* einen gewaltigen Entwicklungsschub gebracht hat. Nur wenige in dieser Zeit entstandene Entwürfe wurden umgesetzt – typisch dafür sind etwa die *Ruine einer Dorischen Säule* oder das *Zelt* im Désert de Retz –, ihre Bedeutung als Impulsgeber für kommende Entwicklungen ist jedoch gar nicht hoch genug einzuschätzen. In den königlichen Gartenanlagen von Haga und Drottningholm in Schweden waren Wach- und Versorgungsstellen in solchen von Louis Jean Desprez 1787 entworfenen „Zelten", Holzkonstruktionen mit einer bemalten Blechhülle, untergebracht.

Auf die Entwicklungen der französischen Revolutionsarchitektur hat in Wien Joseph Hardtmuth (1758–1816) reagiert: mit seinen kleinen, wohlproportionierten Voluptuarbauten, errichtet für die Familie Liechtenstein an der Wende vom 18. zum 19. Jahrhundert. In den Wäldern um die Schlösser Feldsberg und Eisgrub schufen er und seine Nachfolger viele Kleinarchitekturen, die selbst heute noch immer wieder überraschen: die *Kolonnade auf dem Reistenberg*, das *Rendezvous (Dianatempel)* bei Feldsberg, der *Apollotempel* am Ostende des Nimmersatt bei Eisgrub oder der *Tempel der Drei Grazien* bei Hlohovec. Nördlich von Brünn in Adamsthal stand eine als Ruine konzipierte *Kolonnade* (heute zerstört).

Das Maximum an Verrücktheit ist den Bauten mit islamischen oder ostasiatischen Vorbildern zuzusprechen, etwa in Eisgrub die *Moschee* und in den ebenfalls von den Liechtenstein besessenen Ländereien der Hinterbrühl südlich von Wien der *Trojanische Turm*, der kurz vor seiner Fertigstellung eingestürzt ist und danach durch Architekt Hardtmuth durch eine *Pyramide* ersetzt werden hätte sollen.

Vorbild für die fürstlichen Ausflüge in die Sphären des Islam war der Moscheebau, den Nicolas de Pigage (1723–1796) für Kurfürst Karl Theodor von der Pfalz (1779–1793) errichtete. Er war im Garten von Schwetzingen das monumentalste und kostspieligste der *follies* und setzte sich aus dem *Jardin Turc*, von einem Arkadengang eingefasst, und der *Moschee* zusammen. Der Wandelgang hatte eher den Charakter eines Kreuzgangs und bewahrte sich bis heute seine kontemplative Atmosphäre; der unabdingbare Brunnen fehlt ebenso wie Gebetsnische und Kanzel in der Moschee, die ihre Abhängigkeit von abendländisch-christlicher Architektur, der Wiener Karlskirche vor allem, nicht leugnen kann.

Vorangegangen ist diesen Bauten die siebengeschossige *Pagode von Chanteloup*, die Herzog Étienne-François de Choiseul (1719–1785) als *temple de fidélité* von 1773 bis 1778 im Zentrum seiner Gartenanlage hatte erbauen lassen. Sie ist einer der köstlichsten Schöpfungen des *jardin anglo-chinoise*, dem eine schier nicht überschaubare Zahl von solchen Bauten zu verdanken ist – von der hölzernen Pagode nach dem Entwurf von Sir William Chambers, die 1792 in Kew Gardens fertiggestellt worden ist, über die chinesischen Tempel, an denen es in Frankreich und Zentraleuropa nirgendwo mangelte, bis zu jenen Bauten, in denen heute in Laeken bei Brüssel die ostasiatischen Museen untergebracht sind: Der *Japanische Turm* entstand ursprünglich für die Weltausstellung in Paris 1900 und beeindruckte König Leopold II. von Belgien derart, dass er für den Garten des königlichen Schlosses eine Kopie in Auftrag gab. Ihm stellte er auch einen *Chinesischen Pavillon* zur Seite. Für beide wurden die Dekorationen von lokalen Künstlern angefertigt – für den Turm in Japan, für den Pavillon in Shanghai.

Wollen wir die Brücke bis herauf zur Gegenwart spannen, könnte man auch noch den *Chinagarten* am Zürcher See erwähnen, der dort als Geschenk der Stadt Kunming erst 1994 eröffnet wurde. Die nicht zu stoppende Verbreitung dieser Mode hat offensichtlich schon der Schriftsteller Sir Horace Walpole (1717–1797) vorausgesehen, der die Pagode von Kew Gardens von seinem Anwesen in Twickenham täglich erblickte und einem Freund klagte: „In a fortnight you will be able to see it in Yorkshire."

Ein nicht zu vergessendes Hauptwerk der Sehnsucht nach dem Osten ist der *Royal Pavilion* in Brighton, den der strenge Klassizist John Nash (1752–1835) ab 1787 für den Prince of Wales, den späteren König Georg IV. (1762–1830), errichtete: außen charakterisiert durch seine Kuppeln, die an indische Vorbilder erinnern, innen ein Eldorado chinoisen Ornaments. Einer ähnlich pittoresken Idee folgt der Sommerpavillon *The Pineapple* in Dunmore bei Edinburgh in Schottland, der die Form einer Ananas besitzt. Er wurde 1761 von John Murray (1730–1809), dem 4. Earl of Dunmore, nach seiner Rückkehr aus Virginia beauftragt, wo er als letzter britischer Gouverneur fungiert hatte. In Dunmore züchtete er in Glaskästen entlang der Mauer links und rechts des *Pineapple* Ananas, wir müssen uns die Kultur ähnlich vorstellen wie die Feigen- und Weinzucht am Schlosshügel von Sanssouci.

Die Krone an Verrücktheit kann man der Anlage des *Parque Nacional do Buçaco* aufsetzen, ab 1887 für den portugiesischen König Karl I. (1863–1908) neben der Ruine eines kleinen Karmeliterklosters durch den italienischen Theaterarchitekten Luigi Manini (1848–1936) im neomanuelinischen Zuckerbäckerstil ziseliert. Die Gotik des Mittelalters und die Exotik finden hier zu jener Nähe, die am Beginn des englischen Landschaftsgartens im Vereinigten Königreich existierte. Dort setzt die Wiederbesinnung auf die eigene Vergangenheit in der Architektur schon in den 1720er und 1730er Jahren mit Entwürfen zu Gartengebäuden ein, die der Landschafts- und Gartendesigner Batty Langley (1696–1751) später in seiner *Ancient Architecture* (1741/42) auch publizierte. In Painshill (Surrey) entstand mit *The Gothic Temple* um 1745 ein Gartenpavillon, der sich schon an jenen Vorbildern orientierte. Etwa zur selben Zeit, ab 1741, war mit *The Gothic Temple (The Temple of Liberty)* in Stowe schon ein wesentlich größeres Gebäude entstanden, das ganz bewusst auf die Formen der Gotik zurückgriff. Sein Architekt ist der in Rom im Sinne des Klassizismus trainierte James Gibbs (1682–1754), Architekt von *St. Martin in the Fields* am Trafalgar Square in London.

In Deutschland ist eine der Initialzündungen für diesen Griff in den Fundus des Mittelalters das *Gotische Haus* in Wörlitz. Es wurde in der Zeit von 1773 bis 1813 in mehreren Bauphasen nach Plänen von Friedrich Wilhelm von Erdmannsdorff (1736–1800) und Georg Christoph Hesekiel (1732–1818) errichtet. Ursprünglich als Gärtnerwohnung konzipiert, wurde es von 1785 bis 1813 als privates Refugium von Fürst Leopold III. Friedrich Franz von Anhalt-Dessau (1740–1817), seiner ihm morganatisch angetrauten Frau, der Gärtnerstochter Luise Schoch, und den drei gemeinsamen Kindern genützt. Die Idee für das *Gotische Haus* beruht auf dem englischen Landsitz von Sir Horace Walpole in Strawberry Hill nahe Twickenham an der Themse, das Leopold III. Friedrich Fürst Franz 1764 besucht hatte.

So wurden die Gartenarchitekturen, vor allem die *follies*, zu einem Versuchsfeld für die Baukunst. Sie zeigen die Vielfalt, die schon früh im 18. Jahrhundert möglich gewesen und auch gefördert worden ist. Verständlich, dass man sich an Neues vor allem in diesem kleineren Maßstab herangewagt hatte – und nicht gleich bei den ungleich teureren Schlössern und Residenzen.

Links (von oben nach unten):
Die schöne Sinesische Pagode vor dem Stättlein SinKicien in der Provinz Kantum gelegen
Eine der Wundersamen Ketten-Brücken in Sina
Sinesische Triumpfbogen, deren eine Menge in den grossen Stätten zu sehen
Sinesische durch Kunst gemachte Lustberge, und Höhlen mit Zimmern, Stieg, Teichen etc.
Aus: Johann Bernhard Fischer von Erlach. Entwurff einer Historischen Architektur. 1721.
Kupferstiche

Unten: Zwei Halbansichten Chinesischer Tempel
Aus: William Chambers. Traité des édifices, meubles, habits, machines et utensiles des Chinois. 1776. Kupferstich

Chinesisches Schloss und Pavillons im Park von Drottningholm Slott
Drottningholm bei Stockholm (Schweden)
Für Adolf Friedrich von Schweden nach Plänen von Carl Fredrik Adelkrantz
1753–1769 errichtet

Decke mit chinoiser Groteskenmalerei im Gabinetto verso Levante alla China des Appartamento di Sua Maestà der Villa della Regina
Turin (Piemont, Iralien)
Ab 1692 im Besitz von Anne Marie d'Orléans, Gemahlin von Victor Amadeus II., Herzog von Savoyen. Beginn erster raffinierter Arbeiten an der Innenausstattung, fortgesetzt nach neuem Besitzerwechsel 1728 unter iher Tochter Maria Adelaide. Gesamtkonzept in dieser Phase von Filippo Juvara mit Giovanni Pietro Baroni di Travigliano, Pietro Massa und Werkstatt

Links und rechte Seite: Chinesisches Teehaus im Schlosspark Sanssouci
Potsdam (Brandenburg, Deutschland)
Durch Johann Gottfried Büring nach Skizzen Friedrichs des Großen 1754–1757 errichtet. Die Skulpturen der Gruppe Tee trinkender Chinesen und die Geigenspielerin von Johann Gottlieb Heymüller, die restlichen von Johann Peter Benker

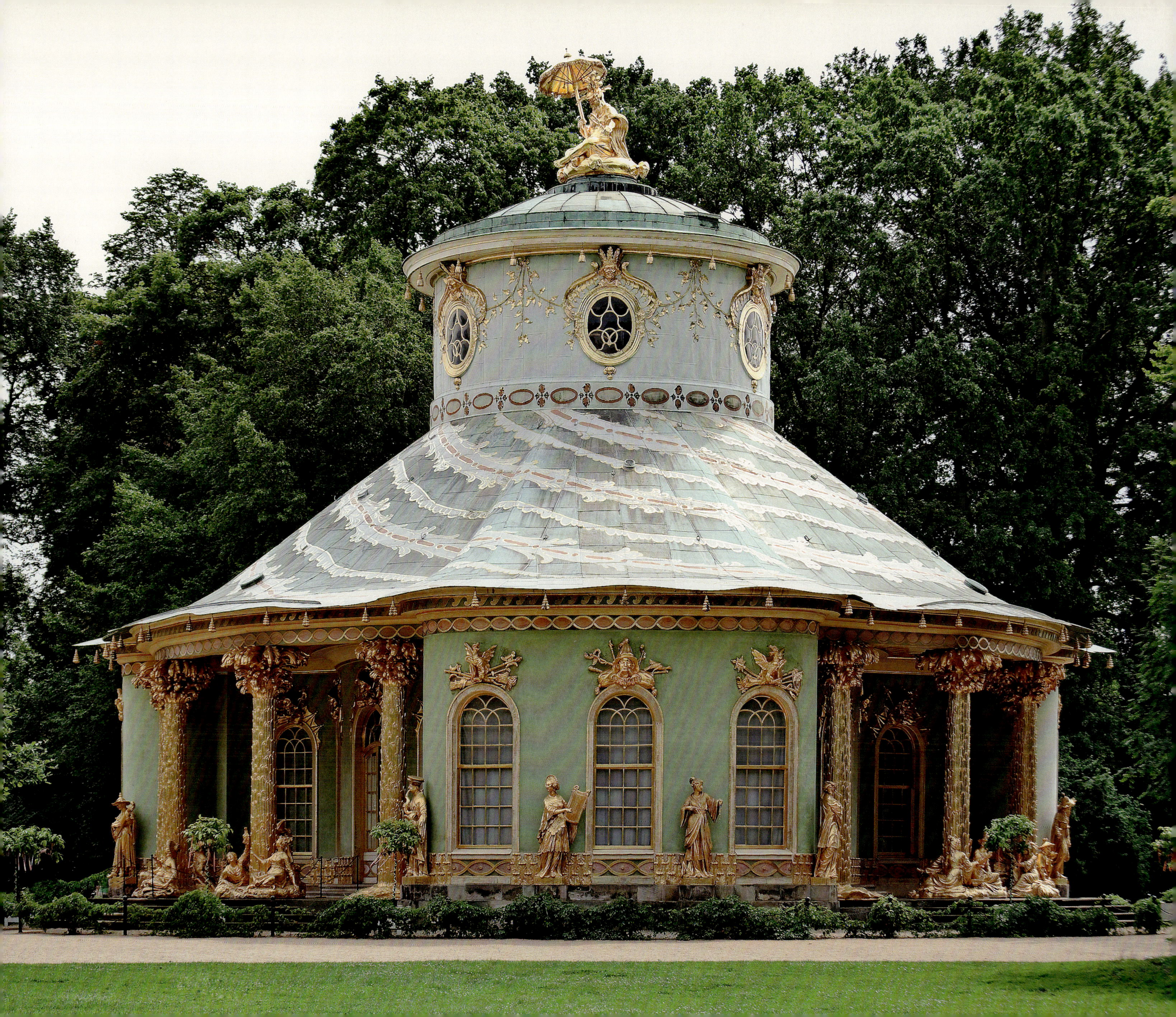

Links: Chinesische Pagode in den Royal Botanic Gardens
Kew, Richmond (Surrey, England)
Durch William Chambers 1762 errichtet

Unten: Englisch-chinesischer Garten von Schloss Oranienbaum mit Pagode
Oranienbaum (Sachsen-Anhalt, Deutschland)
Umwandlung des barocken Inselgartens in einen englisch-chinesischen Landschaftsgarten mit einer Pagode, einem Teehaus und mehreren Bogenbrücken unter Fürst Leopold III. Friedrich Franz von Anhalt-Dessau im 4. Viertel des 18. Jahrhunderts

Pagode im Park des ehemaligen Schlosses von Chanteloup
Chanteloup (Loire, Frankreich)
Durch Herzog Choiseul als Mittelpunkt des Parks nach dem Vorbild der
Pagode in Kew Gardens im Rahmen eines groß angelegten Schlossprojekts
1775–1778 errichtet. Schloss 1823 durch Brandstiftung zerstört

Links: Zypressenhain auf einer Wandbekleidung mit Fliesen aus Iznik, Topkapi-Sarayl, Harem
Istanbul (Türkei)
17. Jahrhundert

Unten: Frühstückspavillon (Iftariye-Pavillon), Topkapi-Sarayl
Istanbul (Türkei)
17. Jahrhundert

Frühstückspavillon und Bagdad-Pavillon, Topkapi-Sarayl
Istanbul (Türkei)
17. Jahrhundert

*Türkischer Pavillon, Chinesische Pagode,
Dianatempel und Chinesische Brücke im
Parco Durazzo Pallavicini
Genua-Pegli (Ligurien, Italien)
Durch den Bühnenbildner Michele Canzio für
Marchesa Clelia Durazzo 1840–1857 errichtet*

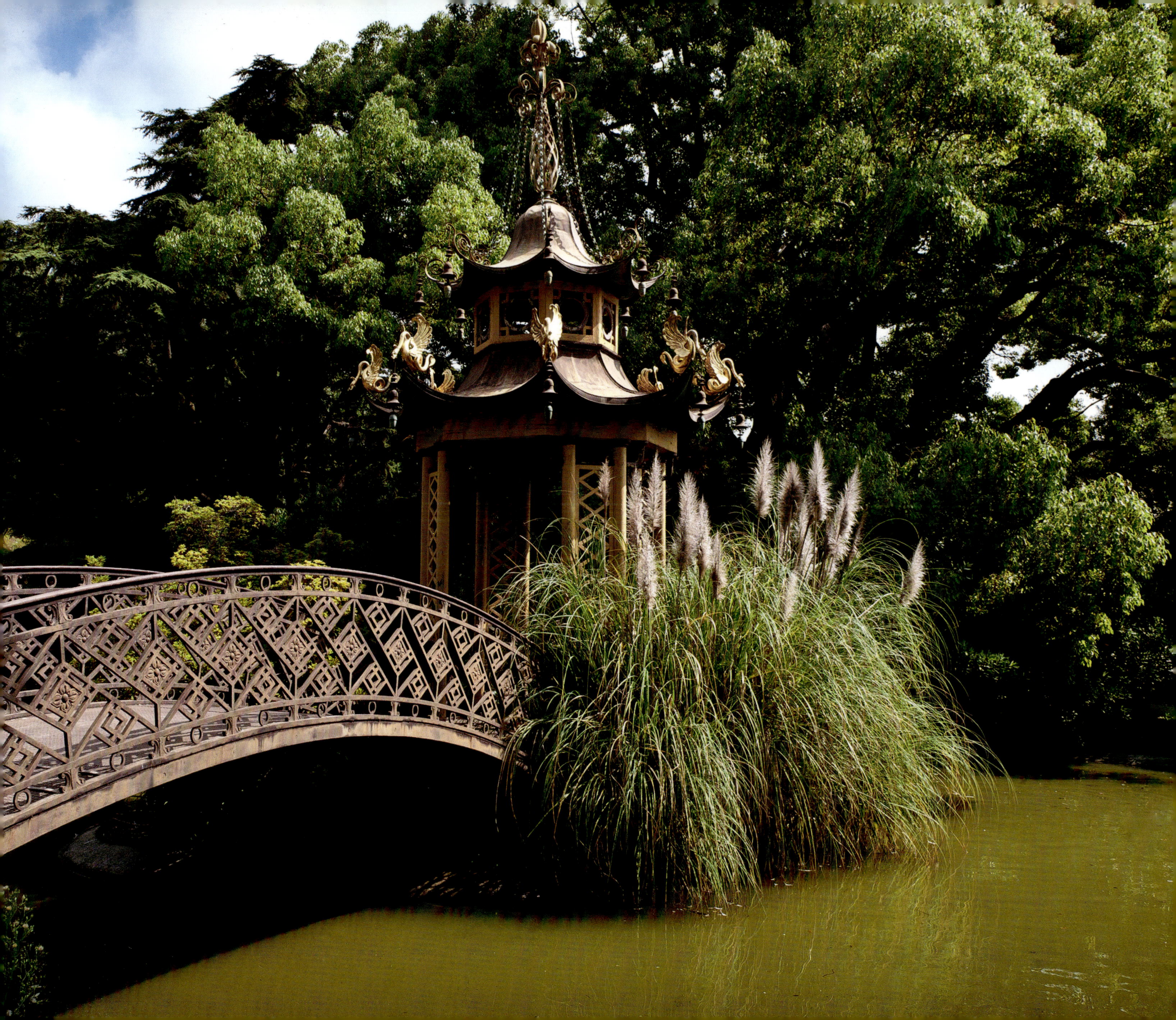

Moschee im Schwetzinger Schlosspark
Schwetzingen (Baden-Württemberg, Deutschland)
Errichtet für Kurfürst Karl Theodor von der Pfalz
durch Nicolas de Pigage. Im Osten kreuzgangförmiger
Wandelgang um einen grünen Hof (1779–1784), im Westen
Zentralbau der Moschee mit zwei Minaretten (1782–1786)

Links: Blick in den Kuppelraum der Moschee

Unten: Blick in den Hof mit den Wandelgängen

Rechts: Die Moschee mit den Wandelgängen

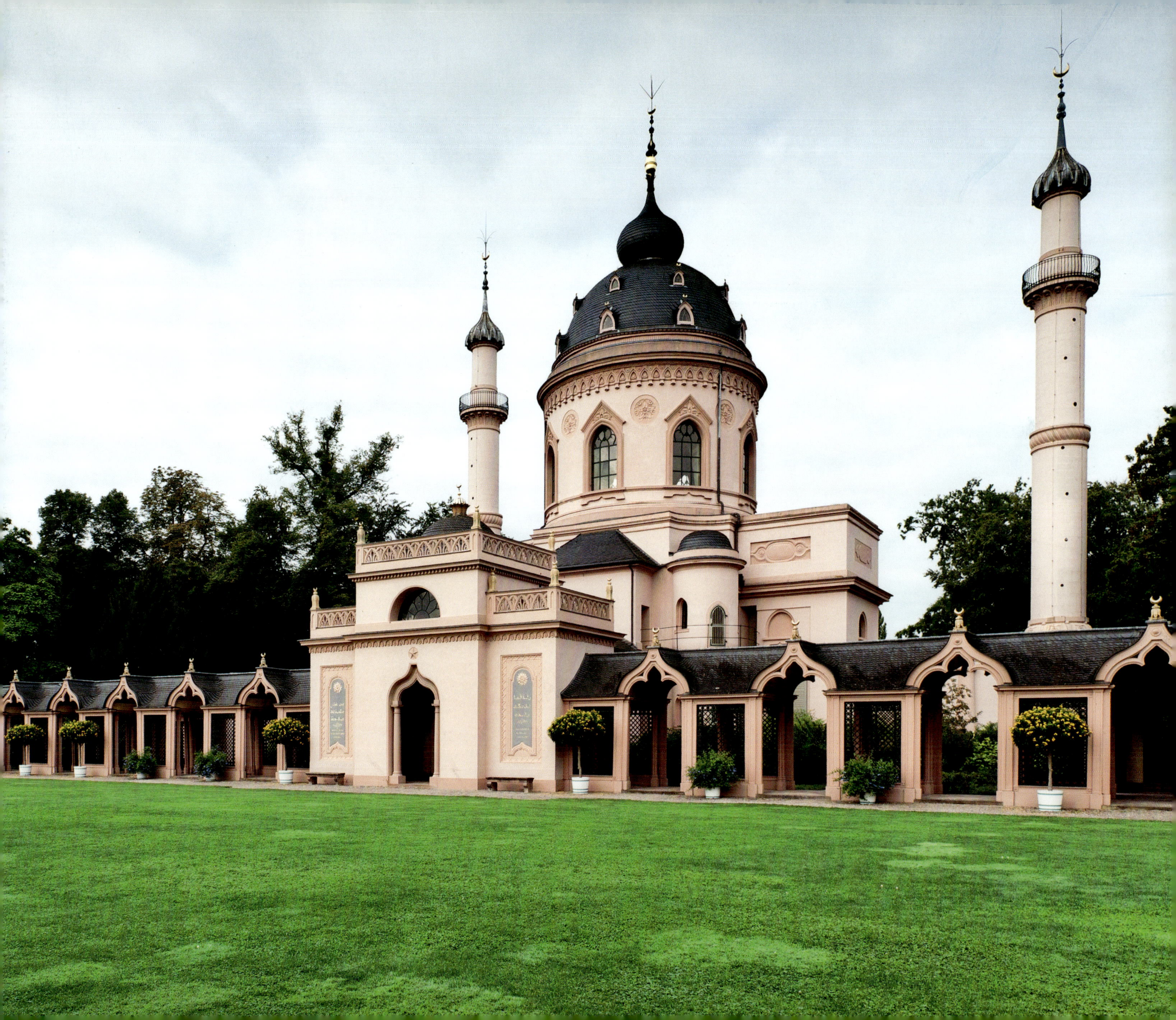

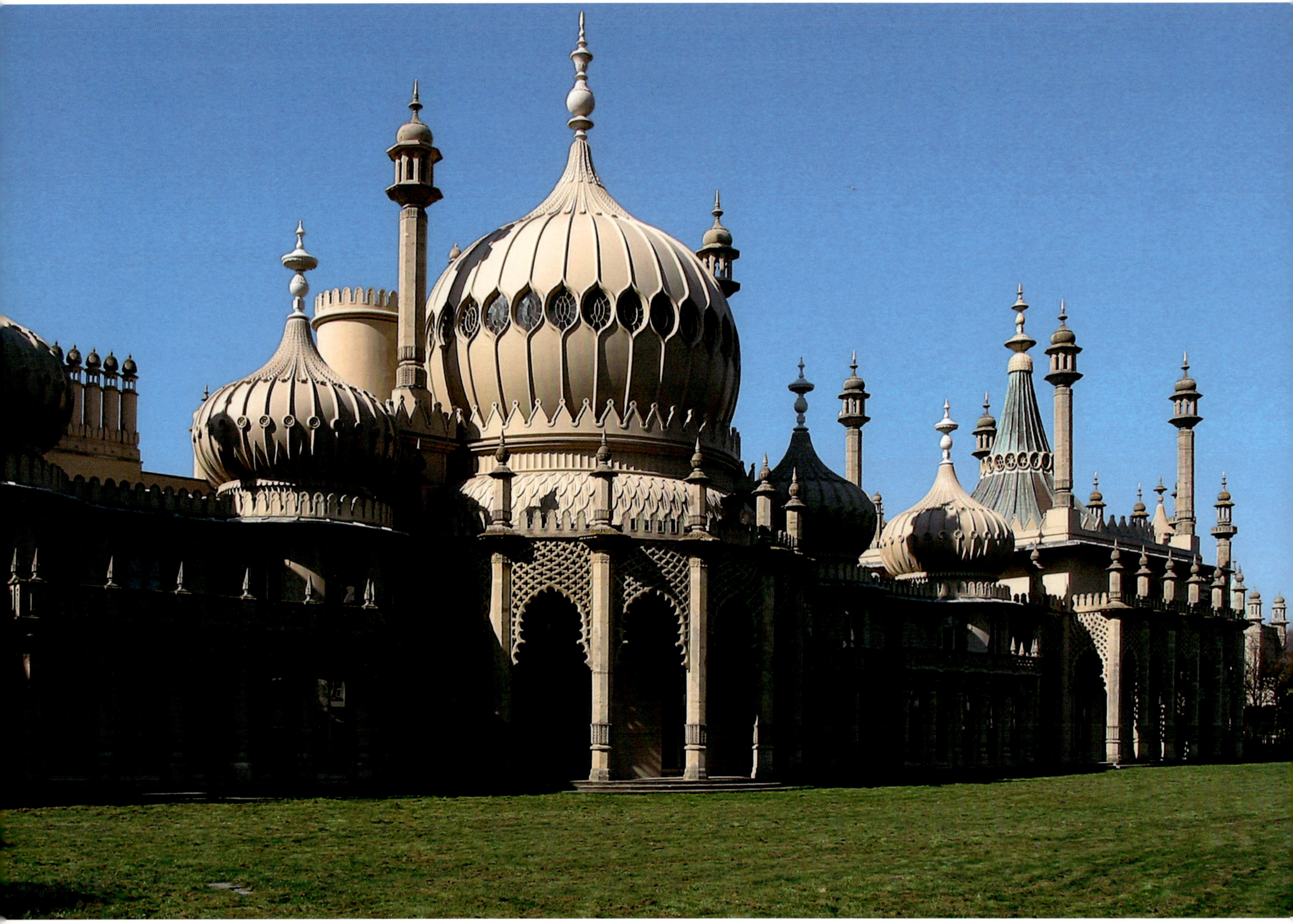

Linke Seite: Royal Pavillon
Brighton (Sussex, England)
Durch John Nash für Georg, Prince of Wales (als König Georg IV.; ab 1811 Regent)
1815–1822 errichtet. Vorbild für den Außenbau waren indische Mogulpaläste.
Innenausstattung mit Reminiszenzen an China

Unten: Schloss auf der Pfaueninsel
Potsdam (Brandenburg, Deutschland)
König Friedrich Wilhelm II. kaufte die Insel in einem der Arme der Havel 1793 und
ließ dort 1794–1796 durch den Hofzimmermeister Johann Gottlieb Brendel das
Lustschloss errichten

Der Türkische Turm im Schlosspark von Eisgrub (Valtice)
Eisgrub (Valtice, Südmähren, Tschechien)
Durch Joseph Hardtmuth für Fürst Alois I. von Liechtenstein 1797–1802 errichtet

Links: Blick auf den Türkischen Turm

Unten: Bleisiftzeichnung von Joseph Hardtmuth mit dem ersten Projekt für den Türkischen Turm mit vier flankierenden Pavillons

Rechte Seite links: Entwurf einer Trajanischen Säule auf dem Anninger bei Mödling. Lavierte Feder- und Bleistiftzeichnung auf Papier von Joseph Hardtmuth, Fürstlich Liechtensteinischer Baudirektor, für Fürst Johann I. von Liechtenstein, 1811. Das Bauwerk wurde im selben Jahr realisiert und ist unmittelbar danach eingestürzt

Rechte Seite rechts: Entwurf einer Pyramide auf dem Anninger bei Mödling als Ersatz für die eingestürzte Trajanische Säule. Lavierte Feder- und Bleistiftzeichnung von Joseph Hardtmuth, Fürstlich Liechtensteinischer Baudirektor, für Fürst Johann I. von Liechtenstein, 1811

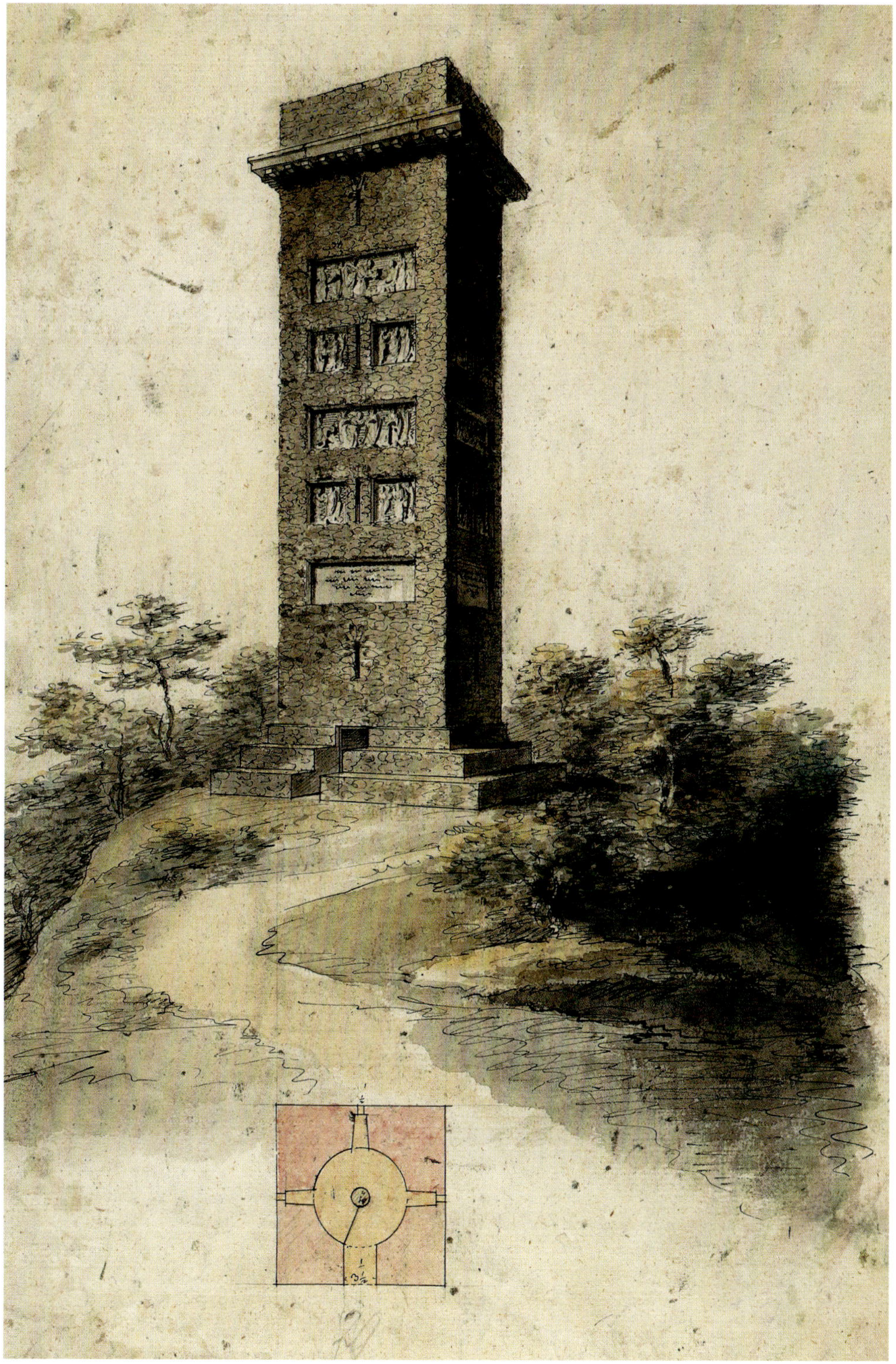

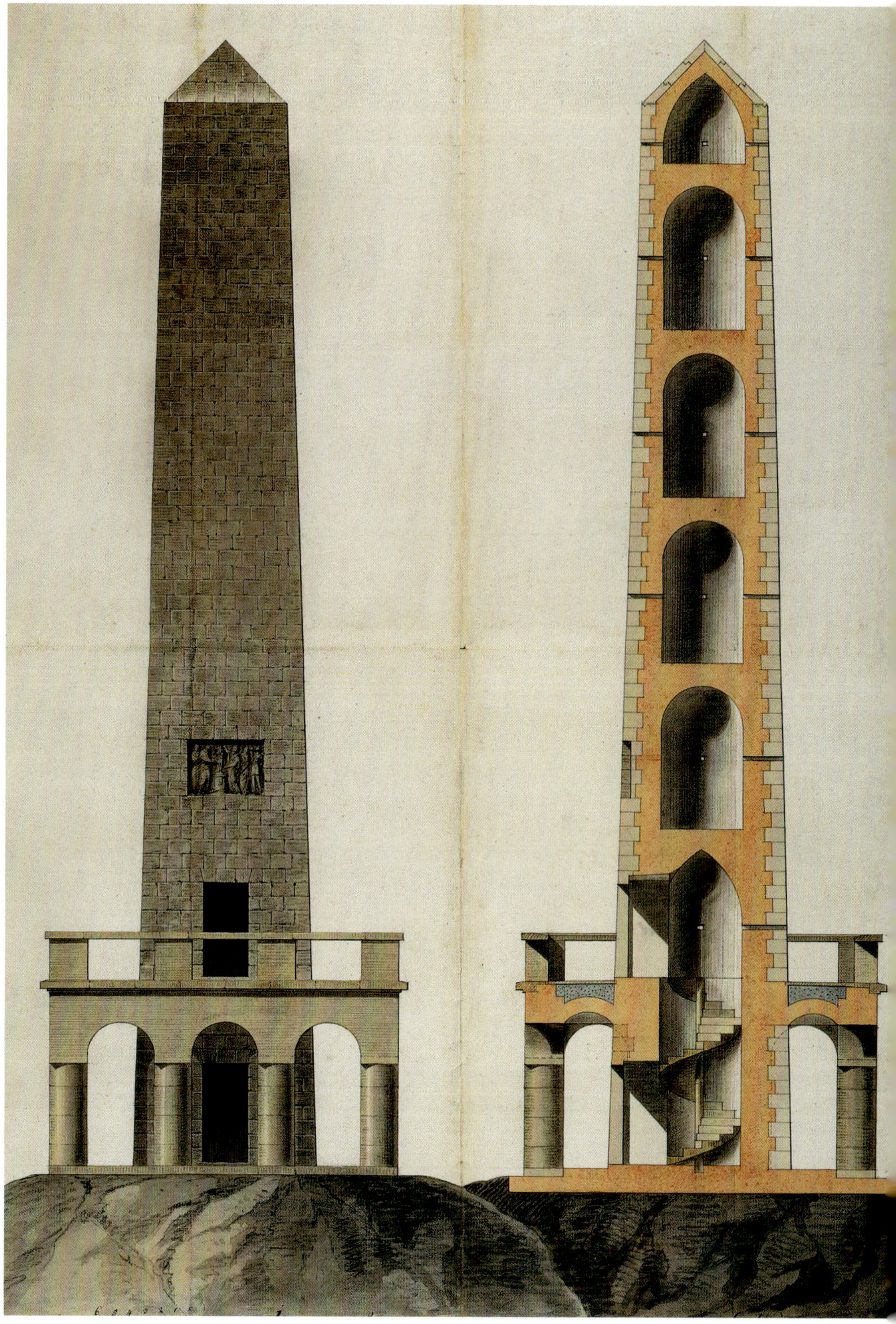

The Pinapple im Dunmore Park
Dunmore (Schottland)
Errichtet 1761 durch einen uns unbekannten Architekten
für John Murray, 4. Earl of Dunmore

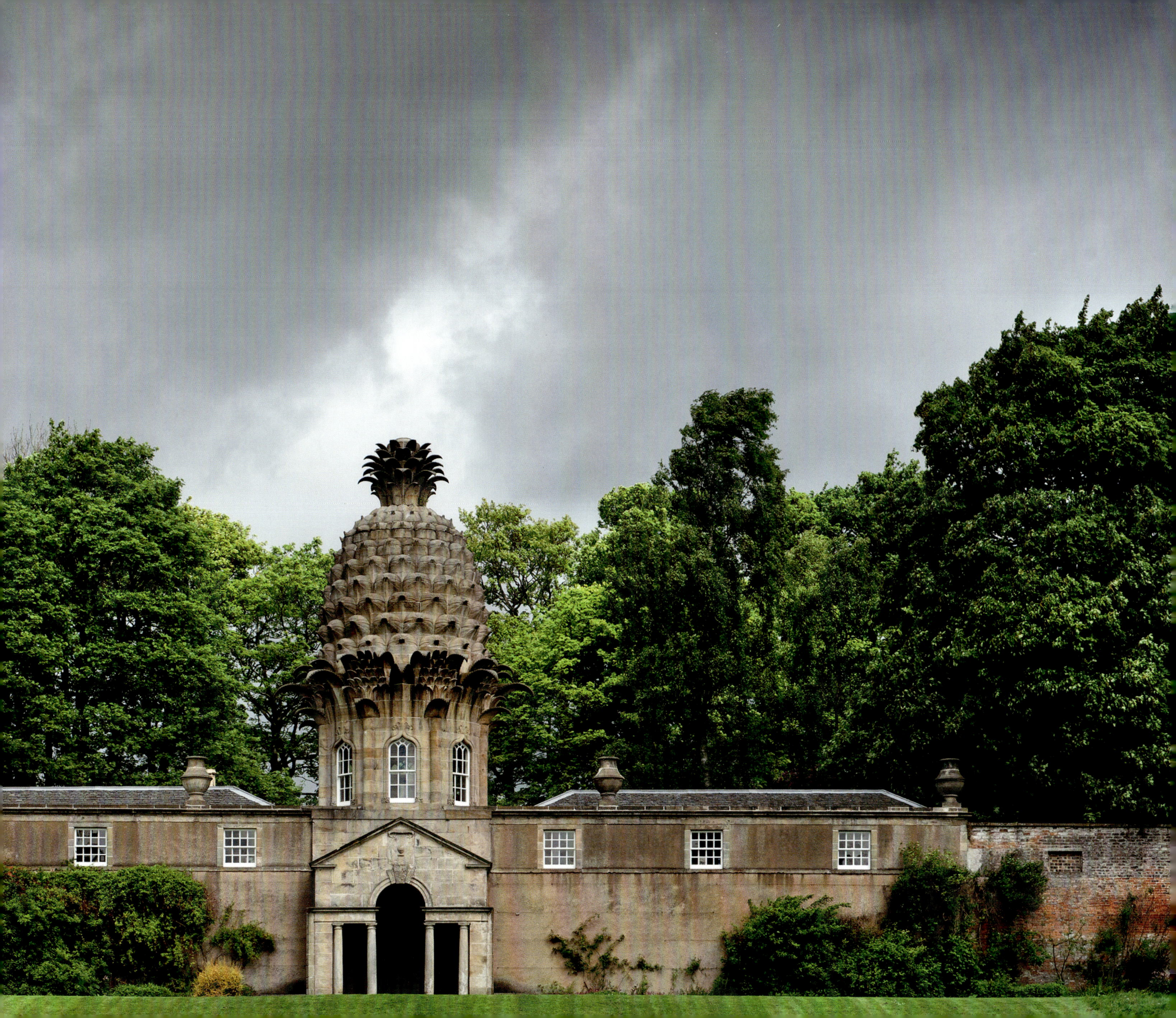

Unten: Zelt der Wachen im Haga Slott
Haga bei Stockholm (Schweden)
Errichtet 1787/90 durch Louis Jean Desprez für König Gustav III.

Rechts: Zelt der Wachen im Drottningholm Slott
Drottningholm bei Stockholm (Schweden)
Errichtet 1781/82 durch Carl Fredrik Adelcrantz und
Louis Jean Desprez für König Gustav III.

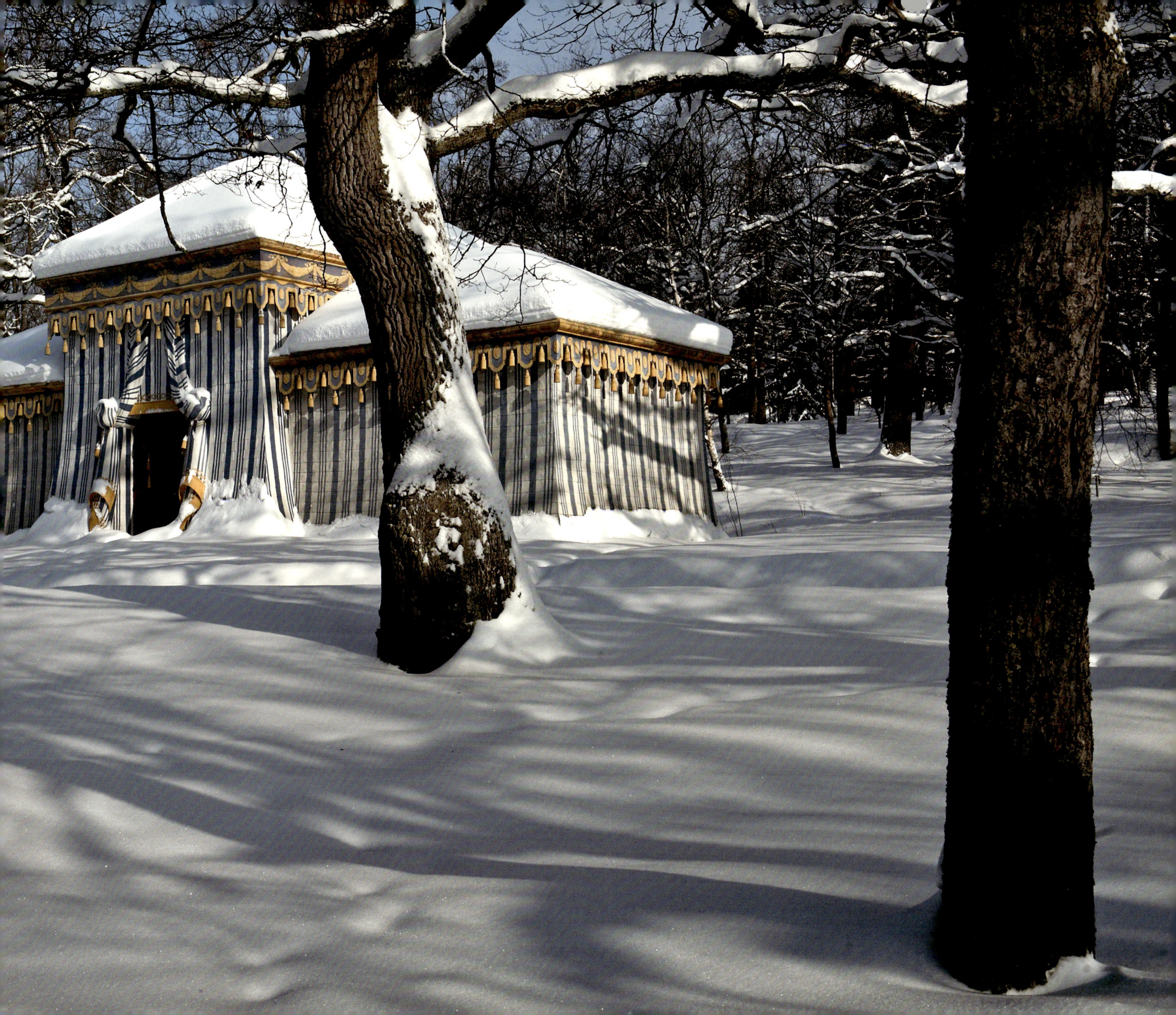

*Links und rechts: Monopteros im Parco Querini
Vicenza (Veneto, Italien)
Ursprünglich Park des Palazzo Capra-Querini
und umschlossen von der gotischen venezianischen
Stadtmauer und den Flüssen Bacchiglione und
Astichello. Im Mittelpunkt die kleine Insel mit dem
Monopteros von Antonio Piovene, 1820*

*Unten: Labyrinth im Park der Villa Pisani
Stra (Veneto, Italien)
Labyrinth mit neun konzentrischen Kreisen aus
Buchsbaumhecken um einen Orientierungs- und
Aussichtsturm mit einer Statue der Minerva,
1720/21*

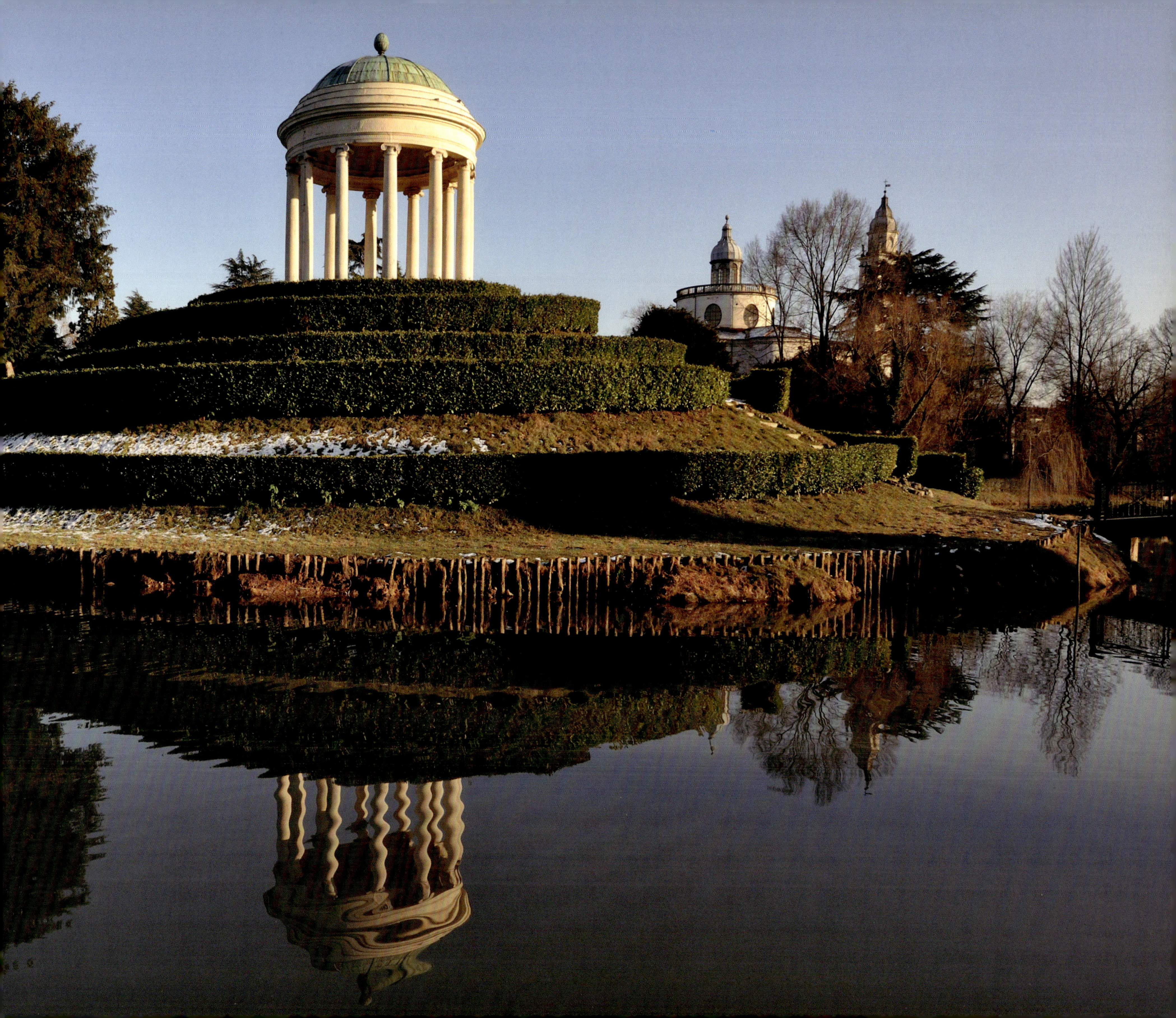

Links: Fasanenschlösschen
Moritzburg (Sachsen, Deutschland)
Errichtet 1769–1782 durch Johann Daniel Schade und Johann Gottlieb Hauptmann
für Kurfürst Friedrich August III. 1775/76 werden die Mole und der Leuchtturm,
der Hafen und die Dardanellen angelegt

Unten: Schloss Favorite
Ludwigsburg (Baden-Württemberg, Deutschland)
Errichtet 1717–1723 durch den Hofbaumeister Donato Giuseppe Frisoni
für Herzog Eberhard Ludwig

Apollotempel im Schwetzinger Schlosspark
Schwetzingen (Baden-Württemberg, Deutschland)
Auf einem künstlichen Felsen durch Nicolas de Pigage 1762–1775
für Kurfürst Karl Theodor von der Pfalz errichtet. Skulpturen von
Peter Anton von Verschaffelt, 1773

*Rechts und unten: Belvedere im Park der
Villa Pisani
Stra (Veneto, Italien)
Errichtet ab 1720 durch Girolamo Frigimelica
de' Roberti für Alvise und Almorò Pisani*

*Rechte Seite oben: Haus der Laune im Schlosspark von Laxenburg
Laxenburg bei Wien (Österreich)
Errichtet vor 1798 durch Johann Ferdinand Hetzendorf von Hohenberg
für Maria Theresia*

Links: Entwurf für die Ausstattung des Musikzimmers

*Rechts: Das Haus der Laune in dem K. K. Lustgarten zu Laxenburg.
Studie für die Stichedition von Laurenz Janscha, um 1800*

*Rechte Seite unten: Taubenhaus im Schlosspark von Schönbrunn
Wien-Hietzing (Österreich)
Errichtet 1772–1780 durch Johann Ferdinand Hetzendorf von
Hohenberg für Maria Theresia*

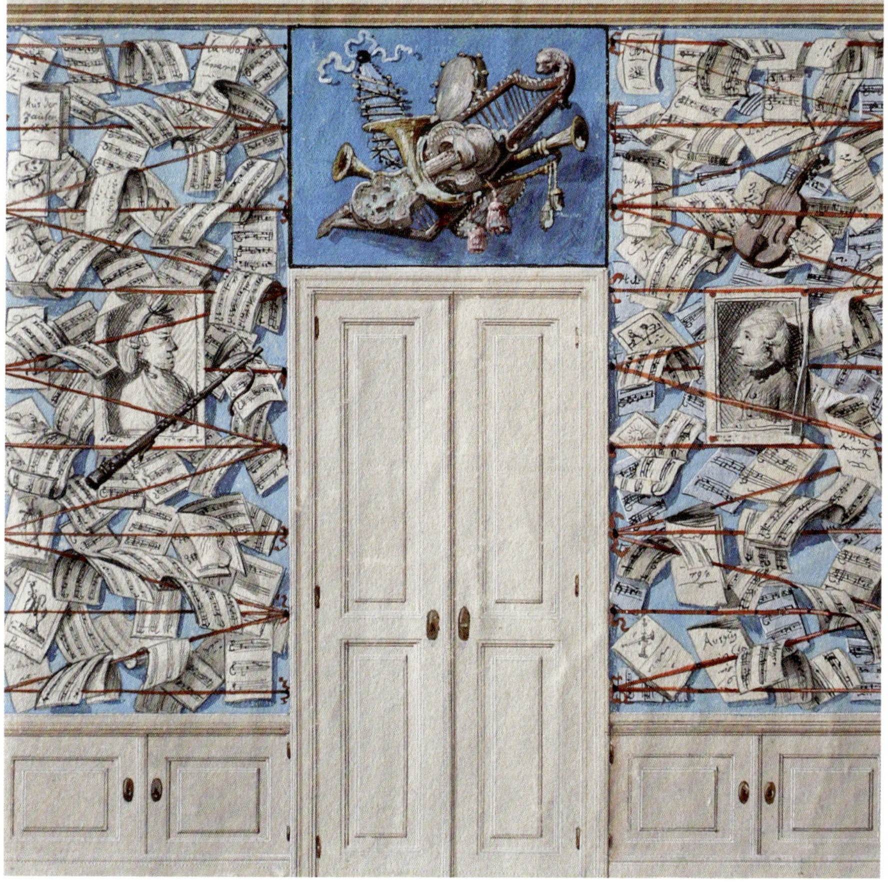

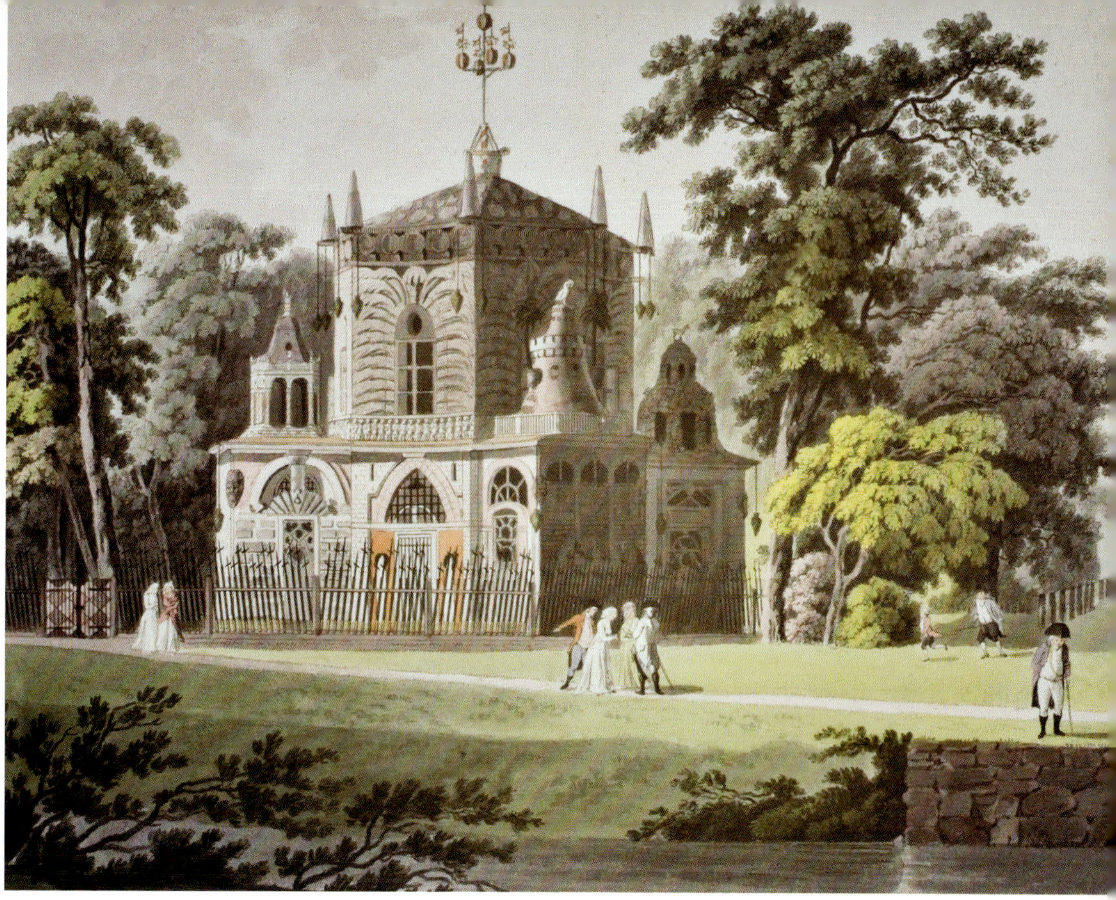

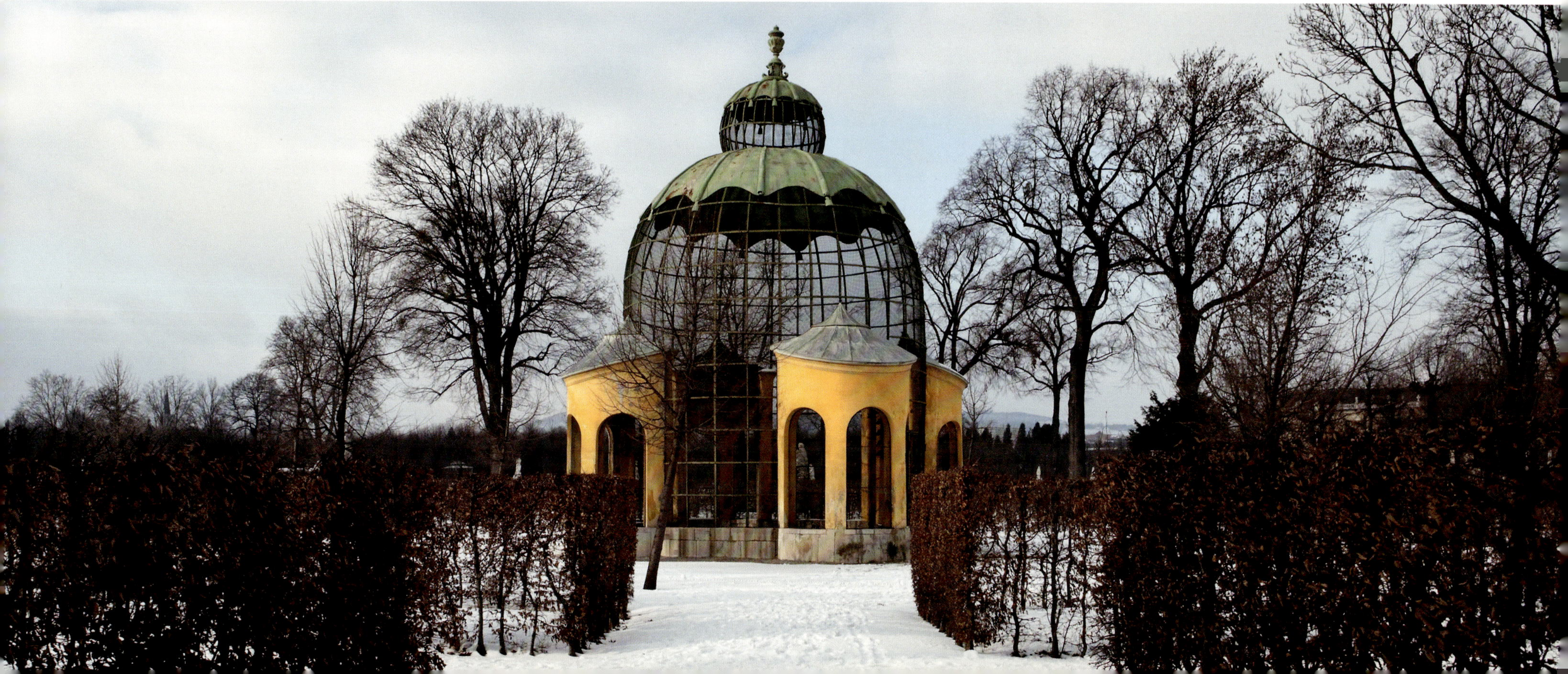

Unten: Entwürfe zu einem der Fischerhäuser für das Fischerdörfel im Schlosspark von Laxenburg
Laxenburg bei Wien (Österreich)
Entstanden im Auftrag der zweiten Gemahlin von Kaiser Franz I., Maria Theresa von Neapel-Sizilien.
Unbekannter Aquarellist, um 1798

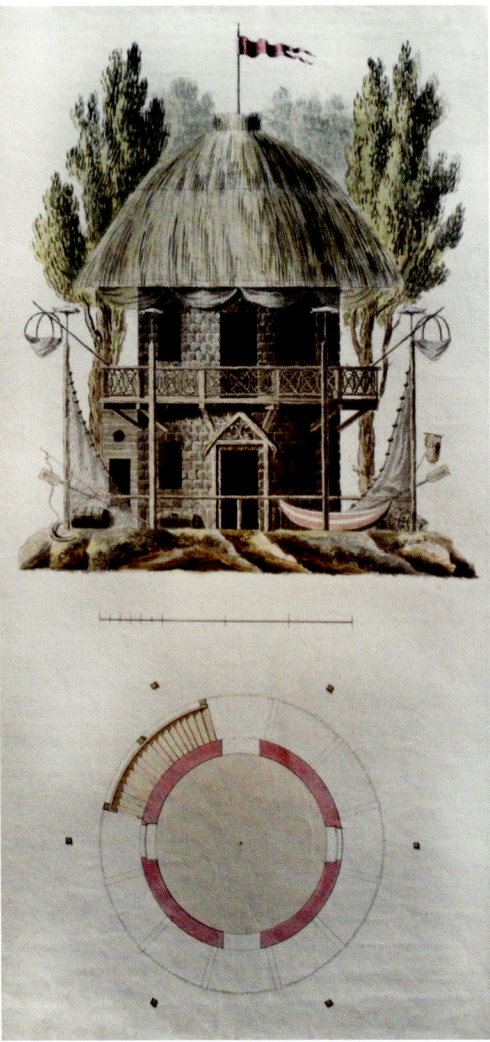

Rechte Seite, links oben: Blick vom Cobenzl gegen Wien (Österreich)
Nach der Aufhebung des Jesuitenordens 1773 Umbau der Jesuitenhäuser auf dem Reisenberg zu einem Schloss und Anlage eines weitläufigen Gartens mit der Öffentlichkeit zugänglicher Meierei durch Graf Johann Philipp Cobenzl. Aquarell über Bleistift von Laurenz Janscha, um 1796

Rechte Seite, links Mitte: Der Gotische Tempel auf dem fürstlich Gallitzin'schen Landgute auf dem Predigtstuhl bei Wien (Österreich)
In den 1780er Jahren Erwerb von weitläufigen Besitzungen durch den russischen Botschafter in Wien, Demetrius Michailowitsch Gallitzin, auf dem Predigtstuhl. Ab 1785 Bau des Schlosses und Anlage eines weitläufigen Landschaftsgartens mit einer künstlichen römischen Ruine und zwei Rundtempeln in gotischen und antiken Formen. Aquarell über Bleistift von Laurenz Janscha, um 1790

Rechte Seite, links unten: Das Holländer Dörfchen (Hameau) in Neuwaldegg bei Wien (Österreich)
1765 Erwerbung der Herrschaft Neuwaldegg durch Feldherr Franz Moritz von Lacy. Anschließend Anlage eines englischen Gartens (fertiggestellt 1796) mit dem Hameau mit 17 einfachen Hütten auf dem höchsten Punkt zur Unterbringung von Lacys Gästen. Aquarell über Bleistift von Laurenz Janscha, um 1790

Rechte Seite, rechts: Zwei Ansichten des Rosenbaum'schen Gartens in Wien (Österreich)
Architektonische Entwürfe von Josef Kornhäusel für Josef Karl Rosenbaum. Rosenbaum stand im Dienst der Familie Esterházy, den er nach seiner Heirat quittieren musste. Danach legte er 1816 seinen Garten an (größere Veränderungen 1826), der zu einem Zentrum des Wiener Gesellschaftslebens wurde. Kolorierte Umrissradierungen von Eduard Gurk, um 1820

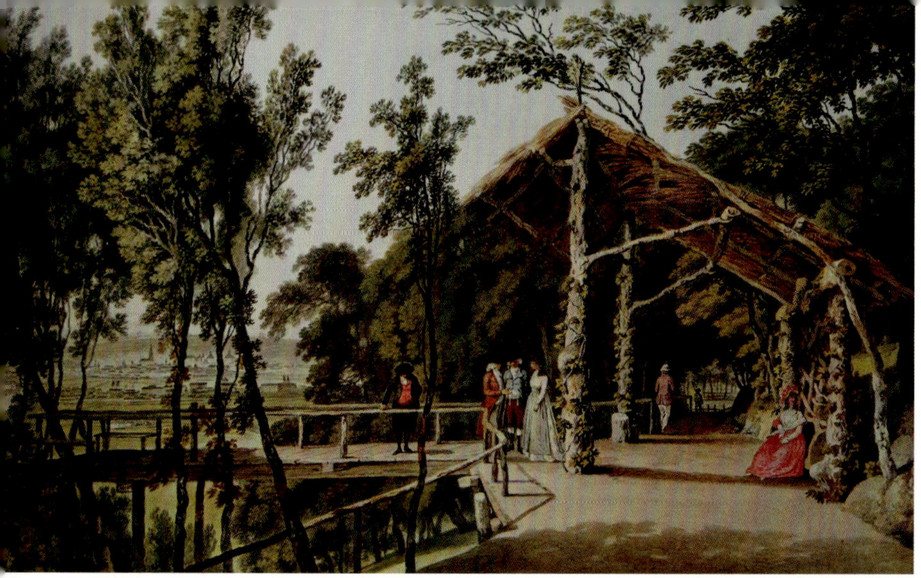
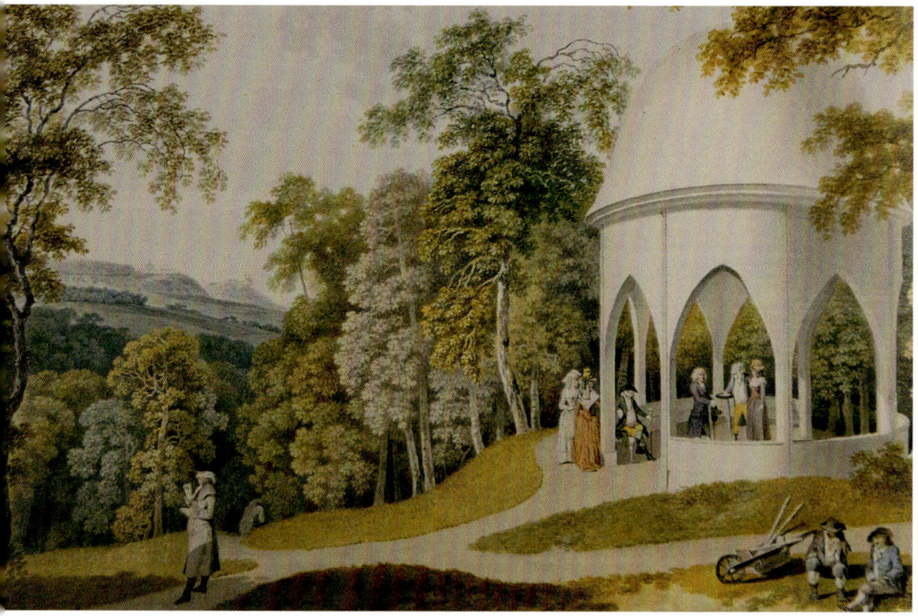
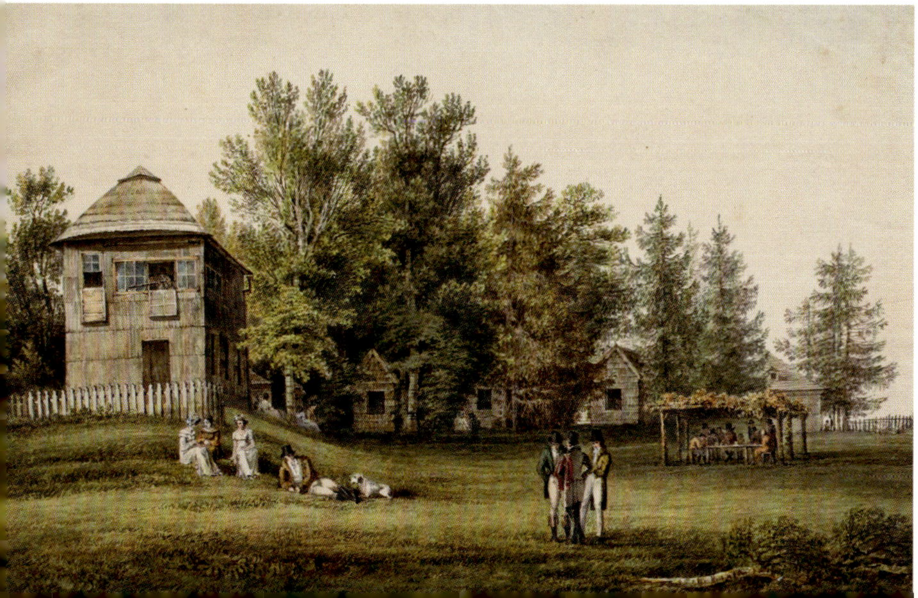
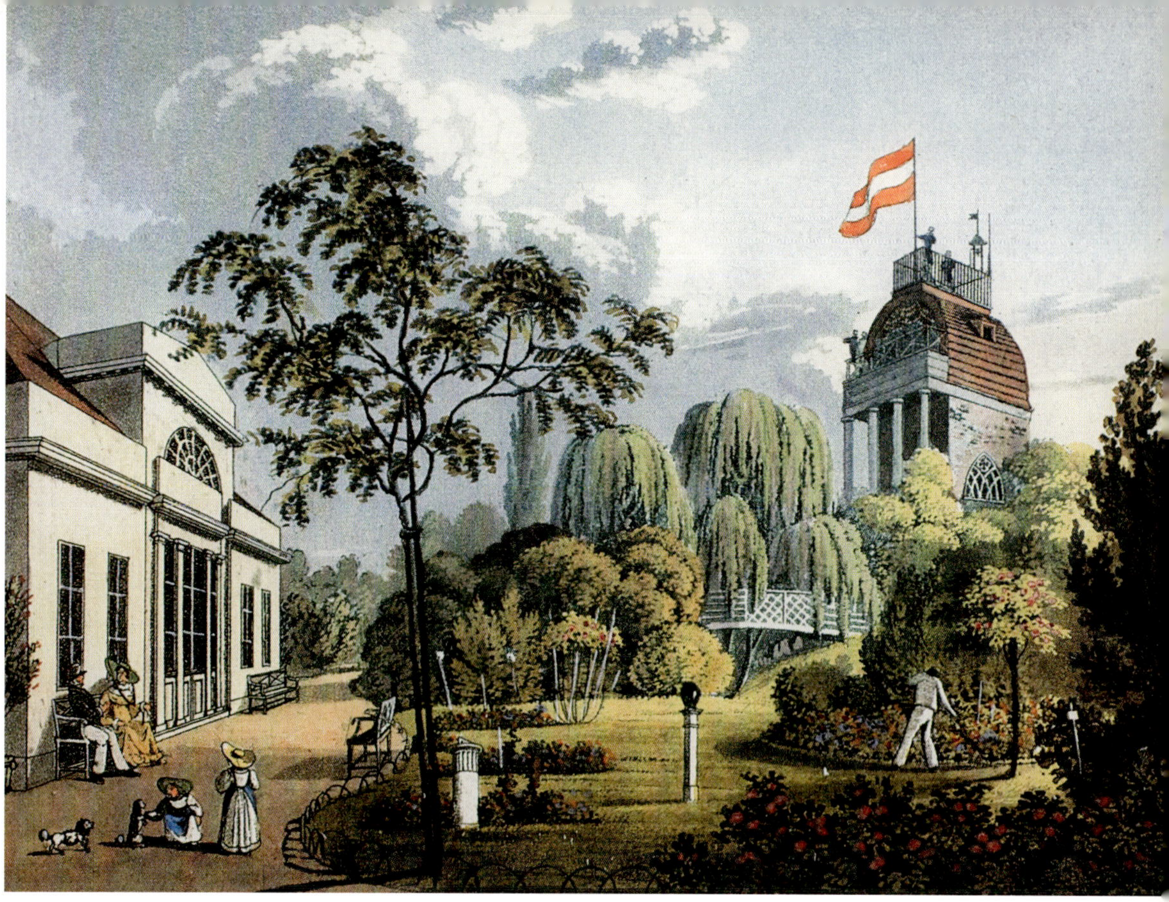
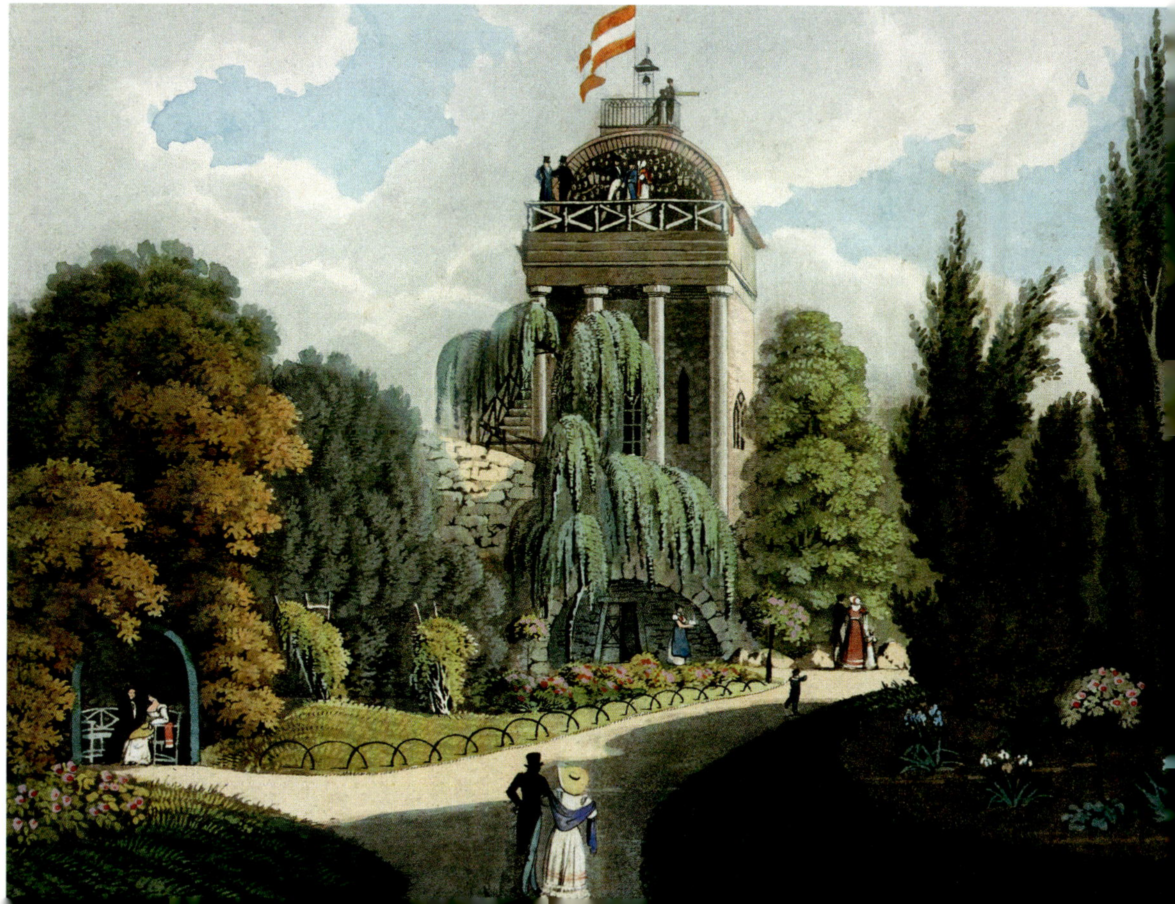

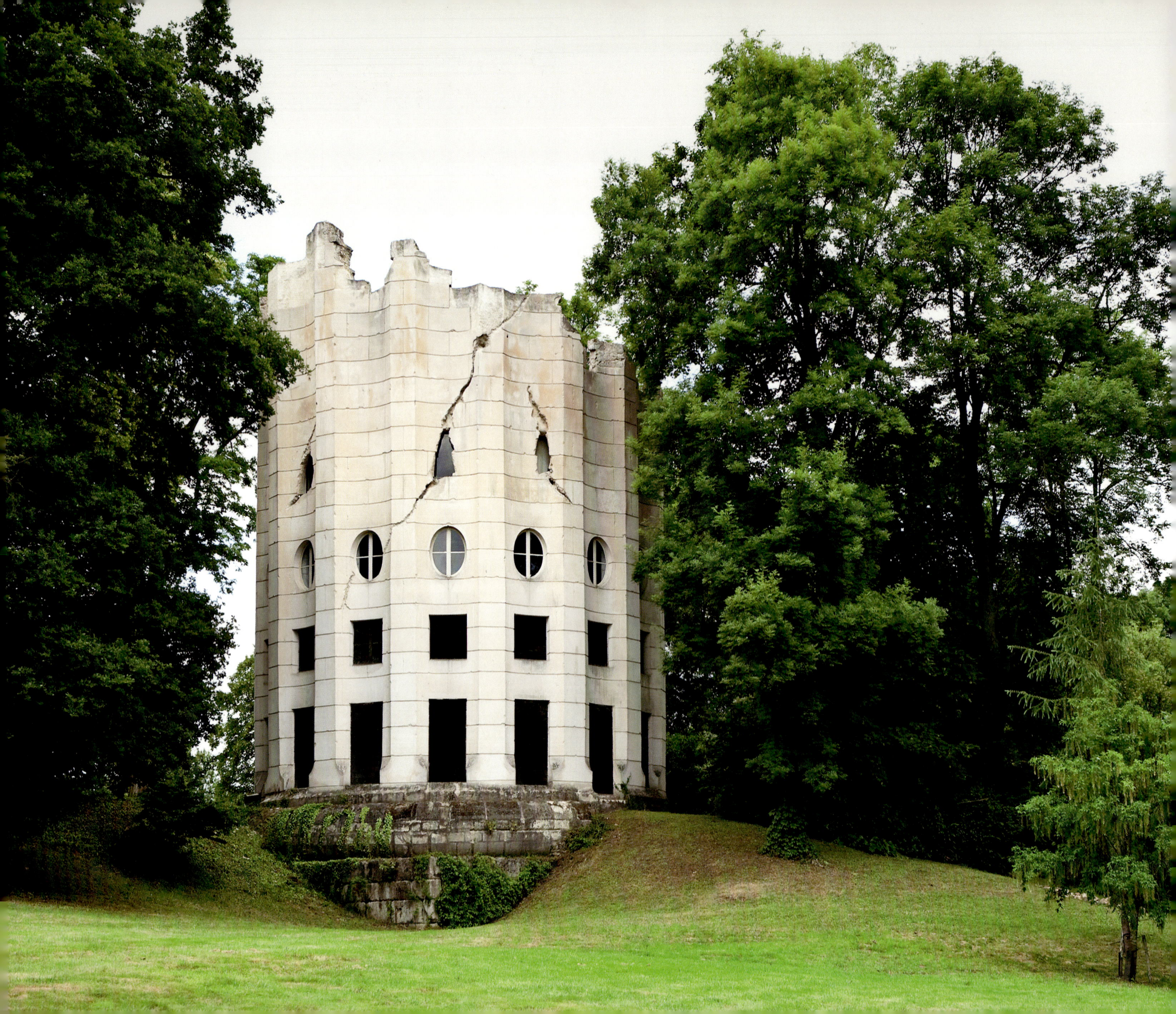

Unten Links: Star Pyramid auf dem Friedhof von Stirling
Stirling (Schottland)
Neben dem alten Talfriedhof mit den Gräbern der Handwerker wurde 1863 Drummond's Pleasure Ground mit der monumentalen Pyramide im Auftrag von William Drummond durch William Barclay als Erinnerung an Heroen und Märtyrer der Presbyterianer errichtet

Linke Seite und ganz unten: Dorische Säule (La Colonne, 1781) und Pyramide im Désert de Retz
Chambourcy bei Paris (Ile-de-France, Frankreich)
Für François Nicolas Henri Racine de Monville durch Nicolas François Barbier ab 1774 angelegt

Unten Mitte: Pyramide im Parc Monceau
Paris (Ile-de-France, Frankreich)
1769 Eröffnung der ersten durch Louis Carmontelle gestalteten Parkanlage Louis-Philippe-Josephs, Herzog von Orléans und Chartres. 1785–1788 durch den schottischen Gartenarchitekten Thomas Blaikie Umgestaltung zum englischen Landschaftspark und Errichtung zahlreicher Kleinarchitekturen

Unten rechts: Pyramide am Marmorpalais im Neuen Garten
Potsdam (Brandenburg, Deutschland)
Für Friedrich den Großen durch Andreas Krüger und Carl Gotthard Langhans 1791/92 errichtet

Links und unten: Prittlacher Obelisk
Lednice (Mähren, Tschechien)
Durch Joseph Hardtmuth 1797/98 errichtet

Unten: Obelisk im Park von Chiswick
Chiswick, London (England)
Durch Sir William Kent 1729 errichtet

Obelisk zu Ehren von Gideon von Laudon (unten) und Victoriasäule (oben rechts) im Park des Schlosses Ernstbrunn (Österreich) Schlossanlage durch Emanuel Joseph von Herigoyen und Benedikt Henrici ab 1775 erneuert. Stich von Johann Adreas Ziegler, Ende 18. Jahrhundert. Aquarell von Laurenz Janscha, 1797

Der Wasserfall mit dem Obeliske in dem K. K. Garten von Schönbrunn Wien-Schönbrunn (Österreich) Durch Johann Ferdinand Hetzendorf von Hohenberg 1777 errichtet. Kolorierte Umrissradierung von Laurenz Janscha nach Vorzeichnung von Johann Andreas Ziegler, 1785

*Schlosspark von Schönau
Schönau an der Triesting (Österreich)
Schloss ab 1797 von Freiherr von
Braun umgestaltet und in einen
Landschaftspark eingebettet. Im
Zentrum der Anlage der Grottenberg
nach Entwürfen von Johann Ferdinand
Hetzendorf von Hohenberg*

*Oben: Der Grottenberg des Grafen
Fries in Vöslau bei Wien. Kupferstich
von Carl Schütz, 1777*

*Unten links: Schnitt durch den Tempel
der Nacht. Lavierte Bleistift- und
Federzeichnung von Johann Ferdinand
Hetzendorf von Hohenberg, um 1800*

*Unten rechts: Der Tempel der Nacht
im Garten des Herrn Baron von Braun
zu Schönau. Kolorierte Aquatinta von
Benedikt Piringer, um 1820*

Ruine im Garten von Schloss Schönbrunn
Wien-Schönbrunn (Österreich)
Durch Johann Ferdinand Hetzendorf von Hohenberg 1777 errichtet.
Kolorierte Umrissradierung von Laurenz Janscha nach
Vorzeichnung von Johann Andreas Ziegler, 1785

Unten: Grotte mit dorischem Säulenportikus
Moskau (Russland)
Errichtet 1821 am Fuß des Mittleren Arsenalturms
(Alovisio Novo, 1495) an der Kremlmauer von
Osip Beauvais für Zar Alexander I.

Rechts: Ensemble antiker Spolien im Schlosspark
von Klein-Glienicke
Berlin-Zehlendorf (Deutschland)
Karl Friedrich Schinkel, Ludwig Persius und
Peter Joseph Lenné für Prinz Carl von Preußen,
nach 1822

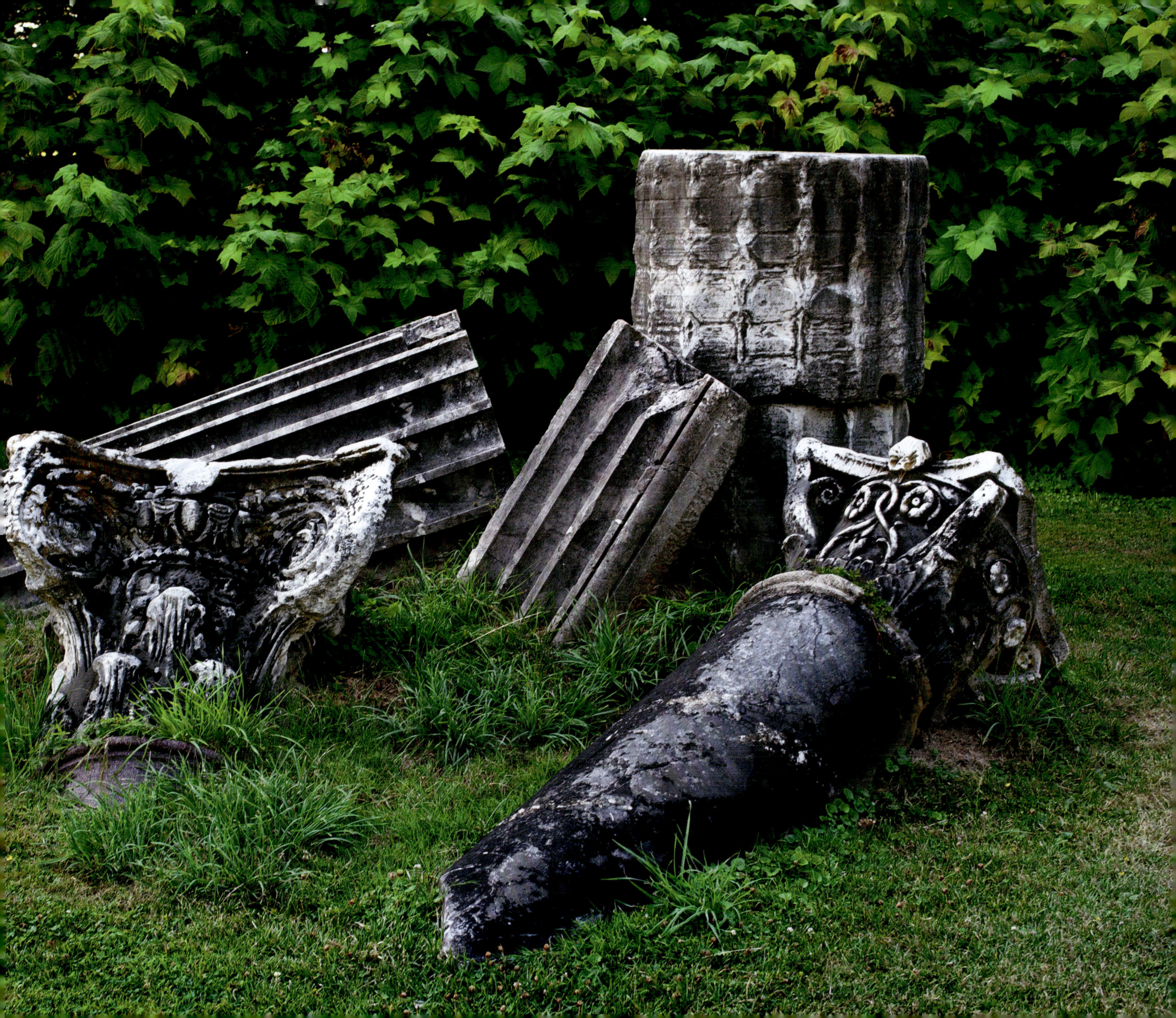

PALÄSTE OHNE MAUERN

Orangerien, Glashäuser

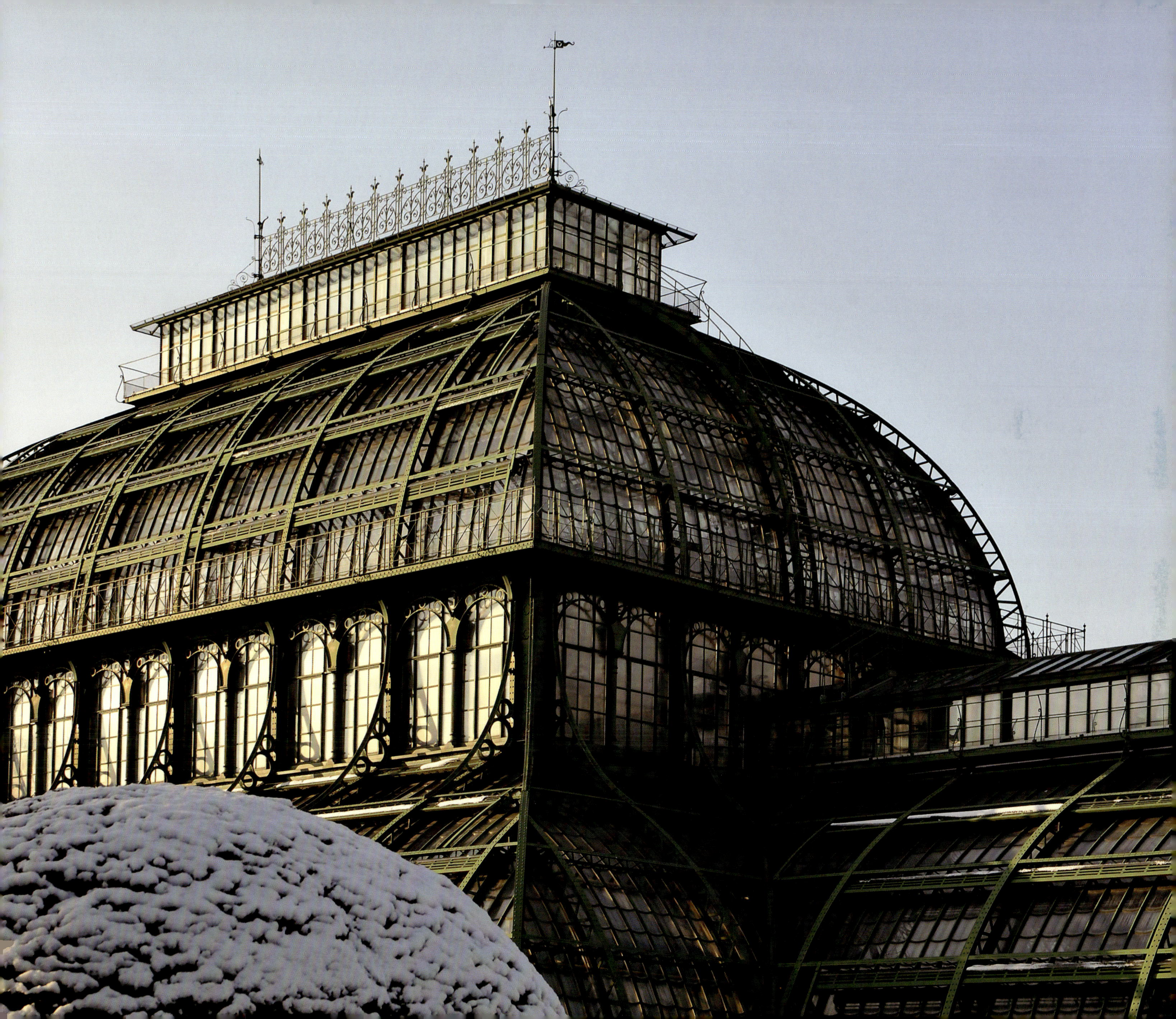

Untrennbar mit dem Siegeszug der italienischen und französischen Gartenkunst ist die Idee der Orangerie und des Glashauses verbunden. Eine zentrale Rolle in diesen Gärten spielten die Zitrusbäume, vor allem die Zitronen, ohne die die Gestaltung eines solch prestigeträchtigen Gartens undenkbar gewesen wäre. Zuerst war es die Pflanze selbst, die aus rein gestalterischen Gründen im Mittelpunkt des Interesses stand. Später waren es auch die Früchte, die die Zitruspflanze in all ihrer uns heute meist unbekannten Vielfalt zur begehrten Zucht-, Sammler- und Handelsware machten.

Es waren Pflanzen, die nur einen großen Nachteil besaßen: Sie waren kälteempfindlich. Schon in viel südlicheren Breiten – in Rom, in der Toskana, in Norditalien und erst recht in allen nördlich davon gelegenen Zonen – bedurften sie im Winter des Schutzes. Im Norden mussten die Pflanzen, die zwar einige Grade unter Null, ja sogar ein wenig Schnee verkraften, vor extremen Tiefwerten bewahrt und in ein geschütztes Ambiente befördert werden.

In Italien behalf man sich anfänglich noch mit sehr provisorischen Lösungen. Es entstanden schon sehr früh die nach dem bevorzugt untergebrachten Zitronenbaum benannten *limonaie* (Zitronengewächshäuser): Gebäude, die zur Gänze der Sonne ausgesetzt waren und deren große Fensterflächen in der Nacht und in Perioden wirklich großer Kälte mit Matten abgedeckt wurden. Im Sommer wurden die Verglasungen einfach ausgehängt, sodass die zum Reifen notwendige Sonne ungehindert einstrahlen konnte. Allmählich setzte ein gewisser Prozess der „Verfestigung" ein. Transparent blieben die mächtigen Fronten, die durch große Laden vor der eigentlichen Fensterfront geöffnet oder verschlossen werden konnten, um so einen zusätzlichen Kälteschutz zu gewährleisten.

Am Gardasee, wo berühmte Zitronenkulturen mit saftigen Früchten bis weit in die Siebzigerjahre des letzten Jahrhunderts hinein prägend für die Kulturlandschaft waren, behalf man sich mit leichten und hohen Konstruktion aus Granitpfeilern mit Holzabdeckungen. Je nach Typus, ob mit Gläsern versehen oder im Sommer komplett offen, gaben sie ganzen Landstrichen ihr charakteristisches, abwechslungsreiches Erscheinungsbild.

In der Toskana sorgte erst Großherzog Leopold I. von Habsburg-Lothringen (1747–1792) dafür, dass die Boboli-Gärten in Florenz 1785 ihre erste eindrucksvolle *limonaia* erhielten. In den Gärten der Villa Pisani kann man die Entwicklung von der kleinen barocken Anlage zu den eindrucksvollen und monumentalen Konstruktion des späten 18. und 19. Jahrhunderts noch heute bewundern. Im Winter werden untertags im Normalfall nur die Holzladen, bei warmem Wetter sogar die Glasfenster weit geöffnet, in der Abenddämmerung dann beide wieder fest verschlossen; nur an extrem kalten Wintertagen wird die Luft durch kleine Öfen zusätzlich erwärmt. Der Reiz dieser Architekturen besteht in ihrem fast ephemeren Charakter und in ihrer Veränderbarkeit, durch die sie, ganz der Situation angepasst, ihr Aussehen komplett verändern. Die Pflanzen selbst werden hier unter idealen Bedingungen gehalten. Sie brauchen die Kälte des Winters, um nicht allzu früh auszutreiben und Schädlingsbefall vorzubeugen.

Nördlich der Alpen zwang das raue Klima die Gartenliebhaber schon früher, nach geeigneten und „professionelleren" Lösungen zu suchen. Den Beginn machten fixe Pflanzungen von Zitronen, aber auch von Weinstöcken und Feigen, die man entlang von Mauern aussetzte und während der kalten Jahreszeit zusätzlich mit Behelfskonstruktionen abdeckte. In Deutschland ließ Herzog Christoph von Württemberg (1515–1568) in seiner Residenz in Stuttgart die erste Orangerie nach diesem Muster errichten: Neben den Zitronen hatten die Orangen erstmals Eingang in die Gärten gefunden. In England gelang es etwa gleichzeitig Sir Francis Carew (um 1530–1611) auf seinem Landgut in Beddington, nahe London, erstmals Orangenbäumchen zu züchten.

Auch in Frankreich waren die Zitrusfrüchte schon im ausgehenden 15. Jahrhundert entdeckt worden. König Karl VIII. (1470–1498) schwärmt in einem Brief an seinen Bruder von den „hesperidischen Düften" und den „schönen Gärten, die ich in dieser Stadt habe. (…) mich dünkt, dass hier nur noch Adam und Eva fehlen, um daraus ein irdisches Paradies zu machen." In sein Schloss in Blois brachte er 1495 auch Zitrusfrüchte heim. 1517 bestaunte der Kardinal von Aragon dort die kunstvoll gestalteten Beete, die der aus Neapel stammende Priester und Gartengestalter Pacello da Mercogliano (um 1455–1534) für Karl VIII. entworfen hatte. Gesondert erwähnt er die „vielen Zitronen- und großen Orangenbäume in hölzernen Kästen". Als König Franz I. (1494–1547) im Jahr 1522 die Güter von Herzog Charles de Bourbon konfiszierte, ließ er sämtliche Pomeranzenbäume, die der Herzog auf seinen Gütern unter großem Aufwand gezogen hatte, in seinen Park von Fontainebleau überführen.

Das Innere dieser frühen Formen von Glashäusern erwärmte man mit Kohlebecken – eine in Italien noch von Johann Wolfgang von Goethe in seiner zwischen 1813 und 1817 entstandenen *Italienischen Reise* drastisch beschriebene Methode der „Beheizung" auch von Wohnräumen; die Ritzen und Spalten wurden mit Stroh oder Werg abgedichtet. Bald legte man die ersten Terrassengärten an. Beim Schlossbau von Anet für Diane von Poitiers, der Mätresse von Heinrich II. (1519–1559), durch Philiberte de L'Orme entstand entlang einer Terrasse ein Arkadengang, in dem zur Winterzeit die Zitrusbäume eingestellt werden konnten.

In Versailles schließlich wurden die Glashäuser durch den großzügigen Ausbau der Orangerie unter Jules Hardouin-Mansart ab 1768 zu einem Palast eigener Prägung, in dem neben den Zitrusbäumen noch Lorbeer-, Myrthen- und Granatapfelbäume überwintert wurden. Zwischen zwei Flügelmauern erstreckte sich ein 365 Meter langer, von toskanischen Säulen gegliederter und mit doppelten französischen Fenstern verschlossener Saal, in dem die Temperatur so konstant gehalten werden konnte, dass nicht einmal geheizt werden musste. Im Sommer kann sich bis heute die ganze Pracht der teilweise riesigen und oft uralten Pflanzen in einem vorgelagerten Parterre entfalten.

Die Orangerie war damit zum festen Bestandteil des Schlossbaues geworden. Augustin-Charles d'Aviler (1653–1701) widmet ihr in seinem 1691 erschienenen *Cours d'architecture* ein eigenes Kapitel: „Da der Orangenbaum eine der schönsten Zierden des Gartens ist, aufgrund seiner Blüten, seiner Früchte, seines Duftes und seiner selbst im Winter grünen Blätter, bemüht man sich, diesen Baum sorgfältig zu pflegen. Man baut deshalb Orangerien genannte Glashäuser, in denen man im Winter wie in einer Galerie promenieren kann. Sie sind in allen großen Gartenanlagen zu finden. Ihre Fensterfront muss nach Süden gerichtet und im Winter durch Innen- und Außenfenster gut verschlossen sein."

Was für die großen Anlagen der französischen Schlösser gut war, konnte der österreichischen Schloss- und Gartenarchitektur nur billig sein. Reichsvizekanzler Friedrich Karl Graf von Schönborn (1674–1746) ließ zwischen 1711 und 1715 bei Göllersdorf in Niederösterreich nördlich von Wien durch Johann Lukas von Hildebrandt (1668–1745) ein weitläufiges barockes Gartenschloss errichten, das selbstverständlich auch eine prachtvoll ausgestattete Orangerie besaß. Die Freskenausmalung von Jonas Drentwett (1650–1720) ist zum Teil in unglaublicher Frische erhalten und bezeugt den Reichtum und damit die Bedeutung, die man diesen Räumen – die man nicht nur zur Einlagerung der Pflanzen, sondern ebenso zum Lustwandeln in der kalten Jahreszeit nutzte – zugemessen hat.

Im Zuge der Errichtung des Sommerschlosses von Prinz Eugen Franz von Savoyen-Carignan (1663–1736), dem Belvedere in Wien, entstand von 1717 bis 1719 ein *Pomeranzenhaus*, das sich durch seine raffinierte Konstruktion auszeichnete. Auch hier bestand das Gebäude im Wesentlichen aus zwei Flügelwänden und der architektonisch reich gegliederten und mit Skulpturen ausgestatteten verbindenden Längswand, die als Rücken des Gebäudes diente. Im Winter konnte es „zugedeckt" werden, im Sommer wurde die Schutzkonstruktion „abgeschlagen". Salomon Kleiner (1700–1761) gibt in seinem zwischen 1731 und 1740 veröffentlichten Stichwerk *Wunder würdiges Kriegs- und Siegs- Lager des unvergleichlichen Heldens unserer Zeiten. Oder Eigentliche Vor und Abbildungen der Hoff- Lust- und Garten Gebäude des Durchlauchtigsten Fürstens und Herrn Eugenii Francisci zu Savoyen und Piemont* drei Abbildungen dieses Juwels der Baukunst wieder: einen Grundriss, *Das Pommeranzen Haus, wie solches im Sommer anzusehen ist*, schließlich einen *Prospect des obigen Pomeranzen Hauses, wie es im Herbst zugedecket und im Frühling wiederum abgedecket wird*. Wir haben mit diesen Abbildungen wunderbare Beispiele für eine durchaus von der Funktion bestimmten Architektur vor uns, die einen zusätzlichen Reiz aus ihrer Veränderbarkeit bezieht. Daneben gab es im Belvedere noch ein weiteres fixes, zur Gänze in Holz konstruiertes Glashaus, das Kleiner im *Prospect des großen Glas-Hauses* zeigt.

In Potsdam gaben Glashäuser einem ganzen Schloss ihr Gesicht. Die *Weinbergterrassen* vor der Südfront von Schloss Sanssouci, per Weisung vom 10. August 1744 bis 1746 von Friedrich II. (1712–1786) angelegt, prägen mit ihrer rigiden Struktur von aneinandergereihten 196 verglasten Nischen die gesamte Anlage. Auch hier verändert sich das Erscheinungsbild mit den Jahreszeiten: mit üppigem Grün der Weinstöcke und der Feigenbäumchen im Sommer, gelb leuchtend in der Verfärbung des Weinlaubs im Herbst – in der kalten Jahreszeit verschlossen und verglast, im Sommer offen und unverglast. In Hampton Court in London ist in dieser Tradition der *Great Vine*, ein heute riesiger Weinstock, der 1768 gepflanzt wurde, noch immer eine der größten Attraktionen.

Feiner und von ihrer Konstruktionsweise her raffinierter waren in der Folge die englischen Glashäuser, die der Architekt und Gärtner Joseph Paxton (1803–1865) entwickelte. Sie zeichneten sich durch einen äußert sparsamen Umgang mit dem Material und ihre schlanken Konstruktionen aus. In ihrer Funktionalität und konstruktiven Klarheit werden sie zu Vorläufern der Architektur der Moderne: Paxtons berühmtes und heute nicht mehr bestehendes *Great Conservatory* (1836) sowie die noch existierende *Glass Wall* (Verbindungsgang, 1848) in Chatsworth und der noch zur Gänze in Holz konstruierte *Crystal Palace* der Weltausstellung von 1851 im Hyde Park in London markieren diesen Trend. Seine Bauten waren die Vorreiter für jene Eisenkonstruktionen, die wenig später die gesamte Ingenieurbaukunst für lange Zeit ausschließlich dominierten und immer feiner und ausgeklügelter wurden.

Die atemberaubende Entwicklung hin zum großen Glashaus eröffnete neue Möglichkeiten der Nutzung. Nicht mehr die temporäre Beherbergung kleiner Zitronen- und Orangenbäumchen war das Ziel, sondern die permanente Präsentation oft riesiger Palmen und anderer exotischer Pflanzen aus den Tropen, die man seit der ersten Hälfte des 19. Jahrhunderts durch oft kostspielige Expeditionen gewinnen konnte und in Glashäusern gezielt weiterzüchtete und vermehrte. Neue Erfordernisse taten sich nun auf: Aus einer moderaten Temperierung, die die Temperatur nur einige Grade über dem Gefrierpunkt zu halten hatte, resultierten in den Tropenhäusern ganz andere, nun nicht mehr konstruktive, sondern thermisch-bauphysikalische Ansprüche, die es zu bewältigen galt. Schon früh entstanden bemerkenswerte Konstruktionen, die die Architekturgeschichte um ein weiteres Kapitel bereicherten. Die Glashäuser wurden nicht mehr als einfache Abstell- und Überwinterungsplätze für Pflanzen konzipiert, sondern als Räume, oft direkt mit den Schlossbauten verbunden, in denen man sich traf und unterhielt. Das *Palmhouse* von Bicton Park im englischen Devon aus den 1820er Jahren ist ein sehr frühes Beispiel für eine dieser Konstruktionen. Das von 1843 bis 1845 nach einem Entwurf von Peter Hubert Desvignes (1804–1883) durch Georg Wingelmüller (1810–1848) ausgeführte Glashaus beim Schloss in Eisgrub nahe der österreichischen Grenze ist schon ein etwas späterer Nachfolger.

Die Ereignisse überschlugen sich um die Mitte des Jahrhunderts, alles schien machbar, immer größer und eleganter wurden die Konstruktionen, die bald auch für Ausstellungen genutzt wurden. In Stuttgart entstand die von Karl Ludwig von Zanth (1796–1857) geplante Anlage der *Wilhelma* (1842–1846), bei der die Funktion des Wohnens und der Beherbergung der Pflanzen einander in raffinierter Weise durchdrangen. Der optisch dominierende frühe Historismus tritt schon bei später gebauten Anlagen zugunsten der reinen Ingenieurkonstruktion immer weniger in Erscheinung. Das in den Kew Gardens nach Plänen von Decimus Burton (1800–1881) durch den Eisengießer Richard Turner errichtete *Palm House* aus den 1840er Jahren ist vielleicht die reinste dieser Ingenieurkonstruktionen, bar jeden unnötigen Schmuckes, der nur verunklären könnte – „form follows function". Gegen Ende des Jahrhunderts wird das Erscheinungsbild schon wieder etwas verbindlicher. Das *Temperate House* in Kew Gardens (1859–1863), wieder nach Entwurf von Decimus Burton, oder etwa das von Ignaz Gridl und Sigmund Wagner nach Plänen des Hofarchitekten Franz-Xaver von Segenschmid (1839–1888) erbaute *Palmenhaus* in Wien-Schönbrunn (eröffnet 1882) besitzen nicht mehr jene kristalline Klarheit, die dieser Bautyp mit den ersten großen Meisterleistungen hervorgebracht hatte.

Links oben: Gardasee-Zitrone

Links unten: Limonaia
Gargano, Lago di Garda (Veneto, Italien)

Rechts: Limonaia eines Landhauses
Villa Lagarina bei Rovereto (Trentino, Italien)
Im 19. Jahrhundert errichtet. Die Verglasung wird im
Frühling zur Gänze entfernt, es bleibt in der warmen
Jahreszeit nur mehr die Tragkonstruktion stehen

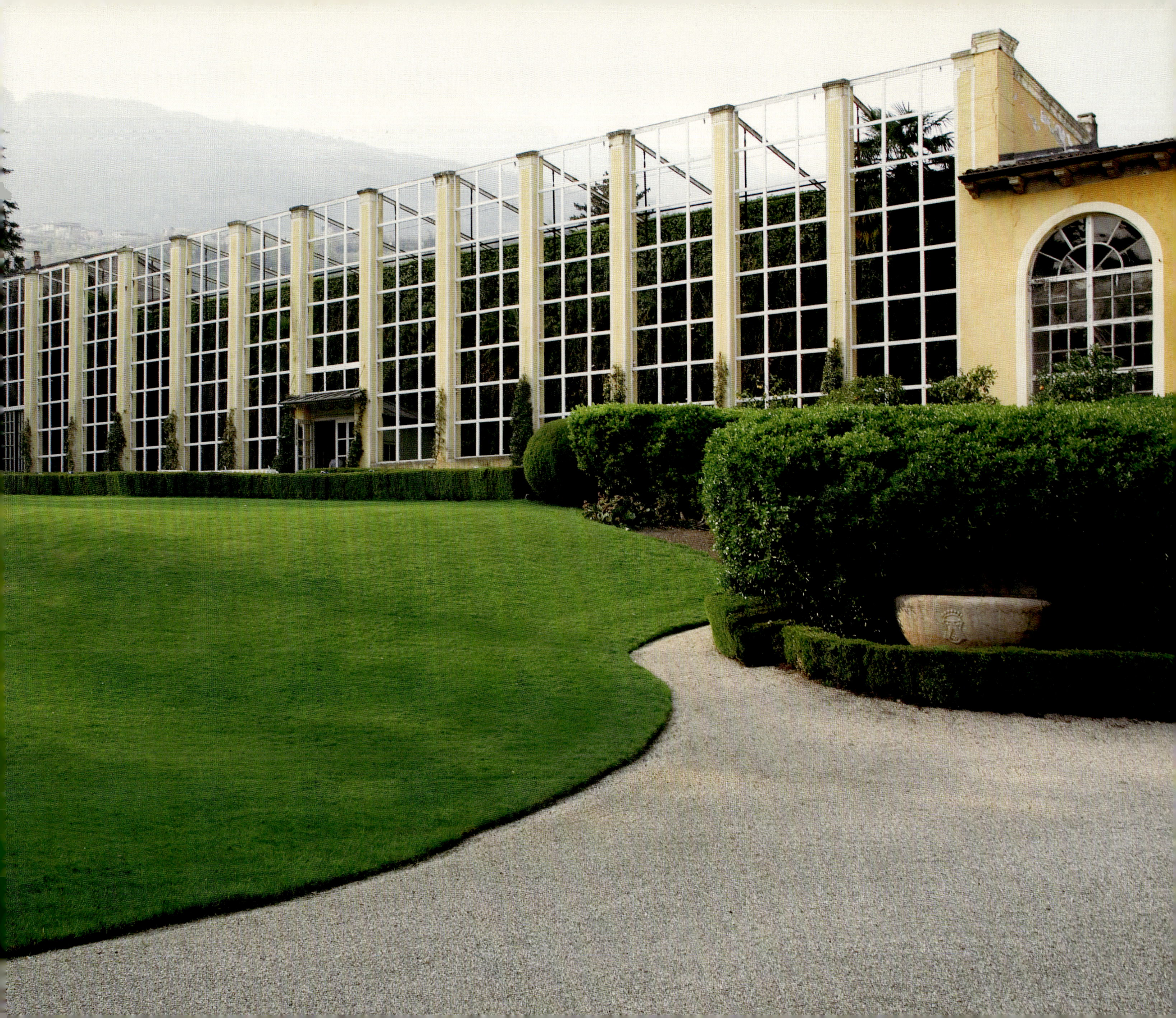

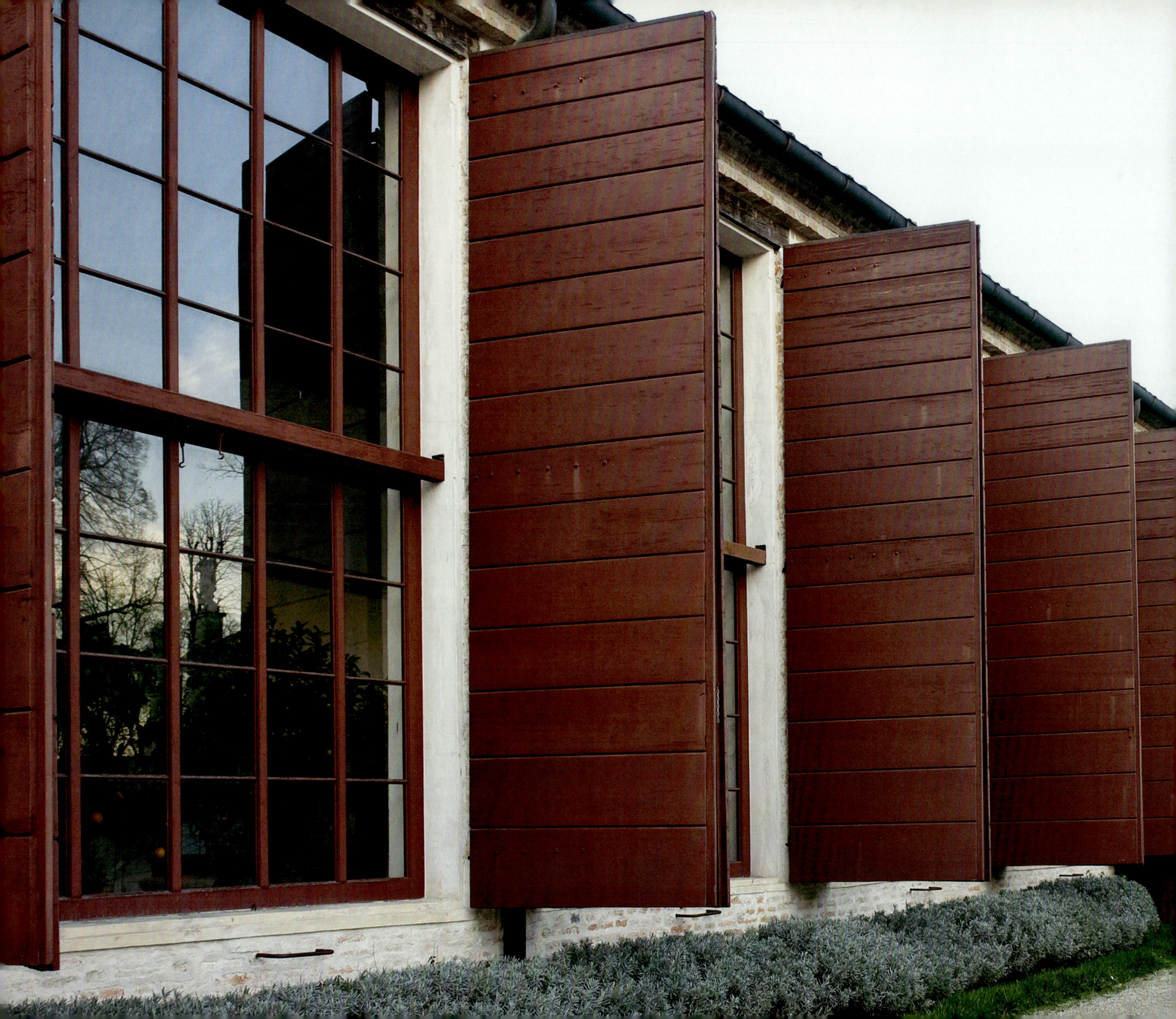

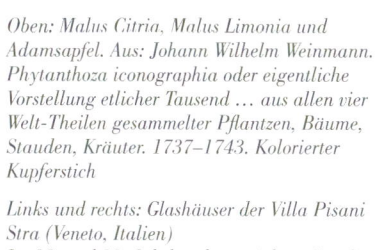

Oben: Malus Citria, Malus Limonia und Adamsapfel. Aus: Johann Wilhelm Weinmann. Phytanthoza iconographia oder eigentliche Vorstellung etlicher Tausend ... aus allen vier Welt-Theilen gesammelter Pflantzen, Bäume, Stauden, Kräuter. 1737–1743. Kolorierter Kupferstich

*Links und rechts: Glashäuser der Villa Pisani Stra (Veneto, Italien)
Im 18. und 19. Jahrhundert errichtet. Berühmt für die dortige Zucht von unterschiedlichsten Zitruspflanzen. Die Faszination früher Glashäuser liegt in der Änderung ihres Erscheinungsbildes zwischen geschlossenem und geöffnetem Zustand*

Oben: Gewächshauswand (Conservative Wall) oder Portland Walk im Park von Chatsworth House
Chatsworth (Derbyshire, England)
Von Joseph Paxton 1842 angelegt. Ursprünglich konstruktive Struktur mit Füllungen aus blauweiß gestreiften Leinenvorhängen. 1850 von John Robertson durch Glas ersetzt

Rechts: Palmenhaus der Wörlitzer Anlagen
Wörlitz (Sachsen-Anhalt, Deutschland)
Errichtet 1777–1779

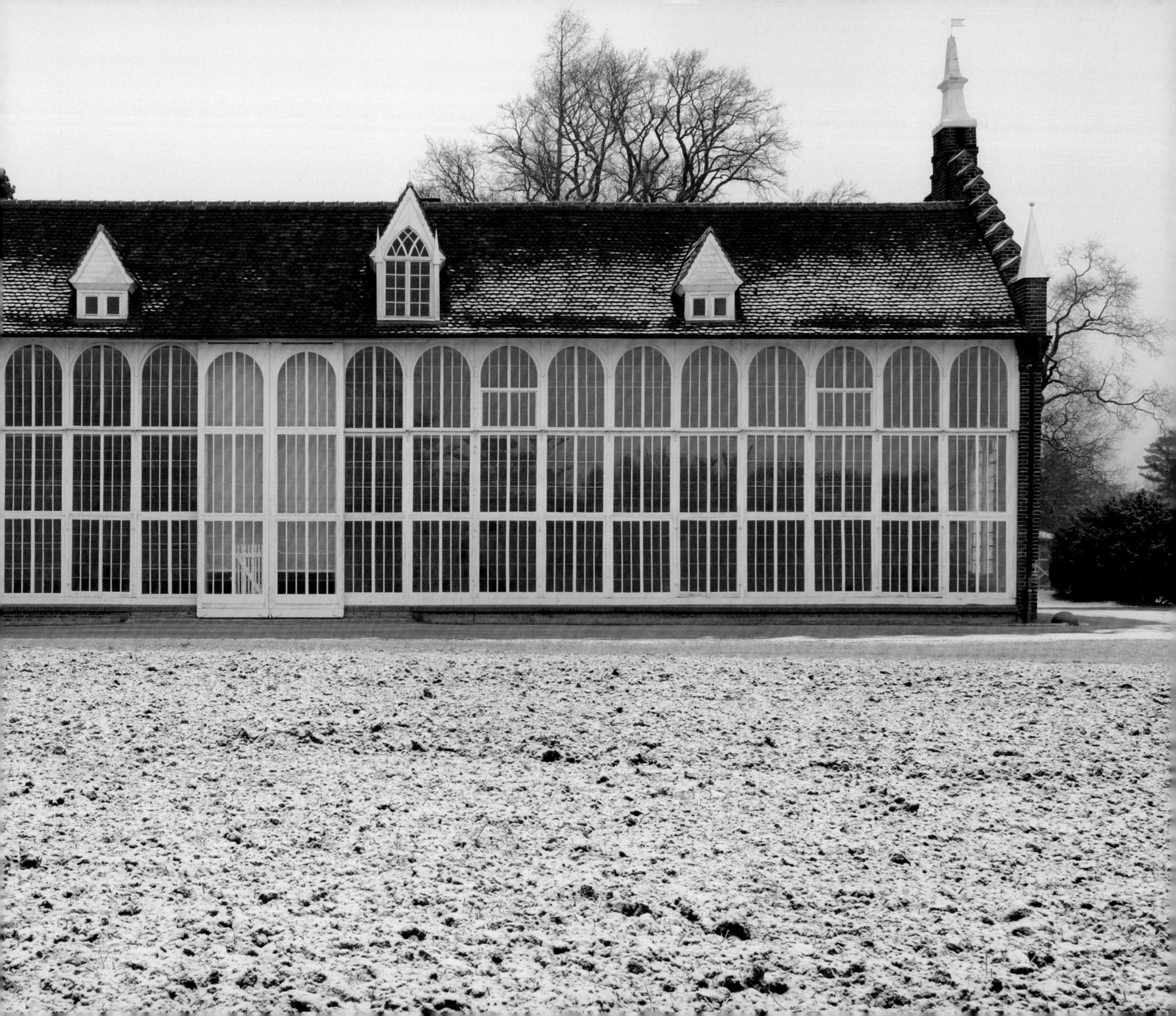

Links: Glashaus im Park des Schlosses Telč
Telč (Südmähren, Tschechien)
Für Alois Arnošt Graf Podstatzky-Lichtenstein Kastelkorn und seine Gemahlin Amalia von Clary und Aldringen im 2. Viertel des 19. Jahrhunderts errichtet

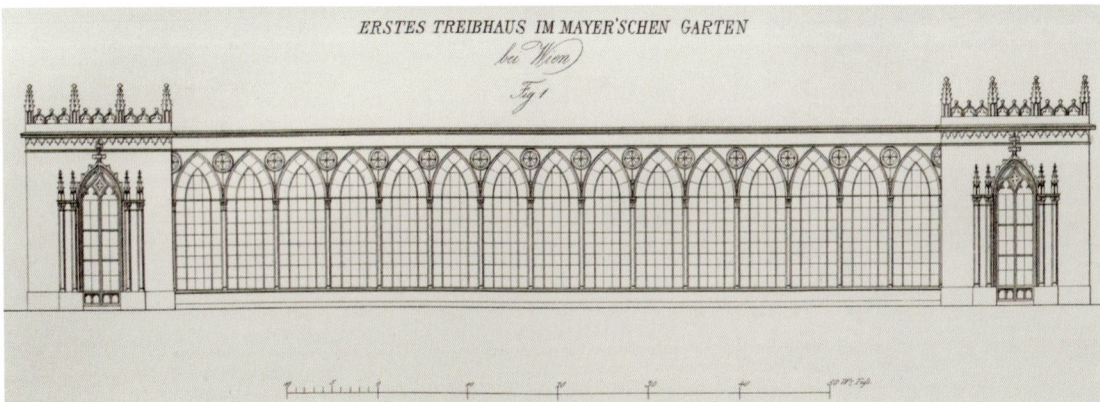

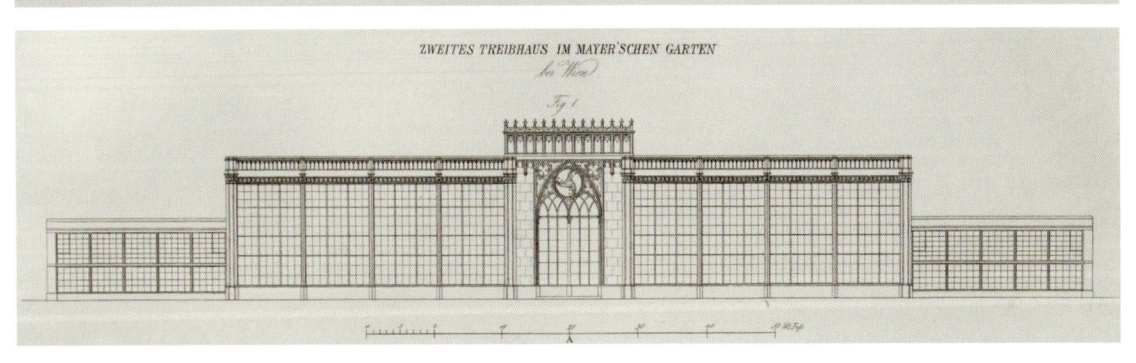

ERSTES TREIBHAUS IM MAYER'SCHEN GARTEN
bei Wien
Fig 1

ZWEITES TREIBHAUS IM MAYER'SCHEN GARTEN
bei Wien
Fig 1

Links: Erstes und zweites Treibhaus im Mayer'schen Garten
Wien-Penzing (Österreich)
Entwürfe von Pietro Nobile, 1838

Rechts: Glashaus im Garten auf dem Burgberg
Graz (Steiermark, Österreich)
1842/43 errichtet

308

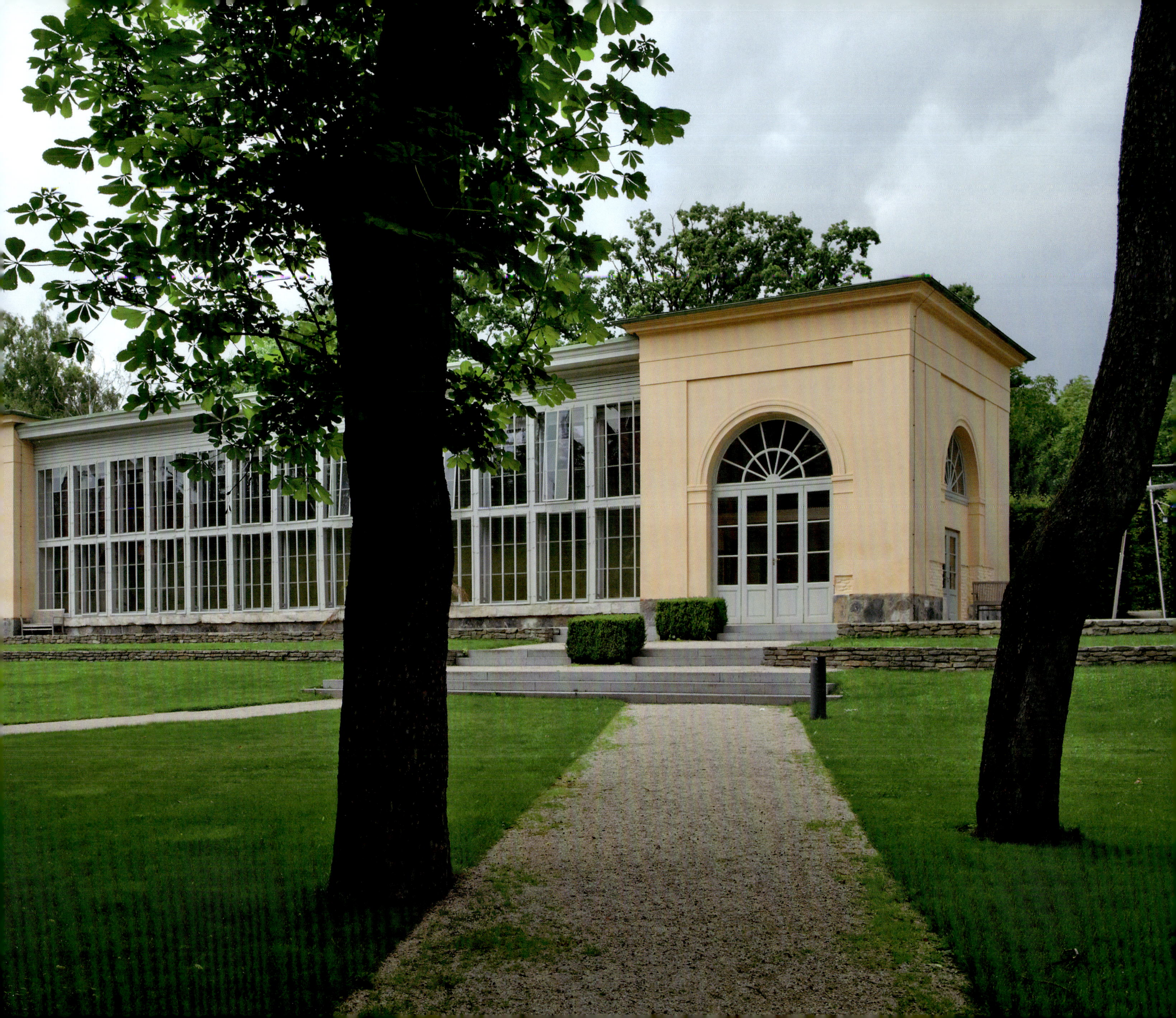

*Der Wintergarten von Schloss Eisgrub
Lednice (Südmähren, Tschechien)
Nach Plänen von Hubert Desvignes durch
Georg Wingelmüller 1843–1845 für Fürst Alois II.
von Liechtenstein errichtet und direkt von den Salons
des neogotischen Schlosses aus zu betreten*

*Links oben: Blick in den Wintergarten von Schloss Eisgrub.
Aquarell von Rudolf von Alt, 1842*

*Links unten: Blick in den Innenraum mit den Bambus
imitierenden gusseisernen Säulen*

*Rechts: Blick auf den halbkuppelförmigen Abschluss
des Glashauses*

*Unten: Blatt mit Melanzani aus dem Hortus Botanicus.
Aquarell mit Gouache von Ferdinand, Franz und
Joseph Bauer, 1777–1804*

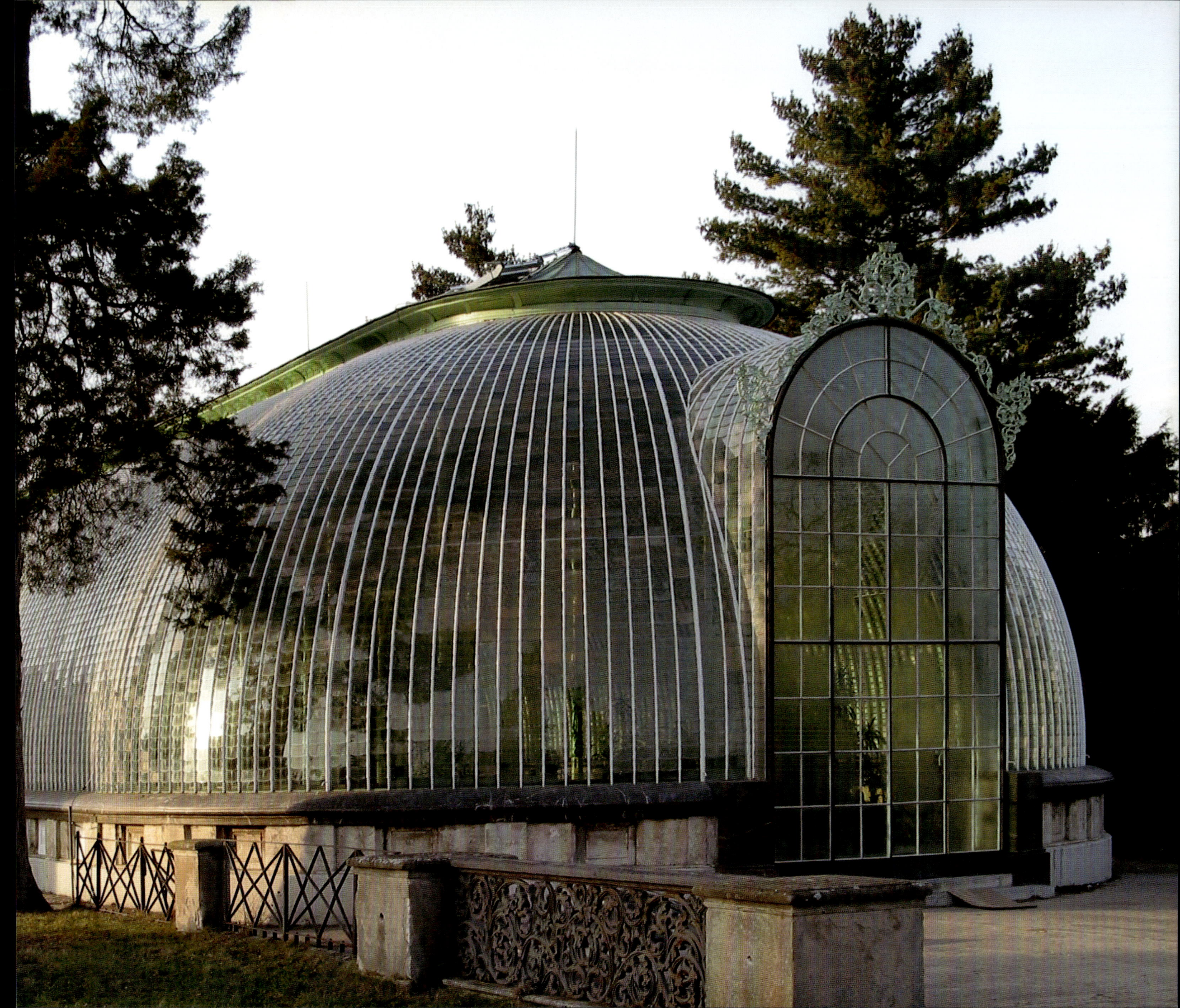

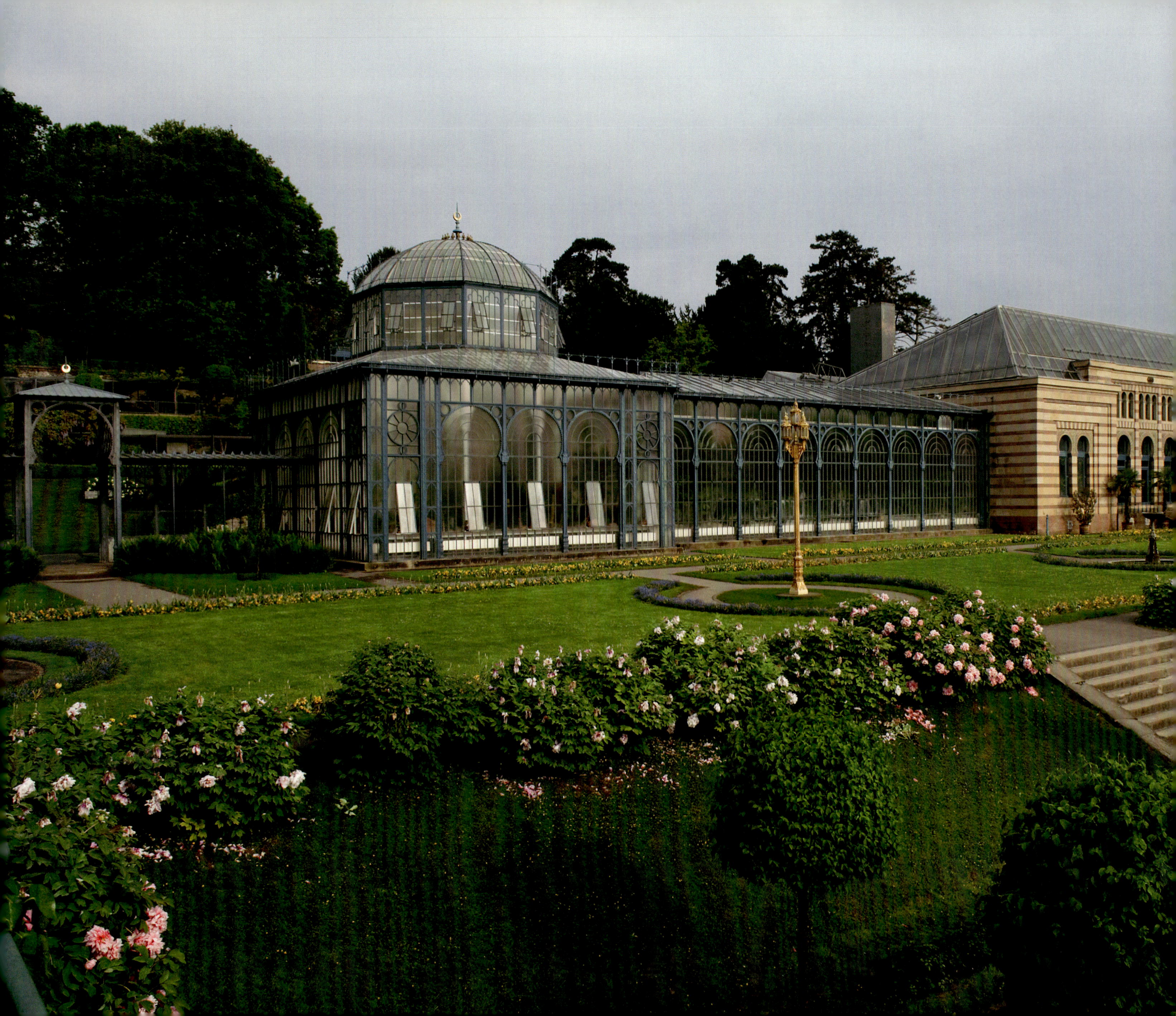

*Gartenhaus mit Wohngebäude und Gewächshäusern
in maurischen Formen von Schloss Wilhelma
Stuttgart (Baden-Württemberg, Deutschland)
Für König Wilhelm I. durch Karl Ludwig Wilhelm
von Zanth 1837–1842 errichtet*

313

*Palmenhaus im Royal Botanic Garden
Kew, Richmond (Surrey, England)
Für Königin Victoria durch Decimus Burton
und Richard Turner errichtet und Anfang
1848 eröffnet*

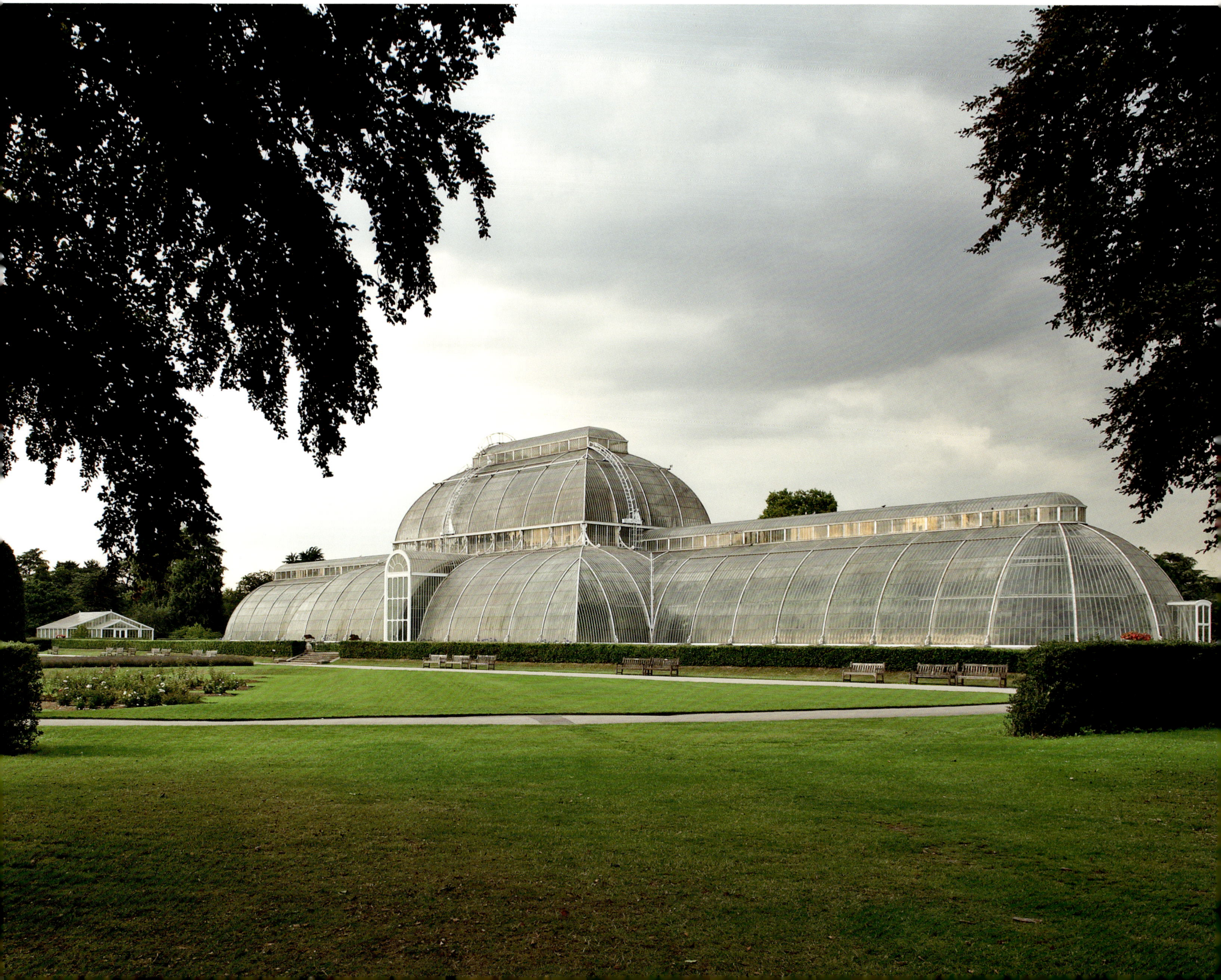

Palmenhaus im Park von Schloss Schönbrunn
Wien-Hietzing (Österreich)
Für Kaiser Franz Joseph I. durch
Franz von Segenschmid 1880–1882 errichtet

317

DIE KUNST DES SCHÖNEN NUTZENS

Treillagen Lauben, Pergolen

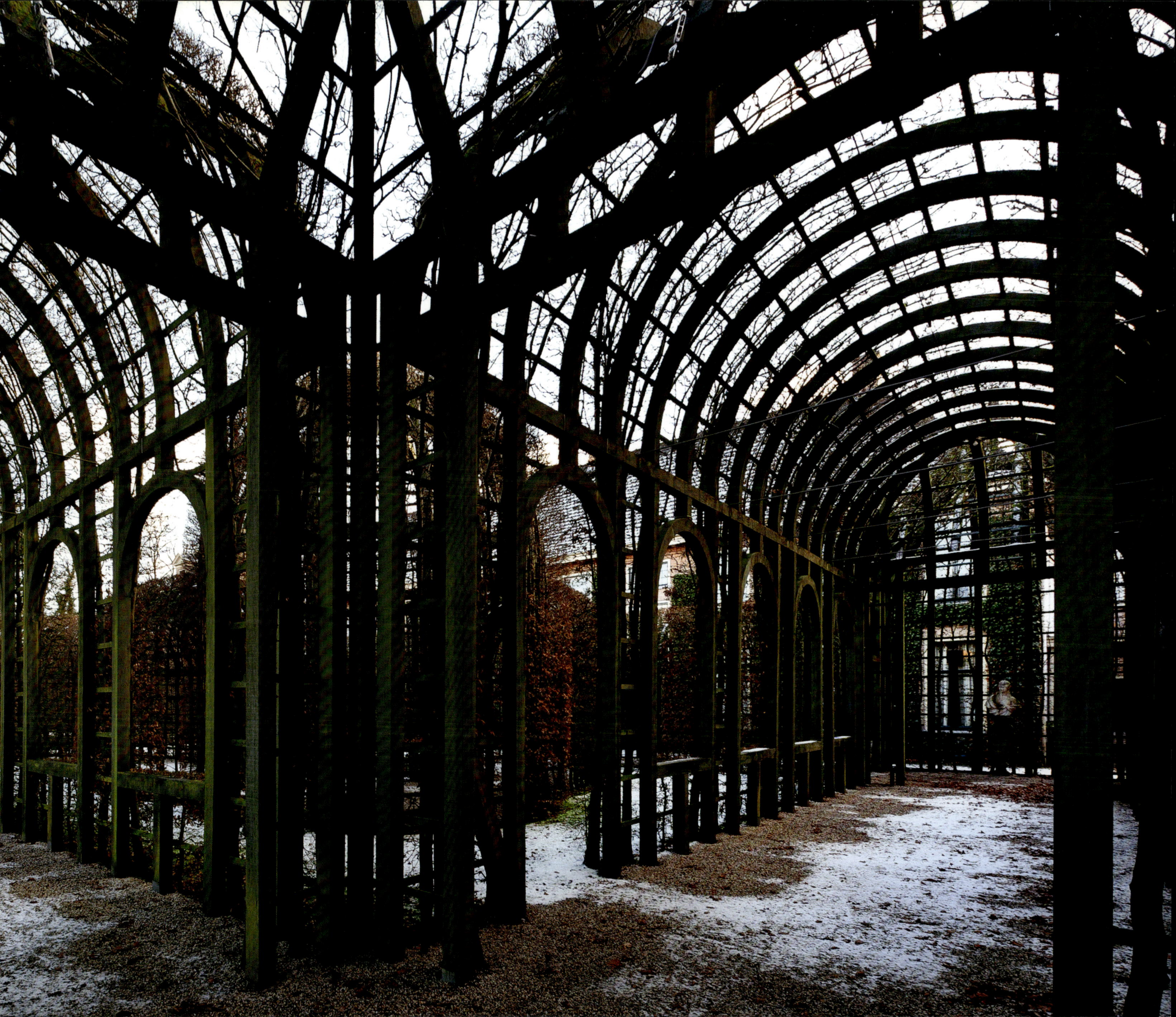

Die direkteste Durchdringung von Natur und Architektur erfolgt wohl in den Treillagen, Lauben und Pergolen. Auf der einen Seite steht dabei das architektonische Konstrukt, meist aus Holzlatten, Stein oder gemauerten Teilen, später auch aus Eisen zusammengefügt, auf der anderen das Pflanzenwerk, das sich mit diesen Elementen intensiv verbindet und es – wie oft im Fall von Glyzinien – durch seine Kraft durchaus zerstören kann. Es entstehen ganze Verschalungen von Wänden, die vom Grün hemmungslos überwuchert werden, und Architekturen wie Pavillons, die ausschließlich von diesem Lattenwerk bestimmt sind – oder Laubengänge, wo sich beide Elemente symbiotisch ergänzen.

Solche Treillagen kannte schon die Antike; wieder einmal sind die römischen Wandmalereien eine zuverlässige Quelle für Raffinesse und Reichtum, den schon die hellenistische und die römische Gartenkultur entwickelt hatten. Eine neuerliche Blüte erlangten sie in der Renaissance und vor allem im Barock: Sie ermöglichten „gewachsene" Gartenräume und Pavillons. Diese einfach zu errichtenden Lattenwerke mit ihrer alles bestimmenden Bepflanzung fanden sich sowohl in den monumentalen Gartenanlagen des Adels und der Königshäuser als auch in den kleineren bürgerlichen Gärten – zuletzt aufgrund der nur begrenzt zur Verfügung stehenden finanziellen Mittel.

Eines der monumentalsten Werke abseits der großen Schlösser und deren Parks sind die *Geleiteten Linden* in Deutschland, in denen Architektur und Menschenwerk zu monumentalen Gebilden zusammenwuchsen. Das vielleicht kunstvollste dieser Konstrukte ist die *Große Linde von Peesten* in Franken gewesen, 1947 nach langer Vernachlässigung zusammengebrochen und beseitigt, 2001 wieder aufgebaut. Eine Linde im Zentrum wurde zu dem beinahe würfelförmig zugeschnittenen Tanzhaus geformt, über eine steinerne Wendeltreppe ist man in den Tanzsaal gekommen, der im ersten Stock gelegen war. Der Tanzboden – bei Festessen hatten dort 200 Personen Platz – wurde vom Stamm selbst und zwölf hölzernen (erwähnt 1657), ab 1770 steinernen Stützen und der 1770 errichteten steinernen Wendeltreppe getragen. Aus dem ersten Obergeschoss konnte man durch Fenster in die Umgebung blicken.

Den Höhepunkt erreichte die Kunst der Treillage zweifelsohne in den Anlagen des Schlosses von Versailles, wo vor allem im *Bosquet de l'Encelade* eine später verloren gegangene, jedoch am Ende des 20. Jahrhunderts wieder rekonstruierte Treillage alle Gestaltungsmöglichkeiten am Übergang vom Menschenwerk zur Natur zeigt. Auch in den Gärten von Hampton Court (England) und Het Loo (Niederlande) – unlängst wiederhergestellt –, von Schwetzingen (Deutschland) und von Schönbrunn (Österreich) spielten solche Treillagen, Lauben und Pergolen eine zentrale Rolle. In Schönbrunn grenzten Treillagepavillons mit dazwischenliegenden Laubengängen den *Kammergarten* und den *Kronprinzengarten* als private Bereiche des Schlossparks ab. Die Architektur dieser Pavillons aus feinem, weißgrün gestrichenen Lattenwerk kehrt im 1755 für Maria Theresia errichteten *Grünen Lusthaus* oder *Dianatempel* im Schlosspark von Laxenburg wieder. Kurioserweise trägt der ebenfalls zur Gänze aus Holz verfertigte Pavillon bis heute in seinem Inneren ein auf Putz aufgebrachtes Deckenfresko. Diese Pavillons brauchten immer wieder intensive Pflege: Alle paar Jahre musste neu gestrichen und verrottetes Holz in kürzeren Abständen durch neues ersetzt werden. In Schwetzingen sind deshalb viele solcher Konstruktionen schon früh aus Eisen ausgebildet worden. Dasselbe passierte im Garten von Schloss Sanssouci in Potsdam, wo die Pavillons an den Seiten des Schlosses und der vorgelagerte Laubengang – ursprünglich nach Plänen von Georg Wenzelslaus von Knobelsdorff (1699–1753) errichtete Nagelwerke – 1770 in Eisenkonstruktionen verwandelt worden sind.

Viele von diesen Treillagen sind mit dem Siegeszug des englischen Gartens vernachlässigt worden und verschwanden in der Folge zur Gänze. Gleichzeitig setzte aber in der Auseinandersetzung mit der Antike auch ein ganz neues Verständnis für die enge Verwebung von Architektur- und Pflanzenwerk ein. Karl Friedrich Schinkel (1781–1841) und sein Schüler Ludwig Persius (1803–1845) haben in ihren Anlagen für das preußische Königshaus dieses Thema in extenso ausgekostet. Mit ihren Pergolen am Schloss Glienicke, am *Gärtnerhaus* und den *Römischen Bädern*, sowie am Schloss Charlottenhof setzten sie das Thema der Pergola ganz bewusst ein, um das bukolische Landleben Italiens, etwa die Atmosphäre bescheidener Anwesen der römischen Campagna, ins ferne Berlin und Potsdam zu übertragen. Im Garten des Hermann von Pückler-Muskau (1785–1871) in Branitz erhält die Konstruktionen des *Monuments für Henriette Sonntag* (nach 1845) durch das neue, schlanke Material Eisen eine bis dato nicht gekannte Eleganz – die pointierte Farbigkeit des farbig gefassten Eisens spielt dabei eine wesentliche Rolle. Dasselbe lässt sich auch über die eisernen Lauben und Bogenstellungen im Schlosspark von Kroměříž in Mähren sagen, die ebenfalls kurz vor 1850 durch Bischof Maximilian Joseph Gottfried von Sommerau Beeckh (1769–1853) im Zuge der Umgestaltung der ursprünglich barocken Anlage zu einem weitläufigen Landschaftsgarten aufgestellt wurden.

Ein großer Umschwung setzte erst Ende des 19. Jahrhunderts und vor allem im 20. Jahrhundert mit Historismus, Jugendstil und Art déco ein, die diese Elemente sowohl im privaten als auch im öffentlichen Garten wieder für sich entdeckten und in der Folge sehr weitläufige solcher Anlagen schufen, die in den meisten Fällen bis heute überlebt haben.

Die bezaubernde Gartenanlage von Schloss Miramare nahe Triest, errichtet durch die Hofgärtner Josef Laube aus Laxenburg und seinem Nachfolger Anton Jelinek im dritten Viertel des 19. Jahrhunderts für Erzherzog Ferdinand Maximilian von Österreich (1832–1867), des späteren glücklosen Kaisers Maximilian von Mexiko, besitzt ein ganzes System von solchen Pergolen, in deren Fokus ein von Glyzinien überdeckter zentraler Platz liegt. Die Hölzer sind hier blutrot gefasst, in und um die Pergola sind viele Kopien antiker Bronzen aufgestellt, die die gesamte Anlage einmal mehr in die Nähe antiker Villengärten zu rücken versuchen.

Die Pergola auf dem Friedrichsplatz in Mannheim rund um den Wasserturm ist ein aufwändiges Beispiel des auslaufenden Historismus mit steinernen Säulen und gegossenen Bronzelaternen, die dort das Bild des von 1899 bis 1903 nach Plänen des Berliner Architekten Bruno Schmitz (1858–1916) errichteten innerstädtischen Schmuckplatzes prägen. Viel kühler wirkt hier schon die in strahlendem Weiß und von Rosen umrankte Pergola am Eingang zum Rosengarten des *Parc de la Grange* in Genf. Zusammen mit den Bronzeskulpturen, denen die Pergola Schutz bietet, ist sie von den Tendenzen einer neuen Sachlichkeit geprägt.

Pergola vor dem Gärtnerhaus
Potsdam (Brandenburg, Deutschland)
Karl Friedrich Schinkel,
Bauleitung Ludwig Persius, 1829/30

*Treillagenpavillos mit Laubengängen zu beiden Seiten des Schlosses Schönbrunn
Wien-Hietzing (Österreich)
Entstanden im 18. Jahrhundert. Mehrmals umgestaltet, besonders im Bereich des Kronprinzengartens, beziehungsweise erneuert*

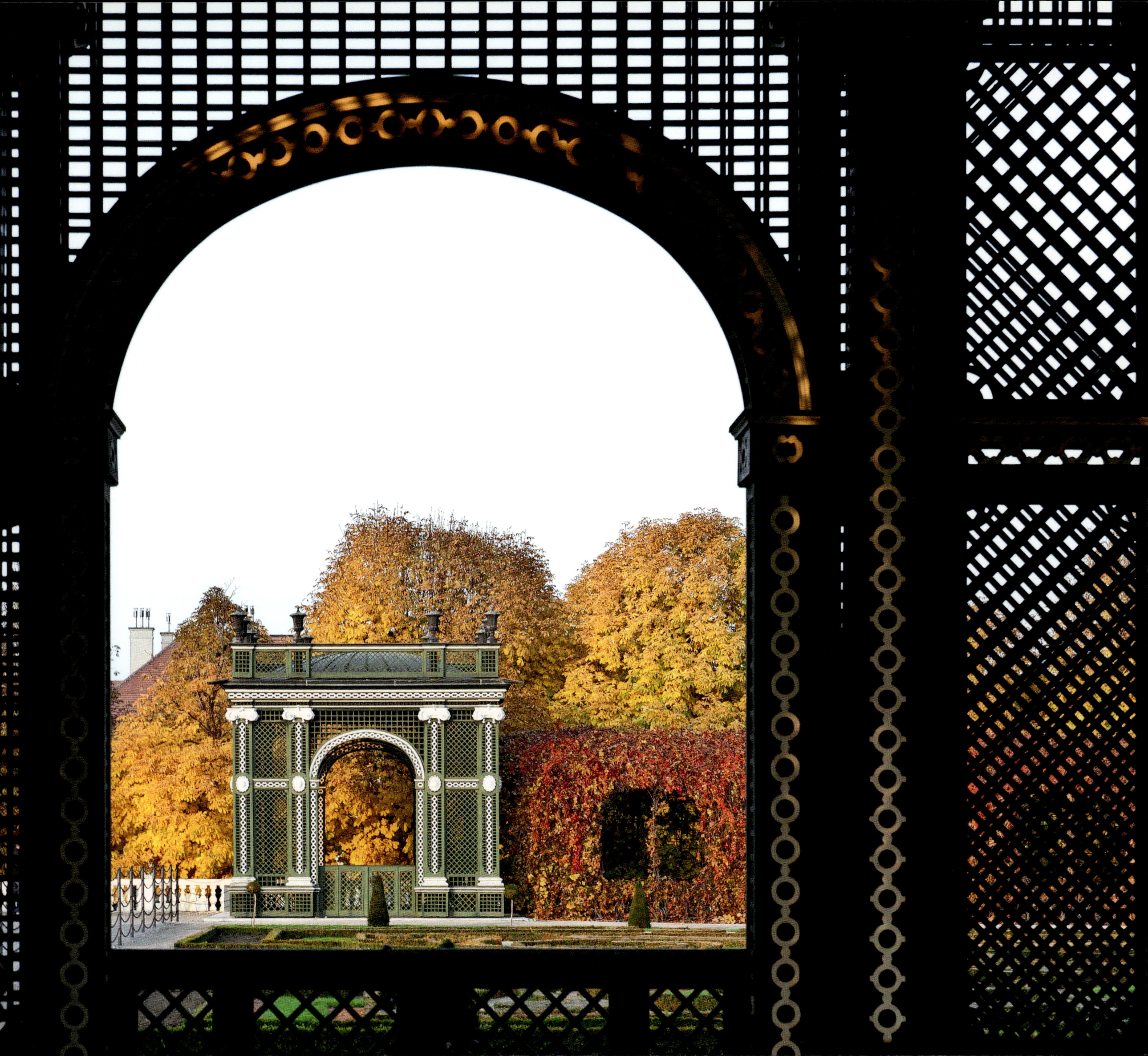

Links und unten: Treillagen und Pavillons aus Eisen von Schloss Sansouci
Potsdam (Brandenburg, Deutschland)
Ursprüngliche Treillagen aus hölzernem Nagelwerk nach Entwürfen von
Georg Wenzelslaus von Knobelsdorff um 1770 durch Eisenkonstruktionen ersetzt

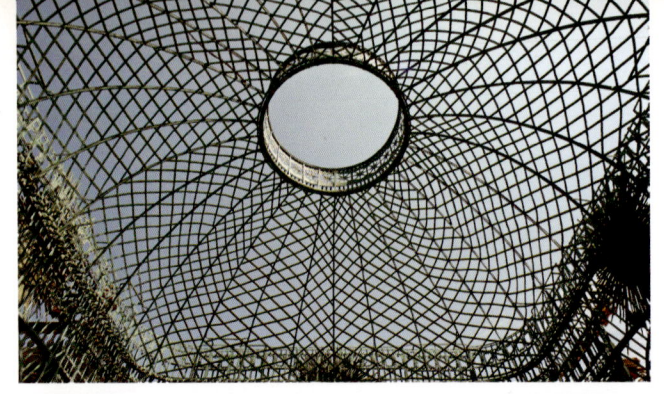

Rechts: Grünes Lusthaus (Dianatempel) im Schlosspark von Laxenburg
Laxenburg bei Wien (Österreich)
Errichtet nach 1755 für Maria Theresia als Zentrum des geplanten Tiergartens

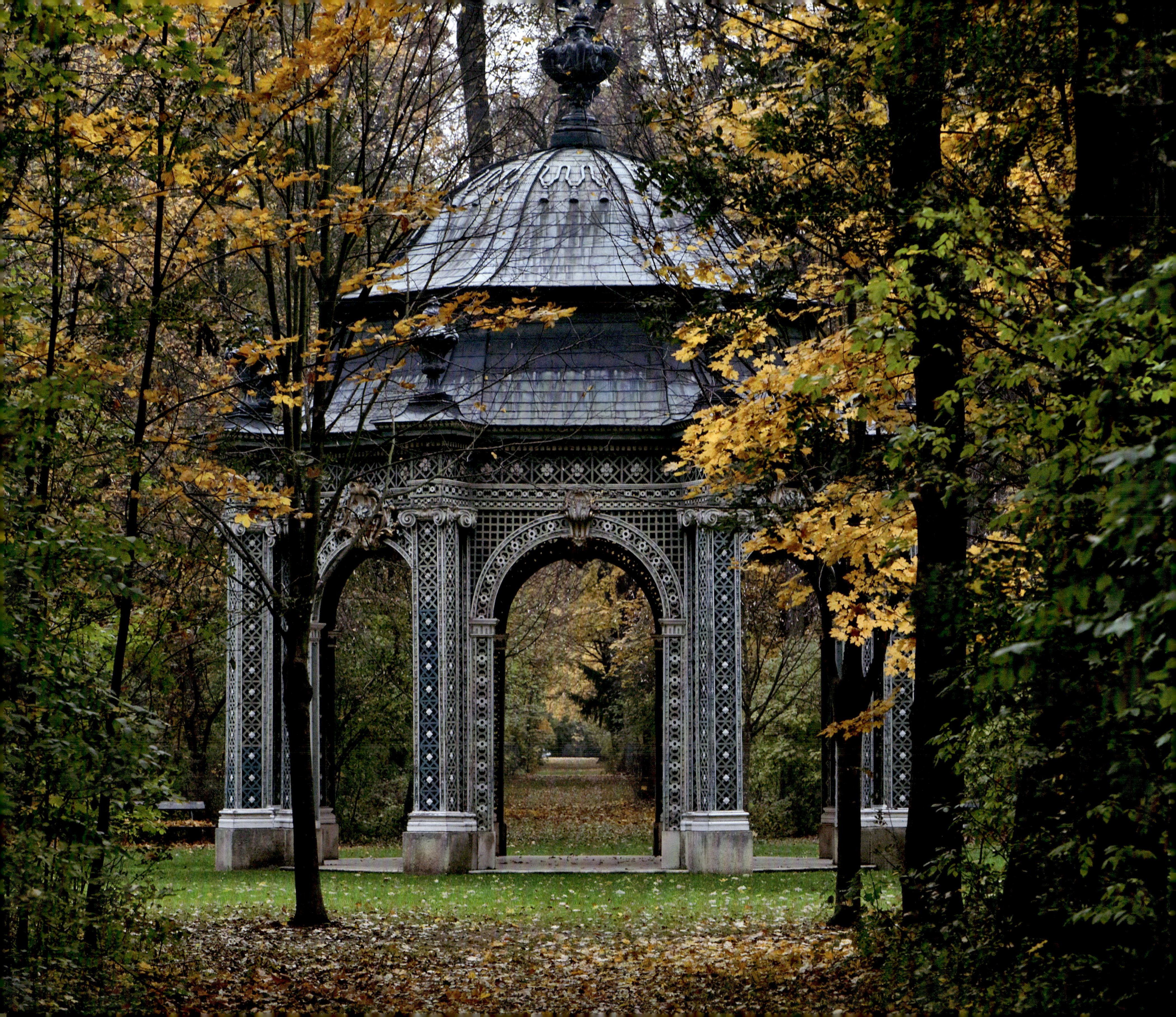

Treillagen aus einfachen Holzlatten am Petit Trianon
Versailles (Ile-de-France, Frankreich)
Errichtet durch Ange-Jacques Gabriel 1764–1768

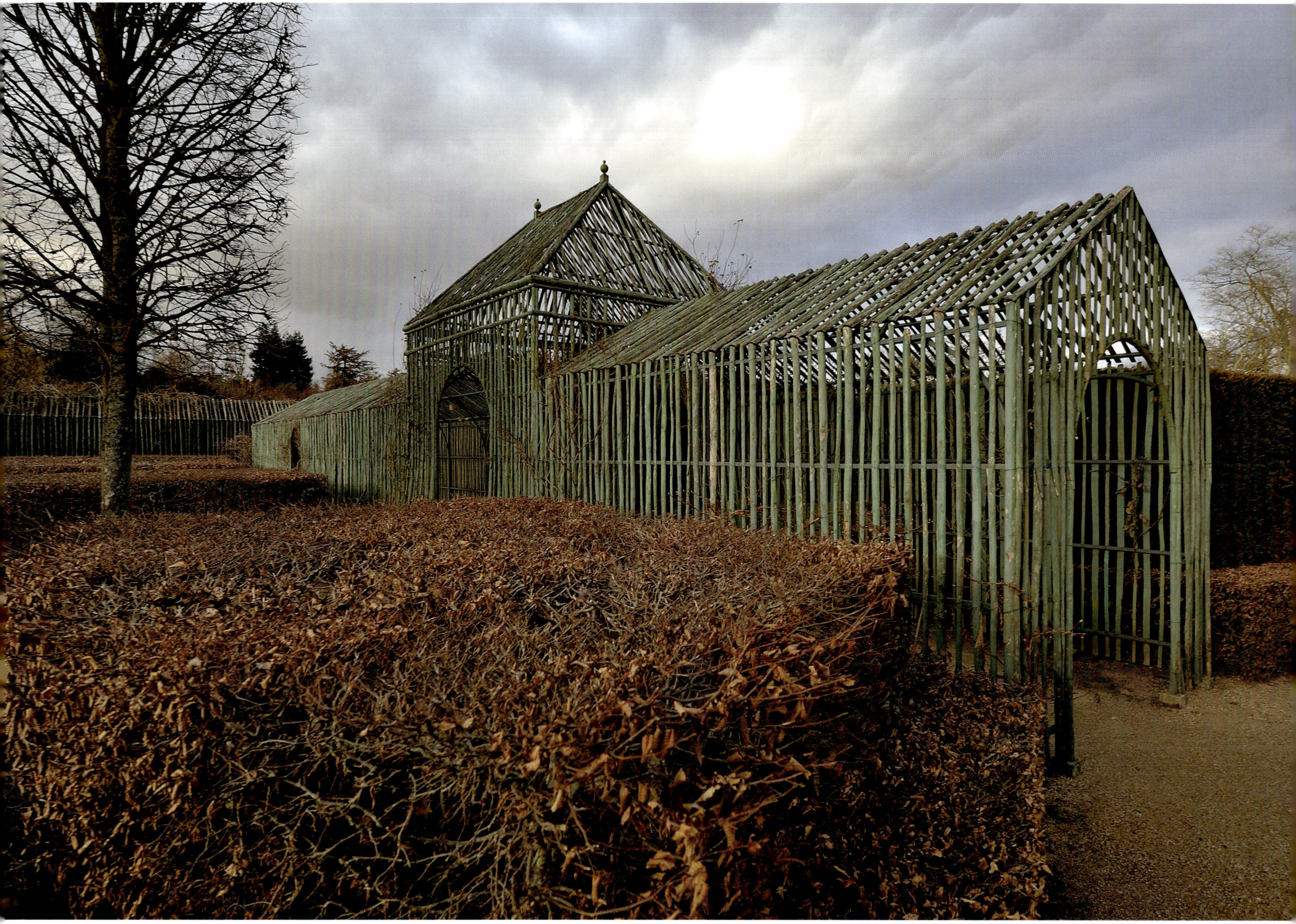

Links: Laubengang mit blühenden Glyzinien im Parque Nacional do Buçaco
Mata do Buçaco (Portugal)
Errichtet um 1890

Unten links: Pergola als Eintritt in den Rosengarten des Parc de la Grange
Genf (Schweiz)
Errichtet für William Favre Anfang 20. des Jahrhunderts. Der Stadt
Genf 1917 übergeben

Unten rechts: Pergola im Garten der Villa Ephrussi de Rothschild am
Cap Ferrat
Saint-Jean-Cap-Ferrat (Provence, Frankreich)
Villa für Béatrice de Rothschild und ihren Gemahl Maurice Ephrussi
1907–1912 errichtet

Rechts: Treillagen im Park des Castello di Miramare
Miramare bei Triest (Italien)
Für Erzherzog Ferdinand Maximilian von Österreich durch Josef Laube
und Anton Jelinek im 3. Viertel des 19. Jahrhunderts errichtet

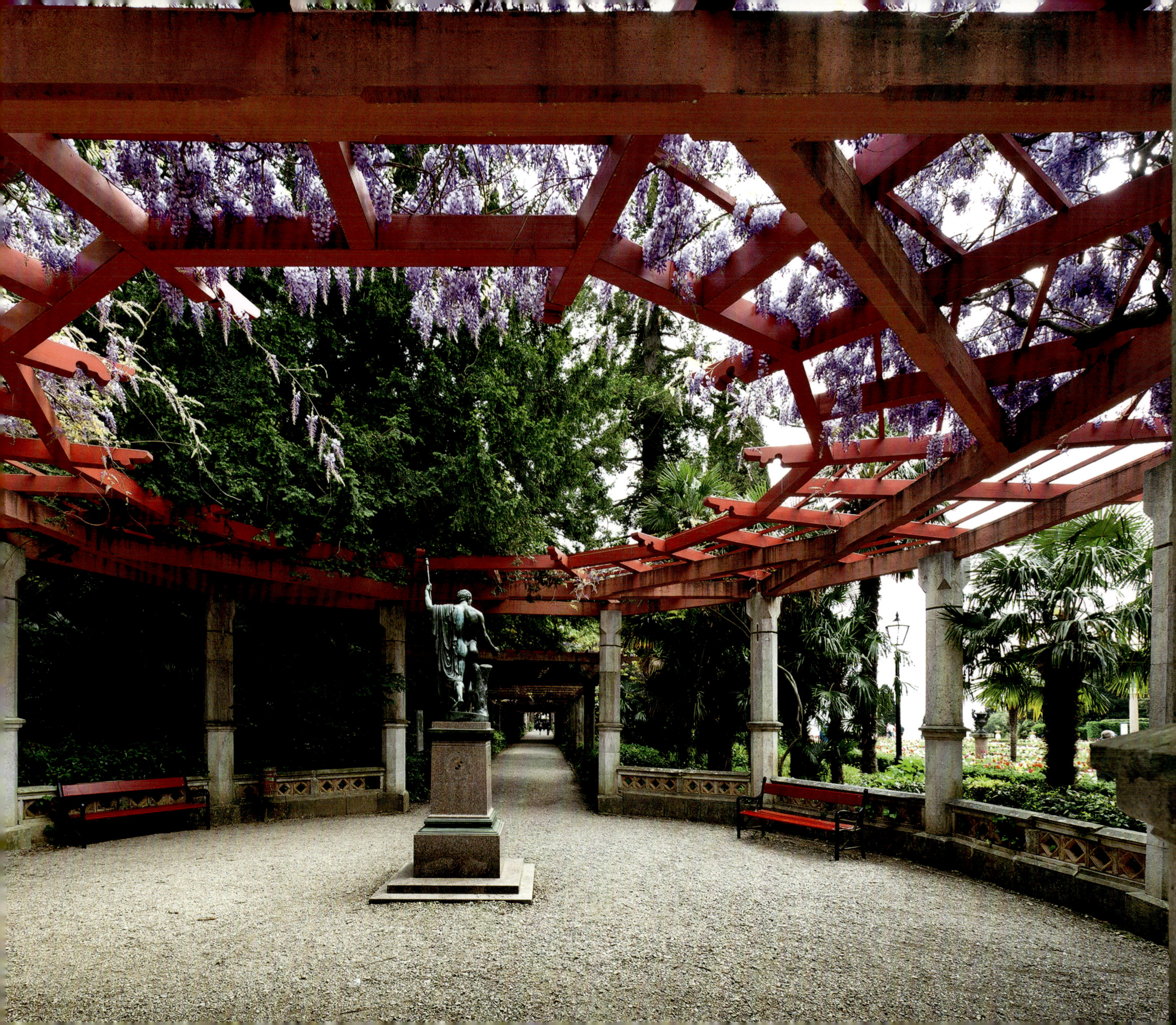

*Unten: Monument für Henriette Sonntag im Branitzer Park
Cottbus (Brandenburg, Deutschland)
Durch Hermann von Pückler-Muskau ab 1845 errichtet*

*Rechte Seite: Josef Höger. Blick aus einem Gartenpavillon auf das Palais Rasumofsky in Wien-Erdberg.
Nach 1837. Aquarell. Palais 1806/07 für Andreas Kirillowitsch Rasumofsky durch Louis Montoyer
errichtet. Garten unter Fürst Alois II. von Liechtenstein ab 1837 neu gestaltet*

331

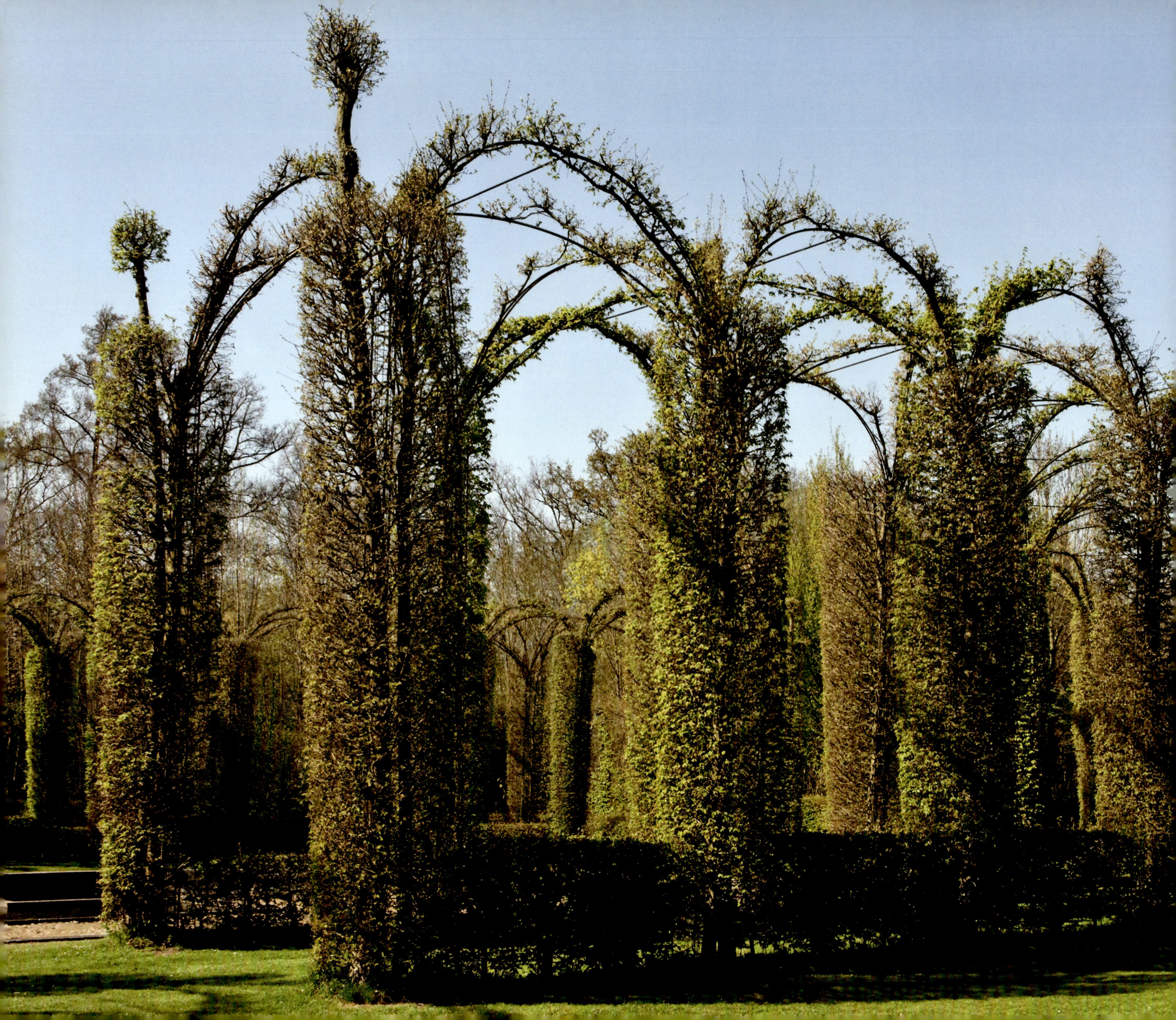

Links: Treillage im Park des Château de Beloeil
Beloeil (Hainaut, Belgien)
Schloss Beloeil der Fürsten von Ligne gilt als das belgische Versailles.
Anlage aus dem 18. Jahrhundert im 19. Jahrhundert durch englische Gärten erweitert

Unten: Einfache Laube im Park des erzbischöflichen Palais von Kremsier
Kroměříž (Mähren, Tschechien)
Kurz vor 1850 durch Bischof Maximilian Joseph Gottfried von Sommerau Beeckh
Umgestaltung der ursprünglich barocken Anlage zu einem weitläufigen Landschaftsgarten
mit zahlreichen Gartenarchitekturen

DIE KUNST DES SCHÖNEN SCHNITTS

Topiari

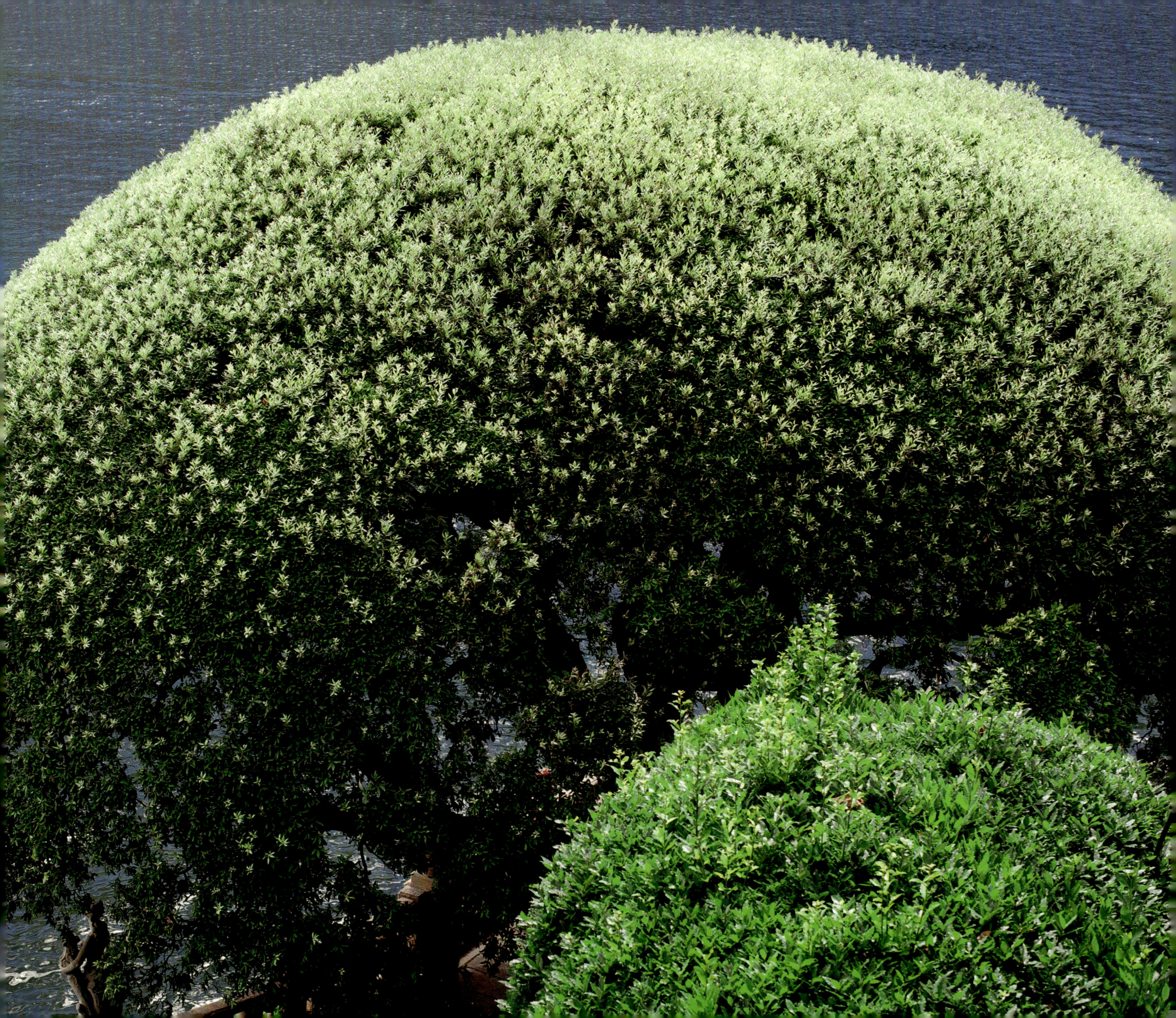

Nur wenige Elemente der Gartengestaltung sind populärer geworden als die *topiary*, wie die zu Formen geschnittenen Pflanzen in England bezeichnet werden. Der Begriff geht auf Plinius d. Ä. (23–79 n.Chr.) zurück, der die Kunst des Baum- und Heckenbeschnitts als *opus topiarium* bezeichnete. Gärtner waren im antiken Rom die *topiarii*. Das Spektrum dieser Topiari reicht von ganzen Hecken und Gartenumwallungen, die in organisch weichen Formschnitten die Anlagen fast umfließen, über verspielte Buchspyramiden oder Buchskugeln, die einen Hauseingang im Vorgarten schmücken, bis zu oft streng stereometrisch geformten grünen Wänden, die architektonischen Ernst vermitteln.

Die Versuchung, durch den Beschnitt von Sträuchern und Bäumen architektonische Elemente, ja selbst Architektur zu schaffen, muss für die Menschheit während ihrer gesamten Geschichte immer wieder groß gewesen sein. Schon in der Renaissance hat man sich auf antike Vorbilder, vor allem auf die um 77 n.Chr. erschienene *Historia naturalis* von Plinius d. Ä. berufen und skulpturenbekrönte Hecken anstelle von Mauern geschaffen. In dem Werk *Hypnerotomachia Poliphili* (1499) schildert Francesco Colonna (1433–1527) die Liebesinsel Kythera mit ihren aus Buchsbaum geformten Hecken, Triumphzügen, Schlachten und anderen figural geschnittenen Gruppen; hier wurden auch solche zu Formen geschnittenen Pflanzen erstmals abgebildet. Ganze Wände und Fassaden wurden so schon in der Renaissance gestaltet, die mit Öffnungen sogar Tore und Fenster imaginierten.

In seinem Werk *Liber ruralium commodorum*, 1471 in Augsburg erschienen, beschreibt Pietro de' Crescenzi (um 1230/35–ca. 1320) die Errichtung eines Hauses nur aus geschnittenen Bäumen: „Alle Flächen, die Gänge und Kammern, mögen abgemessen und bezeichnet und anstelle der Wände Bäume gepflanzt werden, Fruchtbäume, wenn es gefällt, die leicht wachsen, wie Kirschen und Äpfel, oder, was besser ist, es mögen Weiden, Silberpappeln und Ulmen gepflanzt werden, und durch Propfen sowie mit Hilfe von Pfählen, Latten und Bändern werden sie mehrere Jahre hindurch so weit wachsen, dass sie Wände und Dach bilden."

In England hat sich schon 1625 eine intensive Polemik gegen diesen Formschnitt gebildet. Sie zielte wahrscheinlich auf die zahlreichen Topiari in Hampton Court, die dort unter der Regierung von Heinrich VIII. (1491–1547) gezogen worden waren. In seinem Essay *On Gardens* von 1625 schrieb Francis Bacon (1561–1626) zu den in Wacholder oder in andere Gartenmaterialien geschnittenen Bildern: „das ist für Kinder". Bacon empfahl einfachere, architektonische Formen. Der französische Gartentheoretiker Antoine Joseph Dezallier d'Argenville (1680–1765) kodifizierte diese Formen in seiner *La théorie et la pratique de jardinage* von 1709 und lieferte mit den Stichen die entscheidenden Vorbilder. In Deutschland kamen diese von Matthias Diesel (1675–1752), der in dem Werk *Erlustrierende Augenweide in Vorstellung herrlicher Garten- und Lustgebäude* von 1717 Topiari vorstellte, die sich aus stereometrischen Gebilden zusammensetzten. Kurioserweise wurden solche Modelle bei den Zaunpfeilern des bayerischen Schlosses Seehof auch im Material Stein umgesetzt.

Der Gedanke, aus und mit Grün vollkommene Architektur zu formen, erreicht im barocken Garten seinen Höhepunkt. Man könnte das Gefüge von Parterres und Boskets auch als Abfolge von Räumen verstehen, bei denen die Parterres die Freiräume formen und die grünen Hecken der Boskets als *salle*, *cabinet* und *gallerie* die Innenräume mit dem Himmel als Decke abbilden. Der Unterschied zu Innenausstattungen der Zeit ist nicht allzu groß: In den *Bergl-Zimmern* von Schloss Schönbrunn bei Wien, benannt nach dem Ausstattungsmaler Johann Wenzel Bergl (1718–1789), werden die Wände von einem wilden Dschungel aus tropischen Pflanzen bedeckt, der die Decke – hier als Ausblick in den Himmel gestaltet – trägt. Pflanzen werden als architektonische, wirklich tragende Elemente verstanden und verwendet. Jacques-François Blondel (1705–1774) beschreibt 1737 in seiner *De la distribution des maisons de plaisance* einen runden Saal, „in dessen vier Wänden Nischen zur Aufnahme von Buffetts sind. Im Inneren sind Fassaden aus Hainbuchenbögen errichtet und dahinter ist eine Brüstung aus dem gleichen Material angebracht. In diesem Stück gibt es keinerlei Rasenteppiche, da es zu Ballveranstaltungen bestimmt ist; seine ländliche Dekoration gibt Gelegenheit zu gefälligen Illuminationen während der nächtlichen Feste." Der Innen- und der Freiraum unterliegen in Hinblick auf ihre Gestaltungsprinzipien demselben Verständnis und werden nahezu austauschbar.

Am konsequentesten ist diese Gestaltung von Gartenräumen und grünen Wänden in Versailles verwirklicht, und dort wieder in den Bereichen um das *Grand Trianon*, wo wirklich die gesamten Möglichkeiten der Grundrissgeometrien und der daraus entwickelten komplexen typologischen Gestaltung durchbuchstabiert worden sind. Mit dem Aufkommen des englischen Gartens, der damit verbundenen Verachtung und der daraus folgenden Ablehnung alles Geometrischen wurden auch dort viele der Grundrisssysteme vernachlässigt, verändert oder sogar zerstört. Hier ist es den Restaurierungs- und Rekonstruktionsarbeiten der letzten Jahrzehnte gelungen, viel von der entschwundenen oder nicht mehr verständlichen Pracht dieser Anlagen wiederherzustellen. Im Zuge solcher Maßnahmen sind auch viele der *topiary gardens* restauriert oder gänzlich neu geschaffen worden, etwa der Garten von Levens Hall (South Cumbria, England) und der Garten des Château de Marqueyssac in Vézac (Aquitaine, Frankreich).

Die Anlage von Levens Hall wurde ursprünglich ab 1694 von dem französischen Gärtner Guillaume Beaumont, einem Schüler von André Le Nôtre in Versailles, mit streng geometrisch oder auch amorph beschnittenen Buchsen geschaffen. Es gab an diesem Garten, der immer gepflegt worden ist, sicherlich auch viele spätere Veränderungen, die heute ganz wesentlich zu seinem pittoresken Erscheinungsbild beitragen. Insbesondere im späten 19. und frühen 20. Jahrhundert liebte man Topiari in Form von einzeln oder zu Hecken zusammengefassten und beschnittenen Buchsen.

In dieser Zeit wurde auch der Garten des Schlosses von Marqueyssac in der Dordogne geschaffen. Schloss und Garten erheben sich hoch über dem Tal des gleichnamigen Flusses und geben einen wunderbaren Blick auf die umgebende Landschaft mit anderen malerischen Schlössern frei. Der alte Besitz wurde ab 1861 unter dem neuen Eigentümer Julien de Cerval komplett erneuert. Insbesondere der Garten erfuhr eine durchgreifende Umgestaltung, die auch unter seinem heutigen Besitzer, der Gesellschaft Kleber Rossillon, fortgesetzt wird. Damit besitzt der Garten eine für historische Anlagen ungewöhnliche Leichtigkeit und Lebendigkeit. Heute erlebt man dort über 150.000 beschnittene Buchspflanzen, Zypressen und Linden, die ihn zu einem großen Publikumsmagneten machen.

Buchse und Thujen in den Jardines de Sabatini am Fuß des Palacio Real
Madrid (Spanien)
Nach der Demolierung der Königlichen Stallungen 1933 Beginn der Gartengestaltung.
Von König Juan Carlos I. 1978 eröffnet

*Links: Allee von Zitronenbäumchen am
Ufer der Isola Bella im Lago Maggiore
Stresa (Piemont, Italien)
Für Carlo III. Borromeo und dessen Gemahlin
Isabella D'Adda durch Antonio Crivelli ab
1632 errichtet*

*Rechts: Garten mit Zypressen und kugelig
geschnittenen Buchsen
Amboise (Loire, Frankreich)
Angelegt Ende des 20. Jahrhunderts am
Ort des ursprünglichen, ab 1495 für König
Karl VIII. vom neapolitanischen Architekten
Dom Pacello da Mercogliano angelegten
ersten Renaissancegartens in Frankreich*

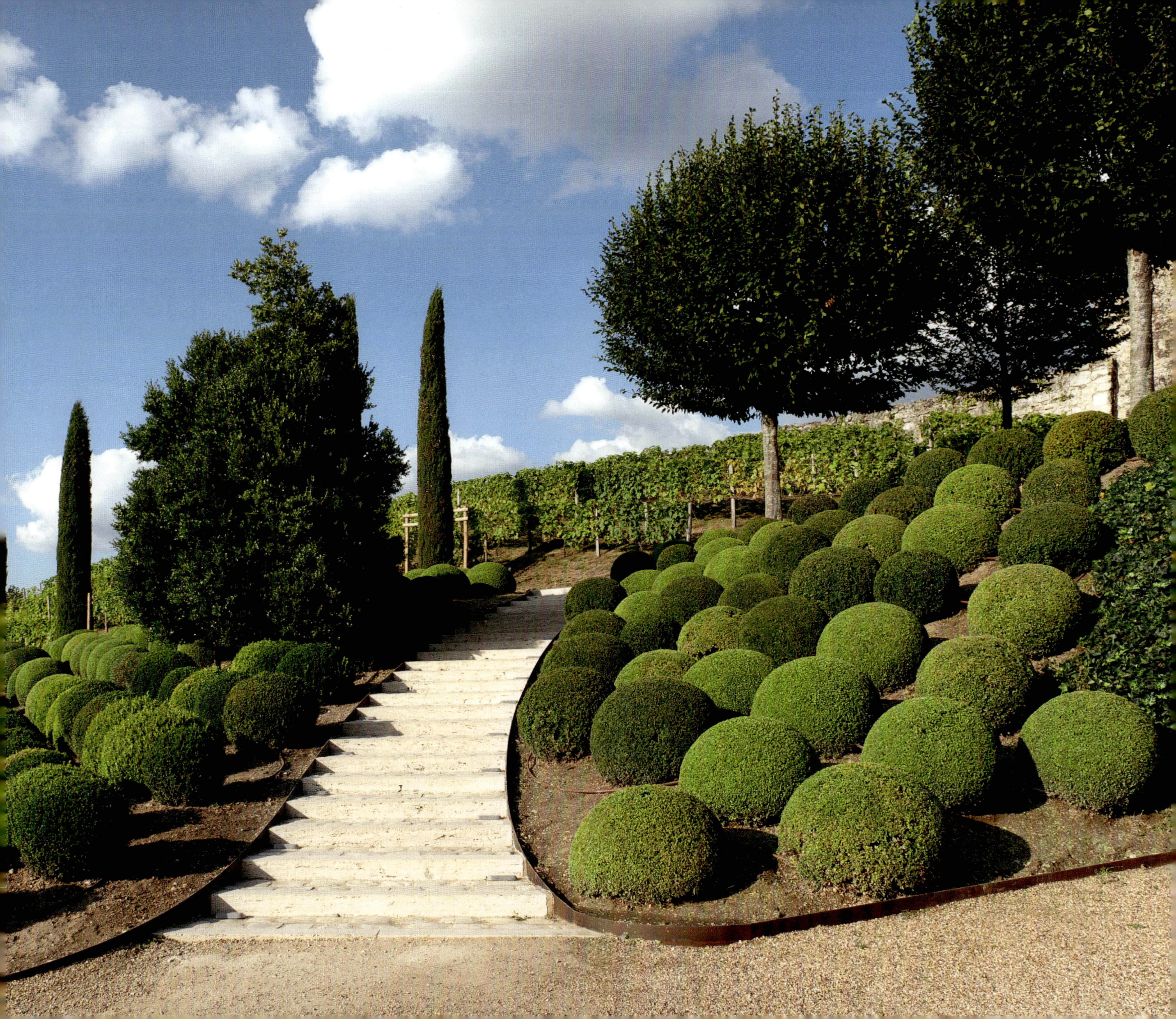

Kegelförmig beschnittene Hainbuchen und Buchse im Wechsel der Jahreszeiten

Unten und rechts: Vorgarten vor dem Riddarhuset auf Gamla stan (als Versammlungshaus des schwedischen Adels durch Simon de la Vallée 1641–1674 errichtet)
Stockholm (Schweden)

Ganz unten: Ehrenhof des Königlichen Schlosses
Stockholm (Schweden)
Für Gustave II. Adolph und seine Tochter Christine von Schweden durch Jean de La Vallée (ab 1651), Nicodemus Tessin d. Ä. (ab 1666) und Nicodemus Tessin d. J. (ab 1692) errichtet. Nach dem Brand von 1667 durch König Karl XII. und König Gustav III. weitere Modernisierungsarbeiten

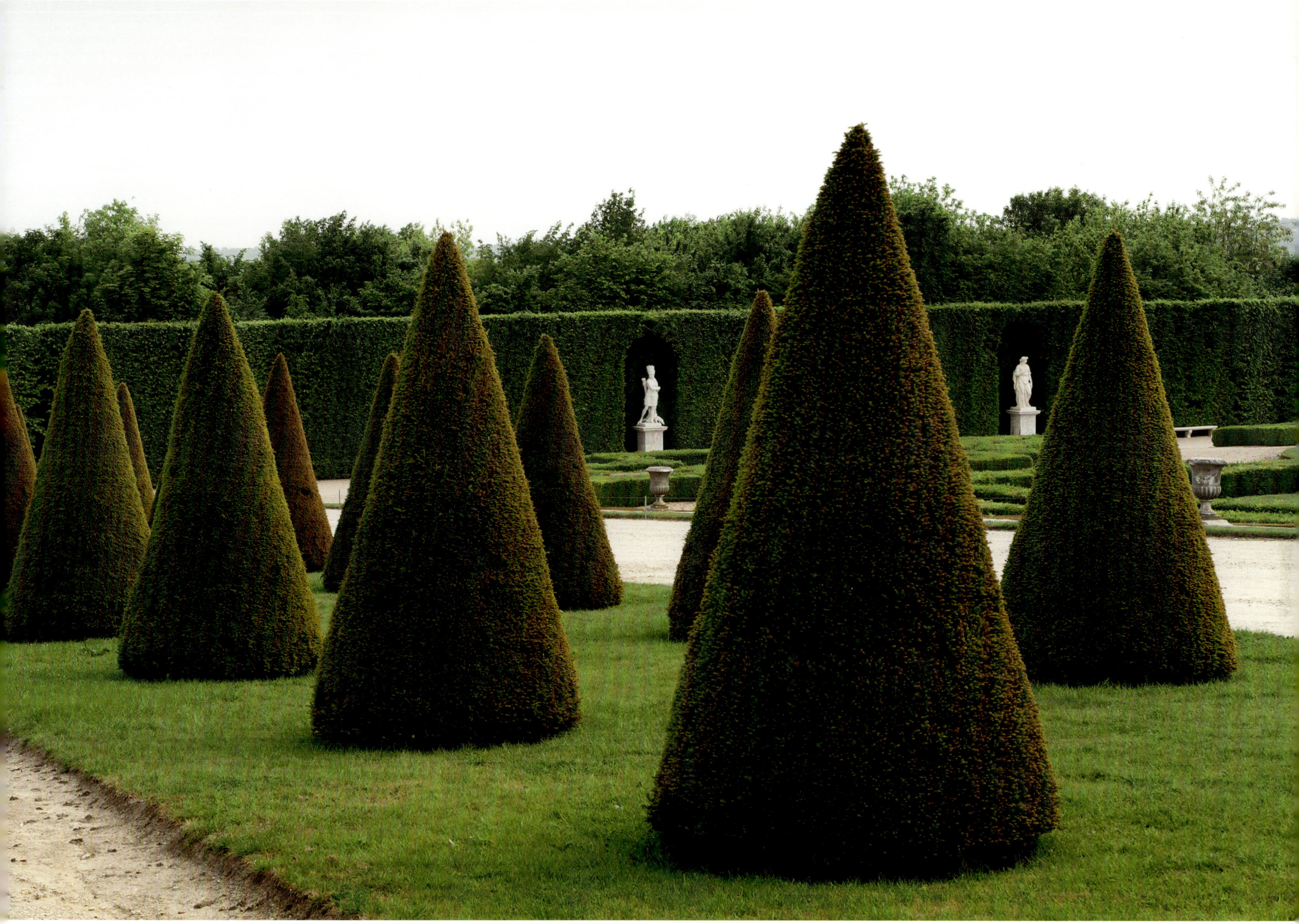

*Gärten der Generalife mit der
Alhambra im Hintergrund
Granada (Spanien)
Wiederherstellung ab 1931,
durch Francisco Prieto Moreno
1951 vollendet*

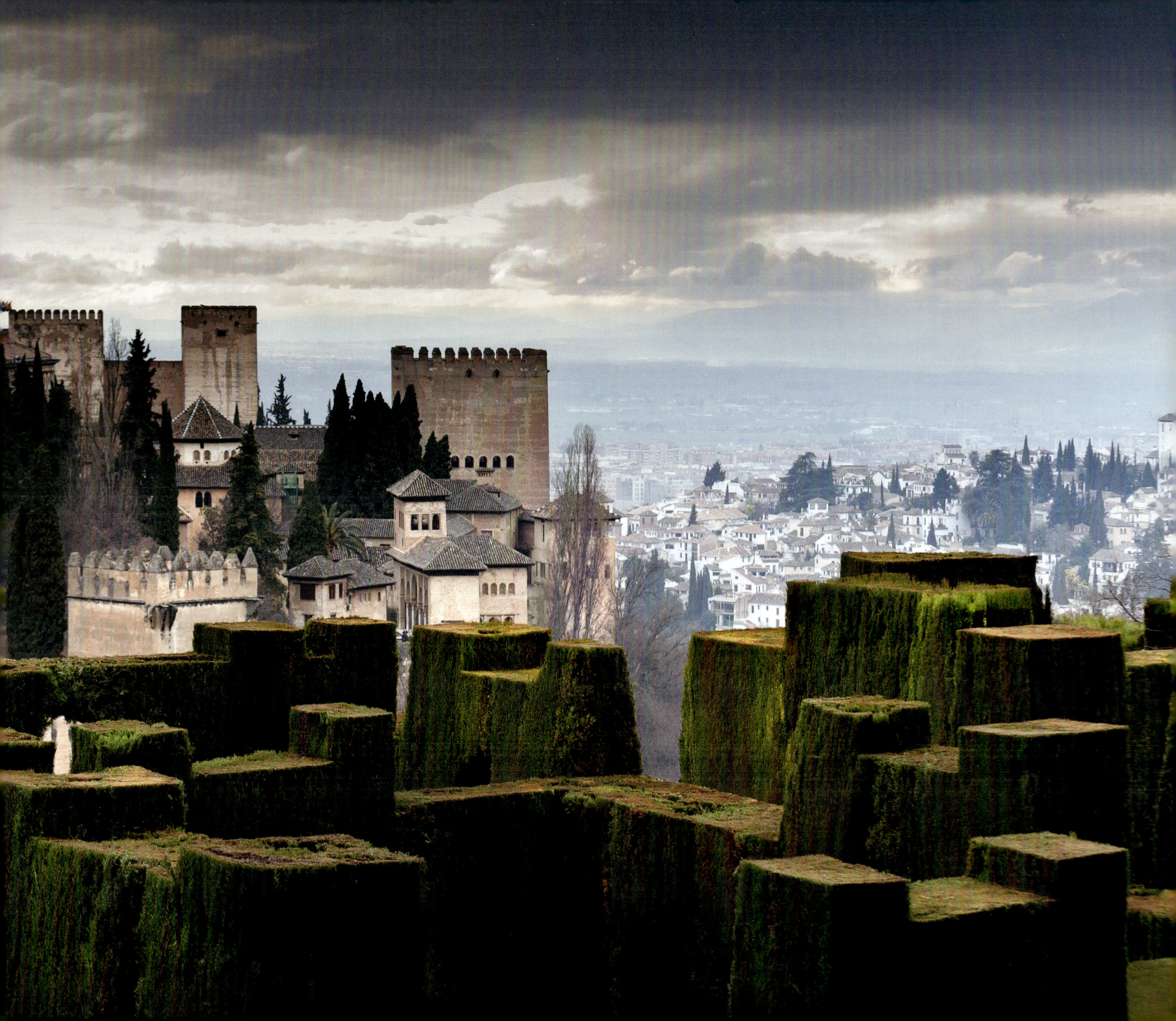

Buchse im Topiary-Garten
Levens Hall (Cumbria, England)
Ab den 1590er Jahren Residenz der Familie Bellingham.
Seit 1688 im Besitz von Colonel James Grahme.
1694 von Guillaume Beaumont, einem Schüler von
Le Nôtre in Versailles, gestaltet

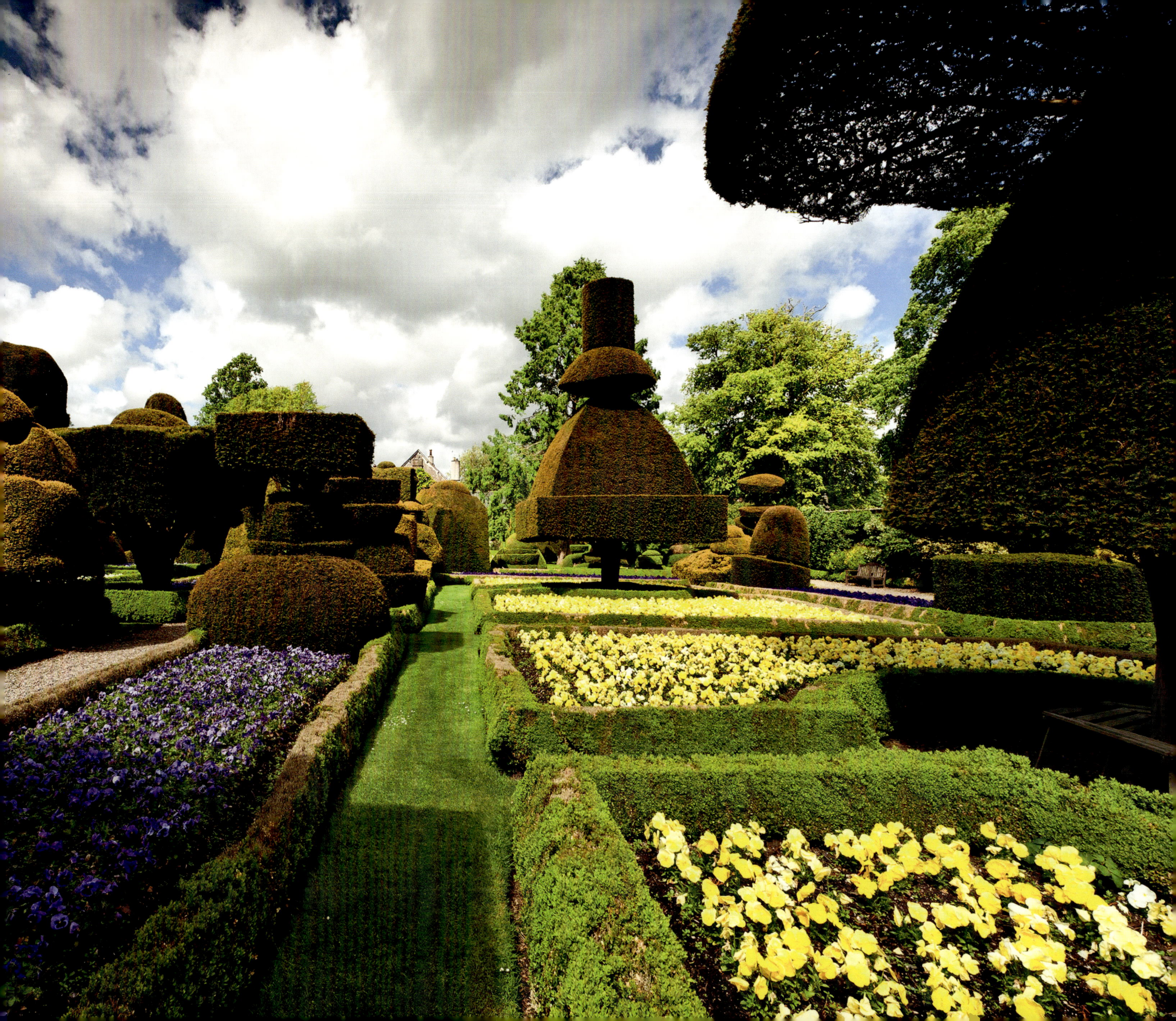

Buchse im Garten des Château de Marqueissac
Vézac (Aquitaine, Frankreich)
Schloss für Bertrand Vernet de Marqueyssac, Berater von König Ludwig XIV., durch Bernard Vernet Ende
des 17. Jahrhunderts errichtet. Ab 1861 unter dem neuen Besitzer Julien de Cerval komplette Erneuerung
des Gartens. Im 20. Jahrhundert zunehmende Vernachlässigung des Gartens. 1996 unter dem neuen
Besitzer Kleber Rossillon nach systematischer Wiederherstellung wieder für das Publikum zugänglich.
Heute befinden sich dort über 150.000 beschnittene Buchspflanzen, aber auch Zypressen und Linden

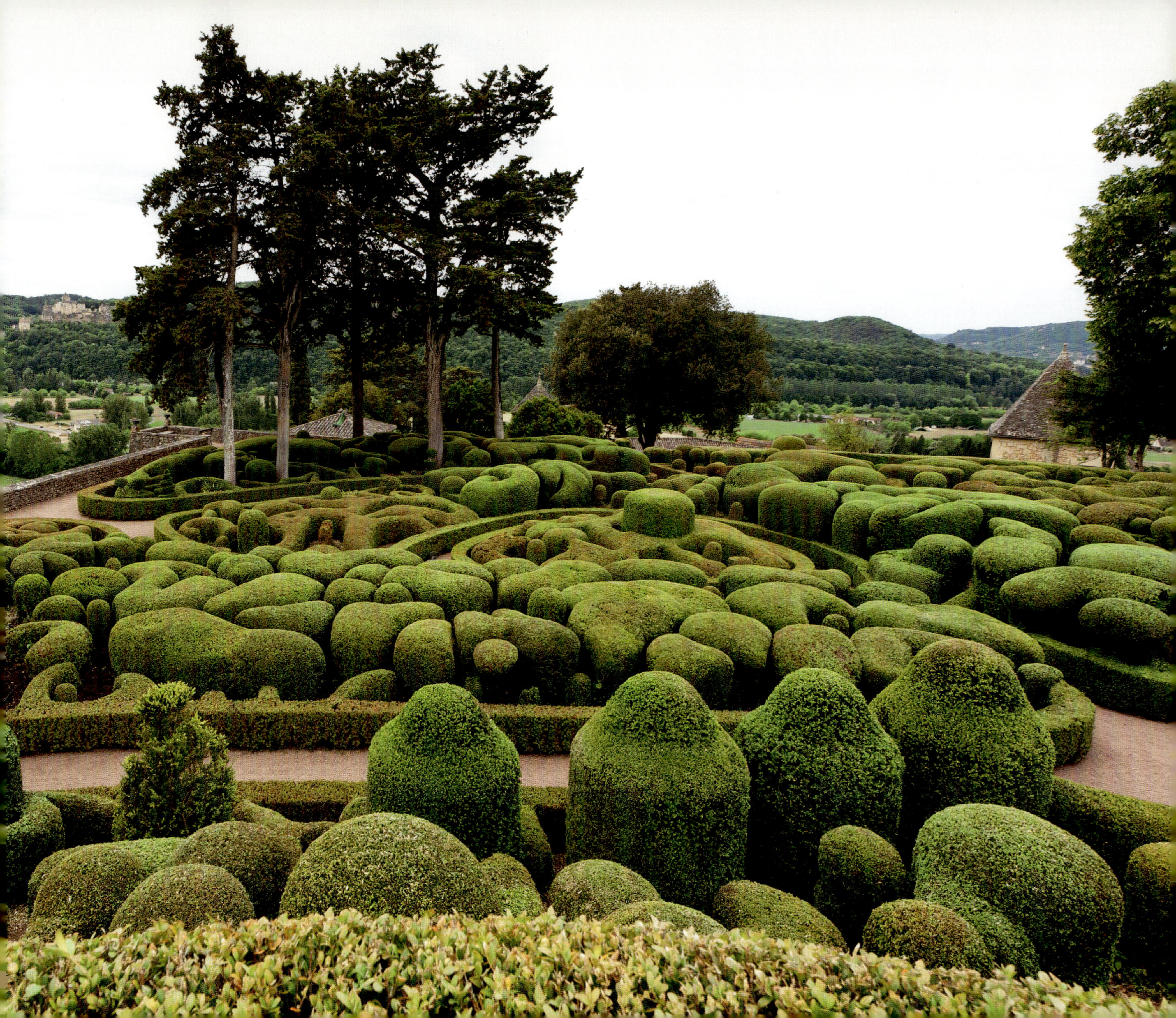

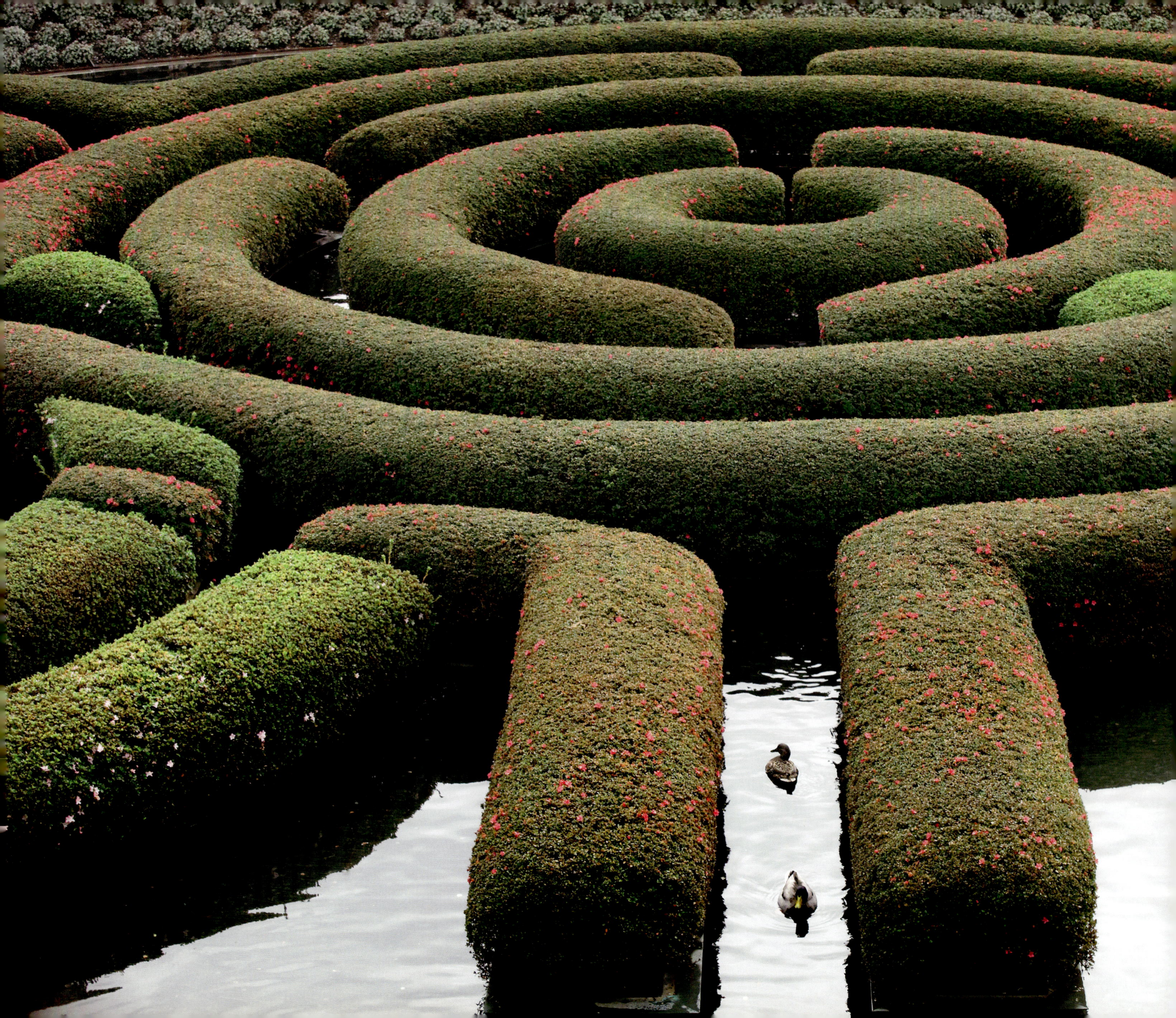

Central Garden
The Getty Center Los Angeles (Kalifornien, USA)
Architektur von Peter Eisenman. Garten ab 1992 nach Entwürfen von Robert Irwin als Gesamtkunstwerk für Augen, Ohren und Nase unter dem Motto „Always changing, never twice the same" konzipiert

Links: Azaleen-Labyrinth im zentralen Teich der Anlage

Rechts und unten: Pflanzenschalen auf einer der Treppen

Rechts: High Line Park
New York (USA)
Eisenbahntrasse 1847 zur Versorgung des Meatpacking District errichtet. 1929 Hochlegung nach zahlreichen Unfällen im Zuge eines Stadterneuerungsprojekts. Im Herbst 1980 eingestellt. Ab 1999 unter Bürgermeister Michael Bloomberg durch Elizabeth Diller und Ricardo Scofidio Umwandlung in einen Park

Links oben: Broderieparterre im Blumengarten (Květná zahrada)
Kroměříž (Mähren, Tschechien)
Für Bischof Karl II. von Lichtenstein-Kastelkorn durch Filiberto
Lucchese und Giovanni Pietro Tencalla 1665–1675 angelegt

Links Mitte: Abgefallene Kirschblüten in den Gärten der Prager Burg
Prag (Tschechien)

Links unten: Broderieparterre des Botanischen Gartens
Brüssel (Belgien)
Anfang des 20. Jahrhunderts angelegt

Unten: Buchsspirale mit Kegel im Vrtbovská-Garten
Prag, Mala Strana (Tschechien)
Garten ursprünglich 1715–1720 angelegt

Rechte Seite: Französisches Broderieparterre im
Jardim do Casa de Mateus
Vila Real (Portugal)
Ursprüngliche Anlage aus der 2. Hälfte des 18. Jahrhunderts.
In den 1930/40er Jahren neu angelegt. Entscheidende Änderungen
im 20. Jahrhundert

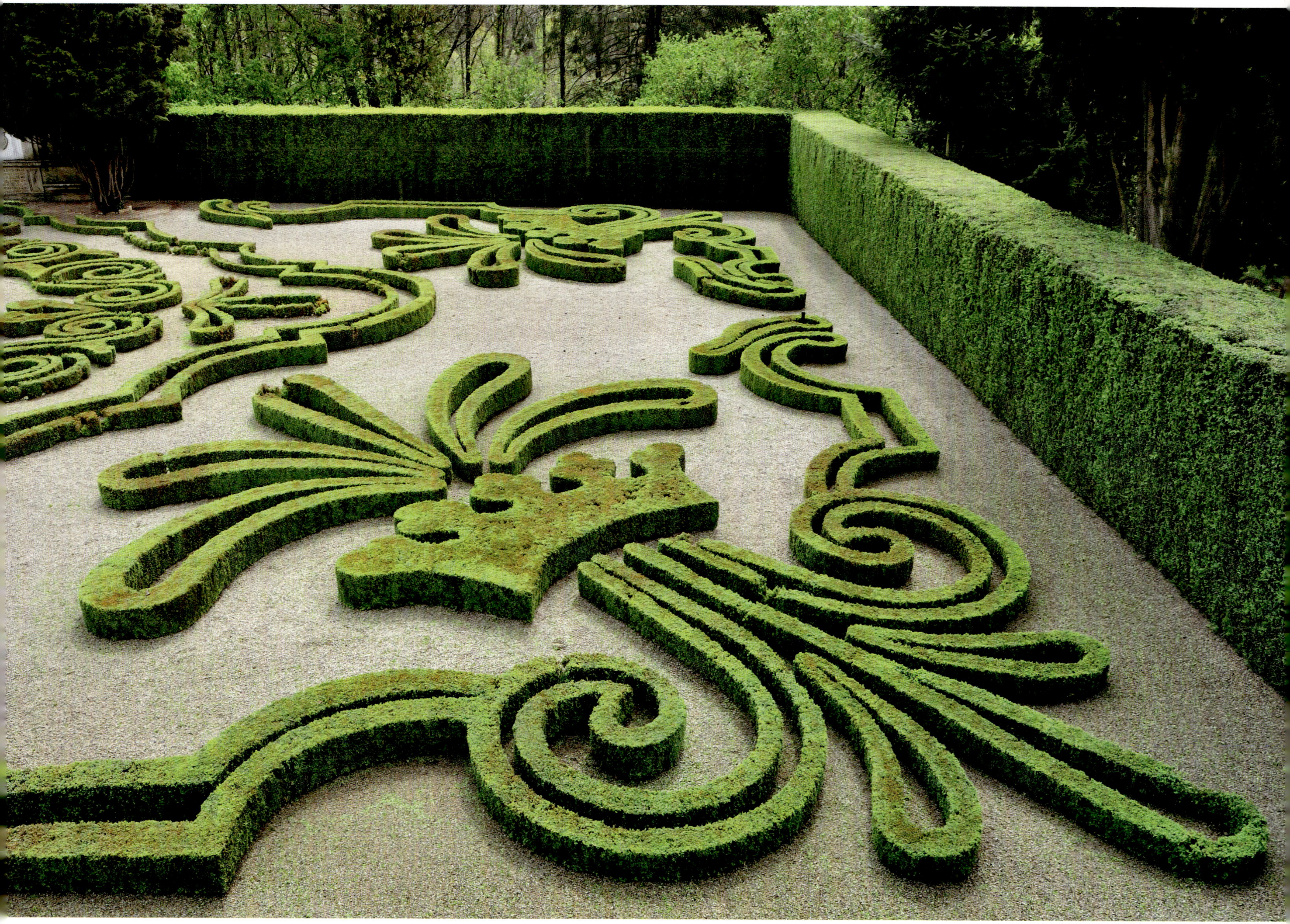

*Die Treillage der Lichten Allee und Laubengänge im Wandel der Jahreszeiten im Schlosspark von Schönbrunn
Wien-Hietzing (Österreich)
Ab 1695 Anlage des ersten Gartens durch Jean Trehet*

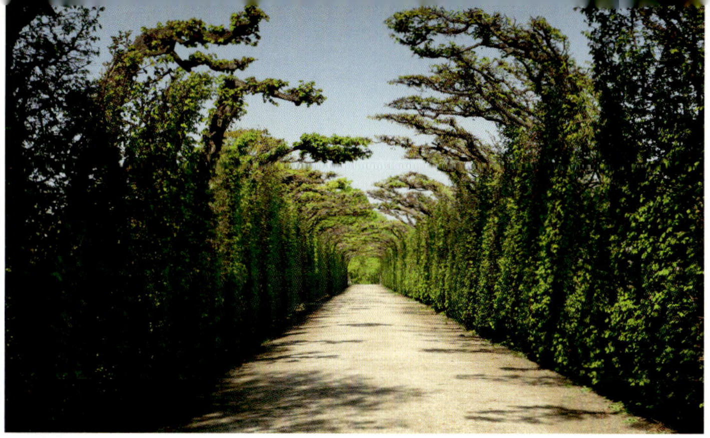
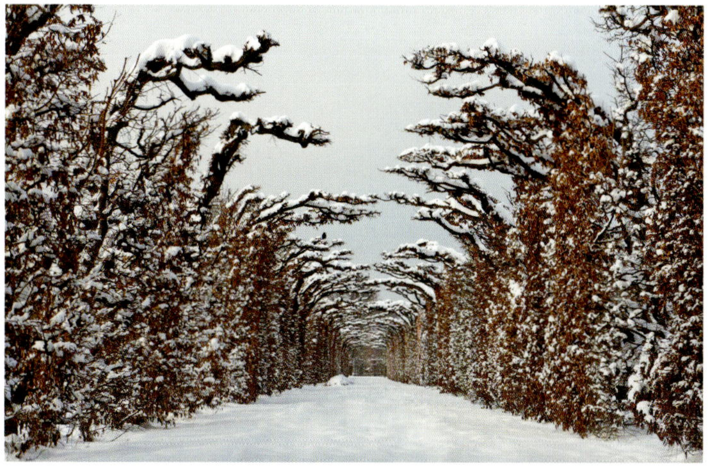
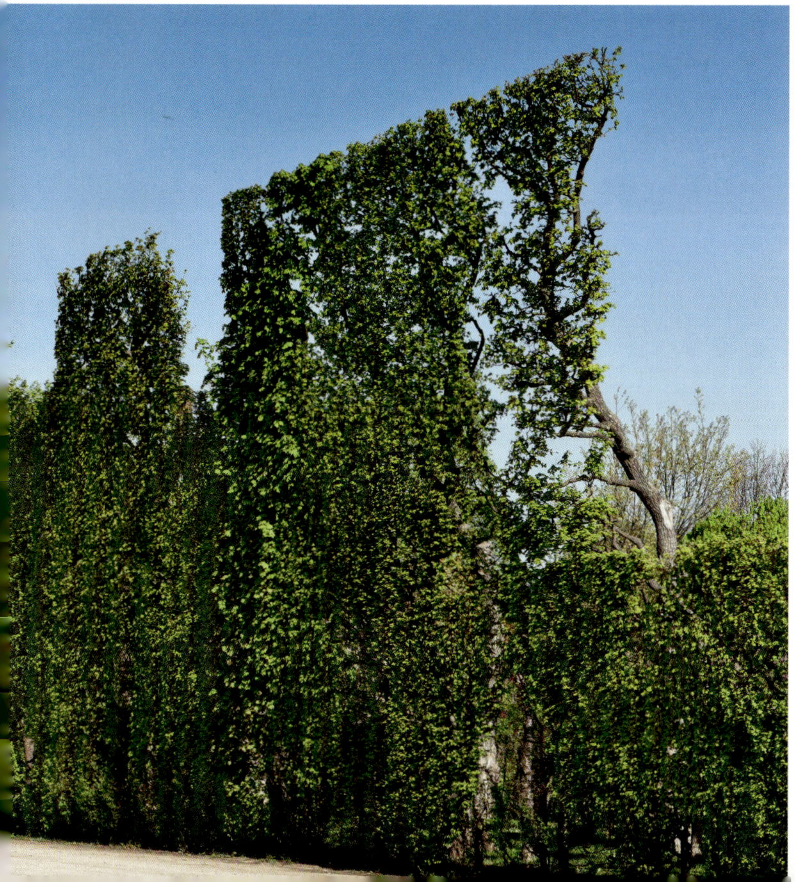
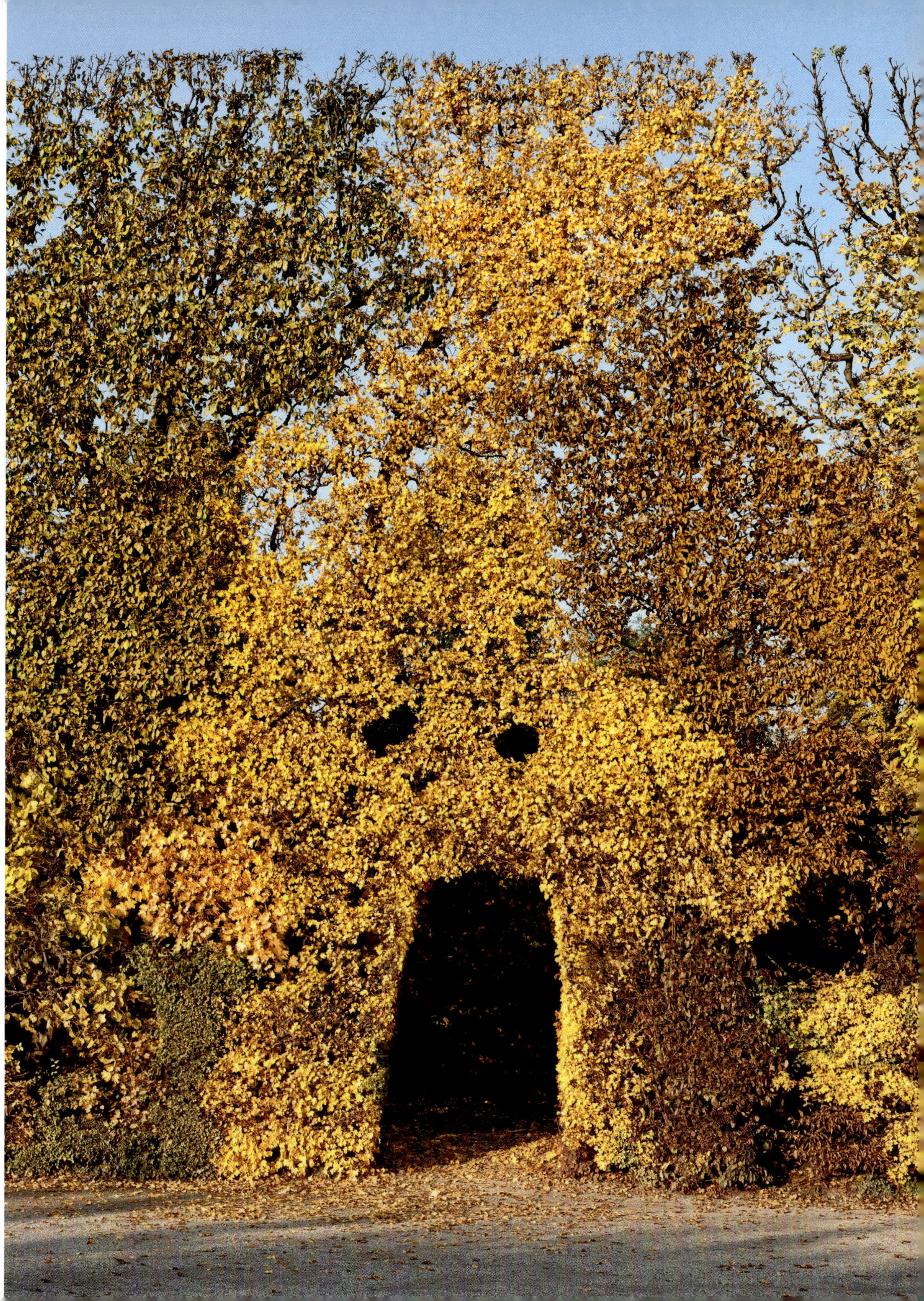

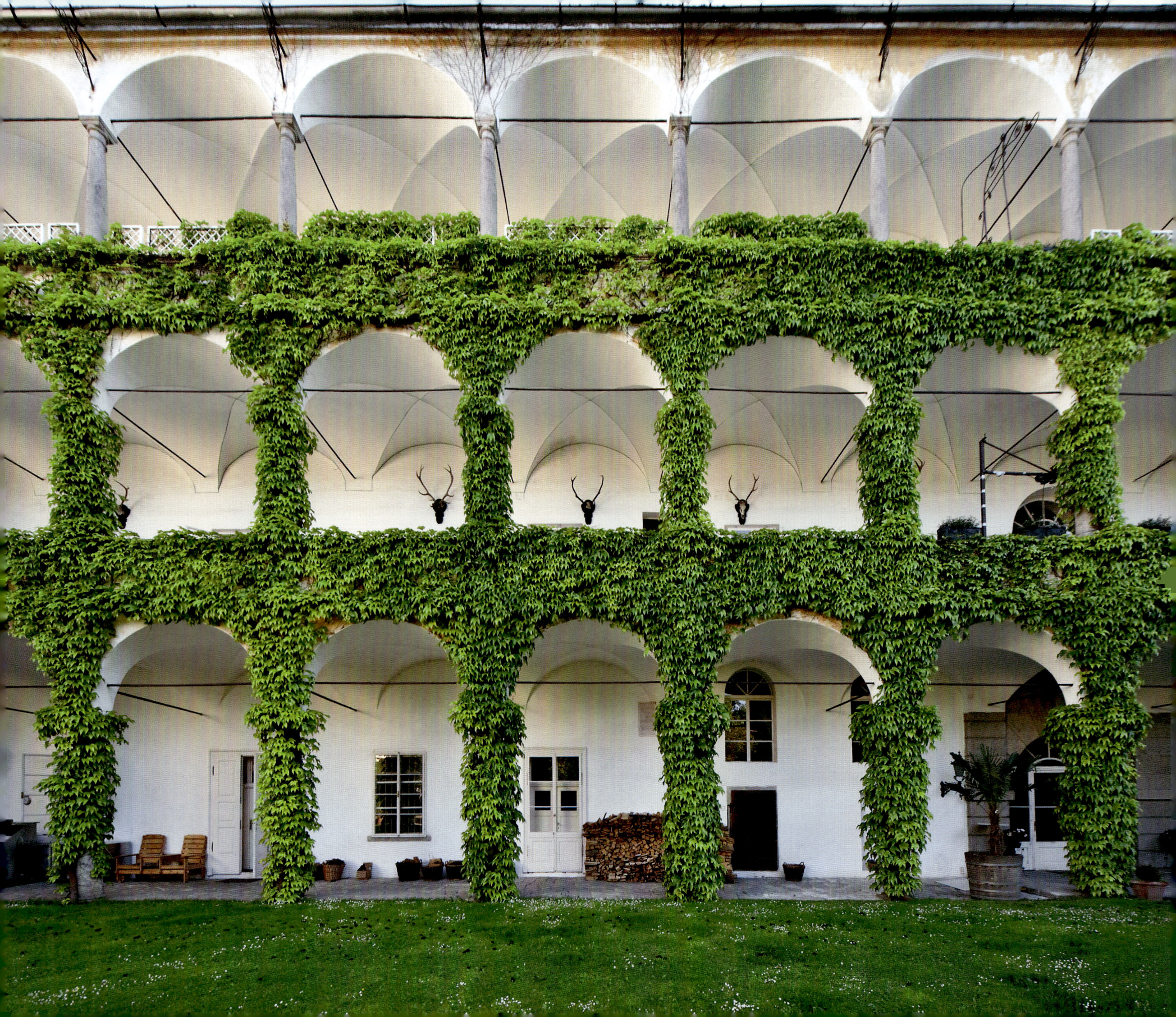

Linke Seite: Mit Veitschi (Dreispitzige Jungfernrebe, Parthenocissus Tricuspidata) überwachsene Fassade
Aschach an der Donau (Österreich)
Ab 1606 Ausbau des Schlosses unter den Jörgern. Ab 1622 im Besitz der Harrachs

Unten: Mit Kletterfeige (Ficus Repens) überwachsene Fassade der Villa del Balbianello
Lenno am Comersee (Lombardei, Italien)

Rechts: Mit Veitschi überwachsene Fassade des ehemaligen Stalltrakts des Gartenpalais Liechtenstein. In der Nische die Statue der Flora, 1. Viertel 18. Jahrhundert
Wien-Rossau (Österreich)

RÄUME MIT HIMMEL

Der Hofgarten

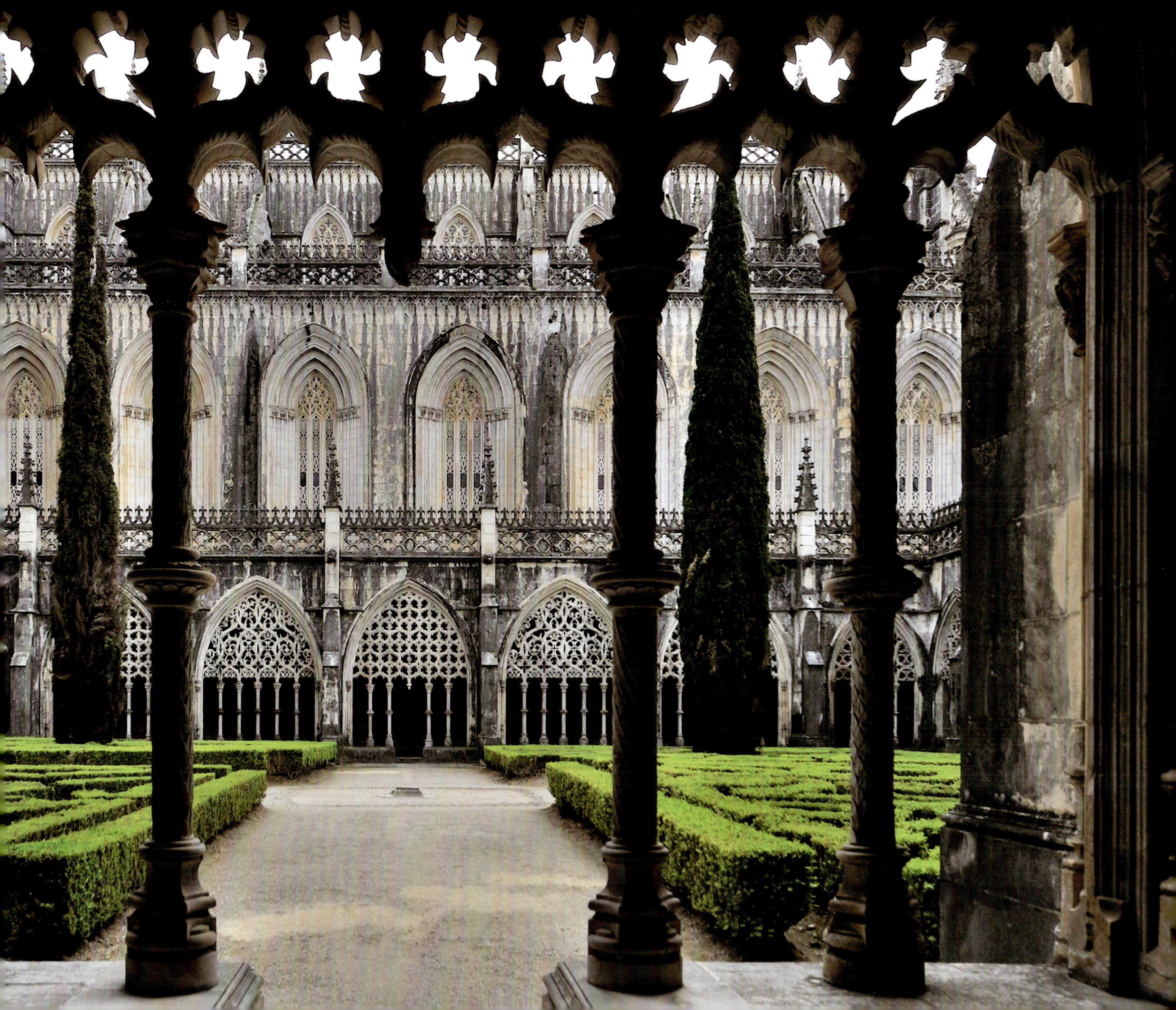

Als These und Antithese existieren zwei grundlegende Typen eines Hauses: das Hofhaus, bei dem sich der Grundriss um einen Freiraum (Hof) entwickelt, und das freistehende Haus, das von Grün umgeben ist.

Das Hofhaus ist uns durch archäologische Befunde in China, Kleinasien und Ägypten überliefert und ist damit von den Anfängen der menschlichen Kultur bezeugt. In vielen Beispielen, meist als Grabbeigaben, haben sich sogar dreidimensionale Modelle erhalten, die Urtypen des Hofhauses zeigen. Das klassische *Peristylhaus* Griechenlands und des Hellenismus ist eine hochentwickelte Endform, in der wunderschöne Gärten entstehen konnten. Das *Atriumhaus* als Weiterentwicklung bestimmte die städtische Baukultur der römischen Antike, aber auch die der ländlichen Villa. Bei den Ausgrabungen der Villenanlagen mit ihrem großartigen Freskenschmuck in Pompeji, Herculaneum und den umliegenden kleineren Orten (Boscoreale, Boscotrecase oder Oplontis) haben sich, durch die Lava- oder Ascheschichten des Vulkanausbruchs vom 24. August 79 perfekt konserviert, sogar Gärten in bemerkenswertem Zustand erhalten – mit Skulpturen und sonstigen Dekorationen, ja sogar dem entsprechenden Mobiliar –, die uns ein lebendiges Bild dieser Kultur vermitteln.

Ein weiterer Überlieferungsstrang betrifft die islamische Kultur, die teilweise aufs Engste mit der antiken Kultur verbunden war. Der Typus des Hofhauses ist noch heute von Persien über den Nahen Osten bis an den äußeren Nordwesten Afrikas präsent. In Syriens Altstädten von Aleppo und Damaskus haben sich wunderbare Beispiele aus der Zeit der ottomanischen Periode (1517–1832 und 1840–1918) erhalten. In Marokkos Königsstädten – in Fès, Marrakesch, Meknès und Rabat – bildet das Hofhaus von kleinen bescheidenen bis zu extrem luxuriösen Ausformungen, die dort bis heute entstehen, den Grundtypus des städtischen Gewebes. Über Spanien ist diesem Haustypus sogar der Sprung nach Europa gelungen, wo aus der Zeit der Nasriden (1232–1492) mit den Palästen in Granada, der *Alhambra* und der *Generalife*, opulente Ausformungen des islamischen Hofhauses – nicht zuletzt Dank der Bemühungen um Bewahrung und Rekonstruktion schon im 19. Jahrhundert – fast märchenhaft vor uns stehen. Die Höfe werden entweder wie in den persischen Grundformen von Wasserkanälen durchzogen (*Alhambra*, *Myrthenhof*; *Generalife*), die den Lebensspender der üppigen Bepflanzung bilden, oder die Mitte des Hofes wird durch zwei einander kreuzende Wasserkanäle in vier Quadranten geteilt, wie das beim *Löwenhof* mit dem berühmten *Löwenbrunnen* in der *Alhambra* der Fall ist.

In der abendländischen Entwicklung ist der Hof der Abteien und Klöster das Äquivalent zu den orientalischen Beispielen. Schon im Klosterplan von St. Gallen (um 819–826) vorgezeichnet, besaßen diese Abteien eine ganze Abfolge von Höfen, denen jeweils, fast im funktionalistischen Sinn, spezifische Funktionen zugeordnet gewesen sind. Die eigentlichen *Paradiese* waren den Kircheneingängen vorgelagert, der wichtigste Hof war immer der *Kreuzganghof*, der in der Regel an der Südseite der Kirche angelegt wurde. Die Kreuzganghöfe erhielten die architektonisch aufwändigste Ausstattung mit Brunnen und Pflanzen.

Es haben sich aber auch viele sehr frühe Beispiele erhalten, bei denen der Hof nicht begrünt, sondern zur Gänze gepflastert war. Kübelpflanzen bringen hier in historischer Tradition bis heute das florale Element in diese von äußerster architektonischer Strenge dominierten „Gärten" ein. Der noch heute als *Chiostro botanico* bezeichnete Hof in der Abbazia di Praglia, einer der bedeutenden italienischen Benediktinerabteien, steht im Gegensatz zu dem ein Geschoss höher liegenden, als *Giardino Pensile* bezeichneten Hof, der als Wasserkollektor für die anderen, tiefer liegenden Höfe dient.

Eine klassische Struktur besitzt der monumentale Kreuzganghof des Escorial in Madrid aus dem 16. Jahrhundert. Fast schon wie in einem Palastgarten ist er mit einer monumentalen Brunnenanlage im Zentrum ausgebildet. Ganz im Gegensatz zu dieser architektonisch anspruchsvoll durchgestalteten Anlage steht die Weite des *Großen Hofes* der Certosa di Pavia (Italien), um die sich die 23 Zellen der ursprünglich das Kloster besiedelnden Karthäusermönche legen (heute sind es Zisterzienser). Monumental ist auch der Kreuzganghof des *Santo* in Padua ausgestattet, in dem 1810 eine Magnolia Grandiflora ausgepflanzt worden ist, die gigantische Ausmaße erreicht hat und heute diesen Ort dominiert.

Bäume wurden schon beginnend mit dem 18. und verstärkt im 19. Jahrhundert immer mehr zum prägenden Gestaltungselement solcher Höfe, sei es in Klöstern, sei es in Schlössern, in denen sie als grünes Element und Schattenspender eingesetzt wurden und meist mit einem Brunnen den zentralen Ruhepol bildeten. Im Zisterzienserkloster Heiligenkreuz südlich von Wien stehen die mächtigen Platanen – der Modebaum des ausgehenden 18. und beginnenden 19. Jahrhunderts schlechthin – in dem vor dem mittelalterlichen Kern der Kirche und des Klosters liegenden Inneren Stiftshof. Dort bilden sie gemeinsam mit der *Dreifaltigkeitssäule* (1736–1739) von Giovanni Giuliani (1664–1744) und dessen *Josefsbrunnen* (1739) in dem Kloster, das sich bis heute seine Vitalität und Lebendigkeit bewahrt hat, einen Hort der Ruhe. Wie ein Filter zur Welt legt sich dieser Hof mit dem Kaisertrakt vor das eigentliche Kloster. Ähnlich stellt sich die Situation in der Tillysburg bei St. Florian in Oberösterreich dar. Auch hier markieren die mächtigen Bäume in einer sonst gnadenlos der Sonne ausgesetzten großen Hoffläche einen „Raum", der zum Verweilen und zur Erholung einlädt. Noch geringer ist der architektonische Gestaltungsanspruch in den Höfen der Beginenklöster Belgiens und Hollands, wo die Höfe in ihrer Struktur den Zufällen des Stadtgrundrisses folgen und die Bäume in die weiten Wiesenflächen eingestreut sind.

In diesem Sinne wurden in den Höfen vieler europäischer Städte Gärten und Baumpflanzungen angelegt. Das Verhältnis von Abgeschlossenheit nach außen und Öffnung nach innen ist hier niemals so extrem wie in den arabischen Ländern. Unter Rückbesinnung auf den Typus des Hofhauses wurden beispielsweise im 18. und 19. Jahrhundert vor allem in Italien großzügige, begrünte und mit kostbaren Bäumen bepflanzte Hofanlagen geschaffen, die erst die Lebensqualität dieser Städte ausmachen. So eng, so dunkel, unwirtlich und abweisend die Straßenzüge speziell norditalienischer Städte oft erscheinen mögen – nachdem man eines dieser Patrizierhäuser oder einen der Paläste betreten hat, erlebt man eine andere Welt, der die Höfe die Luft zum Atmen geben.

Chiostro del Capitolo o della Magnolia des Santo
Padua (Veneto, Italien)
Errichtet 1240. Veränderungen im 16. Jahrhundert. Die den Hof heute beherrschende Magnolia Grandiflora wurde 1810 gepflanzt

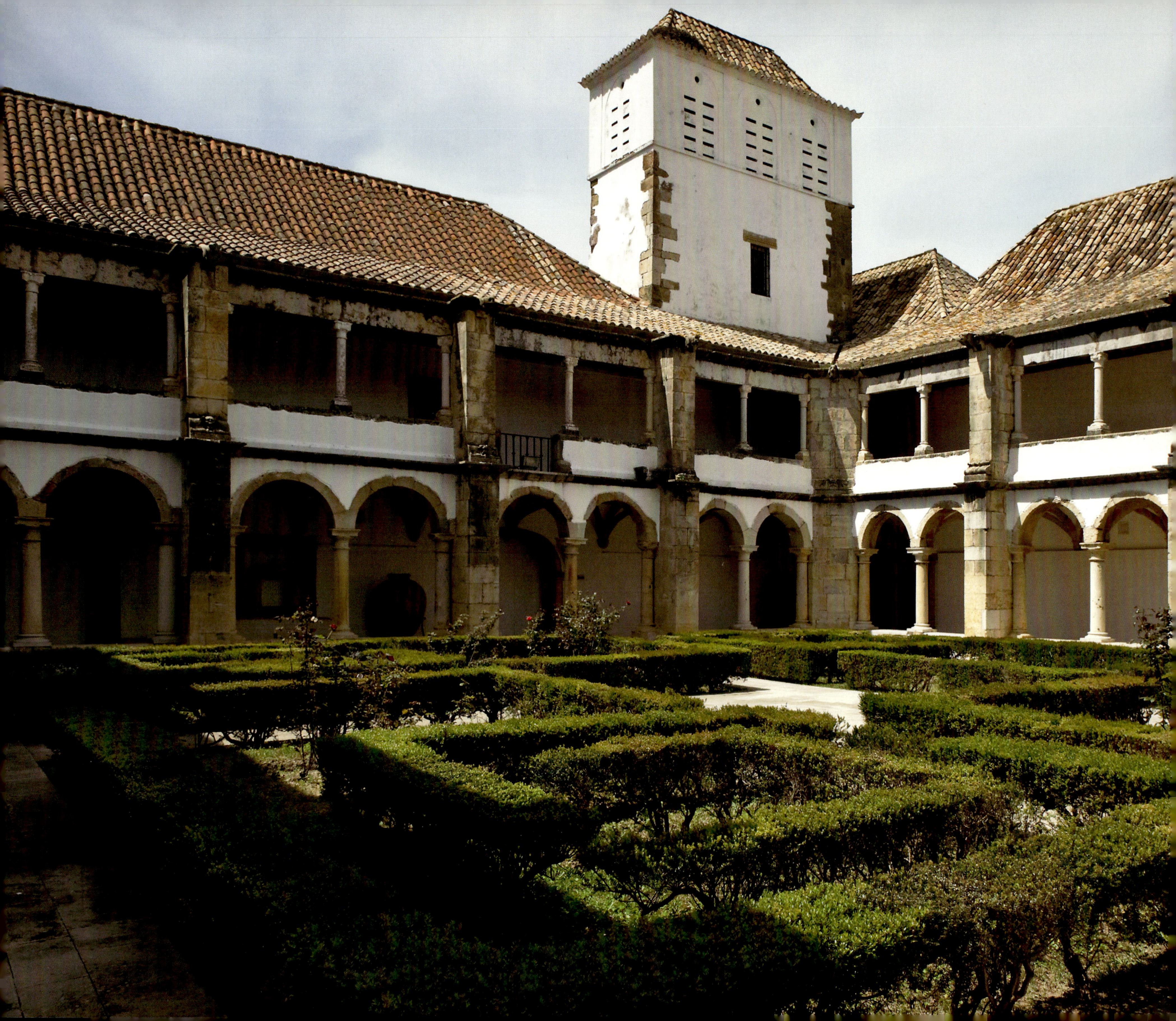

Links: Grüner Kreuzganghof im Kloster
Nossa Senhora da Assunção
Faro (Portugal)
Gegründet von Leonor, der Schwester König Manuels I. Kreuzgang durch Alonso Pires 1540 errichtet

Rechts oben: Kreuzgang (Claustro Real) des Dominikanerklosters
Batalha (Portugal)
Errichtet 14.–16. Jahrhundert durch Afonso Domingues und Meister „Huguet" unter den portugiesischen Königen Dom João I., Dom Duarte I., Dom Afonso V., Dom João II. und Dom Manuel I.

Rechts Mitte: Steinerner Klosterhof der ursprünglichen Templerburg
Tomar (Portugal)
Kloster 1160 von den Tempelrittern gegründet. Nach der Auflösung des Ordens durch Papst Clemens V. ab 1318 Kloster des von König Denis gegründeten Ordens der Christusrichter. Der Große Kreuzgang um 1550 errichtet durch Diego de Torralvaund und Filippo Terzi für König Dom João II. unter dem Einfluss des Palladianismus

Rechts unten: Großer Kreuzgang des Zisterzienserklosters
Alcobaça (Estremadura, Portugal)
Kloster 1153 von König Dom Afonso I. gestiftet. Der Große Kreuzgang unter König Dinis 1308 errichtet

Die innerstädtischen grünen Oasen der Beginenhöfe, ursprünglich Wohnanlagen der Beginen
Brügge (Flandern, Belgien)

Links: Fürstlicher Beginenhof Ten Wijngaarde (Zum Weingarten). Um 1230 gestiftet durch Johanna von Konstantinopel, Gräfin von Flandern und ab 1299 unter königlicher Verwaltung. Die heutigen Häuser aus dem 17. Jahrhundert. Seit 1930 nach dem Tod der letzten Begine durch Benediktinerinnen bewohnt

Unten: Beginenhof Godshuis de Meulenaere, 1613. Garten im Zuge der Restaurierung von 1995 nach historischen Vorbildern neu angelegt

Rechte Seite: Der Große Hof der Certosa
Certosa di Pavia (Lombardei, Italien)
Gegründet 1390 durch Gian Galeazzo Visconti, Herzog von Mailand, als Karthäuserkloster. Grundsteinlegung unter Architekt Marco Solari am 27. August 1396. Abschluss der Bauarbeiten mit der Vollendung der Kirchenfassade 1549. Um den Großen Kreuzgang gruppieren sich die 23 Zellen der Mönche (heute Zisterzienser)

363

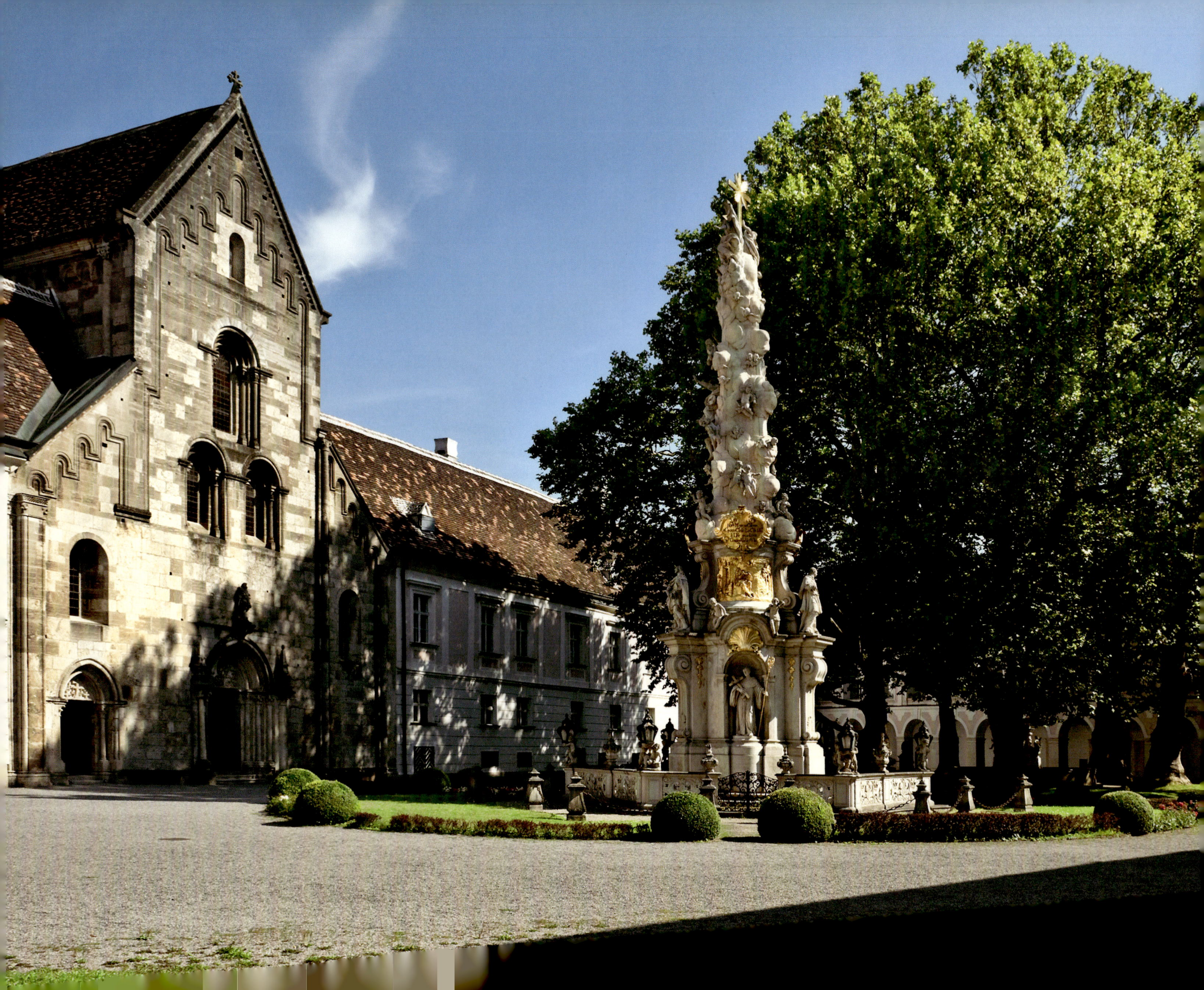

Links: Der Innere Stiftshof mit der Dreifaltigkeitssäule und dem Josefsbrunnen
Stift Heiligenkreuz (Österreich)
Klostergründung 1135/36 durch Markgraf Leopold III. von Babenberg. Innerer Stiftshof ab 1660 errichtet. Dreifaltigkeitssäule 1736–1739 und Josefsbrunnen 1739 durch Giovanni Giuliani geschaffen

Rechts und unten: Schlosshof
Tillysburg (Österreich)
Durch Werner Tserklaes von Tilly 1633 neu errichtet. Treppenhaus unter dem späteren Besitzer, dem Stift St. Florian, und dem Einfluss des dortigen Treppenhauses von Jakob Prandtauer eingebaut

*Links: Hof eines innerstädtischen Palais mit Palmen
Rovereto (Trentino, Italien)*

*Unten: Hof des Palazzo Trivulzio
Mailand (Lombardei, Italien)
Ursprüngliche Anlage im 16. Jahrhundert errichtet.
Gesamter Komplex 1707–1713 durchgreifend
erneuert*

*Rechts: Hof des Palazzo Borromeo-d'Adda
Mailand (Lombardei, Italien)
Modernisiert Ende des 18. Jahrhunderts durch
Gerolamo Arganini*

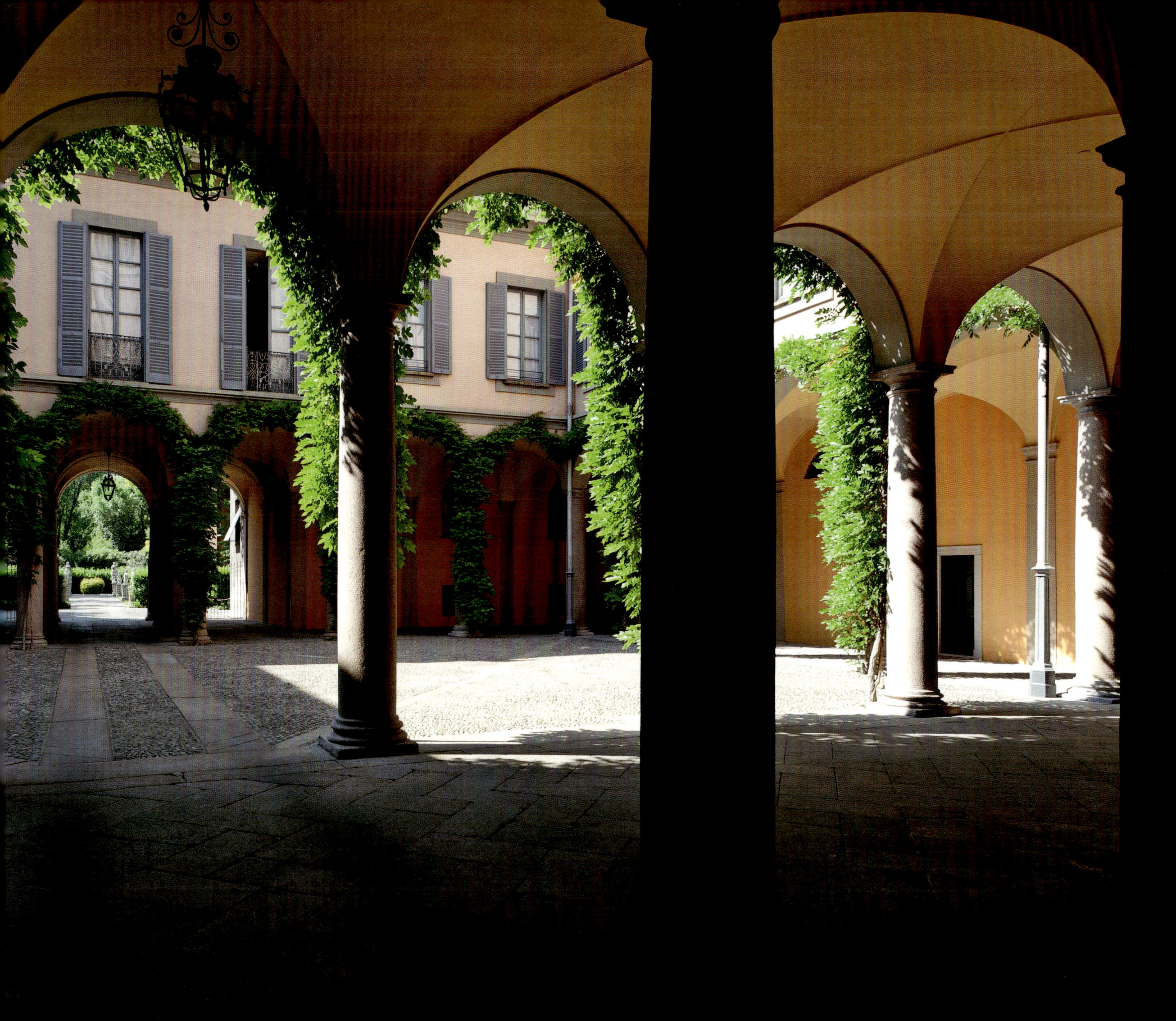

Garten des Stadthauses von Peter Paul Rubens
Antwerpen (Belgien)
Von Peter Paul Rubens und seiner Gemahlin Isabella Brant 1610, zwei Jahre nach seiner Rückkehr aus Italien, erworben. Mit einer Kunstkammer, dem Atelier, dem Portikus (vollendet 1617) und dem Garten im Stil eines italienischen Palazzos erneuert. Garten Neuschöpfung Ende des 20. Jahrhunderts

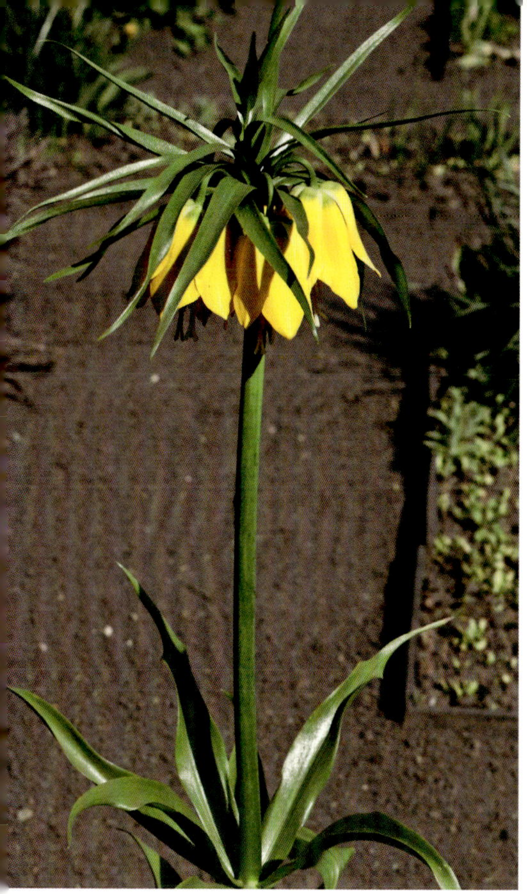
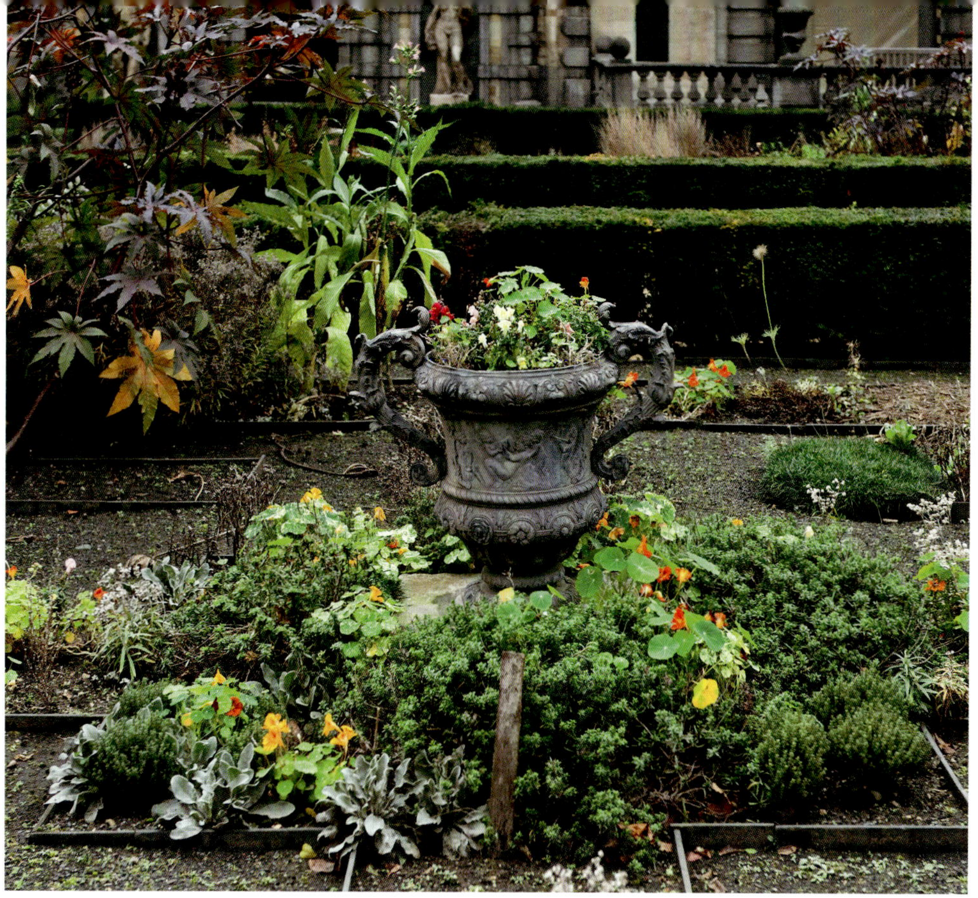
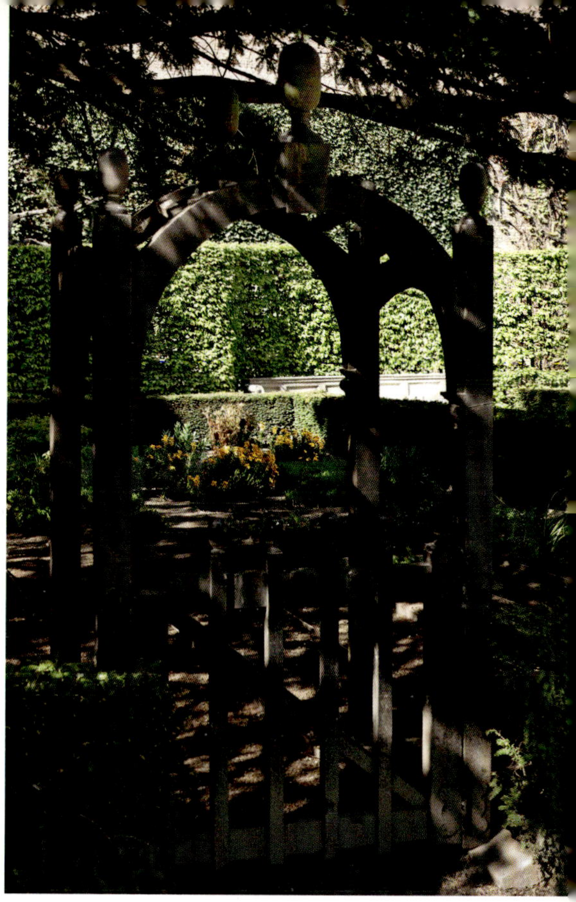
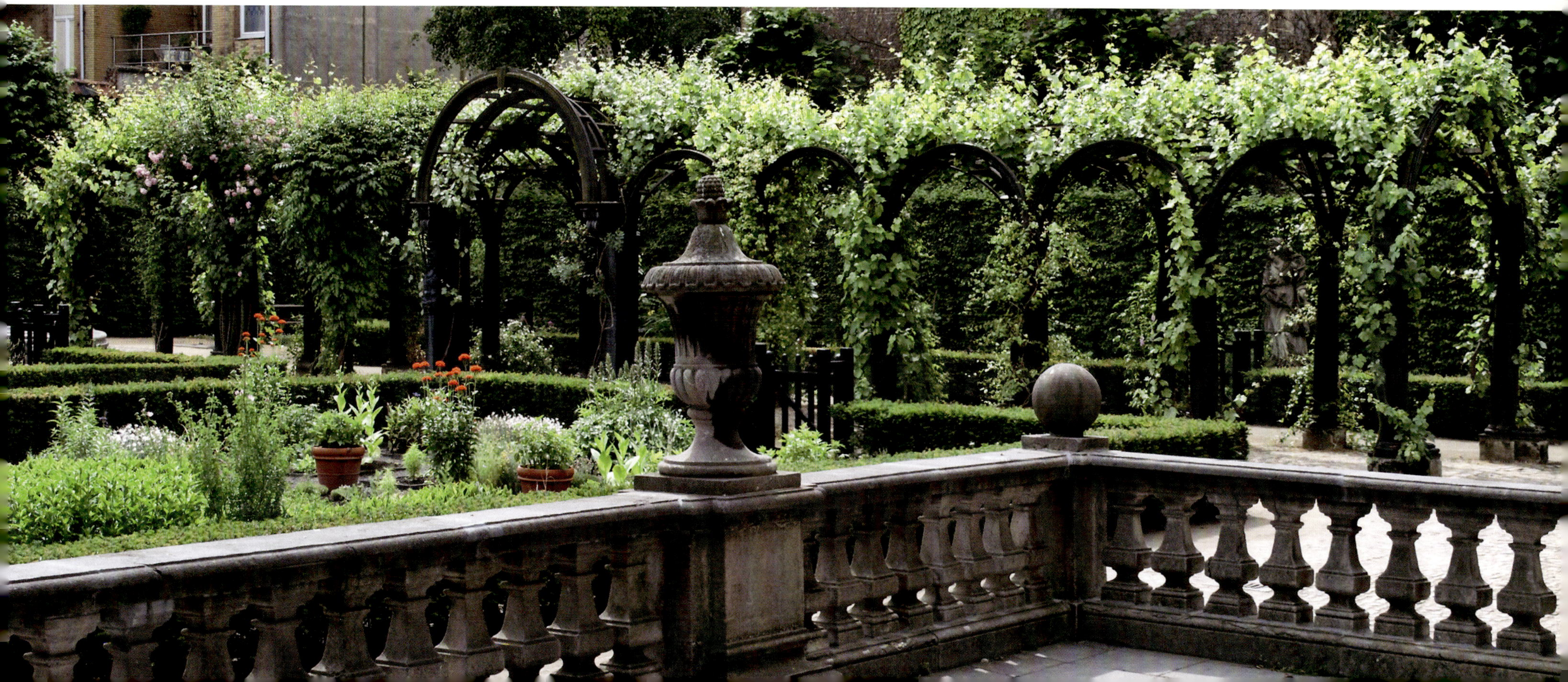

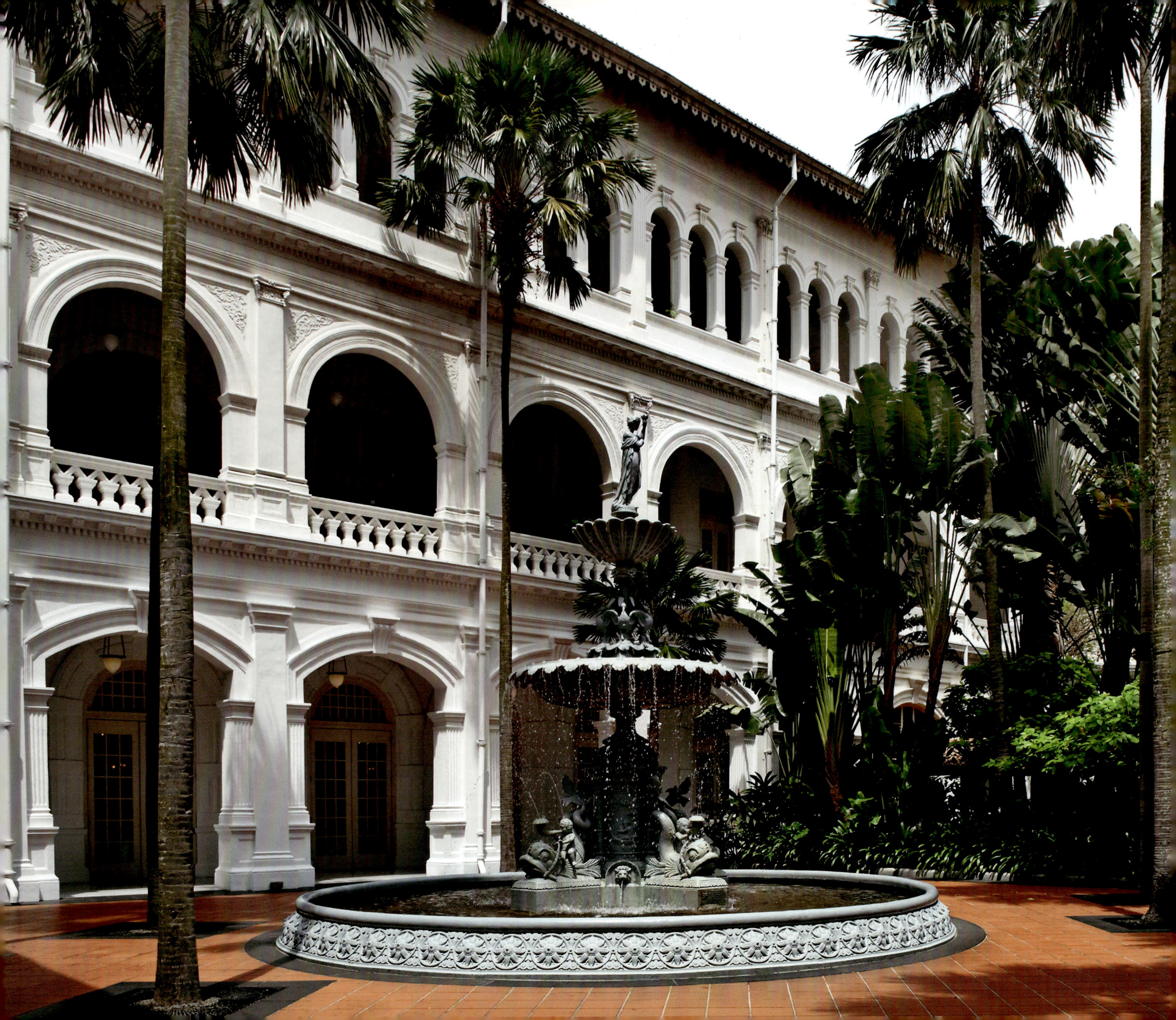

Die tropischen Gärten des Raffles Hotel
Singapur
Gegründet 1887 durch armenische Einwanderer. 1899 Eröffnung des heutigen Gebäudes.
Legendär durch Novellen von Joseph Conrad, Rudyard Kipling und Somerset Maugham

Gärten und Höfe der Alhambra
Granada (Spanien)
Die heutige Anlage fertiggestellt durch die Nasriden-Herrscher Kalif Yusuf I. (1333–1353) und Kalif Mohammed V. (1353–1391). Nach der Reconquista 1492 Übernahme durch die katholischen Könige Spaniens (König Ferdinand II. von Aragon und Königin Isabella I. von Kastilien). 1527 Erweiterung durch den Schlossbau Kaiser Karls V. und danach langsamer Verfall der nasridischen Anlage bis zu ihrer Wiederentdeckung im 19. Jahrhundert. 1828 Beginn der Restaurierungs- und Wiederherstellungsarbeiten

Links oben: Palacio de Partal Torre de las Damas

Links Mitte: Der Gitter-Hof mit den Verbindungsgängen zwischen dem Comares-Turm und den Gemächern Kaiser Karls V.

Links unten: Der Machuca-Hof mit Orangenbäumchen an der Esplanade vor den Palästen der Alhambra

Rechts: Der Myrtenhof

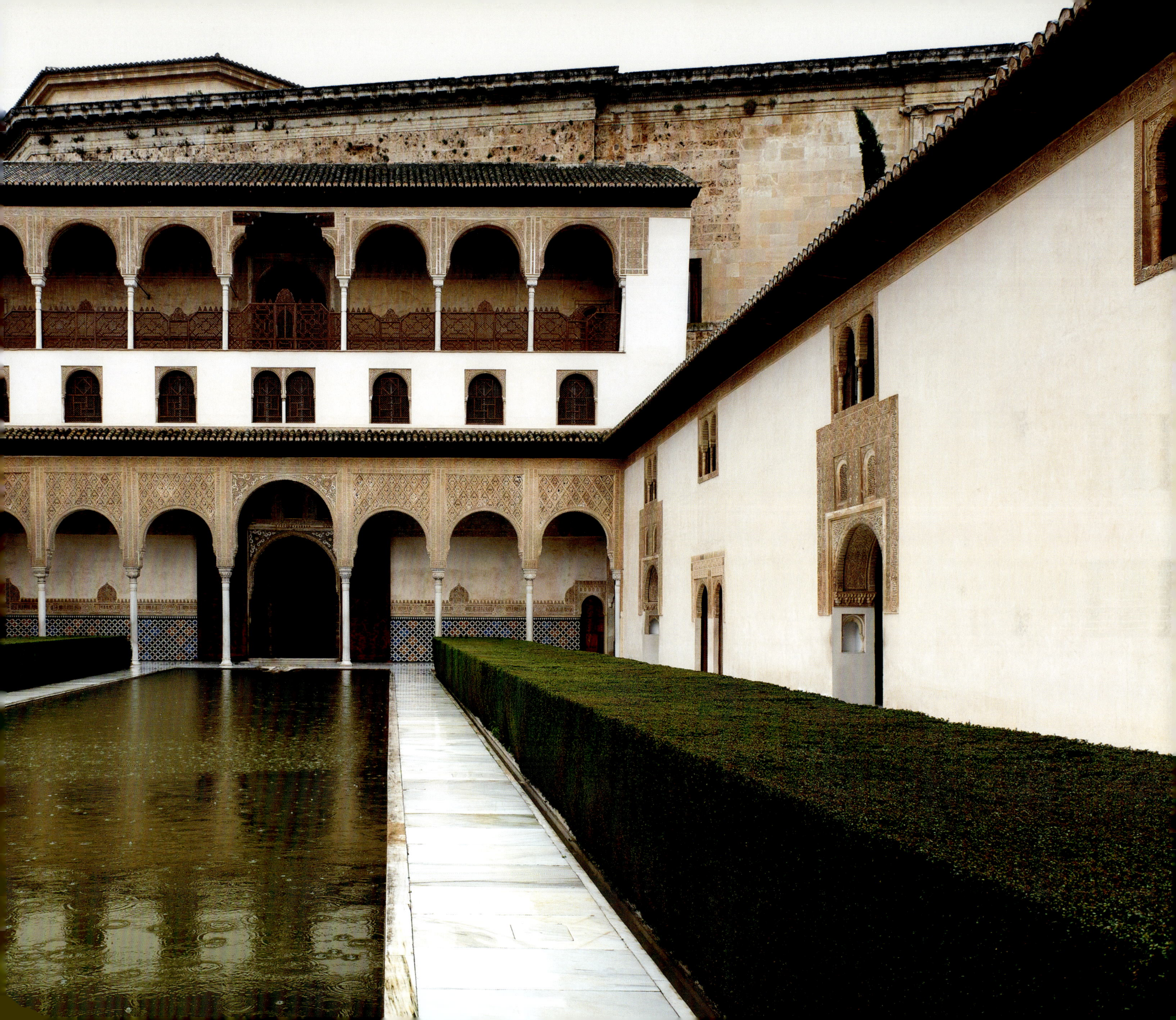

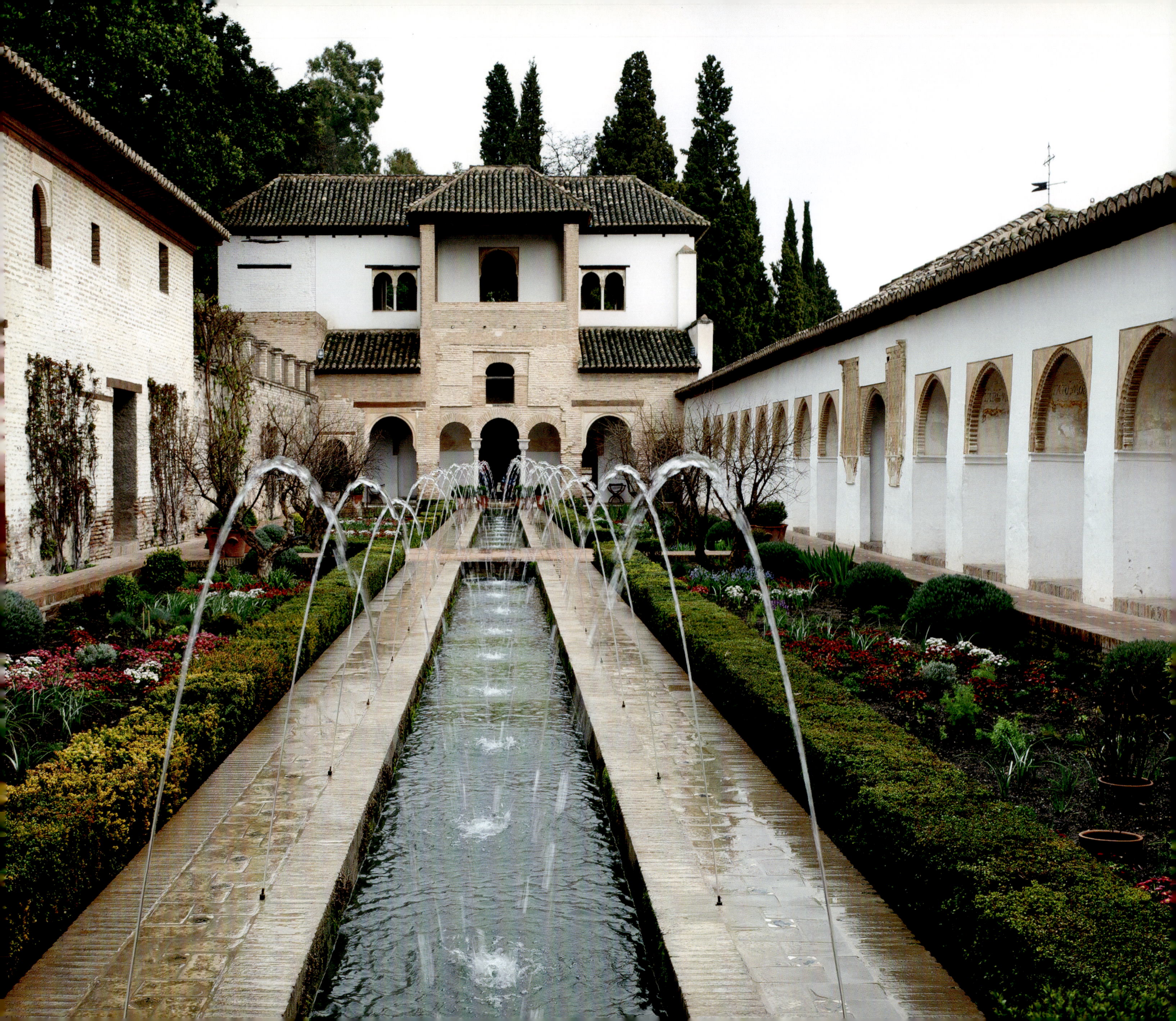

Gärten der Generalife
Granada (Spanien)
Palast und Garten der Generalife angelegt unter der Herrschaft von Kalif Mohammad III. (1302–1309) und kurz danach neu gestaltet unter seinem Nachfolger Kalif Abu l-Walid Isma'il (1313–1324). Die Anlage gruppiert sich um mehrere Höfe, die die Erinnerung an persische Anlagen wahren (Hof mit dem langen Wasserbecken, linke Seite)

Blick in grüne Höfe von Stadthäusern Obidos (Portugal)
In den intimen Höfen spanischer und portugiesischer Städte lebt noch heute die Kultur des islamischen Hofhauses weiter

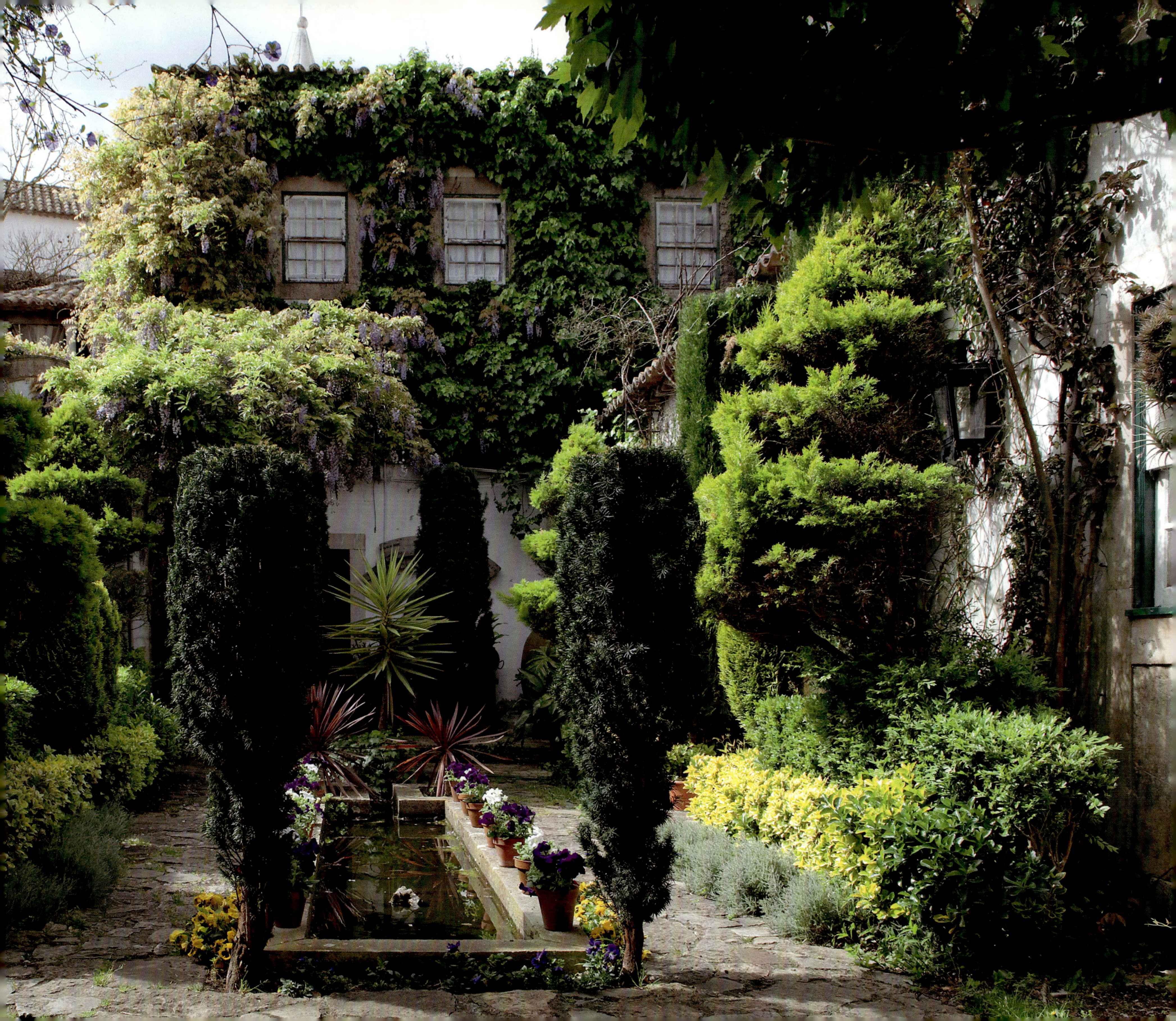

Hofgärten als Synthese östlicher und westlicher Traditionen
Venedig (Italien)

Links: Kleiner Vorgarten am Canal Grande gegenüber der Accademia

Rechts: Grüner Hof am Fondamento del Gafaro

Unten: Grüner Hof vor der Kirche San Giorgio dei Greci

Rechte Seite: Hof der Fondazione Querini Stampalia. Die Sammlung von Conte Giovanni Querini Stampalia 1868 der Stadt Venedig übergeben. Neugestaltung von Erdgeschoss und Garten 1961–1963 durch Carlo Scarpa

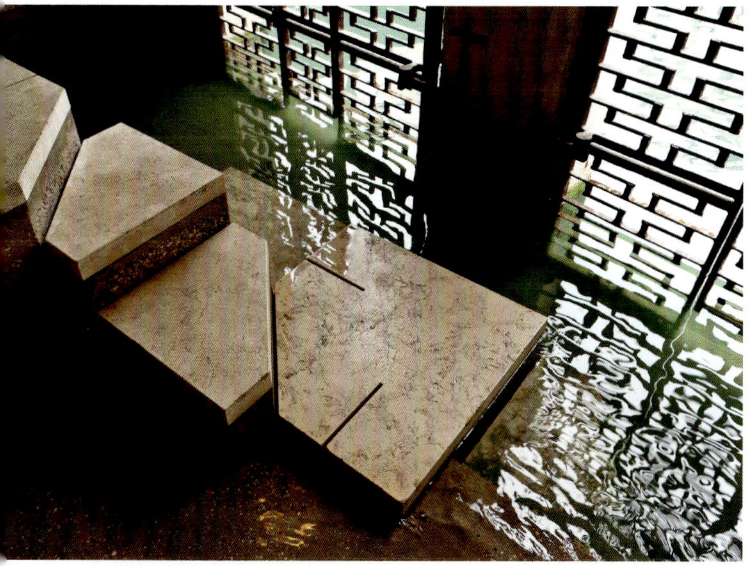
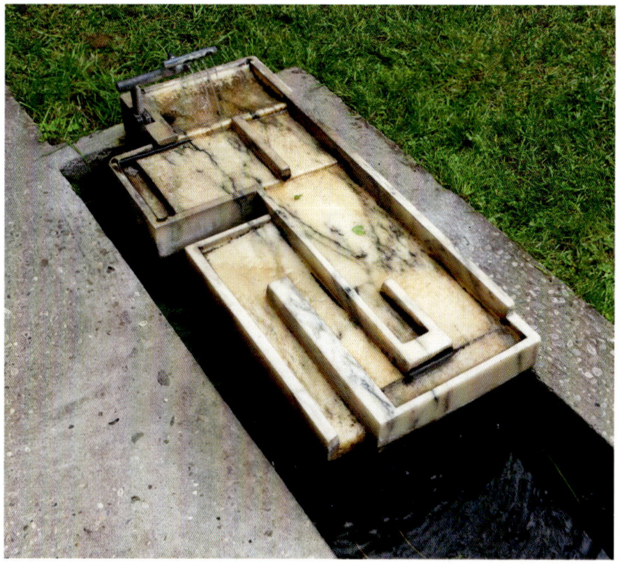
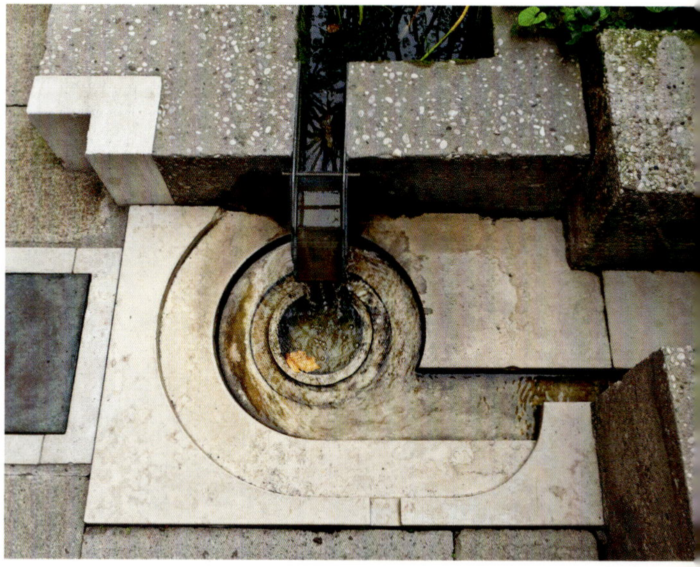
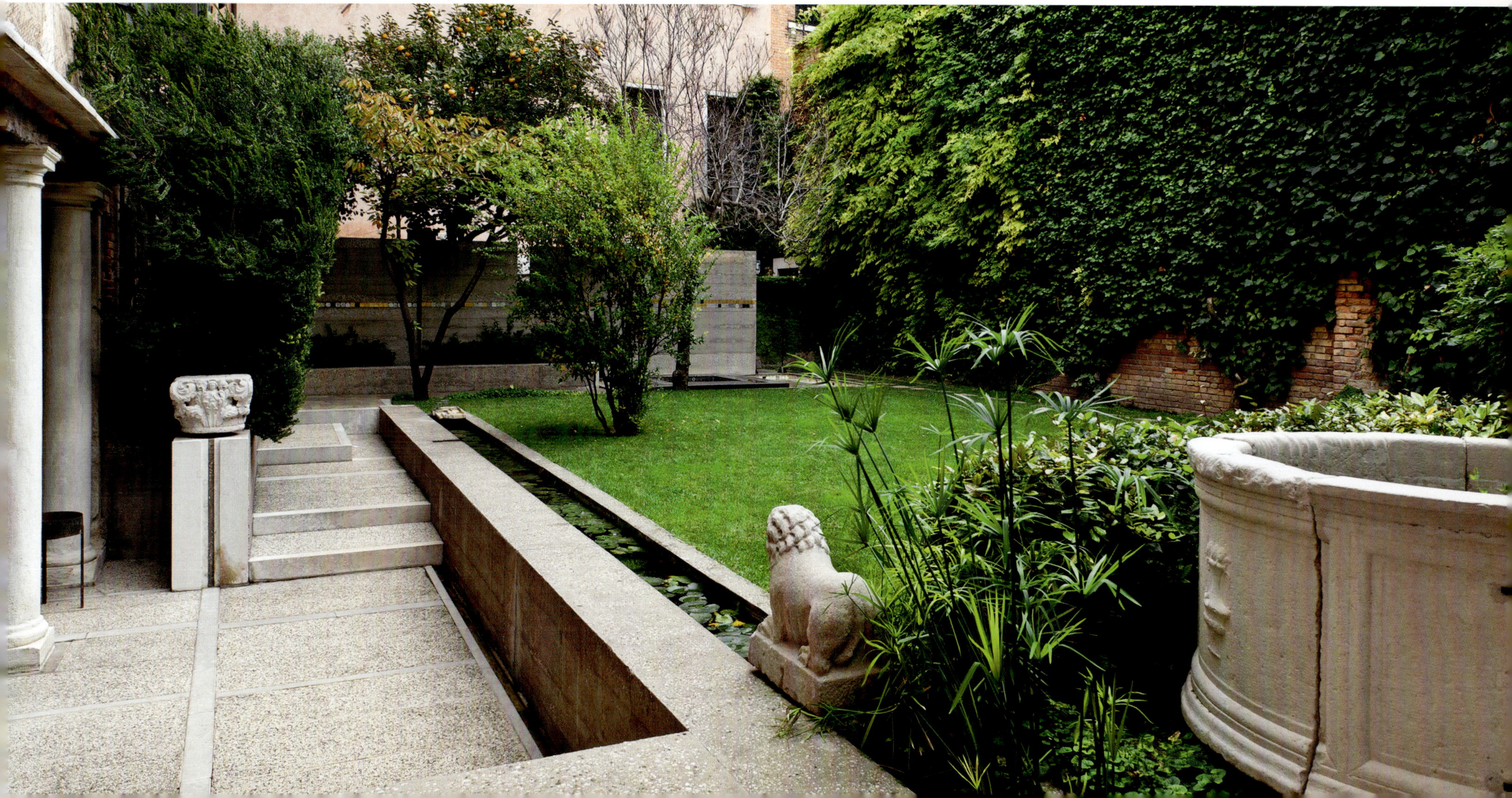

OASEN DES ALLTAGS

Der kleine Garten

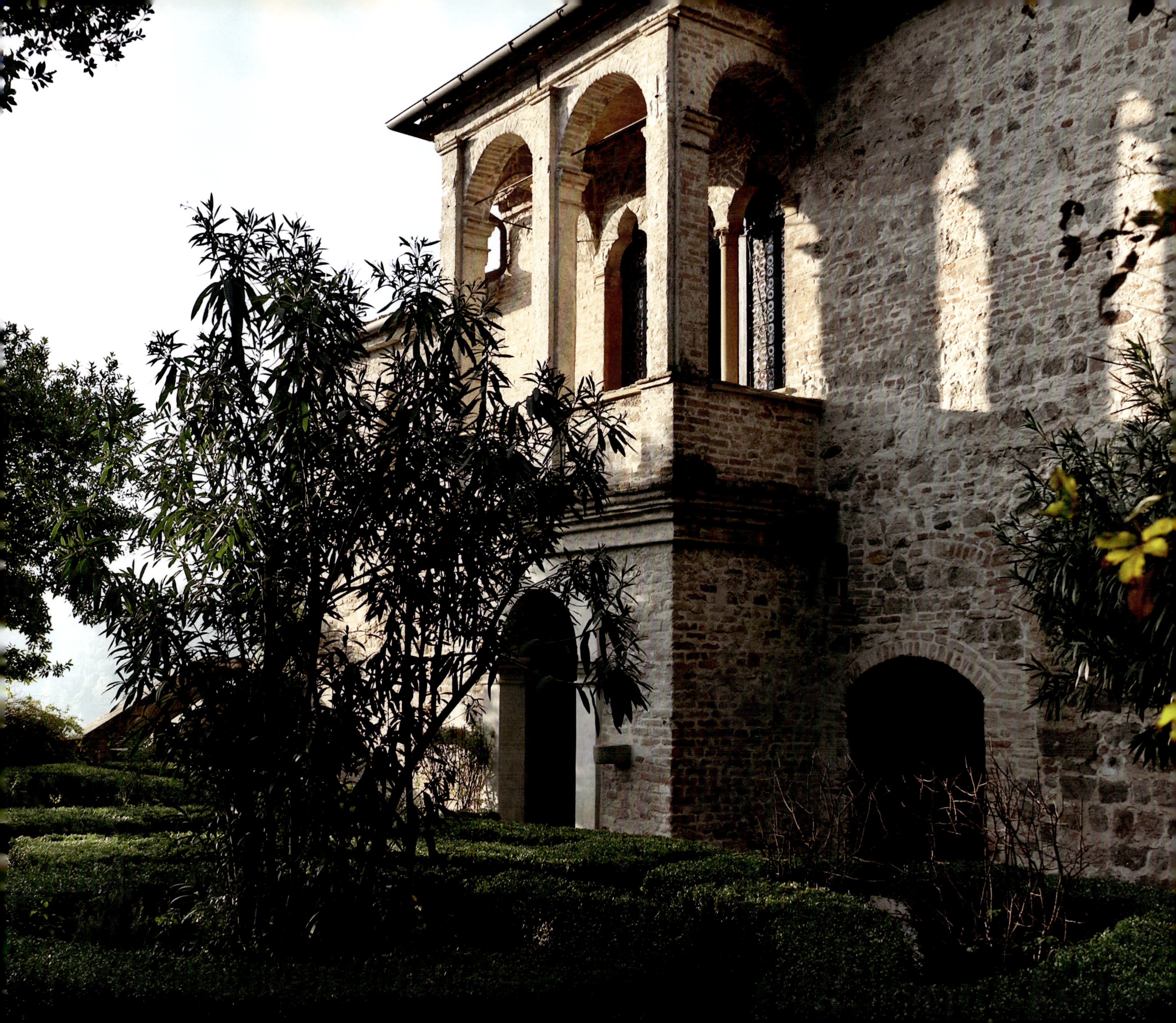

1.779 Meter Seehöhe: Hier würde man sich kein noch so kleines Gärtchen erwarten. Nach einem langen, steilen Anstieg landet man hoch über dem Valle di Gressoney mit Blick auf den Monte Rosa in dem kleinen Walser-Dorf Alpenzu, einer der letzten in großer Unversehrtheit erhaltenen Siedlungen der Alpen. Ein kleines Kirchlein, einige Bauernhäuser, die teilweise bis auf das 17. Jahrhundert zurückgehen – und ein kleines Gemüsegärtlein, vor dem man überrascht stehen bleibt. Der Garten ist wohlgeordnet, außen ummauert und mit einem hölzernen Gatter verschlossen. Die Beete sind voneinander durch Trittplatten getrennt, dazwischen mühen sich unter der warmen Hochsommersonne die Salatpflänzchen, ihre Bestimmung zu erfüllen. Unwillkürlich wird man an die strenge Ordnung von Kloster- und Renaissancegärten oder anderen in dieser klassischen Tradition stehenden Gartentypen erinnert, an das kleine, aus der übrigen Welt herausgeschnittene kultivierte Stück Erde.

Es ist dies nur eine Ausformung kleiner privater Gärten, die wir vor und um Bauernhäuser in ganz Europa finden, wo sie ein wenig abseits des Hofes, am besten Platz gelegen, all jenes für die Familie an Kräutern und Gemüse zur Verfügung stellen, was gebraucht wird: von Mauern oder Zäunchen umschlossen, innen vielleicht noch durch Buchse geteilt und eingefasst, sodass sich auch hier wie in der großen Gartenwelt das Nützliche mit dem Schönen in eindrücklicher Weise verbinden konnte.

In der privaten Welt der Gärten bleiben alle Regeln außen vor. Trotzdem aber lassen sich gewisse regionale und nationale Vorlieben nicht verleugnen. Beeindruckend sind die Gärten der holländischen Schlösser und Herrenhäuser an der Vecht zwischen Utrecht und Muiden, die sich mit ihren Parterres, Hecken, Skulpturen, Vasen, Teehäusern und ihrem üppigen Pflanzenwerk wie die direkten Vorbilder späterer bürgerlicher Gärtchen ausmachen: Die Intensität, die man hier erleben kann, hat auf das ganze Land abgefärbt und kehrt in den kleinen Vorgärten der Bürger- und Bauernhäuser immer wieder. Selten kann man die Pracht von Hortensien üppiger erleben als am Wasserlauf entlang der Vecht oder in Zaandijk und Zaanse Schans mit ihren schmucken barocken, teils noch in situ, teils in Form eines Freilichtmuseums bewahrten barocken und klassizistischen Bürger- und Bauernhäusern. Hier hat sich eine Art Vorgarten-Kultur bewahrt, die einst weite Teile der mitteleuropäischen Hauslandschaften charakterisiert hat. Durch ihre abschirmende Funktion zur Straße hin wurde ein Bewohnen der ebenerdigen Häuser erst ermöglicht. Der Verlust dieser Vorgärten hat sicherlich zum Siegeszug der freistehenden „Villa" als Siedlungshaus beigetragen, weil die ursprünglichen Haustypen unter dem Druck der Straße aufgegeben wurden. Freilich ist die Alternative – ein an allen Seiten von einer minimalen, meist ungestalteten Freifläche umspültes, ästhetisch ärmliches Häuschen – kein wirklicher Ersatz für diese historischen Typen, bei denen sowohl der Vorgarten als auch ein Hof dahinter eine feingliedrige Abfolge von Freiräumen angeboten haben.

Die abschirmende Funktion kleiner Vorgärten ist selbst in Städten lange geschätzt worden. Die Hansestädte Norddeutschlands machen allein schon deshalb oft einen durchaus „grünen" Eindruck, weil dort immer wieder einem Bäumchen, einer Kletterrose oder Wildem Wein die Chance gegeben wird, sich an der Fassade breit zu machen, ohne dass gleich durchdefinierte Vorgärten ins Spiel kommen müssten.

In Londons Häuserzeilen schaffen solche Gärtchen die Distanz zum Getriebe der Straße. Wären all die Straßenzüge der Nobelwohnviertel dieser Stadt ihrer Vorbereiche beraubt, wäre ihnen ein wesentlicher Teil ihrer Lebensqualität genommen. Auch hier besteht eine fein abgestufte Hierarchie zwischen umzäunten Parkanlagen, die nur mit einem Schlüssel von Anwohnern betreten werden dürfen, und zwischen den eben besprochenen Vorgärten und kleinen Gartenanlagen hinter dem Haus.

Dass die Idee solcher Gartentypen nach Amerika mitgenommen wurde, darf nicht wundern. In den alten Städten der Neuen Welt, in Boston etwa, prägen sie ganze Neighbourhoods. Dass sich solche wunderbaren Biotope sogar mitten in Manhattans Upper Eastside erhalten haben, erstaunt vielleicht schon eher. In den Straßen des Carnegie Hill in New York geben vollständig von Grün überwachsene Sandsteinfassaden ganzen Straßenzügen eine gewisse Leichtigkeit. In den weiß lackierten hölzernen Veranden der ältesten Stadthäuser taucht zusammen mit dem üppigen Bewuchs der Blütenpflanzen die Erinnerung an die Frühzeit der Besiedlung mit ihrer Kolonialarchitektur auf. Auch hier ist ein subtiler Puffer vorhanden, gewebt aus Straßenbepflanzungen mit Bäumen, Vorgärten und der Architektur, die sich nach außen hin geradezu auflöst, die die Abfolge vom öffentlichen Raum über den halböffentlichen Vorbereich bis zur Privatheit des Hauses selbst dekliniert.

Einen eher kuriosen Beitrag zum Thema kleiner Privatgarten bilden die Steineichen auf dem mitten im urbanen Gefüge von Lucca in der Via Sant'Andrea hoch aufragenden *Torre Guinigi* aus dem 14. Jahrhundert. Der Turm war einst nur einer von über 250 zu Verteidigungszwecken errichteten Geschlechtertürmen, die, ähnlich wie in San Gimignano, das Bild der von seinem nun als Parkanlage genutzten rigiden Festungsgürtel eingeschnürten Stadt dominierten. Noch heute kann man von dem kleinen Gärtchen mit den uralten, als Symbol der Wiedergeburt gepflanzten fünf Steineichen den Blick über die Stadt bis zum Meer genießen.

Ein ähnlich kurioses Objekt sind die *Hängenden Gärten* des Trump Towers in der Fifth Avenue in New York – irritierend vielleicht auf der einen Seite, doch auf der anderen auch ein gelungenes Beispiel für den sehr direkten Bezug von Natur und Menschenwerk, von Baum und Architektur, wie er seit den berühmten *Hängenden Gärten der Semiramis* in unzähligen Beispielen immer wieder gesucht worden ist.

Innovationen haben erst die letzten Jahrzehnte mit den *Vertikalen Gärten* von Patrick Blanc (*1953) gebracht. Der französische Künstler hat es geschafft, auf bislang ganz ungeahnte Weise Grün an und vor die Fassaden zu bringen. Solche grünen Fassaden sind an sich nichts Neues. Neu ist aber die Pflanzenvielfalt, die hier wie in einem Garten an der Fassade wuchert und sie mit einem Teppich von Blüten oder unterschiedlich gefärbtem Laub überzieht. Das Thema des Vorgartens reduziert sich auf einen ganz schmalen Bereich, der Architektur und Garten in ganz neuer Intensität miteinander verquickt. Mit seinen Projekten für das *CaixaForum* in Madrid (Herzog & de Meuron, ab 2001), der Pflanzenwand am Verwaltungsgebäude des *Musée du quai Branly* und dem *Sofitel Vienna Stephansdom* (beide von Jean Nouvel, 2006 bzw. 2010) konnte er aufregende Akzente setzen.

Durchlaufende Balkone des Majolikahauses
Wien (Österreich)
Durch Architekt Otto Wagner 1898/99 errichtet.
Floraler Fassadendekor mit Majoliken nach Entwürfen
von Alois Ludwig

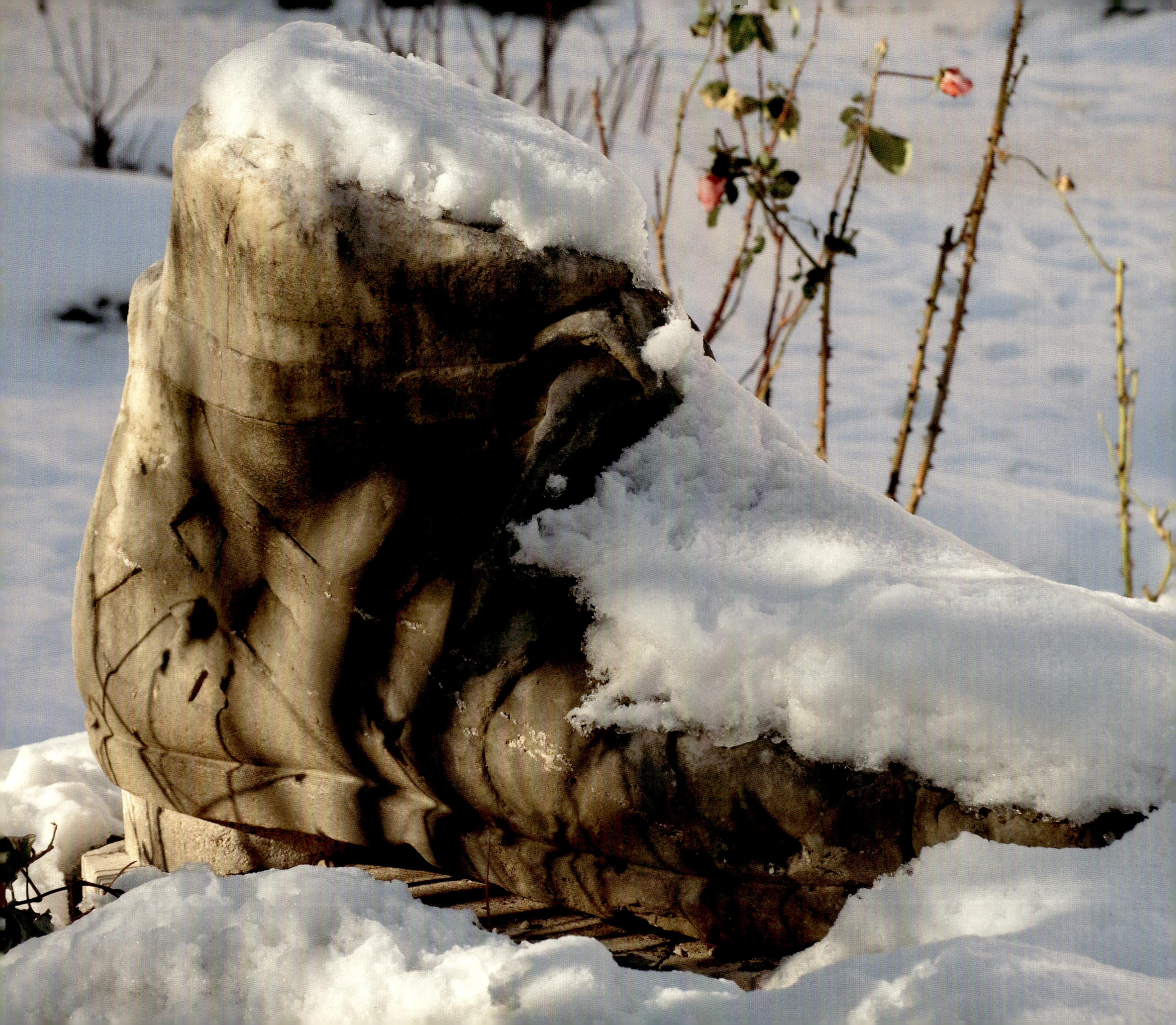

Garten der Casa del Canova
Possagno (Veneto, Italien)
Antonio Canova wurde am 1. November 1757 in diesem Haus geboren. Auf Anregung seines Bruders, des Priesters Giovanni Battista Sartori Canova, wurde dort nach seinem Tod eine Gedenkstätte an den bedeutendsten Bildhauer des Klassizismus errichtet. 1826, vier Jahre nach dem Ableben des Meisters, wurde sein Atelier in Rom aufgelöst und dessen Inhalt nach Possagno transferriert. 1834 begann man mit der Errichtung einer Kopie des römischen Ateliers nach Plänen von Francesco Lazzari, die Arbeiten wurden 1836 abgeschlossen. Aufstellung der Objekte 1844. Schwere Schäden während des Ersten Weltkriegs durch das Bombardement der Österreicher. 1957 meisterhafter Erweiterungsbau durch Carlo Scarpa

Links und unten: Letzte Rose im Garten des Geburtshauses von Canova mit dem monumentalen antiken Fragment eines sandalenbekleideten Fußes

Rechts: Gouache von Antonio Canova aus seinem Geburtshaus

385

*Links und rechts: Berrington Hall
Ludlow (Shropshire, England)
Anfang des 20. Jahrhunderts errichtet*

Unten: *Garten mit geschnittenen Buchsen
eines Bürgerhauses an der Contrescarpe
Bremen (Deutschland)
Ende des 20. Jahrhunderts errichtet*

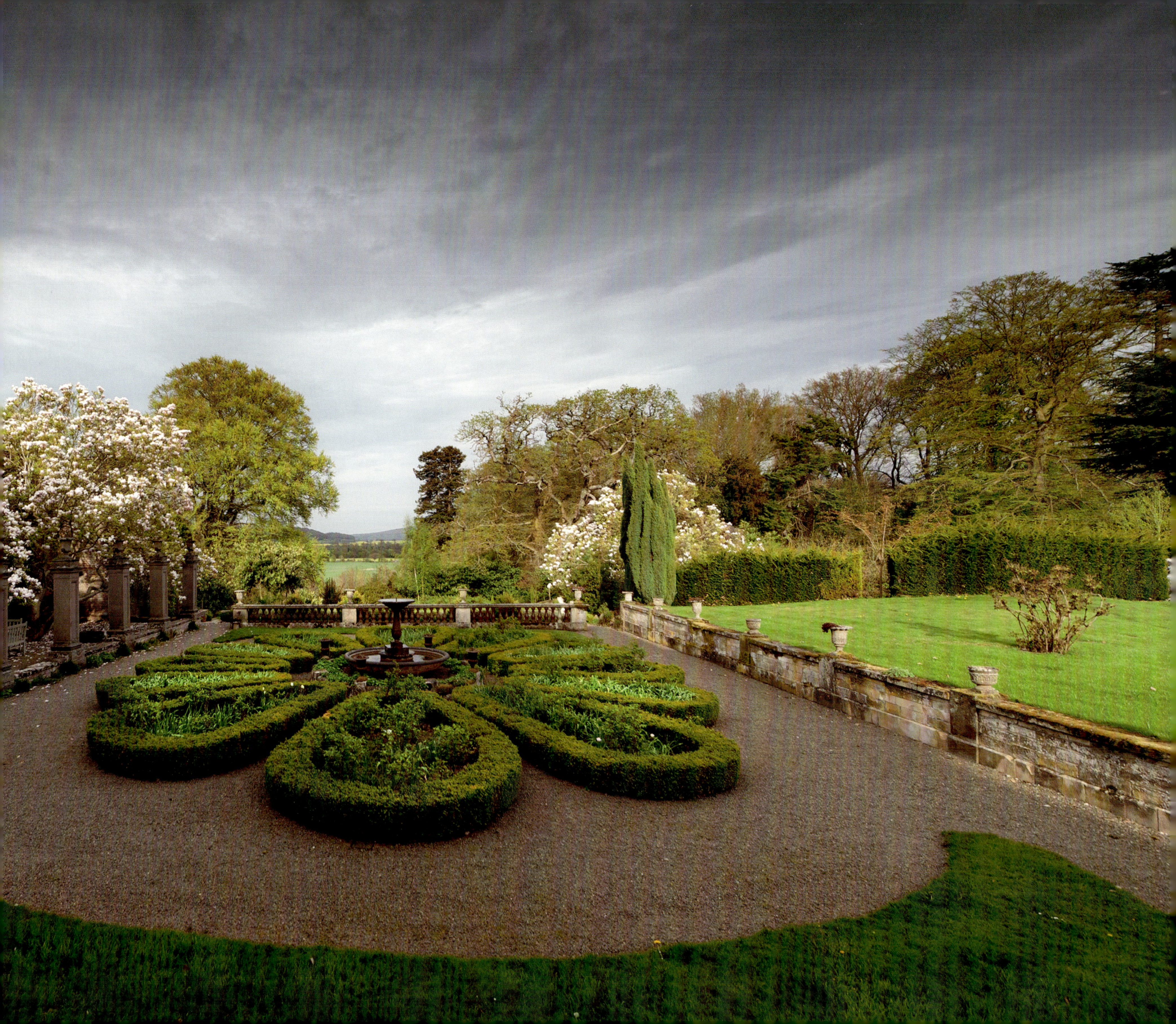

388

Links: Gartenbank
Dunbar (East Lothian, Schottland)

Rechts: Gartenpavillon eines barocken Bürgerhauses
Zürich (Schweiz)

Unten: Die pittoreske Villa Gaeta in ihrem weitläufigem Garten am Lago di Como
San Siro (Lombardei, Italien)
Für die Mailänder Industriellenfamilie Ambrosoli durch die Architekten Gino und Adolfo Coppedè in den 1920er Jahren errichtet. Drehort der Schlussszene des James-Bond-Films „Casino Royal"

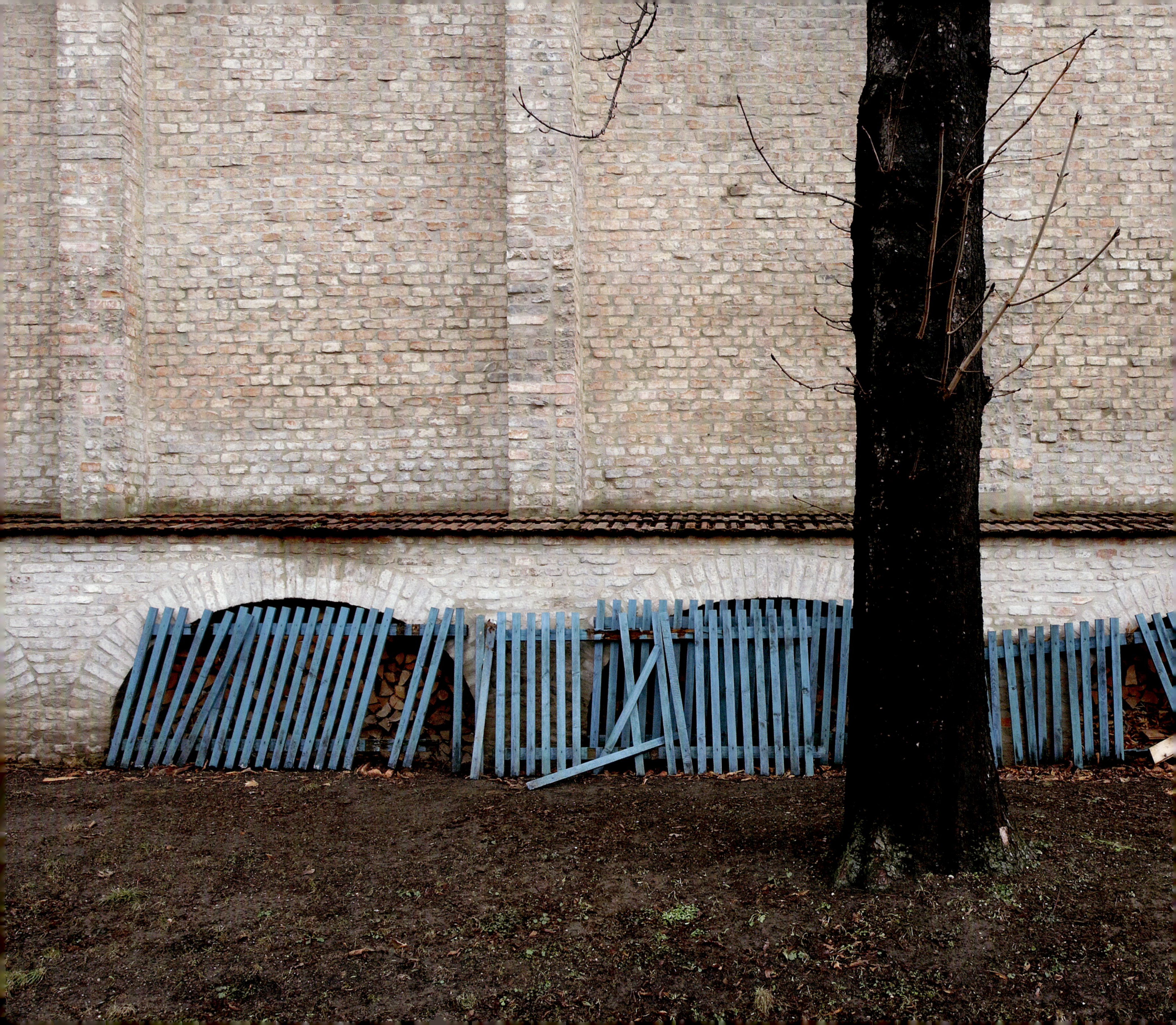

Links: Historische Begrenzungsmauer
des Gartenpalais Liechtenstein
Wien-Rossau (Österreich)

Rechts: Kleiner Gemüsegarten zweier
Schweizerinnen im Walserdorf Alpenzu,
1.779 Meter über dem Meeresspiegel
Alpenzu (Valle di Gressoney, Italien)

Unten: Grünweiß bemalter Gartenzaun
Zaanse Schans (Niederlande)

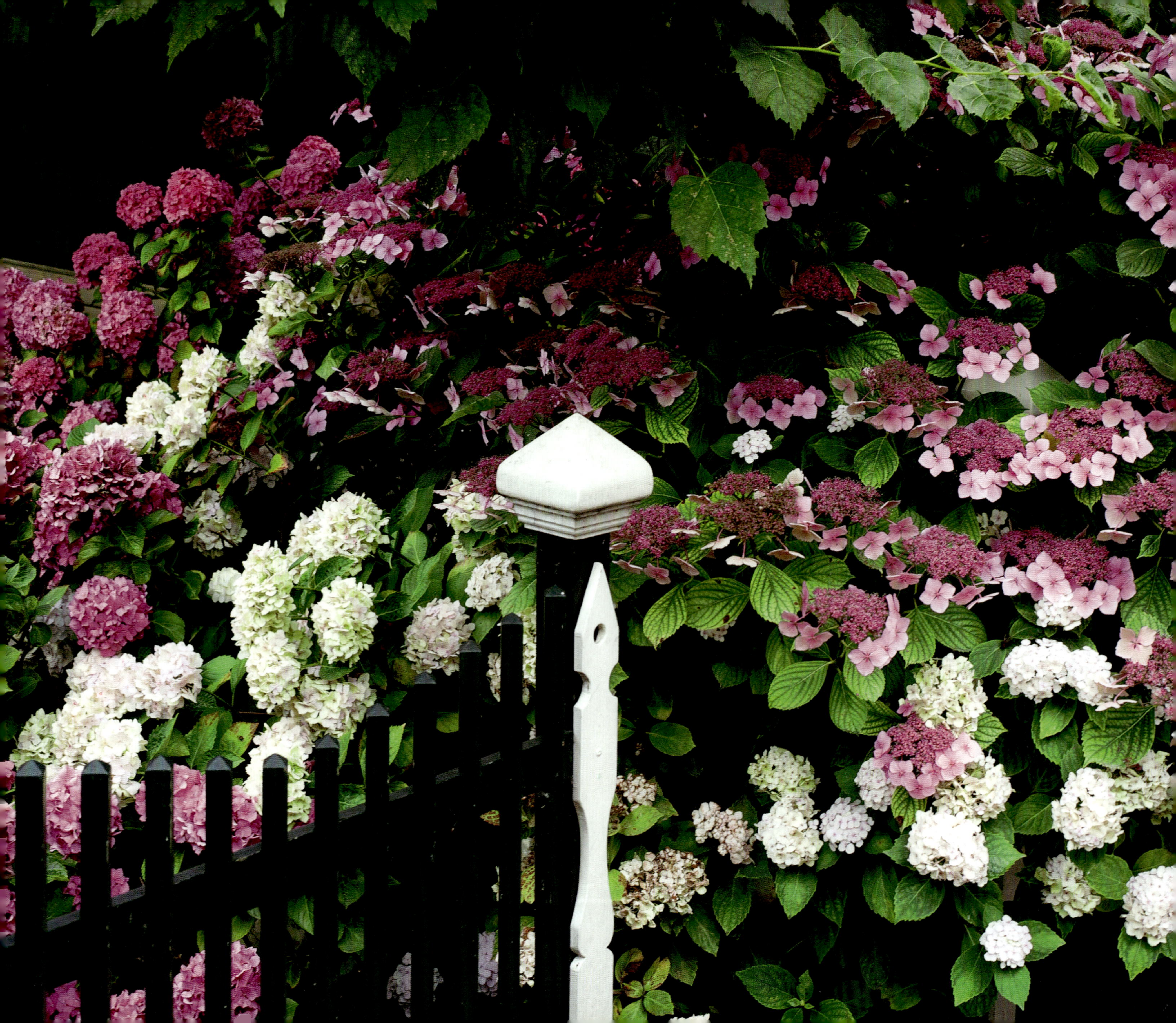

Typische niederländische Häuser mit bemalten Holz- und Ziegelfassaden und den üppigen, mit Hortensien bepflanzen Vorgärten Zaanse Schans (links und unten) und Zaandijk (rechts)

Stadthäuser mit Vorgärten
Carnegie Hill, Upper Eastside, New York (USA)
Frühes 19. Jahrhundert

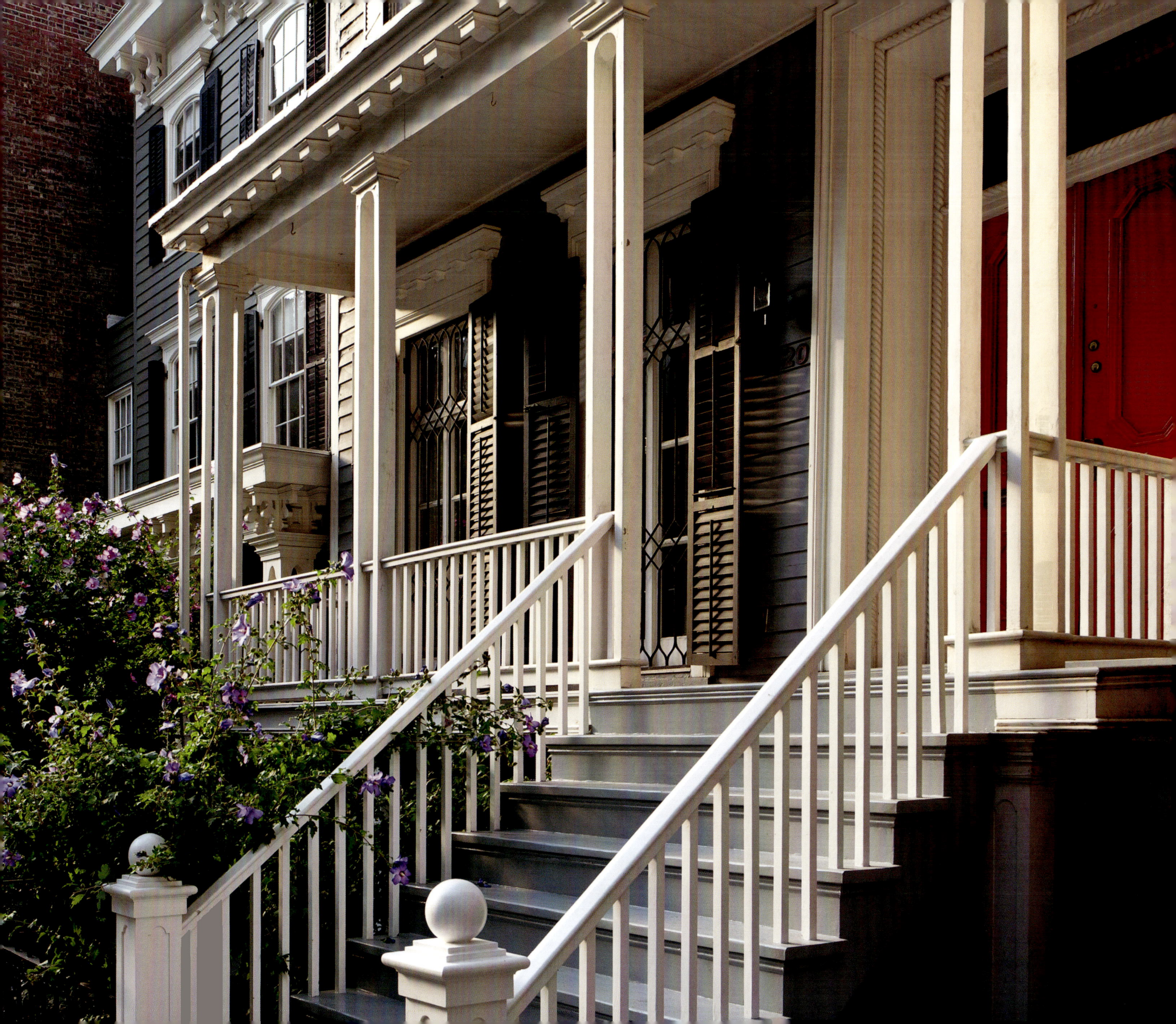

Torre Guinigi mit Steineichen
Lucca (Toskana, Italien)
Turm im 14. Jahrhundert errichtet

Die Hängenden Gärten des Trump Tower
New York (USA)
Errichtet für Donald Trump nach Plänen von Der Scutt of Swanke
und Hayden Connell. Fertiggestellt am 30. November 1983

DIALOGE ZWISCHEN TRADITION UND INNOVATION

Der neue Garten

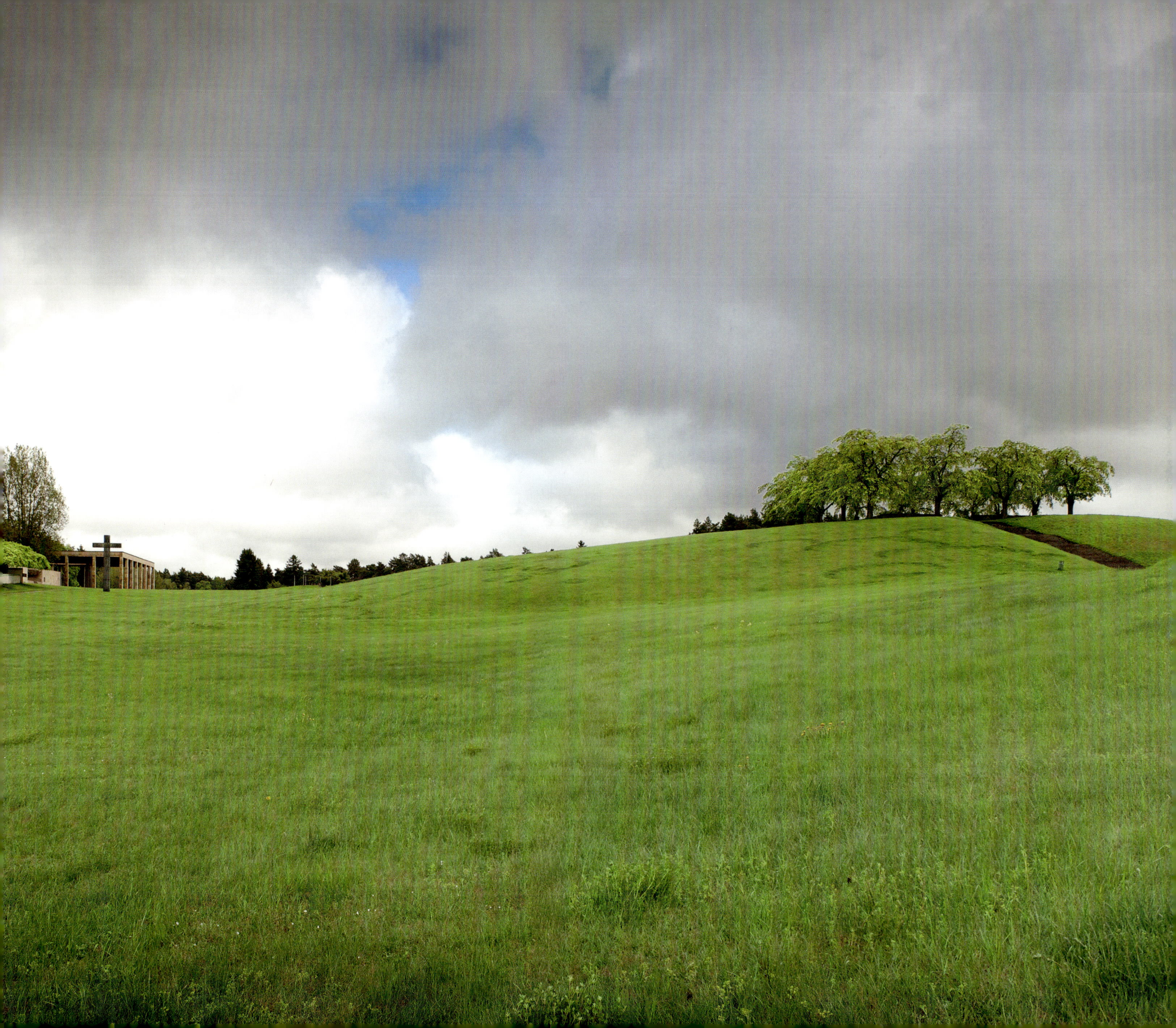

Mit der Moderne hat die Geschichte des Gartens völlig neuen Boden betreten. Nicht so sehr auf formaler Ebene, sondern auf funktionaler entstanden neben den schon bestehenden Betätigungsfeldern vollkommen neue Aufgaben, die sich, ausgehend von den Umbrüchen Mitte des 19. Jahrhunderts, konkretisierten.

Eine wesentliche Entwicklung war der beginnende Prozess der „Entfestigung" der Städte, durch den sie große Entwicklungsmöglichkeiten und Freiräume bekamen, die sie neu nutzen und konzipieren konnten. In bescheidenen Ausmaßen betraf es die mittelalterlichen Befestigungsgürtel vieler Städte, die gar nicht abgerissen, sondern von der Bevölkerung in unterschiedlichsten Formen zum Grünraum umfunktioniert wurden – den Mauerringen ist häufig gar nichts passiert. Die vorgelagerten Freiräume wurden von den angrenzenden Bürgerhäusern genutzt, um dort oft fast paradiesisch anmutende Kleingartenlandschaften zu installieren. In Norditalien konnte sich so eine Reihe von Städten ihre Befestigungsgürtel als innerstädtische Erholungslandschaft erhalten. Es ist beeindruckend, um die Befestigung von Montagnana zu wandern und die Stadt auf diese Weise zu umkreisen. Vielleicht noch intensiver ist eine Umrundung von Lucca in der Toskana auf den alten Bastionen: auf der einen Seite den Blick auf das mittelalterlich dichte Gewebe der Stadt gerichtet, auf der anderen Seite mit den Augen über die weiten und unverbauten Wiesenflächen streifend.

In Wien gab es einen ähnlichen Versuch einer Zwischenlösung, auch dort umgab ein Gürtel von Bastionen die Innere Stadt, vor dem die weite Fläche des Glacis lag, an das die Vorstädte anschlossen. In unmittelbarer Nähe der kaiserlichen Hofburg wurde dann im 19. Jahrhundert ein wunderbarer kleiner Garten angelegt, der heutige *Volksgarten*. Ein berühmtes Kaffeehaus (Cortisches Kaffeehaus) etablierte sich dort, als Mahnmal der Überwindung der französischen Bedrohung entstand von 1819 bis 1823 der *Theseustempel* Pietro Nobiles (1774–1854), in dem die ursprünglich von Napoleon beauftragte Theseusgruppe und im Keller darunter die Antiken des österreichischen Kaiserhauses präsentiert worden sind. Bis heute, selbst nach dem Abbruch der Befestigung und der Anlage der Ringstraße mit ihren repräsentativen Prunkbauten, ist das Areal eine beliebte innerstädtische Erholungsfläche.

Im Zuge dieser Neuorientierung entstanden vielerorts Stadtparks und zahlreiche innerstädtische Schmuckplätze, die zum eigentlichen Charakteristikum des urbanen Grüns der Gründerzeit geworden sind. Den Wiener *Stadtpark* kreierte in alter Tradition noch ein Landschaftsmaler, Joseph Selleny (1824–1875), dessen Planungen 1861 von dem Stadtgärtner Rudolf Siebeck (1812–1878) überarbeitet wurden. Eine wichtige Attraktion kam zwischen 1903 und 1907 im Zuge der Wienflussregulierung hinzu, als Friedrich Ohmann (1858–1927) und der viel fortschrittlichere Josef Hackhofer (1863–1917) das dem Jugendstil affine Flussportal mit Pavillons, Skulpturen, Amphoren, Wasserbecken, Treppen, Balustraden und Sitzbänken errichteten. Der Park war mit einem schweren gusseisernen Gitter gefasst; die Besucher hatten bis 1956 ihren Obulus an die „Sesselweiber" zu entrichten, wollten sie auf einem der aufgestellten gusseisernen Stühle Platz nehmen.

Eines der schönsten Beispiele für einen städtischen Schmuckplatz ist der Park rund um den von 1886 bis 1889 nach Plänen von Gustav Halmhuber (1862–1936) geschaffenen historistischen Wasserturm am Friedrichsplatz in Mannheim, wo knapp vor 1899 bis 1903 durch den Berliner Architekten Bruno Schmitz (1858–1916) ein mit einer Pergola und einer Kaskade gestalteter Grünraum entstanden ist, der der Stadt mit der barocken Schlossanlage seine Identität gibt. Vielfach wurden Anlagen des Adels in solche, nun dem Bürgertum offene Parks umgewandelt: etwa der *Parque del Buen Retiro* in Madrid, der 1632 durch Alonso Carbonell (1583–1660) für König Philipp IV. (1605–1665) von Spanien errichtet wurde. Nach den Zerstörungen im Zuge der napoleonischen Kriege wurde der Garten der Öffentlichkeit zugänglich gemacht, Teile davon erst im letzten Jahrzehnt neu gestaltet. Im Zentrum der Anlage liegt das Monument für Alfons XII. (1857–1885) um einen künstlich angelegten See. Dort befindet sich auch der 1887 als Tropenhaus errichtete und nun als Ausstellungshaus fungierende *Palacio de Cristal*.

Der bedeutendste dieser innerstädtischen Grünräume ist zweifellos der *Central Park* in New York, ab 1859 als grünes Herz der Metropole künstlich geschaffen. Was heute aussieht wie ein dem Bauwahn vorbehaltenes Stück Naturraum, war davor ein herabgekommener Stadtteil, der erst freigeschlagen und in einen naturnahen Zustand zurückgeführt werden musste. Zuerst wurden 1.600 Menschen abgesiedelt, danach nach den Plänen der Wettbewerbssieger Frederick Law Olmsted (1822–1903) und Calvert Vaux (1824–1895) mit der Umsetzung der Pläne begonnen, an der bis 1869 rund 20.000 Arbeiter auf der Baustelle beschäftigt waren. In der Mitte liegt mit dem *Jacqueline Kennedy Onassis Reservoir* eine riesige Wasserfläche. Als einziges größeres Bauwerk befindet sich dort das Metropolitan Museum of Art, das in seiner ersten Bauphase am 20. Februar 1872 eröffnet worden ist.

Urbanen Raum durch die Gestaltung von Parkanlagen attraktiv zu machen ist eine immer wieder bevorzugte stadtplanerische Maßnahme. Beispielsweise die Neueroberung der High Line in New York: Die ursprünglich als Bahntrasse angelegte Linie im Meatpacking District wurde schon bald obsolet und blieb lange Zeit ungenutzt. Mit der Aufwertung des Stadtviertels in Lower Manhattan wurde für die brachliegende Bahntrasse eine neue Nutzung gesucht, die, von der lokalen Bürgerschaft getragen (Friends of the High Line), ab 1999 mit der Umwandlung in eine hoch gelegene, artifizielle Parklandschaft schlussendlich auch gefunden worden ist – der erste Teil der Trasse wurde 2009, der zweite 2011 freigegeben. Die Planung und Umsetzung des nunmehrigen *High Line Parks* lagen in den Händen des Landschaftsarchitekten James Corner (*1961, Büro Field Operations), dem niederländischen Gartenkünstler Piet Oudolf (*1944) sowie dem Architekten- und Designerteam Diller Scofidio + Renfro.

Die Entwicklung von Städten in dieser Form im positiven Sinn voranzutreiben besitzt eine Parallele in den spektakulären Museumsbauten der letzten Jahre. Im Fall des *Millennium Park* in Chicago ging die Initiative wieder von verschiedenen Vereinen aus, auf dem Gelände des stillgelegten Randolph Street Terminals der Illinois Central Railroad eine „Lakefront Gardens for the Performing Arts" zu installieren. Die Idee von 1977 konnte jedoch erst ihre Umsetzung finden, als die Stadt 1997 den Auftrag erteilte, dort einen Ort für Musikveranstaltungen zu schaffen. Den Zuschlag erhielt Frank Gehry (*1929). Er baute als Kristallisationspunkt den *Jay Pritzker Pavillon* mit einer riesigen Bühne und einer aufregenden Dachlandschaft in einen Park, in dem sich Architektur, Skulptur und Landschaft auf beispielhafte Weise durchmischen und den Anschluss der Stadt an das Ufer des Lake Michigan neu definierten. Spektakulär ist auch der angrenzende, 2009 eröffnete Erweiterungsbau des *Modern Wing* des Chicago Art Institute von Renzo Piano (*1937): Die zeitgenössische Kunst wird in das Projekt einbezogen; Architektur und Landschaft werden eins, wenn man vom Dach des Museums über den von Renzo Piano errichteten *Nichols Bridgeway* in das Parkgelände mit seinen spannenden Architekturen, Skulpturen und Pflanzen blickt. Schon 1994 war dem spanischen Brückenbauer Santiago Calatrava (*1951) mit seinem ebenso spektakulären Museumsneubau in Milwaukee (*Quadracci Pavilion*) ein ähnliches Kunststück gelungen, die Stadt an das Ufer desselben Sees heranzuführen. Die das Museum umgebenden *Cudahy Gardens* wurden nach einem Design von Dan Kiley (1912–2004) ebenfalls in die Gestaltung einbezogen.

Museen und Gärten haben in den letzten Jahrzehnten zu einem ganz neuen Dialog zusammengefunden, so verschlossen und klaustrophobisch Museen sich manchmal geben, der befreiende und erlösende Blick aus dem Fenster in die freie Natur ist durch das schönste Bild nicht zu ersetzen – ein Paragone, in dem die Natur immer der Kunst überlegen bleiben wird. Wasser vor den Freiflächen kann in ein Museum lebendiges Licht werfen, das durch kein noch so raffiniertes Kunstlicht zu ersetzen ist. Louis Kahn (1901–1974) hat in seinem *Kimbell Art Museum* (1966–1972) in Fort Worth in Texas der Museumswelt diesen alten Trick vorgeführt. Und der japanische Asket Tadao Ando (*1941) hat 2002 gleich gegenüber der Straße in seinem *Modern Art Museum* Kahns Prinzip erfolgreich übernommen, indem er die einzelnen Pavillons in eine riesige künstliche Wasserfläche stellte. In viel kleinerem Maß hat sich dieses Thema auch Renzo Piano bei seiner *Fondation Beyeler* in Riehen bei Basel (1991–1997) zunutze gemacht. Keine Skulptur Giacomettis steht besser als die von flirrenden Reflexen des Teiches umspülte *Grand Femme III* und der *L'Homme qui marche II* von 1960.

Einen würdigen Nachfolger der barocken Gartenanlagen mit ihren oft hunderten Skulpturen könnte man in den Skulpturengärten des 20. Jahrhunderts sehen, wo Skulptur, Natur wie auch Architektur oft zu ebenso beeindruckendem Zueinander gefunden haben, wie schon 300 Jahre davor. Als man den 1871 beim Aufstand der Pariser Kommune durch Brand und die nachfolgenden Entwicklungen vollkommen zerstörten *Jardin des Tuileries* in Paris revitalisierte, besann man sich glücklicherweise auf den unglaublichen Fundus von prachtvollen Bronze- und Bleiskulpturen der Klassiker der Moderne – Aristide Maillol, Henry Laurens, Henry Moore, Jean Dubuffet – und ergänzte sie durch gleichwertige Beispiele aus der Gegenwart zu einem kaum zu übertreffenden Skulpturengarten inmitten der Großstadt Paris.

Skulpturengärten haben Natur, Architektur und Kunst ein neues Miteinander ermöglicht. In der *Fondation Marguerite et Aimé Maeght* ist in der engen Zusammenarbeit des Sammlerpaares mit dem katalanischen Architekten Josep Lluís Sert (1902–1983) eine Symbiose von Natur und Menschenwerk entstanden, die heute, fast 50 Jahre nach der Eröffnung durch André Malraux 1964, noch immer hunderttausende Menschen pro Jahr anzieht. Hauptwerke von Bonnard, Braque, Calder, Chagall, Chillida, Giacometti, Léger und Miró stehen dort im Dialog mit Serts Architektur und dem betörenden Licht und Duft der provenzalischen Landschaft. Ähnlich intensiv ist das Erlebnis in dem 1961 eröffneten Skulpturenpark des *Kröller-Müller Museums* nahe Otterloo in Holland: auch das die Gründung eines fanatischen Sammlerpaares (Helene Kröller-Müller und Anton Kröller) und 1935 in die Hände des niederländischen Staates übergegangen. Schlussendlich soll das *Louisiana Museum für Moderne Kunst* unweit von Kopenhagen erwähnt werden, wo sich die Werke dem Besucher am Ufer des Öresund noch viel freier darbieten. Das Museum mit seinen heute mehr als 3000 Kunstwerken wurde 1958 ebenfalls als private Einrichtung von Knud W. Jensen (1916–2000) begründet.

In Schottland hat bereits im 19. Jahrhundert William Drummond (1793–1888) im Dorffriedhof von Stirling mehr als nur die letzte Ruhestatte der Toten gesehen; er sorgte 1863 für dessen Erweiterung zum *Drummond's Pleasure Ground*, um den Toten einerseits tatsächlich die ewige Ruhe unter der Erde zu gewähren, andererseits wollte er aber auch die Lebenden einladen, das Areal wie einen Park zu nutzen. Schließlich ließ er die *Star Pyramid* als Andenken an die Heroen und Märtyrer der Presbyterianer errichten; schon 1860 gab es zu der neuartigen Attraktion geführte Besuche – ein extrem frühes Beispiel des Verständnisses des Friedhofs als Garten und Park, wie es im 20. Jahrhundert immer wieder diskutiert werden sollte.

Früh entstand mit dem Entwurf für den *Skogskyrkogården* (*Waldfriedhof*) in Stockholm eine Anlage, an der jeder andere Architekt des 20. Jahrhunderts, der sich mit diesem Thema beschäftigte, nicht vorbei konnte. Nach einem gewonnenen Wettbewerb von 1915 wurden die siegreichen Architekten Erik Gunnar Asplund (1885–1940) und Sigurd Lewerentz (1885–1975) mit der Planung und Umsetzung beauftragt, die sich bis 1940 hingezogen haben. Das Großartige der Anlage ist ihre unglaubliche Weite und Leere – und dann doch wieder der Halt, die dem Menschen, der sie durchschreitet, durch die behutsam eingefügten und äußerst präzise artikulierten Architekturen gegeben wird. Es ist der Dialog, der auch die Landschaftsbilder des frühromantischen Malers Caspar David Friedrich (1774–1840) mit jener Spannung auflädt, die uns in gleicher Weise in die Tiefe der Landschaft hineinzieht. Und obwohl in der Anlage ein riesiges Granitkreuz dominiert, ist es doch ein Ort, der die Freiheit des Andersdenkenden respektiert.

Ganz anders nähert sich ein anderer großer Querdenker der europäischen Architektur des 20. Jahrhunderts: Jože Plečnik (1872–1957). Auch er greift in seinem *Friedhof von Žale* in Ljubljana auf die Formensprache der Antike zurück, wenn er eine kleine Kapelle des Abschieds von den Toten – sie wurden dort offen aufgebahrt – an die andere reiht. Der Rationalität des nordischen Protestantismus, die wir im *Skogskyrkogården* angetroffen haben, steht hier der tief in antiken Traditionen wurzelnde kroatische Katholizismus gegenüber.

Ein dritter Markstein dieser Auseinandersetzung mit dem letzten Garten, den wir auf Erden betreten, ist Carlo Scarpas (1906–1978) Friedhofserweiterung für die Grablege der venezianischen Industriellenfamilie Brion, die er von 1970 bis 1972 in San Vito di Altivole südlich von Asolo geschaffen hat. Wieder ist es ein katholischer Friedhof, der hier nicht an örtliche Traditionen anknüpft, sondern die Erfahrungen eines weltoffenen Architekten einbringt, dem Asien und seine Gärten Impulse gegeben haben, die er in freier Assoziation umsetzt. Von dem ersten kreisrunden Tor mit den verschlungenen Ringen, in denen verhalten die Gartenkultur Chinas anklingt, wird man zu den beiden Sarkophagen des Stifterpaares geführt, die sich unter dem wie in einem mittelalterlichen Tafelbild gespannten weiten Bogen des Himmels gegeneinander neigen. In diesem letzten Garten hat Carlo Scarpa für sie die Erinnerung an das verlorene Paradies wiedergefunden.

*Propyläen und Aufbahrungskapellen auf
dem Friedhof von Žale
Laibach (Slowenien)
Durch Jože Plečnik 1938–1940 errichtet*

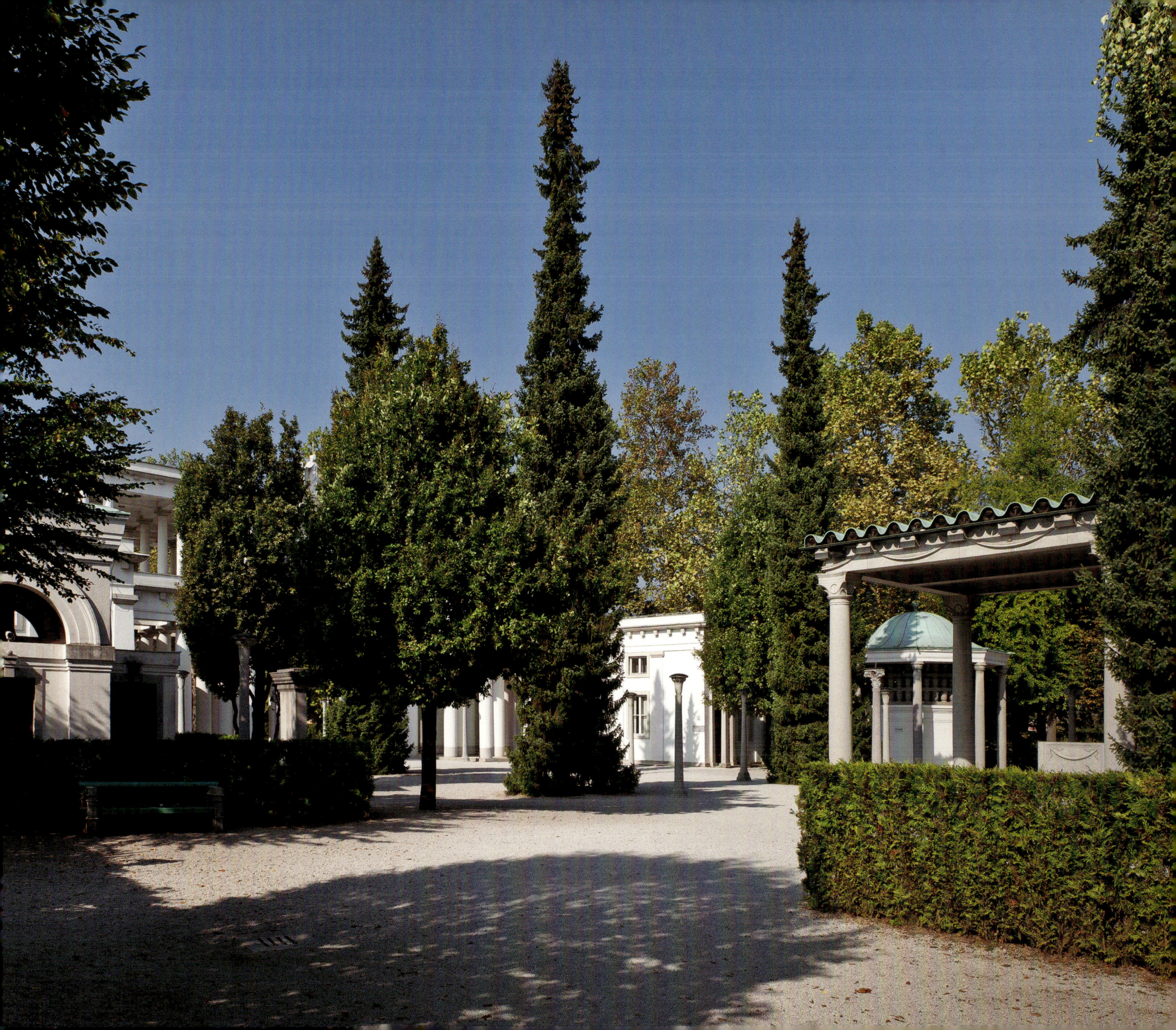

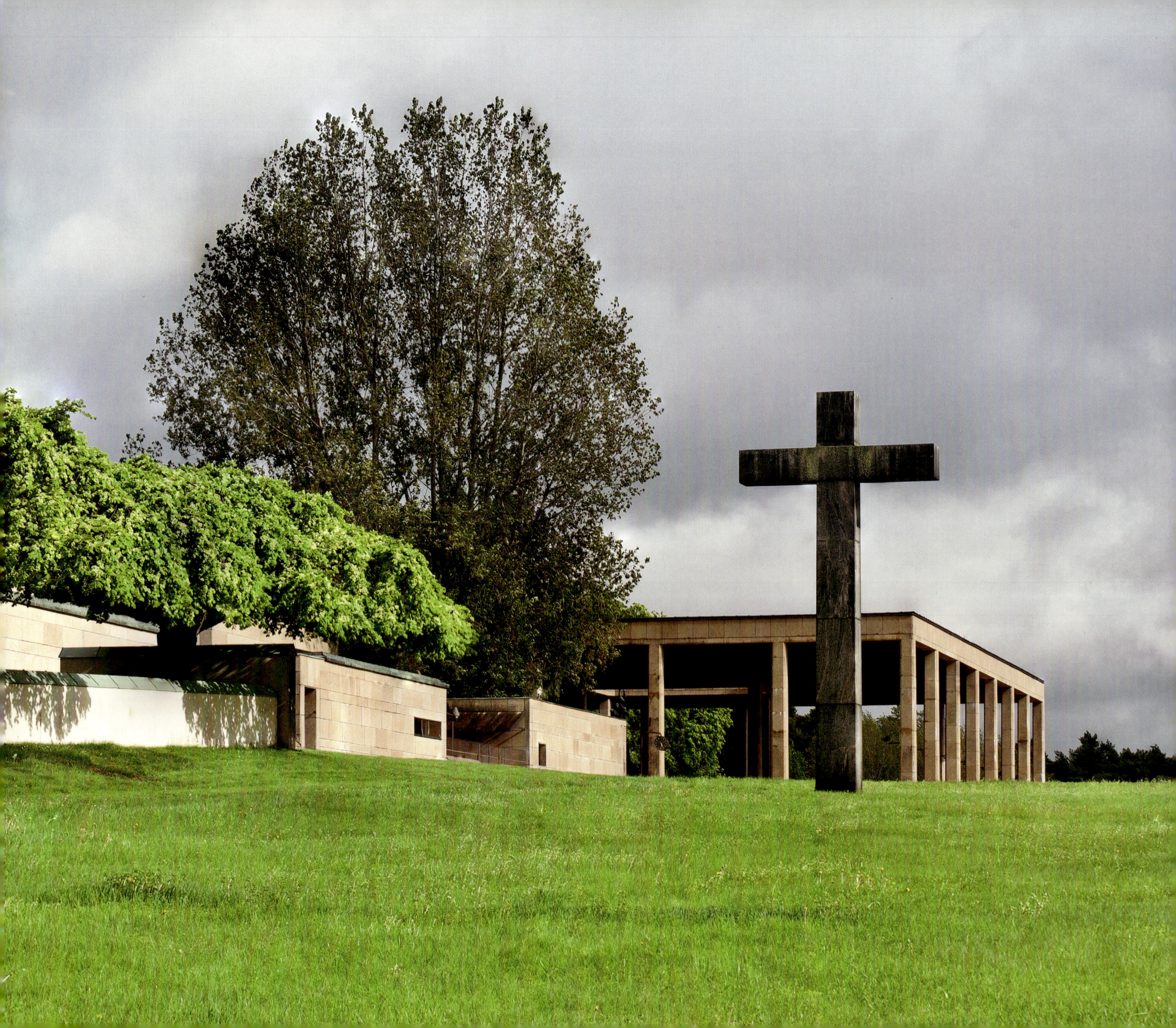

Skogskyrkogården (Waldfriedhof) in einer künstlich geschaffenen Landschaft (zuvor Schottergruben)
Stockholm-Enskede (Schweden)
Als Ergebnis des Wettbewerbs (1912) von Gunnar Asplund und Sigurd Lewerentz 1917–1940 errichtet

Links: Krematorium und Kapelle zum heiligen Kreuz mit der vorgelagerten Kolonnadenhalle und dem Kreuz

Rechts: Gebäude für die Gärtner

Unten: Von Ulmen bekröntes Meditationswälchen, inspiriert von Caspar David Friedrichs Landschaftsgemälden

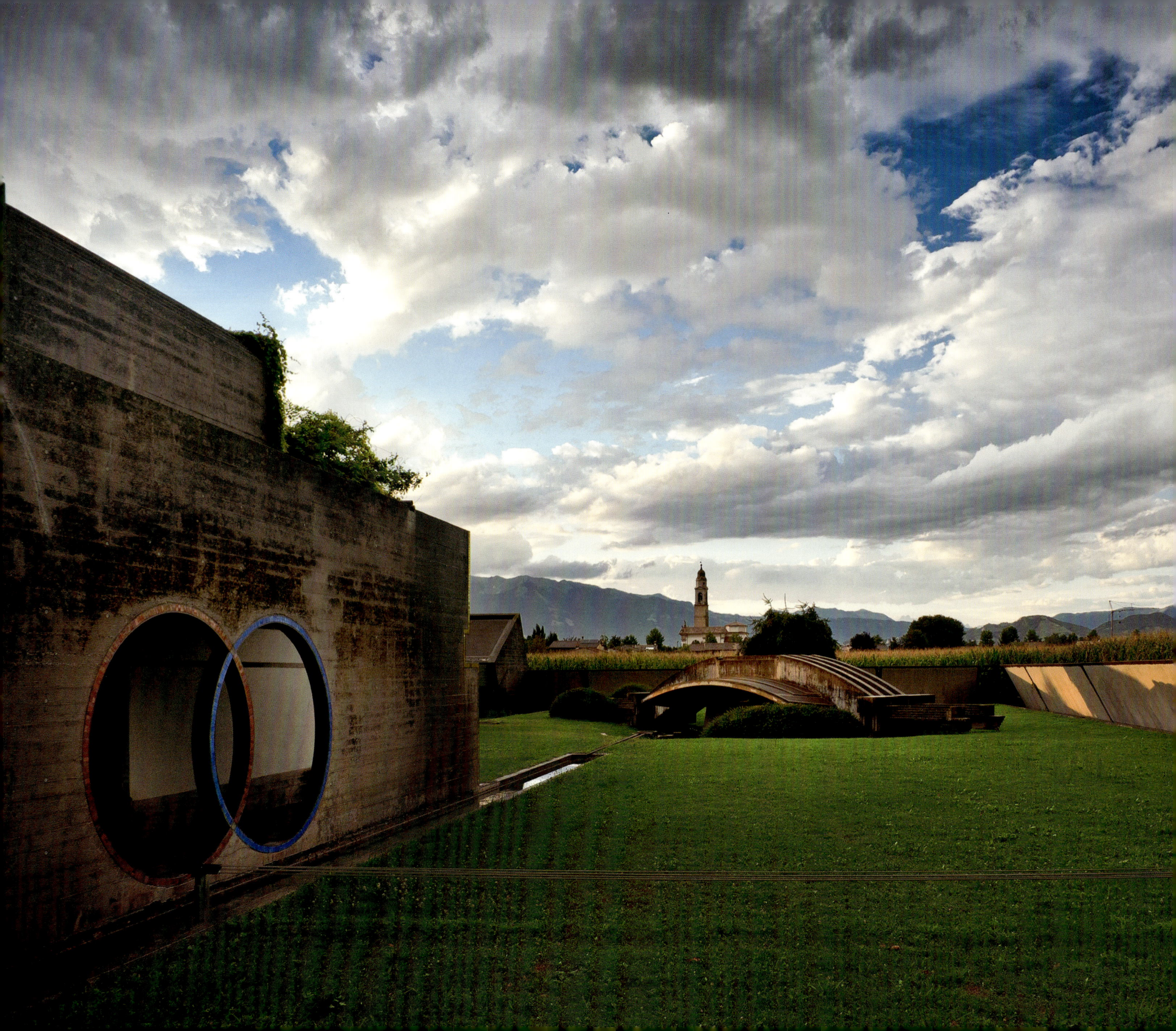

Grablege der Familie Brion
San Vito di Altivole (Veneto, Italien)
Für Onorina Brion Tomasin von Carlo Scarpa
1970–1978 errichtet

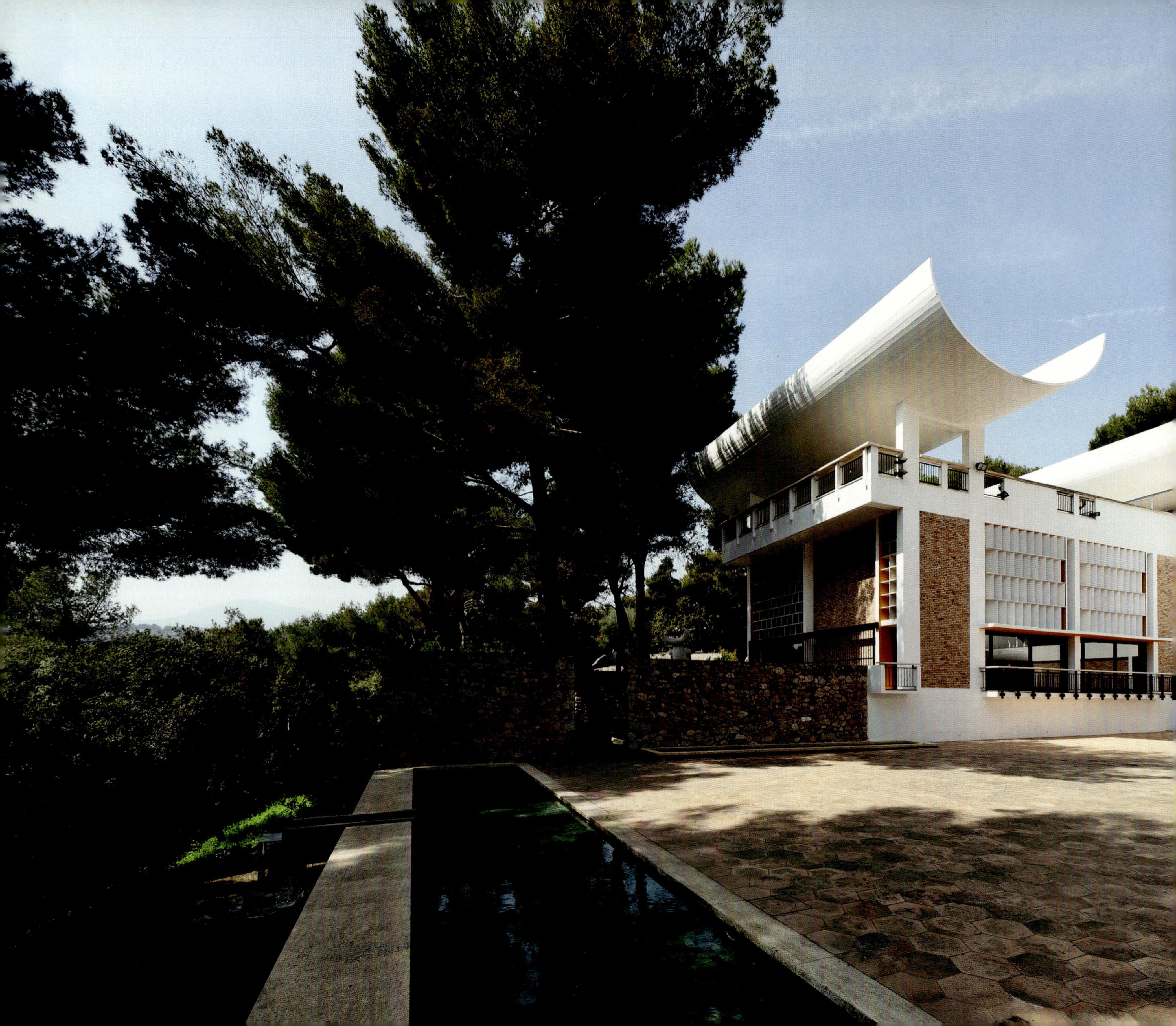

*Pavillons und Skulpturen der Fondation
Marguerite et Aimé Maeght
Saint-Paul-de-Vence (Provence, Frankreich)
Errichtet durch den katalanischen Architekten
Josep Lluís Sert in enger Zusammenarbeit
mit Künstlern wie Miró, Chagall, Braque und
Giacometti für Marguerite und Aimé Maeght.
Eröffnet am 24. Juli 1964*

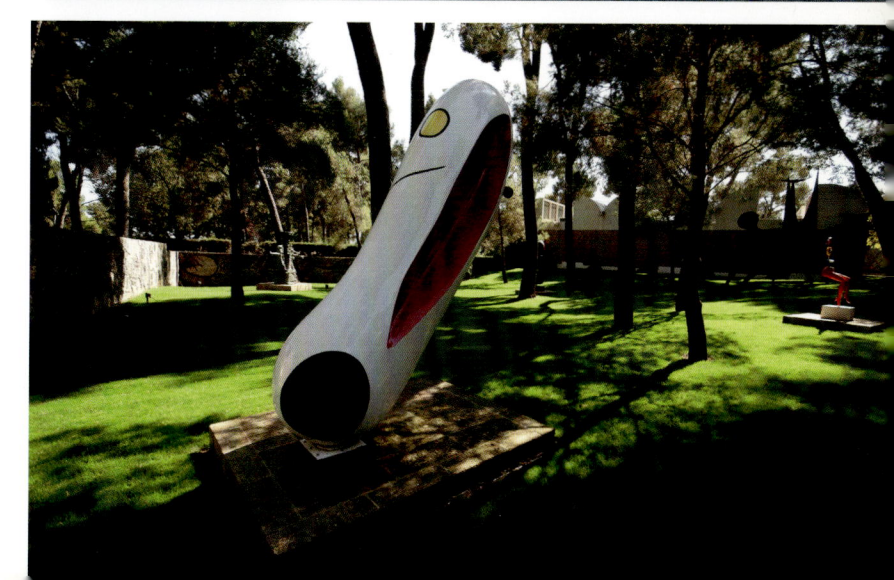

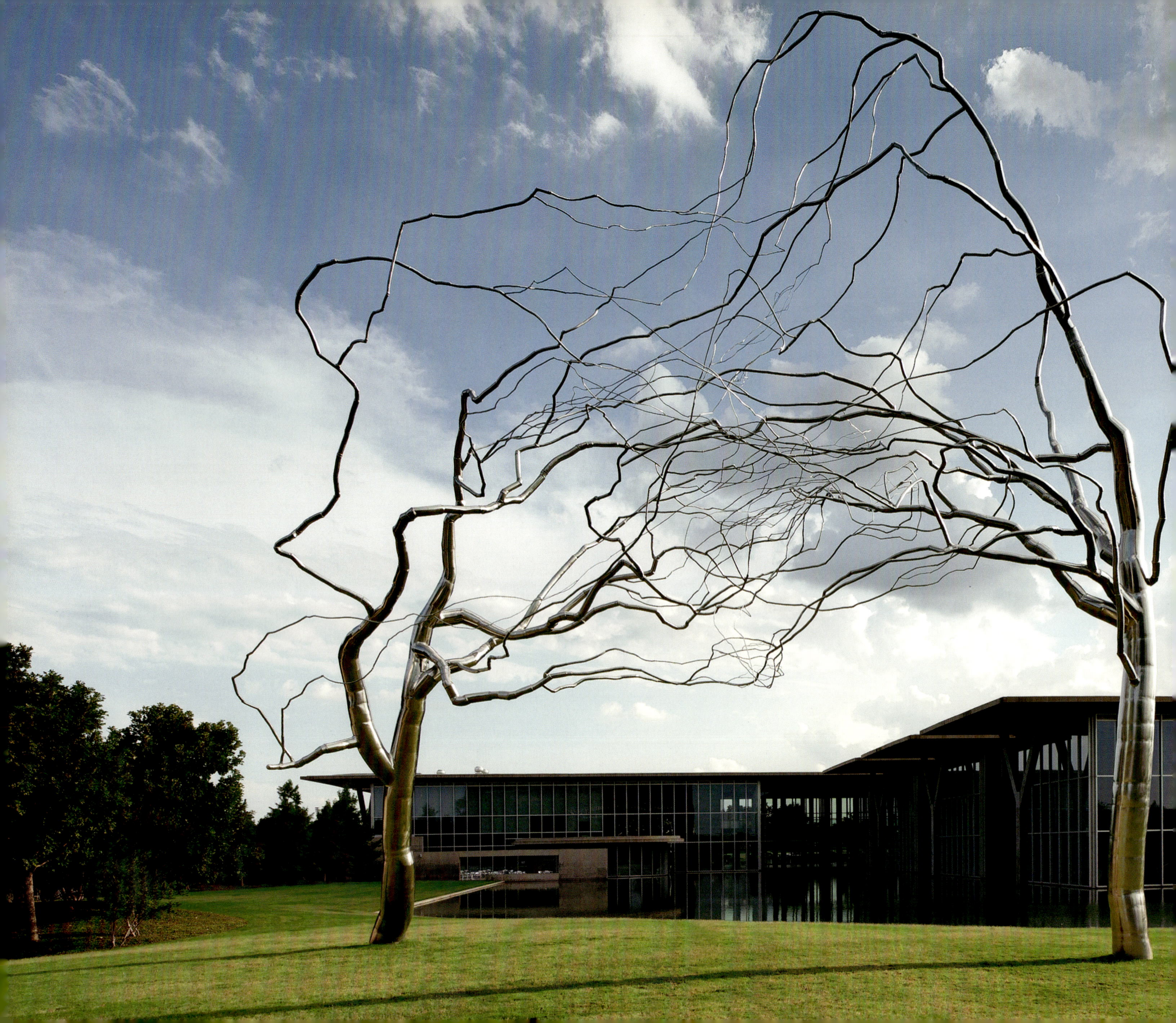

Modern Art Museum of Fort Worth
Fort Worth (Texas, USA)
Durch Tadao Ando 2002 errichtet

Links und unten: Blick auf die Pavillons des Museums. Links die Skulptur „Conjoined" von Roxy Paine, 2007

Rechts: „Vortex" von Richard Serra, 2002

Kimbell Art Museum
Fort Worth (Texas, USA)
Für den Board of Directors of the
Kimbell Art Foundation durch Louis
I. Kahn errichtet und 1972 eröffnet.
Intensive Durchwebung von Innen- und
Außenräumen, optimale Nutzung des
natürlichen Lichtes durch große, das
Licht reflektierende Wasserflächen

Oben: Blick in den Hof des Restaurants
mit Aristide Maillols „L'Air" (Modell
1938, Guss 1962)

Mitte: „Figure in a Shelter" von
Henry Moore, 1983

Unten: Blick auf den Hof an der
Westseite des Museums, der sich zum
Skulpturengarten öffnet

Rechts: Blick auf die Westseite des
Museums mit Fernand Légers
„La Fleur qui marche", 1952

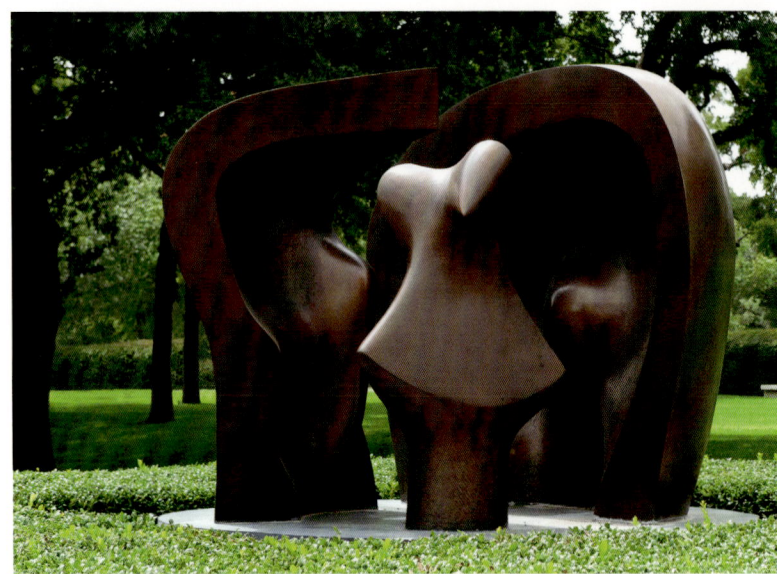

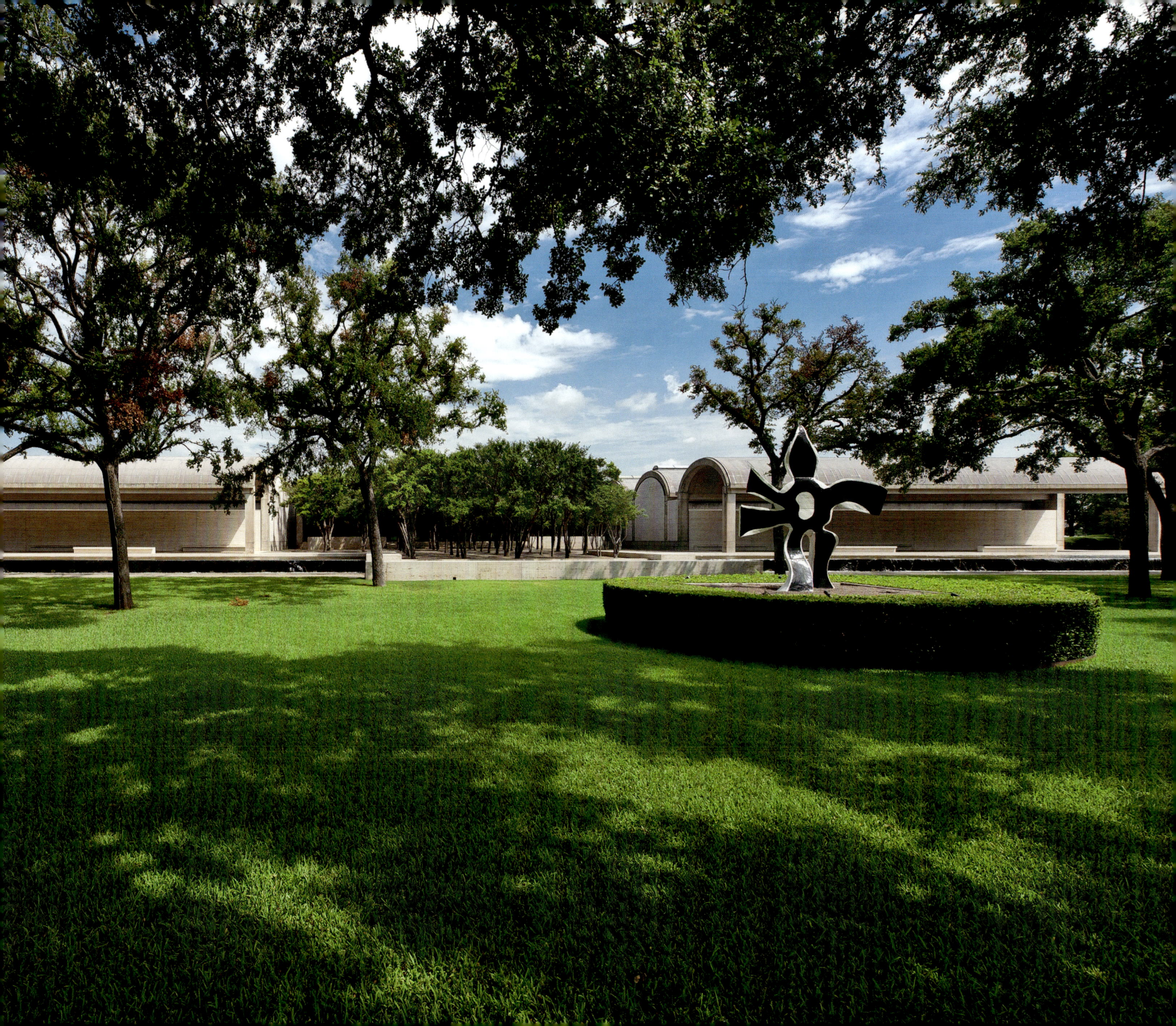

Fondation Beyeler
Basel-Riehen (Schweiz)
Für Ernst Beyeler auf dem Gelände der Villa Berower Gut durch Renzo Piano 1994–1997 errichtet

Unten: Blick in den Skulpturengarten mit Alexander Calders „The Tree" (1996) und Elsworth Kellys „White Curves" (2001)
Ganz unten und rechts: Blick auf das nordöstliche und südwestliche Ende des Museums

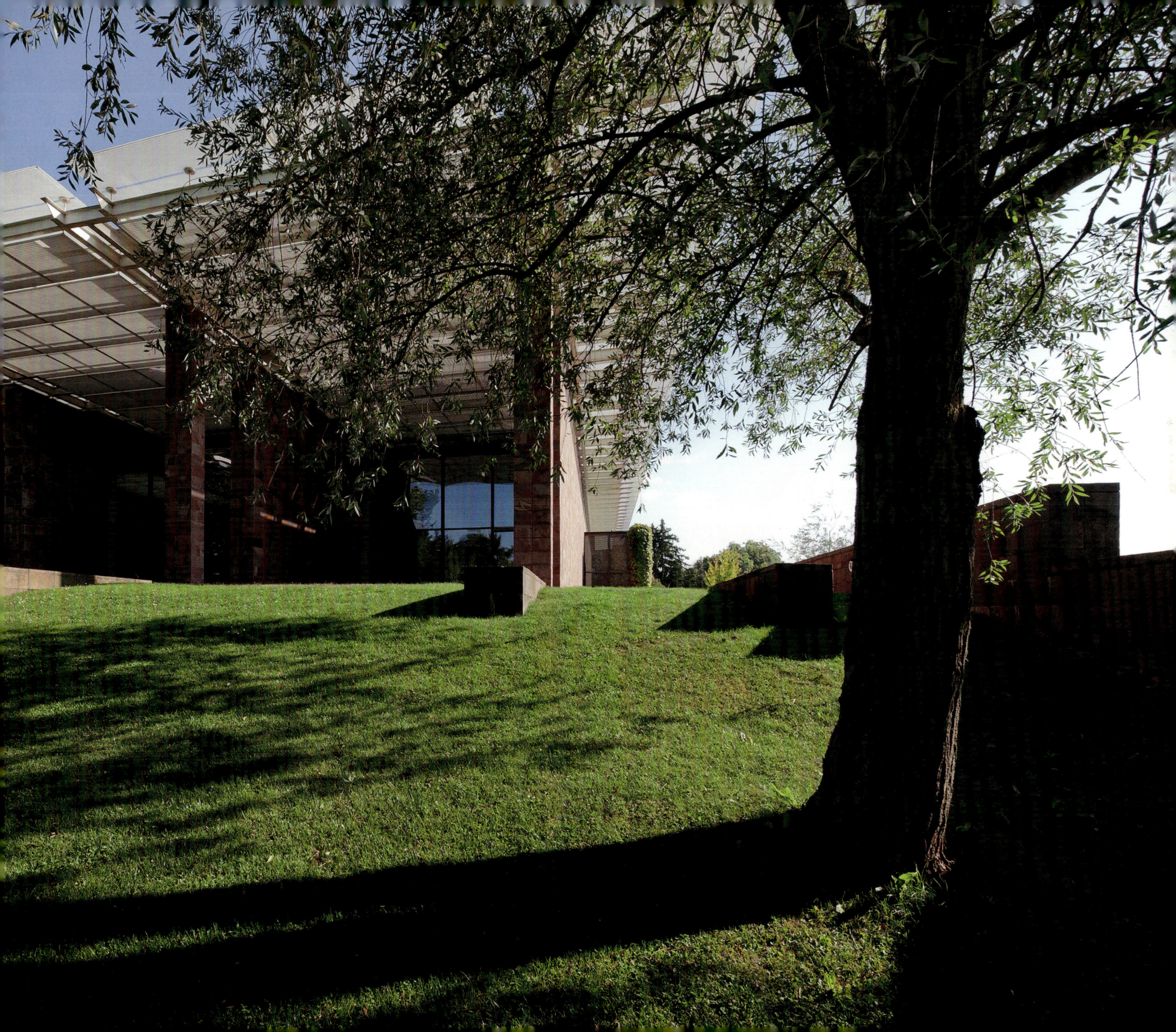

Oben: Chicago Millennium Park, Cloud Gate
Chicago (Michigan, USA)
Durch Anish Kapoor 2004–2006 errichtet

Links, unten: The Art Institut of Chicago, Modern Wing, Museumshof
Chicago (Michigan, USA)
Durch Renzo Piano errichtet und 2009 fertiggestellt

Die Revitalisierung des Uferbereichs am Lake Michigan durch die Neugestaltung des Millennium Park inkludiert die Erweiterung des Art Institut of Chicago, des „Jay Pritzker Pavillon" von Frank Gehry sowie die Interventionen zahlreicher Künstler

*Die Gärten des Musée du quai Branly
Paris (Frankreich)
Architektur von Jean Nouvel. Gartenarchitektur
von Gilles Clément. Pflanzenwand des
Verwaltungsgebäudes von Patrick Blanc.
Eröffnet 2006*

Skulpturengarten des Kröller-Müller Museums
Otterloo (Niederlande)
Begründet durch Helene Kröller-Müller und Anton Kröller. Erste wichtige Ankäufe 1909. Sammlung seit 1935 als Schenkung an den Staat am heutigen Ort zugänglich. Skulpturengarten 1961 angelegt

Links: Amphitheater von Marta Pan, 2007, Entwurf 2005

Unten: „Squares with Two Circles" von Barbara Hepworth, 1963–1964, vor dem Pavillon von Gerrit Rietfeld, 1964–1965, Entwurf 1954/55

Rechte Seite: „K-Piece" von Mark Di Suvero, 1973

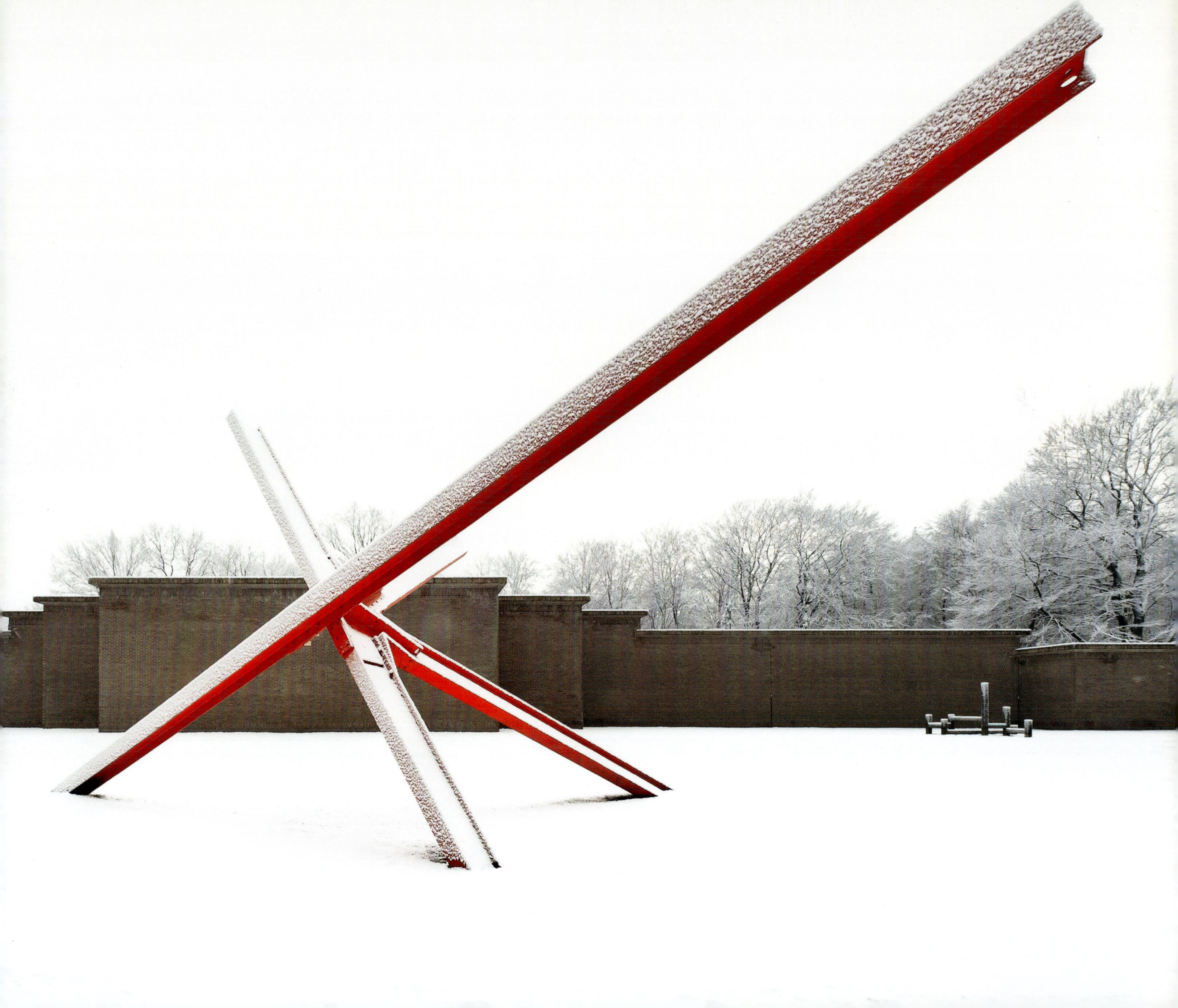

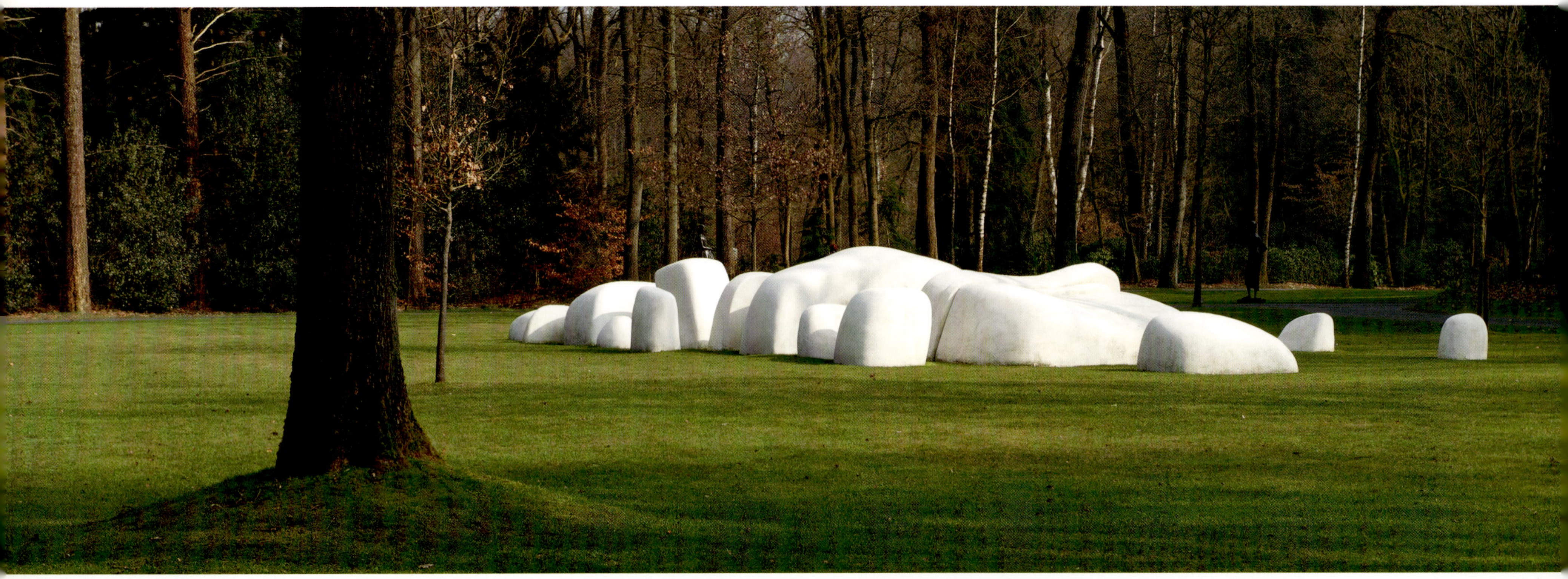

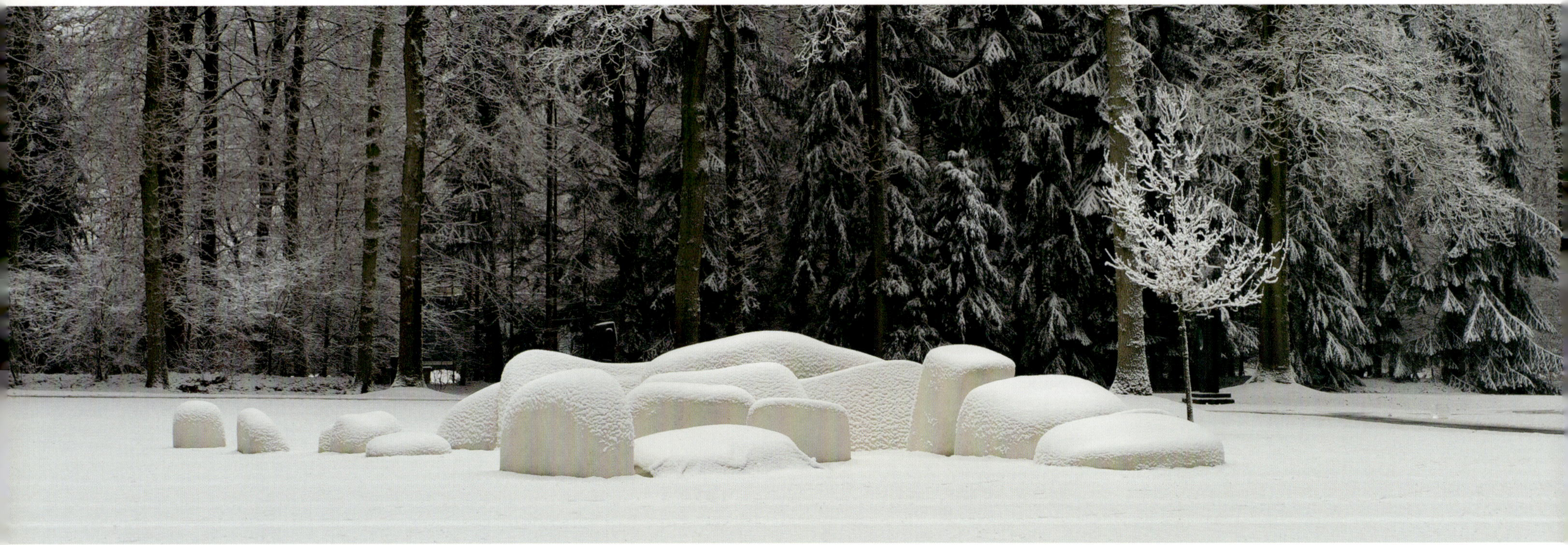

*Linke Seite: Skulpturengarten des Kröller-Müller Museums
Otterloo (Niederlande)
„Rocky Lumps" von Tom Claassen, 2005–2006, Entwurf 2004*

*Rechte Seite: Parco Basso (Skulpturenpark) der Venaria Reale
Venaria Reale (Piemont, Italien)
Durch Filippo Juvara und Benedetto Alfieri um 1730 errichtet.
Schloss 1998 wiederhergestellt. Im Zuge der Wiederherstellung des
verlorenen Barockgartens Neuinterpretation durch den italienischen
Minimalisten Giuseppe Penone durch 14 monumentale Installationen*

Unten: „Verso la Luce" von Giuseppe Penone, 2003–2007

Rechts: „Tra scorza e scorza" von Giuseppe Penone, 2003–2007

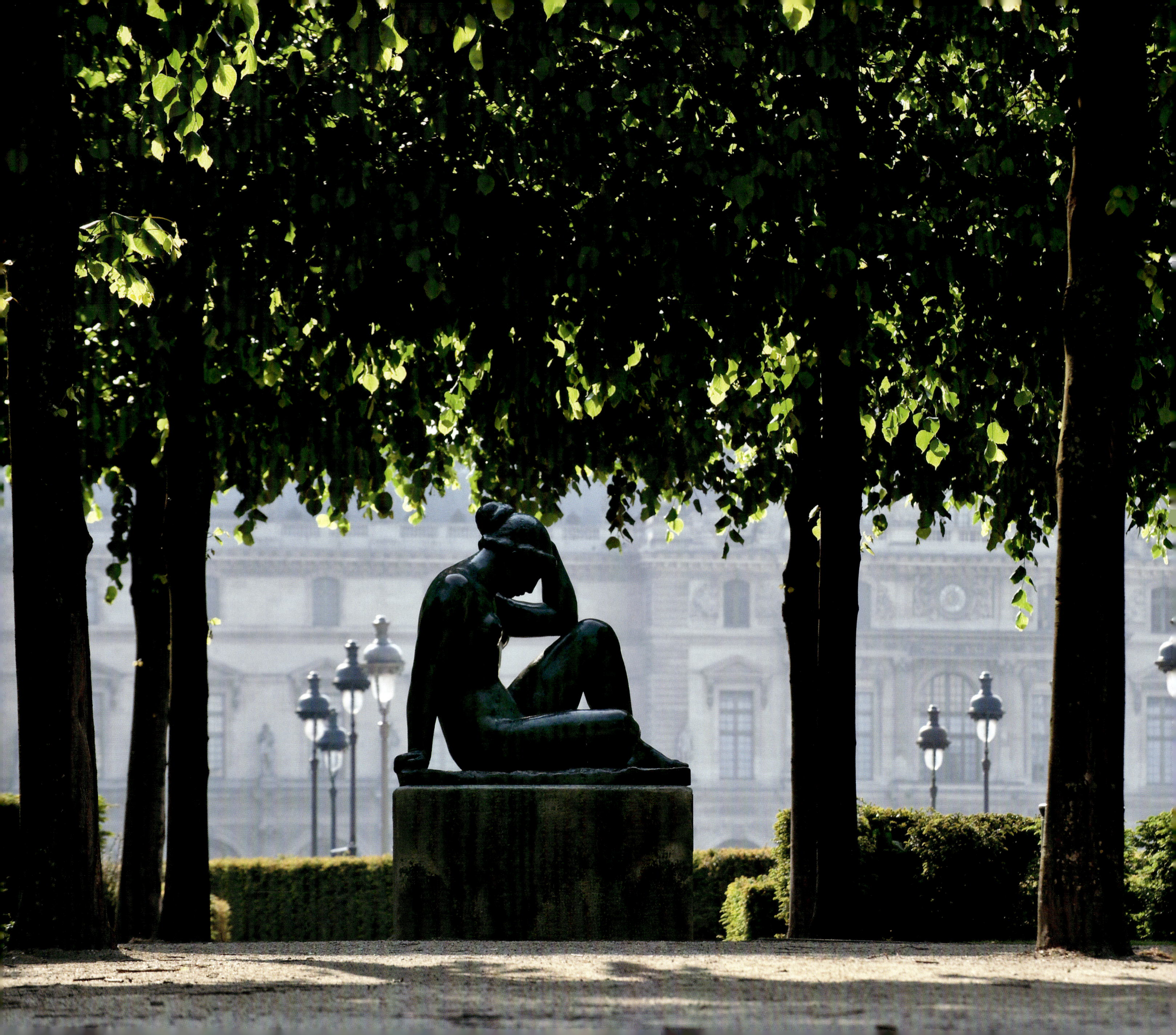

Jardin des Tuileries
Paris (Frankreich)
Ursprüngliche Anlage ab 1564 für
Katharina de' Medici errichtet.
Für Ludwig XIV. unter André Le
Nôtre umgestaltet und während der
Französischen Revolution verwüstet.
Ab 1981 unter François Mitterrand
Wiederherstellung

Links: „Méditerranée" von
Aristide Maillol, 1905

Rechts: „Le Bel Costumé" von
Jean Dubuffet, 1973

Unten: „Rivière" von
Aristide Maillol, 1943

423

*Präsidentengärten der Prager Burg
Prag (Böhmen, Tschechien)
Durch Josef Plečnik 1920–1935 errichtet*

*Links oben: Blick vom Festungsgarten (1923–1926)
über den Obelisken auf St. Niklas in der Altstadt*

*Links Mitte und unten: Aussichtspunkt (1922–1924)
über dem Hirschgraben*

*Rechts: Paradiesgarten (1921–1925) mit der großen
Granitschale, im Hintergrund die Prager Burg*

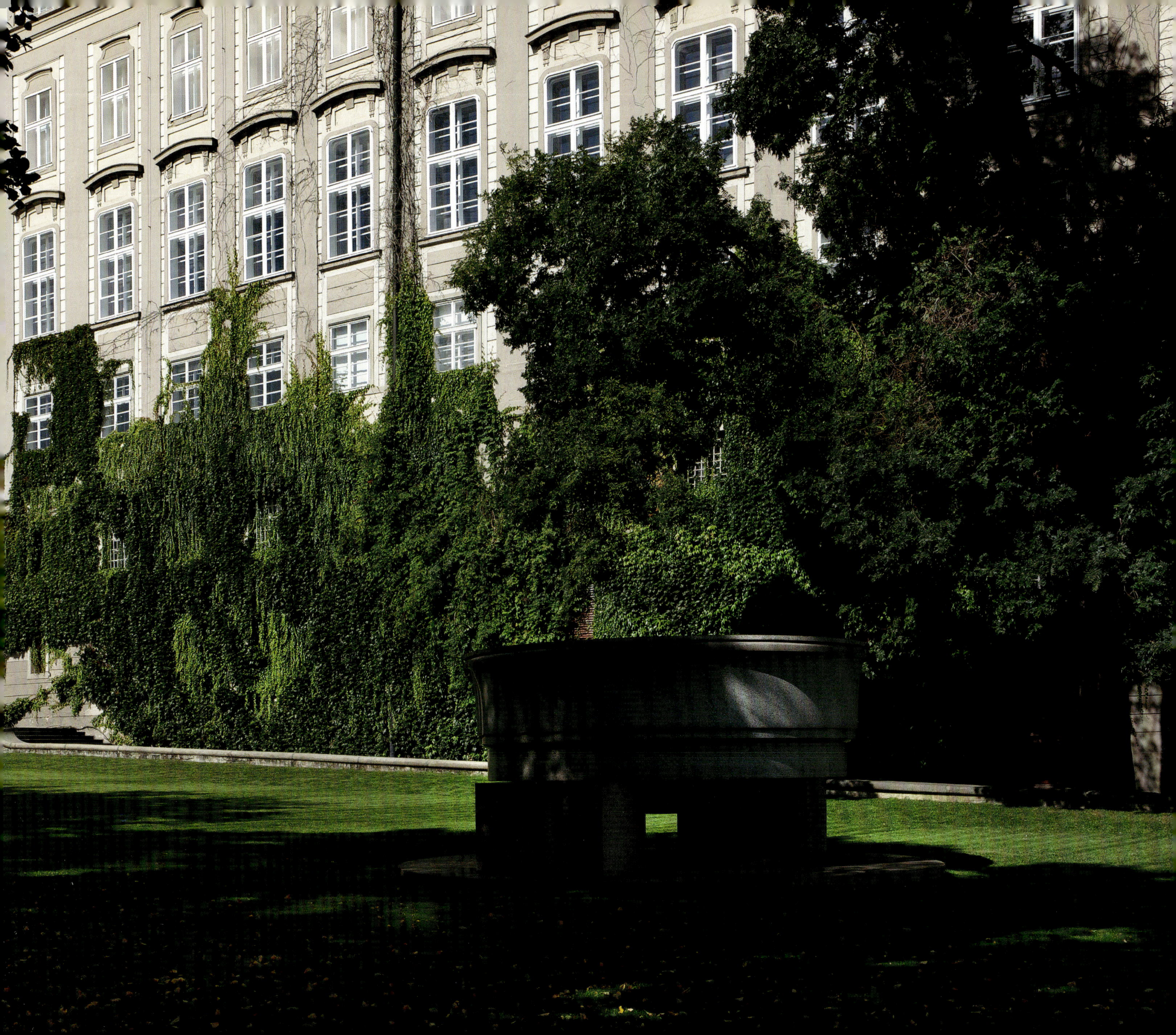

Links, unten und rechte Seite links: Der Friedrichsplatz mit dem Wasserturm Mannheim (Baden-Württemberg, Deutschland)
Platz nach Plänen des Berliner Architekten Bruno Schmitz 1899–1903 angelegt. Wasserturm als Ergebnis des Architekturwettbewerbs von 1885 nach den Plänen des Stuttgarter Architekten Gustav Halmhuber als monumentaler Ziegelbau 1886–1889 errichtet. Als Gesamtensemble eines der schönsten Beispiele der in der 2. Hälfte des 19. und am Beginn des 20. Jahrhunderts entstandenen städtischen Schmuckplätze

*Rechts: Gusseiserne Blumenschale im Central Park
New York (USA)*

*Central Park
New York (USA)
Basierend auf Ideen und Vorplanungen von
Andrew Jackson Downing ab 1859 nach den
Plänen des siegreichen Wettbewerbsprojektes von
Frederick Law Olmsted und Calvert Vaux als
Landschaftspark errichtet und 1873 fertiggestellt.
Für die Realisierung mussten mehr als 1.600
Bewohner der benutzten Fläche umgesiedelt
und Unmengen von Erdmaterial aus New Jersey
angeliefert werden, um ein Anwachsen der
Pflanzen auf dem unwirtlichen Gelände
zu ermöglichen*

*Links oben: Blick vom Dach des Metropolitan
Museum of Art auf die South Side*

*Links Mitte und links unten: Überall ist spürbar,
in welch hartem Kapf der Natur die Parkanlage
abgerungen werden musste*

*Rechts: Blick über die riesige Wasserfläche des
Jaqueline Kennedy Onassis Reservoir auf die
Westside*

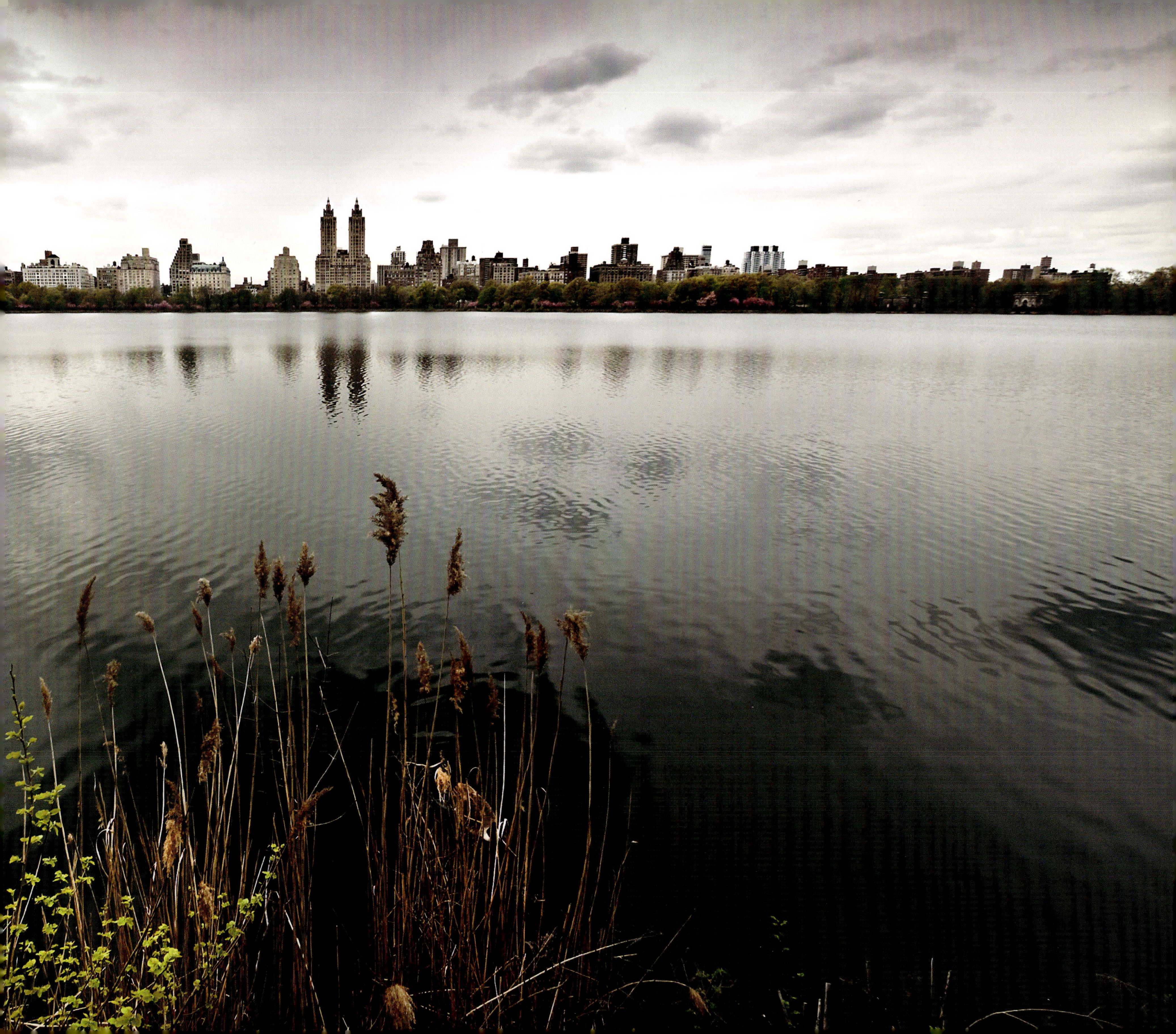

ORTSREGISTER

Kursiv gesetzte Seitenzahlen verweisen auf die entsprechenden Bildlegenden

Belgien
Antwerpen 368
Belœil *333*
Brügge *362*
Brüssel *350*
Laeken *201*, 261

Dänemark
Kopenhagen 401

Deutschland
Aschaffenburg 7, *19*
Bad Muskau *236*
Berlin 81, *246*, *248*, *296*, *320*
Bremen *386*
Cottbus *236*, *330*
Dresden 57, 81, *104*
Hannover 81
Heidelberg 15, 57
Karlsruhe 81
Ludwigsburg *284*
Machern *238*
Mannheim 81, 320, 400, *426*
Memmelsdorf *103*
Moritzburg 57, *284*
München 81
Oranienbaum 197, *246*, *266*
Potsdam *248*, *251*, *252*, *264*, *275*, *291*, 301, *320*, *321*, *324*
Schwetzingen 81, *100*, 261, *272*, *285*, 320
Stuttgart 300f., *313*
Weikersheim *106*
Wörlitz 197, *241*, *242*, *244*, 261, *306*
Würzburg 81

England
Beddington 300
Blickling 65
Brighton 261, *275*

Chatsworth 301, *306*
Chiswick 197, *204*, *292*
Devon 301
East Molesey *114*
Edinburgh 261
Levens Hall 336, *344*
London 196f., *204*, *214*, 261, *292*, 300f.
Ludlow *386*
Painshill 261
Richmond 65, *266*, *314*
Stourton *209*, *432*
Stowe 197, *209*, *210*, *212*, 260f.
Twickenham 196f., 261
Warwick 197
Wilton 65, *212*
Windsor *214*
Woodstock 67
Yeovil *62*
York 260

Frankreich
Amboise *338*
Azay-le-Rideau *74*
Beaulieu-sur-Mer 7, *22*
Blois 300
Chambourcy *291*, *432*
Chanteloup 197, *267*
Chennonceau *74*
Ermenonville *201*
Fontainebleau 300
Maupertuis 197
Nizza 7
Paris 81, 118, 261, *291*, 401, *417*, *423*
Saint-Jean-Cap-Ferrat *328*
Saint-Paul-de-Vence *409*
Vaux-le-Vicomte 80
Versailles 11, 80, *82*, *84*, *86*, *88*, *90*, 118, 197, *202*, 260, 300, *326*, 336, *432*
Vézac 336, *346*
Villandry 11, 15, *76*

Italien
Alpenzu *391*
Angarano di Bassano *34*
Arqua 9, *432*
Bagnaia 14, *25*, *432*

Balbiano Ossuccio *32*
Bellagio 256
Bisuschio *31*
Boscoreale 358
Boscotrecase 358
Camigliano *48*
Casalzuigno *31*
Cataio *28*
Cernobbio *32*
Certosa di Pavia 358, *362*
Costozza di Longare *42*
Florenz 14, *22*, 260, 300
Fumane *28*
Gargano 302
Genua 46, *47*, 270
Herculaneum 260, 358
Lenno 55, *355*, *432*
Lonigo 197
Lucca 48, 50, *382*, *396*, 400
Luvigliano di Torreglia *26*
Mailand 366
Maser *34*
Miramare 37, 320, *328*
Monselice *41*
Oplontis 358
Padua 8f., 15, 358, *359*
Pompeji 260, 358
Possagno *385*
Pratolino 260
Rom 7, 14, 22, 118, 197, *199*, 254, 260f., 300, 336, *385*
Rovereto 302, 366
San Siro *389*
San Vito di Altivole 10, 401
San Zenone degli Ezzelini 37
Spello *41*
Stra *112*, *282*, *286*, *305*
Stresa *338*
Tivoli 14f., *17*, *53*
Tremezzo 37
Turin 44, *143*, *264*
Valsanzibio *32*, *34*
Venaria Reale *421*
Venedig *110*, 196, *378*
Verona 38
Vezia 38

Vicenza 197, *282*
Viterbo 260

Japan
Arashiyama *185*
Kamakura 148f.
Kyoto 10f., 148f., *150, 153, 155, 157, 158, 160, 162, 165, 166, 167, 169, 171, 173, 174, 176, 178, 181, 182, 185, 186, 188, 190, 192, 432*
Matsumoto *181*
Ohara *185, 192*

Marokko
Fès 358
Maknès 358
Marrakesch 358
Rabat 358

Niederlande
Apeldoorn *108, 432*
Muiden 382
Otterloo 10, 401, *418, 421*
Utrecht 382
Zaandijk 382, *393*
Zaanse Schans 382, *391, 393*

Österreich
Aschach an der Donau 355
Bruck an der Leitha 95
Eisenstadt *221*
Ernstbrunn *293*
Göllersdorf 301
Graz *308*
Heiligenkreuz 358, *365*
Hellbrunn 15
Laxenburg 197, *223, 224, 286, 288,* 320, *324*
Mödling *227, 276*
Neuwaldegg *288*
Salaberg 99
Schönau an der Triesting *294*
Tillysburg 358, *365*
Wien 10, 15, 81, *223, 224, 227,* 261, *286, 288,* 301, 358, *383, 391,* 400, *432*

Polen
Warschau 81

Portugal
Alcobaça *361*
Batalha *361, 432*
Braga 72
Faro *361*
Mata do Buçaco 72, *328*
Obidos *376*
Queluz *68*
Tomar *361*
Vila Real *71, 350*

Russland
Archangelskoje 197
Leningradskaya Oblast' *217*
Moskau 197, *296*
Peterhof 80, *110*
Zarskoje Selo *219*

Schottland
Dunmore 261, *278*
Stirling *291*, 401

Schweden
Drottningholm 261, *263, 280*
Haga 261, *280*
Stockholm 10, *340*, 401, *405, 432*

Schweiz
Basel 401, *414*
Genf *320, 328*
St. Gallen 8, 14, 358
Zürich *389*

Singapur *371*

Slowenien
Laibach 10, *402*
Ljubljana 401

Spanien
Granada 8, *342,* 358, *372, 375*
Madrid *337,* 358, 382, 400

Syrien
Aleppo 358
Damaskus 358

Tschechien
Blansko *235*
Břeclav *228, 230*
Buchlovice *106*
Hlohovec *230,* 261
Kroměříž 15, *320, 333, 350*
Kynžvart *235*
Lednice *228, 230, 292, 310*
Mariánské Lázně *233*
Pohansko *228, 230*
Prag 15, *58, 61, 350, 424, 432*
Telč *308*
Valtice *228, 230, 276*
Veltrusy *103*

Türkei
Istanbul *268, 269*

USA
Boston 382
Chicago 400f., *416*
Fort Worth 10, 401, *411, 412*
Los Angeles *349, 432*
Malibu *7, 21*
Milwaukee *401*
New York 7, 10, *349,* 382, *394, 397,* 400, *427, 428*
San Marino *65*

Vatikan 14, 260

Volksrepublik China
Beijing 118, *121, 122, 124, 127, 128, 130, 132, 135, 140*
Kantum *262*
Kunming *130,* 261
Shanghai *136,* 261, *432*
Suzhou 119, *138, 140, 143, 144, 145, 432*

Weitere Abbildungen

Schutzumschlag vorne: Stourton (Wiltshire, England), Stourhead Gardens
Schutzumschlag hinten: Los Angeles (Kalifornien, USA), Central Garden
Seite 4: Prag (Tschechien), Vrtbovská zahrada
Seite 6: Suzhou (Volksrepublik China), Garten des Löwenwalds (Shizi Lin)
Seite 13: Bagnaia (Latium, Italien), Villa Lante
Seite 79: Versailles (Ile-de-France, Frankreich), Château de Versailles
Seite 117: Shanghai (Volksrepublik China), Yuyuan-Garten
Seite: 147: Kyoto (Japan), Korin-in-Tempel
Seite 195: Josef Rebell, Waldige Landschaft mit einem Tempel, 1809, Öl auf Leinwand
Seite 259: Chambourcy bei Paris (Ile-de-France, Frankreich), Désert de Retz, Zelt für die Wachen
Seite 299: Wien-Hietzing (Österreich), Palmenhaus im Park von Schloss Schönbrunn
Seite 319: Apeldoorn (Gelderland, Niederlande), Palais Het Loo
Seite 335: Lenno am Comersee (Lombardei, Italien), Villa del Balbianello
Seite 357: Batalha (Portugal), Kreuzgang des Dominikanerklosters
Seite 381: Arqua Petrarca (Veneto, Italien), Gärtchen im Haus des Francesco Petrarca
Seite 399: Stockholm-Enskede (Schweden), Skogskyrkogården, Waldfriedhof

Standortnachweis

Rom, Galleria Carlo Virgilio, Arte Moderna e Contemporanea: 29 rechts; Heidelberg, Kurpfälzisches Museum der Stadt Heidelberg: 56; Wien, Privatbesitz: 57 unten, 90 links, 199 oben und unten, 262 rechts, 289 rechts, 295 rechts oben; Versailles, Grand Trianon: 82 unten; Bruck an der Leitha, Privatbesitz: 94; Wien, Österreichische Nationalbibliothek: 96 oben; Wien, MAK, Museum für angewandte Kunst: 96 unten; Vaduz–Wien, Liechtenstein, The Princely Collections: 97, 141, 195, 200, 222, 223 oben, 226, 227 oben und Mitte, 231 unten, 243 links oben und links unten, 262 links, 276 unten, 277, 289 links unten, 292 links, 293 links, 294 unten, 305 links oben, 308 unten, 310 rechts unten; Zürich, Museum Rietberg: 127 unten; St. Pölten, Niederösterreichisches Landesarchiv: 199 Mitte, 293 oben Mitte, 294 oben; Wien, Albertina: 201, 224 oben, 288, 289 links oben und links Mitte; Eisenstadt, Sammlung Esterhàzy: 220, 221; Wien, Belvedere: 227 unten

Bildnachweis

Die im Standortnachweis genannten Abbildungen stammen aus den jeweiligen Sammlungen. Alle anderen Fotografien: Johann Kräftner, Wien, represented by Imagno Brandstätter Images

© imagno.com

A-1190 Wien, Würthgasse 14
Telefon (+43-1) 369 1 369-0
Telefax (+43-1) 369 1 369-20
E-Mail: office@imagno.com
www.imagno.com

Impressum

Bibliografische Information der Deutschen Nationalbibliothek
Die Deutsche Nationalbibliothek verzeichnet diese Publikation in der Deutschen Nationalbibliografie; detaillierte bibliografische Daten sind im Internet über http://dnb.d-nb.de abrufbar.

1. Auflage

Lektorat: Andreas Deppe und Astrid Göttche
Grafische Gestaltung: Johann Kräftner
Technische Betreuung: Clemens Hutter
Schrift: Bodoni Book
Papier: Chinese Mat Art

Copyright © 2012 by Christian Brandstätter Verlag, Wien

Alle Rechte, auch die des auszugsweisen Abdrucks oder der Reproduktion einer Abbildung, sind vorbehalten.
Das Werk einschließlich aller seiner Teile ist urheberrechtlich geschützt.
Jede Verwertung ohne Zustimmung des Verlages ist unzulässig.
Dies gilt insbesondere für Vervielfältigungen, Übersetzungen, Mikroverfilmungen und die Einspeicherung und Verarbeitung in elektronischen Systemen.

ISBN deutsch 978-3-85033-673-4

Christian Brandstätter Verlag
GmbH & Co KG
A-1080 Wien, Wickenburggasse 26
Telefon (+43-1) 512 15 43-0
Telefax (+43-1) 512 15 43-231
E-Mail: info@cbv.at
www.cbv.at

Printed in Asia